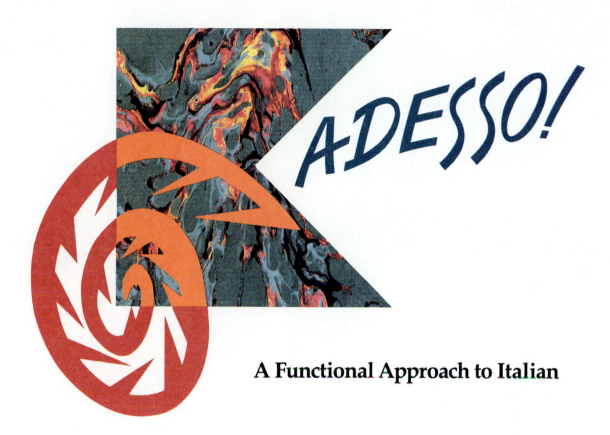

A-DESSO!

A Functional Approach to Italian

Marcel Danesi

University of Toronto

Heinle & Heinle Publishers
A Division of Wadsworth, Inc.
Boston, Massachusetts 02116 U.S.A.

Vice-President and Publisher: Stanley J. Galek
Developmental Editor: Erika Skantz
Production Editor: Julianna Nielsen
Production Manager: Erek Smith
Production Supervisor: Elizabeth Holthaus
Internal Design, Layout and Art Direction: Jane Carey
Cover Design: Dorothea Sierra
Illustrator: Kate Clifford
Maps: Deborah Perugi

Manufactured in the United States of America.

ISBN 0-8384-1986-0 (Student Edition)
ISBN 0-8384-2066-4 (Teacher's Annotated Edition)

Heinle & Heinle Publishers is a division of Wadsworth, Inc.

10 9 8 7 6 5 4 3 2 1

Table of Contents

IL MIO MONDO! 55

AL TELEFONO! 87

Preface

The main objective of *ADESSO!, A Functional Approach to Italian* is to allow beginning students of Italian the opportunity to learn how to understand and use the language in different situations. For this reason, the structure and content of each chapter are shaped by functional notions. In addition, each chapter in the text, as well as the corresponding chapter in the workbook, provides ample opportunity for the student to develop formal skills through the grammar presentations and activities.

The term *functional* in this book has two meanings. First of all, it expresses the view that students need to know language forms and communicative notions in order to carry out certain functions, i.e., routines encountered in everyday life. Thus, for example, if one were to order a coffee at a bar, the functional approach would determine the structures and communicative tasks required to carry out this particular social scenario.

Secondly, most of the activities in which students practice what has been introduced in a specific section of a chapter are designed as functional, i.e., they involve the student in some activity based on that particular function, such as ordering coffee.

This book is the product of over twenty years of teaching beginning Italian at all levels of education, from the elementary school to the university. It contains ideas and material developed over these years that have been found to work well with a wide range of student learning styles. Most of the material has been "tested out" in various high school and university classrooms in the city of Toronto and its surrounding regions. Only those features found to be successful year after year have been incorporated into the framework of the text.

I would like to thank my students and colleagues, all of whom have given me their precious feedback over the years. There are simply too many to mention by name here. I would like to express my deep gratitude to the expert editorial staff at Heinle & Heinle, and especially to Erika Skantz, Julianna Nielsen, Mary Root Taucher, and Stan Galek, for providing me with valuable insights, suggestions, and most important of all, encouragement, during the long and laborious development of this book. I would also like to thank the following people who reviewed the manuscript:

Walter Blue, Hamline University
Brian O'Connor, Boston College
Diane Musumeci, University of Illinois
Thomas Cravens, University of Wisconsin
Louis A. Bruno, Cranston High School
Thomas Cox, San Diego State University
Laura DiGregorio
Giovanna Miceli Jeffries, University of Wisconsin
Annamaria Moneti, Syracuse University
Marcello Scarsella, Snowden International High School
Beth Wellington, Simmons College

Finally, I express my appreciation to the designer, Jane Carey; the native readers, Alessandra Crainz and Lucia Conti; the proofreaders, David Baker and Grisel Lozano-Garcini; and to Nicole Baker for additional editorial help.

I truly hope that students and teachers alike will find this course to be a rewarding learning experience. *Adesso,* let's begin!

Introduction

PLAN OF THE BOOK

There are sixteen chapters in this book. The *Lezione finale,* which offers students an opportunity to speak and write at an advanced level, is an optional chapter to be used at the discretion of the teacher. After every four chapters there is a brief unit dealing with a civilization topic (the geography of Italy, its educational system, etc.).

ADESSO! is divided into two main parts with the following general features:

PART I: Basic functions (Chapters 1–9)

This section focuses on what may be called "basic" functions—greeting and meeting people, speaking on the phone, telling time, etc. In this part, functional information is presented in chunks, with three *Punti di partenza,* each of which contains a dialog and related follow-up work.

PART II: Extended functions (Chapters 10–16 and *Lezione finale*)

This part focuses on what may be called "extended" functional situations, such as performing banking transactions, writing letters, etc. Since the student can now "digest" more than "chunked" information, there is one longer *Punto di partenza,* based on the extended function.

The final, optional lesson constitutes an advanced unit of learning. It projects students into advanced (abstract) communicative situations, allowing them the opportunity to express their opinions on social issues.

CHAPTER ORGANIZATION

Each chapter contains four *Fasi,* which aim to involve the student in "learn-by-doing" situations and formats.

FASE 1ª Punto di partenza

This is the initial, and thus the most important, phase for learning the new functional notions and their associated linguistic material. It exposes students to the new information in terms of functional categories, allowing them to absorb it by observation, simulation, oral tasks, formal explanations, exercises, and activities.

Each *Punto* unfolds as follows:

Opening Dialog/Passage

In Part I, there are three brief dialogs — one for each *Punto.* The aim of these dialogs is to illustrate, by simulation, the main functional notion to be covered in the *Punto* together with its linguistic components.

Although the dialogs are controlled for grammar and vocabulary to fit the learning goals of each *Punto,* an effort has been made to make them as natural and spontaneous as possible. New vocabulary items, whose meaning may not be gleaned from the context, are glossed to facilitate comprehension. Those items which are functional and useful for the kinds of productive tasks the student will be involved in are listed at the end of each chapter in the *Lessico utile.*

In Part II, where there is only one *Punto,* the opening section may consist of dialogs, a descriptive passage, or some illustrative piece of writing, for example, a business letter.

Occhio alla lingua!/Occhio alla cultura!

When required, the student's "eye" is directed to certain aspects of the language used in the opening section *(alla lingua)* — an irregular verb conjugation, an irregular noun plural formation, etc.— or to a particular cultural aspect *(alla cultura).* Comments on the latter are to be considered "culture footnotes," since formal treatments of culture/civilization are found in the *Elementi di civiltà* units (one after every four chapters). *Occhio alla lingua!* comments are sometimes included after a chapter *Lettura* and after the reading in a civilization unit. *Occhio!* sections are phrased in English in Part I and in Italian in Part II.

Comprensione

This section permits students to test their understanding of the contents — thematic and, when necessary, notional/structural — of the opening dialog/passage by means of comprehension exercises and activities.

Espansione

This section allows the learner to practice and expand upon some of the new notions (vocabulary, grammar, communication) contained in the opening dialog/passage and, when appropriate, in the *Occhio alla lingua!* and *Occhio alla cultura!* sections. The exercises and activities are derived from dialog/passage models, thus requiring students to put immediately into use what has been presented without the benefit of formal explanation. This approach allows students to exercise their own intuitive grasp of the new notions. The oral tasks are structured in such a way, however, as to keep the students within a controlled linguistic framework.

Occasionally, an *Espansione* exercise will present additional material such as lexical items or grammatical formulae related to the new notion(s). This gives students an opportunity to expand their intuitively acquired knowledge base in an informal manner. This section is learner-centered: the learner is required to use and expand upon the new material in an untutored way.

The instructions to the exercises and activities in both the *Comprensione* and the *Espansione* sections are written in English in Part I and Italian in Part II.

Studio del lessico/Studio della grammatica/ Studio della comunicazione

In the *Studio del lessico,* vocabulary items or categories contained in the opening dialog/passage are explained and, when appropriate, expanded upon (particularly in the second part). In the *Studio della grammatica* section any new grammatical structure or feature is explained in simple terms, with the use of diagrams and charts whenever possible. Comparisons to English form the basis for the explanations of most of the new grammatical items. The *Studio della comunicazione* section presents information on any new communicative notion or function introduced in the *Punto.* Occasionally this section expands upon the notion, or it may introduce a related one.

Applicazione

After each *Studio* section there is an *Applicazione* component consisting of a variety of exercises including small-group and paired activities, role-plays, and personalized questions. By breaking up the practice material into small, manageable units students are given the opportunity to acquire the new material in a cumulative and gradual fashion. Additional exercises and activities can be found in the accompanying workbook.

Exercise and activity instructions are written in English in Part I and in Italian in Part II.

Il momento creativo

Each *Punto* is capped by a brief role-playing activity that allows students to expand freely and communicatively on the functional theme of the *Punto*.

FASE 2ª Ascolto e pronuncia/riconoscimento

This phase constitutes a comprehension and pronunciation component in Part I, and a comprehension and recognition component in Part II.

In both parts, the comprehension activity, *Ascolto,* takes the form of realistic, unscripted conversations (found on the *Instructor Tape*) that students will be able to understand after having worked through the first phase of the chapter. The four content questions found in this section, which students should answer after having listened to the recorded conversation, can also be used as prelistening guides to comprehension. These are written in English in Part I and in Italian in Part II.

This listening component is designed to allow students the opportunity to reinforce and then to go beyond what has been learned in the first phase. By listening and then responding to spontaneous conversational excerpts based on the theme of the chapter, students will thus be projected into authentic communicative situations.

In Part I, this comprehension activity is followed by a description of some aspect of Italian pronunciation and spelling *(Pronuncia),* which is completed by an appropriate repetition/writing drill *(Esercitazione).* In Part II, the comprehension activity is followed by some piece of thematically appropriate textual realia *(Riconoscimento)* with accompanying content questions written in Italian.

FASE 3ᵃ Lettura

This constitutes a reading phase. It contains a brief text or item of cultural realia. Each *Lettura* is followed up by appropriate activities, both controlled and open-ended.

These *Letture* aim to expose students to authentic texts and to give them the opportunity to expand upon the functional theme of each chapter. New vocabulary items, whose meaning might not be understood from the context, are glossed in the margin to facilitate comprehension. Those that are functional to the chapter theme are included in the *Lessico utile* at the end of the chapter. Once again, the instructions to the follow-up activities (*Attività)* are written in English in Part I and in Italian in Part II.

FASE 4ᵃ Punto di arrivo

After having gone through the three phases just described, students are ready to apply their newly acquired skills to the cumulative oral and writing activities found in the *Punto di arrivo.* Each *Punto di arrivo* contains four types of activities:

Attività varie

Through various problem-solving activities, including word puzzles and guessing games, many of the themes of the chapter are synthesized and reviewed. The *Opinone e discussione* activity consists of personalized questions, that are in line with the functional goals of the chapter. The questions asked allow students to discuss the chapter themes freely.

Attività scritte

This section offers a broad range of suggestions for writing activities such as projects, brief essays, and surveys outside the classroom that expand upon the objectives of the chapter.

Simulazione

This final activity offers suggestions for role-playing scenarios based on the functional themes of the chapter. These can be prepared by students working in pairs or groups before their actual classroom performance, or be put on spontaneously. The activities move from a highly structured format in which partial dialogs and/or vocabulary are given, to more open-ended situations that allow students to use their imagination and creativity to the fullest extent. The role-playing "scripts" are written in English in Part I and in Italian in Part II.

LESSICO UTILE

Each chapter ends with a list of all active vocabulary introduced, which will be used in various communicative activities and formal exercises throughout the text.

RECYCLING FEATURE

The vocabulary, grammatical, and communicative notions and themes introduced in each chapter are carried over into all subsequent chapters.

ELEMENTI DI CIVILTÀ

Each of the four civilization units consists of three parts: the reading passage offers information on a particular aspect of Italian culture or civilization — its geography, school system, political system, and origins of the Italian language. It is written descriptively so as to convey cultural information and as such, gives the student a valuable opportunity to get extra reading practice in Italian. Vocabulary items,

whose meaning may not be gleaned from the context, are glossed in the margin to facilitate comprehension.

Following the reading is a *Comprensione* section, containing activities based on the reading. Finally, there are follow-up activities, the *Attività,* which provide the student with an opportunity for more practice with the language.

VERB CHARTS/GLOSSARY

The Appendix contains charts of the irregular verbs introduced in the book and of common verbs conjugated with *essere* in compound tenses, followed by a comprehensive Italian-English glossary.

ABBREVIATIONS & SYMBOLS

__	The underline is put under the main stress of words in which it is not predictable. It is used the first time the word is introduced.
m.	masculine gender
f.	feminine gender
sing.	singular form
pl.	plural form
-isc-	Identifies *-ire* verbs that require the *-isc-* affix in their present-tense conjugations (present indicative, present subjunctive, imperative).
ess.	Indicates that a verb is conjugated with *essere* in compound tenses.
fam.	familiar form
pol.	polite form
⇄	pair work
○	group work

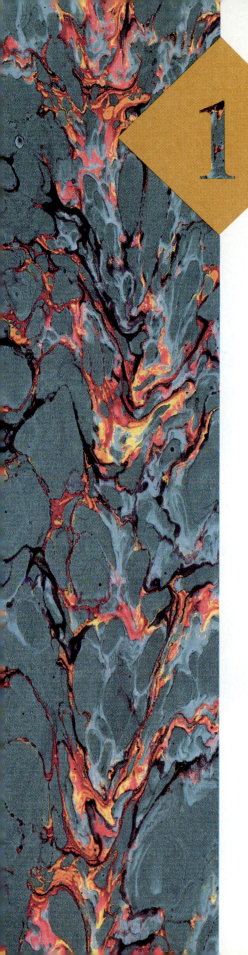

1 IN UN BAR ITALIANO!

LANGUAGE FUNCTIONS

Ordering beverages   Introducing and greeting
Being courteous   Using titles
Pointing out

GRAMMATICAL STRUCTURES

Nouns   Indefinite article
Present indicative of **essere** and **stare**
Negation   Understood subjects
Subject pronouns

CULTURE

Espresso bars   How Italians greet each other

1

FASE 1ª Punto di partenza 1

UN CAFFÈ, PER FAVORE!

May I help you?	BARISTA:	Prego, signorina. Des<u>i</u>dera?° [1]
	CARLA:	Un caffè, per favore.
would you like something?	BARISTA:	E Lei, signore, prende qualcosa?°
	CARLO:	Per me, un cappuccino.
OK	BARISTA:	Va bene.°
instead	GINA:	Io, invece°, un'acqua minerale. E tu, Gianni?
nothing	GIANNI:	No, per me niente°, grazie.

👁 OCCHIO ALLA CULTURA!

One goes to a **bar** in Italy to get a cup of coffee and a quick bite to eat. A **barista** serves customers at a counter; at tables customers are served by a **cameriere**. Incidentally, the price **al banco** (at the counter) is generally lower than the one **al t<u>a</u>volo** (at the table).

Comprensione

A. Each of the following statements is false. Correct them as in the model.

> MODELLO: Gianni prende un cappuccino.
> *No, Gianni non prende niente.*

1. Carlo prende un espresso.
2. Gina prende un caffè.
3. Carla prende un'acqua minerale.

---

[1] The underline is used to indicate stress.

Espansione   In Italy coffee is prepared in different ways. **Caffè** generally means **espresso** coffee.

corretto	*with a dash of an alcoholic beverage*
ristretto	*strong*
lungo	*less concentrated*
macchiato	*with a drop of milk*
un caffellatte	*coffee and milk*

You can also order the following beverages at a **bar:**

un'aranciata	*an orange drink*
un bitter	*a bitter soft drink*
una Coca-Cola	*a Coke*
una limonata	*a lemonade*
un succo di frutta	*a fruit juice*
un tè	*a (cup of) tea*

B. Order the following beverages, adding expressions for *please* and *thank you* as in the model.

MODELLO: a coffee
Un caffè, per favore. / Un caffè, grazie.

1. a coffee
2. an espresso
3. a cappuccino
4. a (glass of) mineral water
5. a bitter soft drink

6. a Coke
7. a fruit juice
8. a lemonade
9. an orange drink
10. a (cup of) tea

C. Using the cues and following the model, first identify who is serving, **un barista** or **un cameriere.** Then, decide how he would address the customer, and have the customer respond, giving his/her order. Finally, have the server end the dialog with **Va bene.**

MODELLO: **al tavolo** / Carla / strong coffee
un cameriere

— *Prego, signorina. Desidera?*
— *Un caffè ristretto, per favore.*
— *Va bene.*

1. **al tavolo** / Carla / coffee with a dash of an alcoholic beverage
2. **al banco** / Carlo / less concentrated coffee
3. **al tavolo** / Gina / strong coffee
4. **al banco** / Gianni / coffee with milk
5. **al tavolo** / Carla / coffee with a drop of milk
6. **al banco** / Carlo / a cappuccino

```
ROSATI ROMOLO
P.LE CLODIO,25
 - R O M A -

P.I. 01010320586
16/08/91

CAP.CO    2.000
────────────────
TOT.  2.000

      1 N.ART.
0618A000   11:18
 ARRIVEDERCI

/F81  11306788
```

What is the name of the bar on this receipt? What city is it located in? What did the customer have?

Studio del lessico

POLITE EXPRESSIONS

Prego, as used in the dialog, indicates a readiness to carry out an order: *What can I do for you?* It can be used as well to say *Yes?, I beg your pardon!,* or *Please, come in!* It can also mean *You're welcome!*

BARISTA: Ecco il caffè. *(Here's your coffee.)*
CARLA: Grazie!
BARISTA: Prego!

The verb form **Desidera?** is used mainly by service people (waiters, store clerks, etc.) to ask *May I help you?* Its plural form is **Desiderano?**

BARISTA: Signorina, desidera?
            Signori, desiderano?

Here are the ways to say *please:*

per favore   **per cortesia** *(very polite)*
per piacere

PARTICOLARITÀ

- **io** means *I* and is not capitalized. **Lei** may be capitalized anywhere in a sentence to distinguish it from **lei,** which means *she.* This is done throughout this book.
- the personal pronoun **Lei** is the polite form for *you,* whereas **tu** is the corresponding familiar form.
- the **barista** uses the **Lei** form, as do his customers when speaking to him. The friends at the **bar,** on the other hand, use the **tu** form among themselves.

Applicazione   **D. Al Bar Venezia!** You have just overheard various people talking. Supply the words/expressions (listed separately) missing from the conversations. Then check off where the conversation took place (**al banco** or **al tavolo**).

1. **per piacere, prego, per me, Lei**

    BARISTA: _____, signore. Desidera?
    SIGNORE: Un cappuccino, _____.
    BARISTA: E _____, signorina?
    SIGNORINA: _____, un caffellatte.

    ☒ **al banco**   ☐ **al tavolo**

2. **per cortesia, desiderano, signori, prego, invece, signore**

CAMERIERE:	Signori, _____?
SIGNORINA:	Per me, un bitter, _____.
CAMERIERE:	E per Lei, _____?
SIGNORE:	Per me, _____, un'acqua minerale.
CAMERIERE:	Ecco _____.
SIGNORE/SIGNORINA:	Grazie.
CAMERIERE:	_____.

☐ **al banco**   ☑ **al tavolo**

3. **va bene, desidera, niente, per me, signore, tu**

CAMERIERE:	Prego, signorina. _____?
SIGNORINA:	Un caffè, grazie. E _____, Carla?
CARLA:	No, per me _____.
CAMERIERE:	E Lei, _____?
SIGNORE:	_____, invece, un succo di frutta.
CAMERIERE:	_____.

☐ **al banco**   ☑ **al tavolo**

E. Sì o no? Indicate whether or not you would like to drink each beverage. Then ask the student next to you the same thing. He/She responds in an appropriate fashion. Finally, ask your teacher.

MODELLO: un espresso
—*Un espresso? Sì, grazie!*
—*E tu, Debbie? Un espresso?*
—*No, grazie! Per me, niente!*
—*E Lei, professore (m.)? / E Lei, professoressa (f.)?*

1. un caffè ristretto	3. una Coca-Cola	5. un'acqua minerale
2. un caffè lungo	4. un tè	6. un cappuccino

◆ ◆ ◆ Studio della grammatica ◆ ◆ ◆

NOMI

When ordering and talking about beverages you have been using nouns (**nomi**) and indefinite articles in their various forms: masculine (**maschile**) and feminine (**femminile**).

Italian **nomi** are either **maschili** or **femminili**.

• If the noun ends in **-o**, it is usually masculine: **cappuccino, tavolo.**

- If the noun ends in **-a,** it is usually feminine: **limonata, signorina.**
- If the noun ends in **-e,** it can be either. Of the nouns introduced so far, **cameriere** and **caffellatte** are both masculine.

You have already encountered exceptions to the above patterns: **barista** can be masculine or feminine; **caffè** and **tè** end in an accented vowel and are both masculine.

L'ARTICOLO INDETERMINATIVO

The forms of the indefinite article, which generally correspond to the English forms *a* and *an*, are as follows:

MASCHILE

uno   before a masculine noun beginning with either *z* or *s* + consonant.

uno zabaione *a type of eggnog*   **uno spumone** *a spumone ice cream (cone)*

un   before a masculine noun beginning with any other consonant or with any vowel.

un cappuccino   **un espresso**

FEMMINILE

una   before a feminine noun beginning with any consonant.

una limonata   **una signorina**

un'   before a feminine noun beginning with any vowel.

un'aranciata

Dove sono le persone? Al banco o al tavolo?

Applicazione

DI SOLITO, COME PRENDE IL CAFFÈ?	TOT. %
espresso	49.4
macchiato	18.7
normale	15.3
decaffeinato	10.5
lungo	3.9
doppio	2.2
TOTALE	100.0

F. Al Bar Roma! Order the following items, adding either **per favore** or **per piacere** for politeness.

MODELLO: cappuccino
Un cappuccino, per favore!

1. caffè
2. espresso
3. acqua minerale
4. caffè lungo
5. zabaione
6. spumone
7. caffè ristretto
8. aranciata
9. bitter
10. Coca-Cola
11. succo di frutta
12. tè
13. caffè lungo
14. limonata
15. caffè macchiato

◆ ◆ ◆ Studio della comunicazione ◆ ◆ ◆

EXPRESSIONS OF COURTESY

Asking to Be of Help
Prego?
Desidera?
Desiderano?

Being Polite
Per favore.
Per piacere.
Per cortesia.

Agreeing / Disagreeing
Sì.
No.
Va bene.

Thanking
Grazie.
Prego.

Applicazione

G. Al Bar La Favorita! In groups of three, role-play the following scene.

MODELLO: cappuccino / acqua minerale
BARISTA: *Prego? / Desiderano?*
SIGNORE: *Un cappuccino, per favore.*
SIGNORINA: *Per me, invece, un'acqua minerale, grazie.*
BARISTA: *Prego. / Va bene.*

1. caffè / tè
2. spumone / zabaione
3. limonata / aranciata
4. succo di frutta / Coca-Cola

IL MOMENTO CREATIVO ◆

H. You and a friend are in a bar. Order drinks from the waiter, being sure to say thank you.

Punto di partenza 2

DI DOVE SEI?

here are	CARLA:	Ah, ecco° Armando e Tina. Ciao!
	ARMANDO E TINA:	Ciao a tutti!
How are you?	CARLA:	Come state?°
	ARMANDO:	Bene.
	TINA:	Anch'io.[2] E tu, Carla, come stai?
Not bad.	CARLA:	Non c'è male.° Armando, Tina, vi presento Gina, Carlo e Gianni.
It's a pleasure!	ARMANDO E TINA:	Piacere!°
where are you from?	GINA:	Armando, di dove sei?°
here	ARMANDO:	Sono di qui°,... di Roma.
	GINA:	Anch'io sono di qui. E tu, Tina?
	TINA:	Io sono di Milano.
	GIANNI:	Anch'io sono di Milano.
	TINA:	Che bello!
	CARLO:	Prendete qualcosa?
	TINA:	Un caffè, grazie.
	ARMANDO:	Per me, un cappuccino.

◉ OCCHIO ALLA CULTURA!

Italians often greet friends or acquaintances whom they have not seen for a while with a handshake, a pat on the shoulder, a hug, and/or a kiss on both sides of the face.

Comprensione

A. Complete each sentence with the appropriate word.

1. Armando sta _____ .
2. Anche Tina sta _____ .
3. Armando è di _____ .
4. Anche Gina è di _____ .

5. Tina, invece, è di _____ .
6. Anche Gianni è di _____ .
7. Tina prende _____ .
8. Armando prende _____ .

---

[2] Note that **anche** is shortened to **anch'** before a vowel: **anch'io** *(me too).*

Espansione   Here are some additional expressions for conveying how you feel:

abbastanza bene	*rather well*	**così così**	*so so*
molto bene	*very well*	**male**	*not well (badly)*

B. Greet the person next to you by shaking hands and asking him/her how he/she is. That person answers appropriately and asks you how you are.

MODELLO: —*Ciao, Debbie. Come stai?*
—*Bene, grazie. E tu?*
—*Non c'è male.*

C. Working in groups of three, role-play the following introductions, using *Let me introduce you to* (**Ti presento...**).

MODELLO: Gianni / Carlo / Tina

GIANNI: *Carlo, ti presento Tina.*
CARLO: *Piacere, Tina. Di dove sei?*
TINA: *Sono di Milano. E tu?*
CARLO: *Anch'io sono di Milano. / Io, invece, sono di qui.*

1. Gina / Armando / Claudia
2. Carlo / Gianni / Franca
3. Tina / Carla / Mario
4. Carlo / Gianni / Paola
5. Armando / Carla / Danila
6. Tina / Gianni / Maria

◆   ◆   ◆ **Studio del lessico** ◆   ◆   ◆

DI DOVE SEI?

• The expression **Di dove sei?** means *Where are you from?* Note that the preposition **di** normally means *of*. It is used with the meaning *from* when referring to cities: **Sono di Roma. / Sono di Napoli. /** etc.

PARTICOLARITÀ

• **tutti** means *everyone/everybody*. This is a plural form. The masculine singular form **tutto** means *everything*.

Tutto va bene!   ***Everything*** *is going well!*

Applicazione

D. Al Bar La Favorita! Paolo, Paola, Mario, and Maria run into each other at a bar. Supply the words/expressions missing from their conversation.

ciao, tutti, dove, anche, niente, qualcosa, abbastanza, così, bello, qui, ti, ecco

PAOLO: Ah, _____ Maria. _____!
MARIA: Ciao a _____!
PAOLO: Maria, _____ presento Paola e Mario.
MARIA: Piacere!
MARIO: Maria, di _____ sei?
MARIA: Sono di _____.
MARIO: Che _____! _____ io sono di qui.
PAOLO: Come stai, Maria?
MARIA: _____ bene, e tu?
PAOLO: _____ così! Paola, Maria, Mario, prendete _____?
PAOLA: Io, un bitter.
MARIA: Per me, una Coca-Cola.
MARIO: Io non prendo _____, grazie.

◆ ◆ ◆ Studio della grammatica ◆ ◆ ◆

IL PRESENTE INDICATIVO DI *ESSERE* E *STARE*

The conjugation of these two verbs in the present indicative (**presente indicativo**) is as follows:

ESSERE			
Singolare		**Plurale**	
(io) sono	*I am*	(noi) siamo	*we are*
(tu) sei	*you (fam.) are*	(voi) siete	*you are*
(lui/lei/Lei) è	*he/she is; you (pol.) are*	(loro) sono	*they are*

STARE			
Singolare		**Plurale**	
(io) sto	*I stay*	(noi) stiamo	*we stay*
(tu) stai	*you (fam.) stay*	(voi) state	*you stay*
(lui/lei/Lei) sta	*he/she stays; you (pol.) stay*	(loro) stanno	*they stay*

Fill in the missing words.
— *Ciao, Franco, come* _____?
— *Bene, e tu?*
— *Anch'io* _____ *bene.*

Stare normally means *to stay,* except when it is used to ask how one is: in this, and in a few other cases, it also means *to be.*

The accent mark on the third-person singular form **è** distinguishes it from the conjunction **e** *(and).* When capitalized, it may be written with an apostrophe: **E' un cappuccino.**

LA NEGAZIONE

Placing **non** before a verb makes it negative.

Affermativo	Negativo
Io sono di Roma.	Io **non** sono di Roma. *I am not from Rome.*
Maria sta bene.	Maria **non** sta bene. *Mary is not well.*

SOGGETTI IMPLICITI

Normally, there is no need to use the subject pronouns (**io, tu,** etc.). The form of the verb makes it clear who or what the subject is.

Io sto bene.   **Sto** bene.
Tu stai bene.   **Stai** bene.

Unlike English, "it" and "they" are not usually expressed.

È un caffè.   ***It's*** *a coffee.*
È uno spumone.   ***It's*** *a spumone (cone).*

Applicazione

E. Di dove sei? During a recent visit to your favorite bar, you heard a group of people talking about where they were from. Complete the missing parts of their conversations.

1. Io sono di qui e anche Marco e Paola...
2. Marco è di Palermo e anche tu...
3. Loro sono di Napoli e anche Maria...
4. Noi siamo di Torino e anche voi...
5. Armando è di qui e anch'io...
6. Gianni e Tina sono di Milano e anche noi...

F. Armando is trying to guess where his new acquaintances are from, but he is wrong in each case. Tell him where they are actually from.

>   MODELLO: Maria è di qui. (Bologna)
>   *No, Maria non è di qui; è di Bologna.*

1. Tu sei di Ravenna. (Verona)
2. Gianni e Tina sono di Venezia. (Torino)
3. Carla è di Firenze. (Siena)
4. Tu e Marco siete di qui. (Palermo)
5. Voi siete di qui. (Bari)

G. Complete the conversations with the appropriate forms of **stare**.

1. **MARCO:** Ciao, Armando e Tina, come _____?
   ARMANDO E TINA: (Noi) _____ bene!
2. **GINA:** Ciao, Claudio, come _____?
   CLAUDIO: _____ molto bene, grazie.
3. **CARLO:** Carla, come _____ Paola?
   CARLA: Non _____ bene.
   CARLO: E Paolo e Maria come _____?
   CARLA: Anche loro non _____ bene.

---◆---

◆ ◆ ◆ Studio della comunicazione ◆ ◆ ◆

MEETING AND GREETING

Greeting Friends
Ciao!

Asking a Friend How He/She Is
Come stai? *(sing.)* / Come state? *(pl.)*

Introducing	Responding
Ti presento... *(sing.)*	Bene. / Molto bene. / Abbastanza bene.
Vi presento... *(pl.)*	Male. / Non c'è male. / Così così.

ECCO, C'È, CI SONO

Ecco *Here/There is* (pointing at)

Ecco Gianni.	***Here/There is** John.*
Ecco Armando e Tina.	***Here/There are** Armando and Tina.*

Esserci (essere + ci) *to be here/there*

—**C'è** Gianni?	—*Is John **here/there?***
—No, **non c'è.**	—*No, **he's not here/there.***
—**Ci sono** Armando e Tina?	—***Are** Armando and Tina **here/there?***
—No, **non ci sono.**	—*No, **they are not here/there.***

Note that **ci** *(here/there)* is placed right before the verb.

◆

Applicazione

H. Tocca a te! You are in a restaurant with a friend, and notice another friend across the room. Follow the conversational model.

- Greet your friend.
   —*Ah, ecco Debbie!*
   —*Ciao Debbie!*
   —*Ciao!*

- Ask how he/she is. An appropriate exchange follows.
   —*Come stai?*
   —*Bene. E tu?*
   —*Non c'è male!*

- Now, introduce your two friends.
   —*Debbie, ti presento Bill.*
   —*Ciao! Di dove sei, Bill?*
   —*Sono di New York. E tu?*
   —*Anch'io sono di New York!*

IL MOMENTO CREATIVO ◆

I. You and a friend meet at a bar for a drink. After you greet each other and order, another friend arrives. Introduce him/her to your first friend. The two people who have just met try to get better acquainted by asking each other how they are and where they are from.

Punto di partenza 3

BUONGIORNO!

BIANCHI:	Dottor Tozzi! Buongiorno!
TOZZI:	Buongiorno, signora!
BIANCHI:	Prego, si accomodi° qui!
TOZZI:	Grazie! Molto gentile!°
BIANCHI:	Le presento l'ingegner Valenti.
TOZZI:	Piacere!
VALENTI:	Molto lieto!°
TOZZI:	Cameriere, un panino al prosciutto° e un'acqua minerale, per favore.

be seated — si accomodi
How kind! — Molto gentile!
Delighted! — Molto lieto!
ham sandwich — panino al prosciutto

◉ **OCCHIO ALLA LINGUA!**

The titles **ingegnere** and **dottore** drop the final **-e** before a name. This applies to any masculine title ending in **-e**:

Buongiorno, **signore**!   Buongiorno, **signor** Valenti!
Buongiorno, **professore**!   Buongiorno, **professor** Tozzi!

This does not apply to masculine titles ending in **-o**:

Buongiorno, **avvocato** Giusti! (**avvocato** = *lawyer*)

Titles need not be capitalized: **il professor Verdi / il Professor Verdi.**

This is Professor Tozzi.
1. *Greet him.*
2. *Introduce your own teacher to him.*

☉ OCCHIO ALLA CULTURA!

Italians shake hands when meeting someone for the first time. Polite greetings involve the use of surnames and titles. Italians use titles much more than North Americans do; hence **ingegnere** and **avvocato**. The title **dottore** *(m.)* / **dottoressa** *(f.)* is used for anyone with a university degree. It is also the title for a medical doctor.

Comprensione

A. **Vero** *(true)* **o falso** *(false)?* Correct the sentences that are false.

1. Tozzi è un ingegnere.
2. Bianchi è una signora.
3. Valenti è un avvocato.
4. Tozzi prende un panino al prosciutto e un caffè.

Espansione

B. You have just met your boss's associate, Mrs. Dini.

1. Say hello to her.
2. Say that you are delighted to meet her **(lieto** *[m.]* / **lieta** *[f.]***)**.
3. Ask her to be seated.
4. Introduce her to Doctor Rossi **(il dottor Rossi).**
5. Introduce her to Bartoli, an engineer.
6. Order a ham sandwich and any beverage.

C. Look at the chart, which indicates people's names and titles. Then, greet each person, using his or her title.

MALES	TITLES	FEMALES	TITLES
Tozzi	ingegnere	Bianchi	dottoressa
Rossi	dottore	Verini	professoressa
Dini	signore	Verdi	signora
Giusti	professore	Spina	signorina
Franchi	avvocato	Pirri	avvocato / avvocatessa

MODELLO: Pirri
Buongiorno, avvocato / avvocatessa Pirri!

1. Tozzi   2. Bianchi   3. Rossi   4. Verini   5. Dini   6. Verdi
7. Giusti   8. Spina   9. Franchi   10. Pirri

◆ ◆ ◆ Studio del lessico ◆ ◆ ◆

- The expression **Molto lieto!** literally means *very delighted*. It corresponds to the English expression *Delighted to meet you!* When the speaker is female, the form **Molto lieta!** is used.

- **al**... represents a formula that is often used to refer to food preparations.

<blockquote>

un panino **al** prosciutto   *a ham sandwich*
un panino **al** formaggio   *a cheese sandwich*

</blockquote>

◆

Applicazione

D. Tozzi, Bianchi and Dini meet at a bar and strike up a conversation. Reconstruct it as indicated.

> MODELLO: TOZZI   Greets Mrs. Dini and Professor Bianchi (a female)
> — *Buongiorno, signora Dini e professoressa Bianchi!*

TOZZI:	Greets Mrs. Dini and Professor Bianchi (a female).
DINI/BIANCHI:	Greet Mr. Tozzi.
TOZZI:	Asks each one separately to be seated.
TOZZI:	Introduces Pirri (a male lawyer) to Dini and Bianchi separately.
DINI/BIANCHI:	Express pleasure in meeting Pirri.
TOZZI:	Orders a cheese sandwich.
DINI:	Orders a cheese sandwich and coffee.
BIANCHI:	Orders a ham sandwich.
PIRRI:	Doesn't want anything.

◆ ◆ ◆ Studio della grammatica ◆ ◆ ◆

PRONOMI PERSONALI CON FUNZIONE DI SOGGETTO

Here are the subject pronouns of Italian:

PRONOMI		
Singolare		**Plurale**
io	*I*	noi	*we*
tu	*you (fam.)*	voi	*you*
lui	*he*	loro	*they*
lei	*she*	Loro	*you (pol.)*
Lei	*you (pol.)*		

- The verb must agree with the familiar and polite forms **tu** and **Lei: Tu, di dove sei? Lei, di dove è (di dov'è)?**

- The **tu** form is used when you are speaking to friends, family members and to anyone with whom you are on a first-name basis. Otherwise the **Lei** form is used.

- Use **voi** as the plural of both **tu** and **Lei** when addressing a group of people. Use the polite form **Loro** when addressing people very formally. **Loro** is always used by service people (waiters, store clerks, etc.): **Desiderano (Loro)?**

	Informale	Formale
Singolare	Maria, (tu) come stai? Maria, (tu) di dove sei?	Signor Veri, (Lei) come sta? Signor Veri, (Lei) di dove è (dov'è)?
Plurale	Maria, Marco, (voi) come state? Maria, Marco, (voi) di dove siete?	Signor Veri, signora Bianchi, (voi) come state / come stanno? Signor Veri, signora Bianchi, (voi) di dove siete / di dove sono?

- Subject pronouns must be used after **anche: Anche voi siete di Milano.**

◆

Applicazione

E. Al Bar Roma! Complete the following conversation with the appropriate subject pronouns.

CAMERIERE:	Signora, desidera qualcosa?
BIANCHI:	No, grazie.
CAMERIERE *(turning to the two men)*:	E _____, desiderano?
TOZZI:	Un cappuccino, grazie.
VALENTI:	_____, invece, un bitter.
BIANCHI:	Dottore, _____ di dov'è?
TOZZI:	_____ sono di qui.
BIANCHI E VALENTI:	Anche _____ siamo di qui.

F. Complete the following dialogs with the appropriate subject pronouns.

1. MARCO: Tina, di dove sei _____?
   TINA: _____ sono di Milano.
2. CARLA: Ecco Marco e Maria! Anche _____ sono di Palermo?
   PAOLO: No. Marco non è di Palermo. _____ è di Napoli.

CARLA:	E Maria?
PAOLO:	_____, invece, è di Palermo.
3. GIANNI:	Ciao, Gina e Mario. Anche _____ state bene?
GINA E MARIO:	No, _____ non stiamo bene!

◆ ◆ ◆ Studio della comunicazione ◆ ◆ ◆

SOCIAL CONVENTIONS

	Familiar	Polite
Saying hello		
(morning/early afternoon)	Ciao	Buongiorno (*or* Buon giorno)
(late afternoon/evening)	Ciao	Buonasera (*or* Buona sera)
Good morning	Buongiorno	Buongiorno
Good evening	Buonasera	Buonasera
Saying good-bye		
(morning/early afternoon)	Ciao/Arrivederci	Buongiorno/ArrivederLa
(late afternoon/evening)	Ciao/Arrivederci	Buonasera/ArrivederLa
Goodnight	Buonanotte (*or* Buona notte)	Buonanotte (*or* Buona notte)
See you later	A più tardi	A più tardi
See you soon	A presto	A presto
See you tomorrow	A domani	A domani
Let me introduce you to	Ti presento	Le presento
How are you?	Come stai?	Come sta?
How's it going?	Come va?	Come va?
Excuse me	Scusa	Scusi
Thank you	Grazie	Grazie
You're welcome	Prego	Prego
What's your name?	Come ti chiami?	Come si chiama?
My name is	Mi chiamo	Mi chiamo
Where are you from?	Di dove sei?	Di dove è?/Di dov'è?

◆

Applicazione

G. A tutti la parola! Ask a classmate the following questions in Italian.

- What's your name?
- How are you?
- Where are you from?

H. With two other students, role-play one of the following scenarios, in which you greet someone you know and are introduced to someone else.

MODELLO: in the morning / polite encounter
(s1 = **primo studente,** s2 = **secondo studente,** s3 = **terzo studente**)

s1: *Buongiorno, professoressa Smith. Come va?*

s2: *Bene. E Lei?*

s1: *Così così. Le presento il signor Jones.*

s2: *Piacere!*

s3: *Piacere!*

s2: (not having understood the other person's name) *Scusi, come si chiama?*

s3: *Mi chiamo Bill Jones. E Lei?*

s2: *Io mi chiamo Sandra Smith.*

s3: *Di dov'è Lei?*

s2: *Sono di Toronto. E Lei?*

s3: *Io sono di Boston.*

s2: *ArrivederLa!*

s3: *ArrivederLa!*

s1: *A presto!*

1. in the morning / familiar
2. in the early afternoon / polite

3. in the late afternoon / familiar
4. in the evening / polite

IL MOMENTO CREATIVO ◆

I. Using the polite form, introduce your partner to several other people in the class. Then have your partner introduce you to a different group of people. Each introduction sequence should end in an appropriate way. Note the following title forms used before a name when referring to someone indirectly: Mr. = **il signor Smith;** Miss/Ms. = **la signorina Smith.**

FASE 2ª Ascolto

Listen carefully to the conversation and see if you can determine:

- the name of each speaker
- what each one orders

- where each one is from
- how each one is feeling

Pronuncia

ITALIAN VOWELS

In Italian each of the vowels — **a, e, i, o, u** — stands, in general, for a single sound. The **e** and **o** may be pronounced as open or close sounds. This feature varies in Italy according to region.

Vowel	Phonetic Symbol	Pronunciation	Example
a	[a]	"ah" as in *father*	aranciata
e	[e]	"eh" as in *pen*	bene
i	[i]	"eeh" as in *week*	sì
o	[o]	"oh" as in *boss*	no
u	[u]	"ooh" as in *boot*	tu

Esercitazione   Repeat each of the following words, expressions, or sentences.

1. ciao
2. grazie
3. acqua minerale
4. macchiato
5. aranciata
6. A domani!
7. A più tardi!
8. ristretto
9. caffè
10. espresso
11. bene
12. Che bello!
13. A presto!
14. Arrivederci!
15. io
16. panino

17. Tina
18. Io sono di qui.
19. Lui e lei non sono di qui.
20. come
21. dove
22. molto
23. dottore
24. signora
25. Sono di Roma.
26. No, non sono Tozzi!
27. Scusa!
28. più
29. prosciutto
30. lui
31. tutti
32. Un cappuccino, per piacere!

FASE 3ª Lettura

picky

IL BARISTA PIGNOLO°!

Un signore entra in un bar.

glass

SIGNORE: Un bicchiere° di vino, per favore.

BARISTA: Bianco o rosso?

SIGNORE: Rosso!

Sweet / dry

BARISTA: Dolce° o secco°?

SIGNORE: Secco!

brand name

BARISTA: Locale o di marca°?

SIGNORE: Locale!

flask

BARISTA: Di fiasco° o di bottiglia?

It doesn't matter!

SIGNORE: Non importa!° Un caffè, per favore!

BARISTA: Normale o macchiato?
SIGNORE: Normale!
BARISTA: Ristretto o lungo?
SIGNORE: Ristretto!
BARISTA: Corretto o semplice?

runs away hopelessly   *A questo punto, il signore scappa disperato°!*

(Da: *Divertenti storie italiane* di L. Fabbri)

☻ OCCHIO ALLA CULTURA!

In Italy, wine is considered part of the main meals; it plays an important part in Italian culture and traditions.

Attività   **A.** Correct each statement.

> MODELLO: Un signore entra in una casa *(house)*.
> *No, non entra in una casa. Entra in un bar.*

1. Desidera *(He wants)* un bicchiere di vino bianco.
2. Desidera un bicchiere di vino dolce.
3. Desidera un bicchiere di vino di marca.
4. Desidera un caffè macchiato.
5. Desidera un caffè lungo.
6. Il signore rimane *(remains)*.

B. Using the expressions **Mi piace** *(I like)* and **Non mi piace** *(I do not like)*, say what beverages you do and do not like.

> MODELLO: il cappuccino
> *Il cappuccino? Sì, mi piace.*

1. il vino bianco
2. il vino rosso
3. il vino dolce
4. il vino secco
5. il caffè normale
6. il caffè macchiato
7. il caffè ristretto
8. il caffè lungo
9. il caffè corretto

FASE 4ª   Punto di arrivo

Attività varie

A. Opinioni e discussione. Answer the following questions according to your likes and dislikes.

Ti piace...

1. il cappuccino?
2. l'acqua minerale?
3. l'espresso?
4. il caffellatte?

5. l'aranciata?
6. il bitter?
7. la Coca-Cola?
8. la limonata?

9. il succo di frutta?
10. il tè?
11. lo zabaione?
12. lo spumone?

B. Situazioni comunicative. Complete the following sentences with the appropriate response.

1. If you are at a bar and do not want anything, you would say
   - Per me niente, grazie.
   - Per me tutto, grazie.
2. You are **al banco,** so you are being served by
   - un cameriere
   - un barista
3. **Un cameriere** would serve you
   - al banco
   - al tavolo
4. You greet a group of friends with
   - Buongiorno!
   - Ciao a tutti!
5. You ask a friend how he/she is with
   - Come sta?
   - Come stai?
6. You ask a group of friends how they are with
   - Come state?
   - Come stanno?

È una bottiglia di _____.

7. You ask a group of friends where they are from with
   - Di dove siete?
   - Di dove sei?
8. You introduce a friend to another friend with
   - Vi presento...
   - Ti presento...
9. You see Armando coming and point him out with
   - C'è Armando.
   - Ecco Armando.
10. You ask if Armando and Tina are in the bar with
    - Ecco Tina e Armando?
    - Ci sono Tina e Armando?
11. You introduce a person to another person formally with
    - Ti presento...
    - Le presento...
12. You follow up a formal introduction with
    - Molto lieto(-a)!
    - ArrivederLa!

C. Giochiamo! The following anagrams are all ways to have coffee or order wine. As you solve each one, write out a complete order for the item.

MODELLO: ID AIFCOS
di fiasco
Per me, un bicchiere di fiasco, per favore.

1. RRTTEOOC _____
2. RSIERTOTT _____
3. NAIBCO _____
4. RSSOO _____
5. CEDLO _____
6. CCOES _____
7. CAMCHIOTIA _____
8. COLELA _____
9. ID CARAM _____
10. ID TTOBIGLAI _____
11. GNULO _____
12. MESLIPCE _____
13. SRPESEOS _____

D. Compiti comunicativi. Following are some situations that are now familiar to you. Construct an appropriate phrase or dialog for each one.

1. Say thank you.
2. Introduce Franco to Maria.
3. Introduce Mr. Rossi to Mrs. Franchi.
4. Ask Gino how he is.
5. Ask Professor Verini how she is.
6. Say hello in the morning to Dr. Martini (a female).
7. Say hello in the afternoon to Dr. Bruni (a male).
8. Say good-bye to Armando in two ways.
9. Say good-bye to Mr. Giorgetti in the morning in two ways.
10. Say good-bye to Professor Dini (a female) in the evening in two ways.
11. Order a ham sandwich.
12. Order a cheese sandwich and any drink.

Attività scritta   Complete the following conversation, using the notions you have learned in this chapter.

Carla è in un bar a Firenze. Carla vede *(sees)* la professoressa Verini con un uomo *(man)*.

CARLA: _____

VERINI: Sto molto bene, grazie. E tu, Carla, come stai?

CARLA: _____

VERINI: Carla, ti presento il professor Giusti. Lui è di Milano.

CARLA: _____

GIUSTI: Che bello!

VERINI: _____

CARLA: Allora, siamo tutti di Milano!

Simulazioni   Role-play the following scenarios.

1. One student plays the part of a bartender. Three others play the part of friends who meet at a bar. Two of the three have never met, so appropriate introductions follow. The three order beverages. The dialog ends in any appropriate way after the beverages have arrived.

2. One student plays the part of a waiter. Three others play the part of work associates who meet at a bar. Two of the three have never met, so appropriate introductions follow. Sandwiches (ham or cheese) and beverages are ordered. This time the customers are given a hard time by the bartender, in a way that is reminiscent of the bartender in this chapter's **Lettura.**

Lessico utile

Nomi

l'acqua minerale *(glass of) mineral water*
l'aranciata *orange drink*
il bar *espresso bar*
il/la barista *bartender*
il bicchiere *(drinking) glass* (**un bicchiere di vino** *a glass of wine*)
la bottiglia *bottle* (**di bottiglia** *in a bottle*)
il caffè *coffee*

il caffellatte *cup of coffee and milk in equal portions*
il cappuccino *cappuccino*
la Coca-Cola *Coke*
il dottore *doctor, Dr.*
il fiasco *flask* (**di fiasco** *in a flask*)
il formaggio *cheese* (**un panino al formaggio** *a cheese sandwich*)
l'ingegnere *engineer*
la limonata *lemonade*

il panino *sandwich, bun*
il prosciutto *ham* (**un panino al prosciutto** *a ham sandwich*)
la signora *lady, Madam, Mrs., Ms.*
il signore *gentleman, sir, Mr.*
la signorina *young lady, Miss, Ms.*
il succo di frutta *fruit juice*
il tè *tea*

Aggettivi

(Adjectives are given in their masculine singular form.)
bianco *white*
corretto *with a dash of an alcoholic beverage*
dolce *sweet*
gentile *kind, gentle*
lieto *delighted*
lungo *less concentrated*
macchiato *with a drop of milk*
normale *normal (black coffee)*
ristretto *strong*
rosso *red*
secco *dry*
semplice *simple (opposite of* **caffè corretto***)*

Verbi

entrare *to enter* (**entra in un bar** *enters an espresso bar*)
esserci *to be here/there*
essere *to be*
stare *to stay*

Avverbi

abbastanza bene *rather well*
anche *also, too*
bene *well*
così così *so so*
male *not well (badly)*
molto *very*
molto bene *very well*
niente *nothing*
qui *here*

Altri vocaboli / Espressioni

A domani! *See you tomorrow!*
A più tardi! *See you later!*
A presto! *See you soon!*
a *to, at*
Arrivederci! *(fam.) /* **ArrivederLa!** *(pol.) Good-bye!*
Buonanotte! (Buona notte!) *Good night!*
Buonasera! (Buona sera!) *Hello! Good afternoon! Good evening! Good-bye!*
Buongiorno! (Buon giorno!) *Hello! Good day! Good morning! Good-bye!*
Che bello! *How nice!*
Ciao! *Hi!/Bye!* (**Ciao a tutti!** *Hi everyone!*)
come *how*
Come stai? *(fam., sing.) /* **Come sta?** *(pol., sing.) /* **Come state?** *(pl.) How are you?*
Come ti chiami? *(fam.) /* **Come si chiama?** *(pol.) What's your name?*
di *of, from* (**di Milano** *from Milan;* **di qui** *from here*)
Di dove sei? *(fam.) /* **Di dove è?** *(pol.) Where are you from?*
dove *where*
e *and*
ecco *here is, here are; there is, there are*
grazie *thank you*
invece *instead*
Molto lieto *(m.) /* **lieta** *(f.)!* *Delighted to meet you!*
non c'è male *not bad*
per favore / per piacere / per cortesia *please*
per *for* (**per me** *for me*)
Piacere! *A pleasure! Nice meeting you!*
prego *you're welcome*
Prego? *What can I do for you?, Yes? May I help you?, I beg your pardon!, Please, come in!*
Prende qualcosa? *(sing., pol.) /* **Prendete qualcosa?** *(pl.) Would you like something?*
qualcosa *something*
Scusa! *(fam.) /* **Scusi!** *(pol.) Excuse me!*
Si accomodi! *Be seated!*
sì *yes*
ti presento *(fam.) /* **Le presento** *(pol.) /* **Vi presento** *(pl.) Let me introduce you to*
tutti *everyone, everybody*
tutto *everything*
Va bene! *OK!*

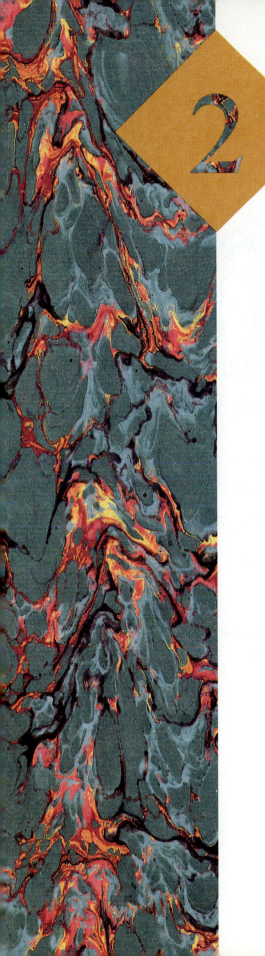

2 > HO FAME!

LANGUAGE FUNCTIONS

Ordering food   Requesting information
Asking questions   Expressing likes and dislikes
Using time expressions   Indicating

GRAMMATICAL STRUCTURES

Altro as an indefinite adjective
Present indicative of **avere**
Expressions with **avere**   Pluralizing nouns
Mi piace/Ti piace   Definite article

CULTURE

Italian eating places   Meals in Italy

FASE 1ª Punto di partenza 1

IN UNO SNACK BAR!

Carla, Gianni, Armando, Tina e Carlo sono in uno snack bar in via Nazionale.

I'm still hungry.	CARLA:	Ho ancora fame.° Cameriere, un panino al prosciutto o al formaggio, per favore!
sandwich	GIANNI:	E per me un altro tramezzino° al formaggio, grazie.
	CAMERIERE:	E Lei, cosa desidera?
any kind of	ARMANDO:	Solo[1] un qualsiasi° succo di frutta.
	TINA:	Per me niente.
	CARLO:	Allora, dov'è Gina?
	GIANNI:	Perché?
	CARLO:	Perché abbiamo un appuntamento!
Maybe	CARLA:	Forse° ha un altro appuntamento. Pazienza! Ci sono io, no?

Comprensione

A. Answer the following questions.

1. Dove sono Carla, Gianni, Armando, Tina e Carlo?
2. Cosa prende Carla?
3. Cosa prende Gianni?
4. Cosa prende Armando?
5. Cosa prende Tina?
6. Perché Gina non c'è?

---

[1] The alternate forms of **solo** are **solamente** and **soltanto**.

◉ OCCHIO ALLA CULTURA!

An Italian **snack bar** offers a quick lunch of sandwiches, pizza, and the like. More elaborate lunches (and dinners) are available at **ristoranti, trattorie,** and **tavole calde** (see **Studio del lessico** on p. 31). There are also many specialty food places throughout Italy: for example, **una paninoteca** is a sandwich shop, **una pizzeria** is a pizza parlor, and **una gelateria** is an ice cream parlor.

　　La colazione (*f.*) (*breakfast*) generally consists of coffee—especially **cappuccino** or **caffellatte**—and something light to eat. During **il pranzo** (*lunch*), most stores, offices, and businesses close down. **La cena** (*dinner*) generally takes place from around 8:00 P.M. on.

Come si chiama lo snack bar? In quale città è? Qual è il suo indirizzo (address)?

Espansione

Here are some of the foods you can order at a **snack bar.**

una brioche　　　un cornetto　　　un gelato

una pasta　　　un panino　　　una pizza

un tramezzino　　　una pizzetta

B. Order "more" of the following items, as in the model. Use **un altro** in front of **nomi maschili**; **un'altra** in front of **nomi femminili**.

> MODELLO: caffè e pasta
> *Per me un altro caffè e un'altra pasta, per favore.*

1. espresso e panino al prosciutto
2. caffè e tramezzino al prosciutto
3. cappuccino e panino al formaggio
4. acqua minerale e tramezzino al prosciutto
5. caffè ristretto e tramezzino al formaggio
6. caffè lungo e pizzetta
7. caffè macchiato e qualsiasi gelato
8. caffellatte e brioche
9. bitter e qualsiasi pasta
10. Coca-Cola e panino
11. qualsiasi succo di frutta e brioche
12. limonata e qualsiasi gelato
13. aranciata e qualsiasi tramezzino
14. tè e brioche

C. Form questions asking . . .

> MODELLO: where Mary is
> *Dov'è Maria?*

1. where Armando is
2. where Carla and Tina are
3. where everyone is
4. how Carla is
5. Carla (directly) how she is

◆   ◆   ◆ **Studio del lessico** ◆   ◆   ◆

ALLORA/ANCORA

Allora can also mean *so, then, thus,* and *therefore.* **Ancora** has several meanings as well:

Gianni è **ancora** qui.	*John is **still** here.*
Per me **ancora** caffè, grazie.	*For me, **more** coffee, thank you.*
Ecco **ancora** Armando!	*Here's Armando **again**!*

EATING PLACES

un ristorante	*formal restaurant*
una trattoria	*informal restaurant*
un self-service/una tavola calda	*cafeteria*
una mensa	*school cafeteria*
uno snack bar	*snack bar*
un fast food	*fast-food place*

◆

Applicazione   **D.** Use the words provided to complete the following conversation.

> **pazienza, perché, allora, qualsiasi, tramezzino, cosa, altro, altra, fame, solo, forse, ancora** (*used twice*)

CAMERIERE:	Lei, signore, _____ desidera?
GIANNI:	Niente, grazie. Non ho _____ .
ARMANDO:	Io, invece, ho _____ fame. Per me un _____ panino al prosciutto e una pizzetta.
CARLA:	Per me _____ una pizzetta e un _____ succo di frutta.
TINA:	Per me un _____ al formaggio e un' _____ aranciata.
CAMERIERE:	Va bene.

ARMANDO: _____, dov'è Gina? È _____ qui?
TINA: No. Non c'è.
ARMANDO: _____?
TINA: _____ ha un appuntamento.
ARMANDO: _____!

E. Working with a partner, ask where the person indicated is. Your partner responds by pointing out what eating place the person(s) is in and what meal that person is having (according to the hour given).

MODELLO: Gianni / ristorante / 8:00 P.M.
            S1:   *Dov'è Gianni?*
            S2:   *È in un ristorante. È a cena.*

a colazione *at breakfast*   **a pranzo** *at lunch*   **a cena** *at dinner*

1. Maria / ristorante / 8:00 P.M.
2. Marco e Tina / self-service / 1:00 P.M.
3. Armando / tavola calda / 2:00 P.M.
4. l'ingegner Tozzi / trattoria / 9:00 P.M.
5. Maria / bar / 8:00 A.M.
6. Gina e Gianni / snack bar / 1:00 P.M.
7. Mario e Tina / mensa / 2:00 P.M.
8. Carla / fast food / 7:00 P.M.

◆ ◆ ◆ **Studio della grammatica** ◆ ◆ ◆

ALTRO

Altro *(other)* is an indefinite adjective that agrees with the noun it modifies.

MASCHILE	FEMMINILE
un **altro** panino	un'**altra** pasta
un **altro** cornetto	un'**altra** brioche

PRESENTE INDICATIVO DI *AVERE*

Singolare		Plurale	
(io) ho[2]	*I have*	**(noi) abbiamo**	*we have*
(tu) hai	*you (fam.) have*	**(voi) avete**	*you have*
(lui/lei/Lei) ha	*he/she has; you (pol.) have*	**(loro) hanno**	*they have*

In the dialog for this **Punto,** Carla uses **avere** with the noun **fame** to express the fact that she is hungry. In English, this physical state is expressed with the verb *to be.*

Carla ha fame.	*Carla is hungry.*
Maria e Paolo hanno fame.	*Mary and Paul are hungry.*

Here are some more expressions with **avere** + *noun:*

- **avere bisogno di** + *inf.*   to need (to do something)
- **avere fretta**   *to be in a hurry*
- **avere paura**   *to be afraid*
- **avere pazienza**   *to be patient*
- **avere ragione**   *to be right*
- **avere sete**   *to be thirsty*
- **avere sonno**   *to be sleepy*
- **avere torto**   *to be wrong*

◆

Applicazione

F. In uno snack bar! During a conversation at your favorite snack bar, you decide to speak your mind. Then you ask if others (as indicated) feel the same way.

MODELLO: Ho fame solo a cena! (tu, Marco, voi)
Anche tu hai fame solo a cena? Anche Marco ha fame solo a cena? Anche voi avete fame solo a cena?

1. Ho bisogno di un caffè! (voi, loro, tutti noi *[all of us]*)
2. Ho sete! (tu, lei, Armando e Tina)
3. Ho sonno! (lui, tu e Carla, tutti noi)
4. Ho fame! (Maria, loro, voi)
5. Ho paura del professore! (tu, Carla, loro)
6. Ho pazienza! (tutti noi, voi, lui)
7. Ho fretta! (voi, Claudia, tutti noi)
8. Ho ragione! (loro, tu, Tina)
9. Ho torto! (Armando, voi, loro)

---

[2] The **h** is always silent.

G. Using the cues, ask the people indicated what eating place they are in. Then tell them the obvious, namely, that they are hungry or thirsty, and therefore need another beverage or food (as indicated).

MODELLO: voi / tavola calda / panino al formaggio
Siete in una tavola calda? Allora avete fame e avete bisogno di un altro panino al formaggio!

1. tu / bar / limonata
2. Mario / snack bar / panino al prosciutto
3. tutti noi / mensa / tramezzino al formaggio
4. voi / self-service / Coca-Cola
5. Maria e Marco / tavola calda / pizza

H. For each drawing below, give the expression that best describes the person's physical or emotional state.

1.

2.

3.

4.

✦ ✦ ✦ Studio della comunicazione ✦ ✦ ✦

REQUESTING INFORMATION / ASKING QUESTIONS

The following is a list of words—known as *interrogatives* (**interrogativi**)—that you will need for requesting information and asking questions:

Che?/ Che cosa?/ Cosa?	*What?*	Che è?/ Che cos'è? (Che cosa è?)/ Cos'è? (Cosa è?)	*What is it?*
Chi?	*Who?*	Chi è Marco?	*Who is Mark?*
Quanto?	*How much?*	Quant'è? (Quanto è?)	*How much is it?*
Perché	*Why?*	Perché non c'è Maria?	*Why isn't Mary here?*
Come?	*How?*	Come stai?	*How are you?*
Quando?	*When?*	Quand'è? (Quando è?)	*When is it?*
Dove?	*Where?*	Dove sono?	*Where are they?*
Quale?	*Which?*	Quale pasta desidera?	*Which pastry would you like?*

- **Perché** also means *because.*
- In sentences that contain these interrogatives, the subject is normally put at the end: **Quanto è un cappuccino?** *How much is a cappuccino?*
- The final vowel of **cosa, come, dove, quando** and **quanto** may be dropped when they precede the verb form **è**: **Cos'è/Cosa è?; Com'è/Come è?; Dov'è/Dove è?; Quand'è/Quando è?; Quant'è/Quanto è?**. Note that **quale** is not apostrophized: **Qual è/Quale è?**
- The plural form of **quale** is **quali: Qual è?** *Which one is it?* / **Quali sono?** *Which ones are they?*

When asking a question (**una domanda**), raise your voice at the end of the sentence as in English:

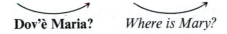

Dov'è Maria?   *Where is Mary?*

Another kind of questioning strategy does not use **interrogativi.** This type anticipates a **sì** or **no** answer (**una risposta**), which is formed by:

- using the normal intonation pattern for questions without changing the word order; or
- putting the subject at the end (plus question intonation).

DOMANDA	RISPOSTA
Gianni ha fame?	**Sì,** Gianni ha fame.
Ha fame, Gianni?	**No,** Gianni **non** ha fame.

Finally, to say such things as *right?*, *doesn't he/she?*, *aren't you?*, etc., use either **no?**, **vero?**, or **non è vero?** These are known as "tag questions."

Hai fame, **no?**   *You're hungry, **aren't you?***
Sei di Roma, **vero?**   *You're from Rome, **right?***
Gina è in uno snack bar,   *Gina is at a snack bar,*
   non è vero?   *isn't she?*

Applicazione

I. You are at a **trattoria** with some friends. It is very noisy and you can't hear everything they say. Ask the questions that will confirm all the information each statement contains.

MODELLO: Carla ha ancora fame.
            Chi ha ancora fame? Che cosa ha Carla? Carla ha ancora fame, non è vero?

1. Marco ha un appuntamento.   4. Tu sei di Napoli.
2. Gina e Claudia hanno ancora sete. 5. Armando sta male.
3. Carlo ha torto.

J. Make up questions for each of the following items, using **quando, quale, perché,** and a tag question. Use either **mangi** *(you eat)* or **bevi** *(you drink),* as required.

MODELLO: il cappuccino
            Quando bevi il cappuccino?
            Quale cappuccino bevi?
            Perché bevi il cappuccino?
            Bevi il cappuccino, vero?

1. il gelato   3. la limonata   5. il succo di frutta
2. la pizza   4. la Coca-Cola   6. il formaggio

IL MOMENTO CREATIVO ◆

K. Interview your partner to find out:

- what he/she drinks when thirsty
- what he/she eats when hungry
- if he/she is sleepy
- if he/she has patience

Punto di partenza 2

I like it

CERTO! MI PIACE° MOLTO!

Carlo e Carla entrano in una trattoria.

something else

CARLO:	Allora, Carla, prendiamo qualcos'altro°?
CARLA:	Per me solo un'acqua minerale.

spaghetti with egg and bacon

CARLO:	E per me spaghetti alla carbonara°.
CAMERIERE:	Va bene.

do you like being

CARLO:	Allora, ti piace stare° con me?
CARLA:	Certo! Mi piace molto!

A questo punto Gina entra nella trattoria.

you rascal

GINA:	Carlo, mascalzone°! Abbiamo un appuntamento!

late

CARLO:	Scusa, Gina, ma sei in ritardo°!

It doesn't matter!/So long/forever

GINA:	Non importa!° Addio°, per sempre°!
CARLA:	Scusa, Carlo, ma anch'io ho un appuntamento. Ciao!

Comprensione

A. Complete the following paraphrase of the dialog with the appropriate words.

Carlo e Carla entrano in una _____. Carla prende un'_____. Carlo, invece prende gli _____. Carlo dice *(says)* «Ti _____ stare con me?» Carla risponde «Certo! Mi _____ molto!» A questo punto, Gina _____ nella trattoria. Gina e Carlo hanno un _____. Gina è in _____. Anche Carla ha un _____.

Espansione

B. Say whether you do or do not like the following well-known people.

FOR A MALE CELEBRITY	FOR A FEMALE CELEBRITY

Mi piace. / Non mi piace.
Mi è simpatico. / Non mi è
  simpatico.
	Mi piace. / Non mi piace.
	Mi è simpatica. / Non mi è
	  simpatica.

MODELLO: Paul McCartney
Sì, mi piace. / Sì, mi è simpatico.
No, non mi piace. / No, non mi è simpatico.

1. Madonna
2. Bill Cosby
3. Sting
4. George Bush
5. Meryl Streep
6. Kiefer Sutherland

◆ ◆ ◆ Studio del lessico ◆ ◆ ◆

ALLA...

The phrase **alla...** describes a food dish prepared in a certain way.

spaghetti **alla** carbonara   *spaghetti with egg and bacon*
risotto **alla** milanese   *rice seasoned with saffron*

TIME EXPRESSIONS

in anticipo	*early*
in orario	*on time (used to refer to trains, planes, etc.)*
in ritardo	*late*
puntuale	*on time, punctual (used to refer to people)*

◆

Applicazione   C. Read the following story. Then correct the statements that follow, as in the model.

Carla, Marco e Maria entrano in una trattoria. Carla prende gli spaghetti alla bolognese e Marco prende il risotto alla milanese. Anche Maria prende gli spaghetti —gli spaghetti alla carbonara. Carla ha un appuntamento con Armando. Ma Armando è in ritardo. Lui non è mai *(never)* puntuale. Carla, invece, è sempre in anticipo. Armando entra nella trattoria. Carla dice *(says)* «Ciao, Armando, e addio per sempre!»

MODELLO: Carla, Marco e Maria entrano in un self-service.
            No, entrano in una trattoria.

1. Carla prende gli spaghetti alla carbonara.
2. Marco prende gli spaghetti alla bolognese.
3. Maria prende un panino al formaggio.
4. Maria ha un appuntamento con Armando.
5. Armando è sempre in anticipo.
6. Carla è sempre in ritardo.
7. Armando entra in un bar.

◆ ◆ ◆ Studio della grammatica ◆ ◆ ◆

NOMI AL PLURALE

To put nouns into the plural, change their final vowels in the following ways:

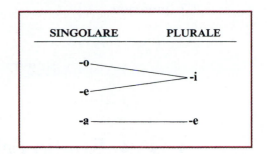

	SINGOLARE		PLURALE	
un tramezzino		due tramezzini		*two sandwiches*
un cameriere		due camerieri		*two waiters*
una colazione		due colazioni		*two breakfasts*
una pasta		due paste		*two pastries*

MI PIACE / TI PIACE

The verb **piacere** *to be pleasing to* will be dealt with in a later chapter. For now, note that to say *I like / You like* . . . you must use a singular or a plural form according to the number of the noun (the person/object that you like).

SINGOLARE	PLURALE
Mi piace Madonna.	Non mi piacciono i Rolling Stones.
Ti piace il risotto?	Ti piacciono gli spaghetti?

◆

Applicazione

D. Uffa! *(Ugh!/Yuck!)* A friend hands you different foods and beverages asking you if you like them. As it turns out, you don't like any of them. Generalize your negative reactions by putting the foods/beverages into the plural.

MODELLO: panino
—*Ecco un panino per te! Ti piace?*
—*Panini! Uffa! Non mi piacciono affatto* (at all)!

1. tramezzino	3. limonata	5. cappuccino	7. gelato
2. pizzetta	4. zabaione	6. aranciata	8. cornetto

E. Now ask your friend which of the following places and people he/she likes, putting the noun in the plural.

> MODELLO: tavola calda
> *Quali tavole calde ti piacciono?*

1. ristorante
2. professore

3. trattoria
4. dottore

5. avvocato
6. mensa

◆ ◆ ◆ Studio della comunicazione ◆ ◆ ◆

EXPRESSING LIKES AND DISLIKES

The expressions **mi piace / mi piacciono** and **ti piace / ti piacciono** are used to express whether you or someone else likes or dislikes something: **Mi piace la pizza. / Non mi piace la pizza.** They also allow you or someone else to express a like or dislike of people. But the expression **essere simpatico(-a)** is more appropriate when referring to people.

> Kim Basinger mi è simpatica.
> Kevin Costner non ti è
>   simpatico, vero?

> *I like Kim Basinger.*
> *You don't like Kevin Costner,*
>   *isn't that so?*

◆

Applicazione

F. Divide into groups of four or five. Each group will choose one of the categories listed below and think of four names for that category. Each member of your group will then choose one of the persons/places/things and ask another student in the class if he/she likes him/her/it.

> MODELLI: (actor) Tom Cruise
>   S1:   *Ti è simpatico Tom Cruise?*
>   S2:   *Sì, mi è simpatico. / No, non mi è simpatico.*
>
>   (well-known fast-food establishment) McDonald's
>   S1:   *Ti piace McDonald's?*
>   S2:   *Sì, mi piace. / No, non mi piace.*

actors/actresses
fast-food establishments
types of beverages

musical groups
athletes (baseball, tennis, etc.)
novelists

IL MOMENTO CREATIVO ◆

G. Prepare a list in Italian of ten things and/or people that you like, and ten that you dislike. Compare your list to that of other students in the class, and find someone who has at least 3 of the same items on his or her list.

Punto di partenza 3

delicious

SÌ, È SQUISITA°!

Carlo entra in uno snack bar dove ci sono Carla e Armando.

CARLA:	Per me un caffè.
ARMANDO:	Io ho ancora una fame da lupi!°
CARLA:	Oh, ciao, Carlo! Che cosa bevi°? È una bibita° buona°?
CARLO:	Sì, è squisita. Ma tu...
ARMANDO:	Chi è la ragazza° là fuori°?
CARLO:	È Gina! Meno male!° Gina, Gina, sono qui°!

I'm still very hungry!
are you drinking/soft drink/good
girl/out there
Thank goodness!/here

☻ OCCHIO ALLA LINGUA!

The **presente indicativo** of **bere** *to drink* has the following forms: **bevo, bevi, beve, beviamo, bevete, bevono.**

Comprensione

A. Answer the following questions.

1. Quando Carlo ritorna allo snack bar chi c'è?
2. Che cosa prende Carla?
3. Che cosa ha Armando?
4. Chi beve una bibita squisita?
5. Chi è la ragazza là fuori?

RISTORANTE
LA GALLERIA
di Ponticelli Agnese

cucina toscana   specialità mare

Via Guicciardini, 48 r.   **FIRENZE**   ☎ 21 85 45
zona Pontevecchio   chiuso la domenica

*Che cos'è **La Galleria**? In quale città è?*

Espansione

B. You are at a bar and are joined by some of your friends. Statements are made and questions asked about who is drinking what. Answer all the questions as in the model.

> MODELLO: Io bevo un caffè lungo. E tu?
> *Anch'io bevo un caffè lungo.*

1. Tu bevi un cappuccino. E Marco?
2. Loro bevono un'acqua minerale. E voi?
3. Noi beviamo una limonata. E tu?
4. Maria beve un tè. E loro?
5. Tu bevi un'aranciata. E Mario e io, cosa beviamo?

C. You are at a **trattoria** having lunch with friends. As each dish is brought to your table, indicate who ordered it.

> MODELLO: gli spaghetti / Debbie
> *Sono gli spaghetti di Debbie.*

PIATTI	DISHES
gli gnocchi	*dumplings*
le lasagne	*lasagna dish*
i ravioli	*ravioli*

1. le lasagne / Mike
2. gli gnocchi / Barbara
3. i ravioli / Jack
4. gli spaghetti / Jane
5. il risotto / George

...da' i CIATTINI

ANTICA TRATTORIA DEI CACCIATORI

CUCINA TOSCANA:
Specialità alla brace
Pasta fatta in casa

Via Chiantigiana per Ferrone, 22
Falciani - Impruneta (FI)
per prenotazioni telefonare al 2020432

CHIUSO IL LUNEDÌ E MARTEDÌ

Che tipo di cucina offre questa trattoria?

D. Ti piace? Ask a friend if he/she likes the following foods or drinks. He/she will answer you.

MODELLO: — *Ti piace la brioche?*
              — *Sì, mi piace la brioche.*

1. l'aranciata
2. il panino
3. lo zabaione
4. la brioche
5. il tramezzino
6. gli spaghetti
7. il risotto

◆   ◆   ◆ **Studio del lessico** ◆   ◆   ◆   ◆

FALSE FRIENDS

As used in the dialog, **squisito** means *delicious.* The adjective **delizioso,** which you might think means *delicious,* generally means *delightful.* It is therefore known as a "false cognate" **(un falso amico),** that is, it is related to English in origin but has a different meaning.

IDIOMATIC EXPRESSIONS

- **fame da lupi** translates literally as *hungry as wolves.* An equivalent English expression to **Ho una fame da lupi!** might be *I'm as hungry as a bear!* **Meno male!** translates literally as *less bad.* An equivalent English expression might be *Thank goodness!*

PARTICOLARITÀ

- **Le lasagne** is used in the plural form. The singular form, **lasagna** is used only in English.

- The masculine form **il tavolo** can be used instead of the feminine form **la tavola** to mean the same thing: *table*. The latter, however, is used more often when referring to an eating table, hence **la tavola calda.**

◆

Applicazione

E. Say whether each of the following is **squisito(-a)** or **delizioso(-a).**

MODELLO: il libro *(book)* d'italiano
Il libro d'italiano è delizioso.

1. la cena
2. il piatto di ravioli
3. la trattoria Morelli
4. il piatto di gnocchi

5. il pranzo
6. la lettura «Il barista pignolo»
7. il piatto di lasagne

F. Give the Italian equivalent for the following.

1. Say that you are as hungry as a bear.
2. Express relief.
3. Ask someone where the snack bar is.
4. Ask someone where the restaurant is.
5. Say that the book is delightful.
6. Say that the lasagna is delicious.

◆ ◆ ◆ **Studio della grammatica** ◆ ◆ ◆

L'ARTICOLO DETERMINATIVO

In the above exercises and activities, you have been using the definite article. Like the indefinite article, it varies according to the gender, number, and initial sound of the noun it modifies.

The singular forms of the definite article, which generally render the English form *the,* are as follows:

- **Maschile singolare**
lo   before a masculine noun beginning with *z* or *s* + consonant.

lo zabaione   **lo spumone**

Note that this form is also used before a noun beginning with *gn:* **lo gnocco (uno gnocco)** *the dumpling (a dumpling).* But this happens rarely.

il   before a masculine noun beginning with any other consonant.

> **il libro**   **il piatto**

l'   before a masculine noun beginning with any vowel.

> **l'appuntamento**   **l'avvocato**

• **Femminile singolare**
la   before a feminine noun beginning with any consonant.

> **la ragazza**   **la finestra** *(window)*

l'   before a feminine noun beginning with any vowel.

> **l'aranciata**

The definite article also has plural forms:

	SINGOLARE	PLURALE
MASCHILE	**lo**	**gli**
	l'	**gli**
	il	**i**
	lo zabaione	**gli** zabaioni
	lo spumone	**gli** spumoni
	lo gnocco	**gli** gnocchi
	l'appuntamento	**gli** appuntamenti
	l'avvocato	**gli** avvocati
	il libro	**i** libri
	il piatto	**i** piatti
FEMMINILE	**la**	**le**
	l'	**le**
	la ragazza	**le** ragazze
	la finestra	**le** finestre
	la colazione	**le** colazioni
	l'aranciata	**le** aranciate

*You're at the **Pizzeria Buon Gusto.** Order a pizza and a beverage.*

DI...

Possession may be expressed in Italian by using the preposition **di** in the following formula:

È la pasta **di Tina.**	*It's Tina's pastry. (= It's the pastry of Tina.)*
È il libro **di Maria.**	*It's Mary's book. (= It's the book of Mary.)*
Sono i libri **di Gina.**	*They are Gina's books. (= They are the books of Gina.)*

Di can be apostrophized before a vowel: **È il libro d'Armando.**
Di chi is used to express *whose.*

Di chi è?	***Whose** is it?*
Di chi sono?	***Whose** are they?*

◆

Applicazione

G. At a bar the bartender asks you if you want a specific item. Although you agree to take it, you express a general dislike of each item. Follow the model.

MODELLO: Una pasta?
Sì, la pasta va bene. Ma, generalmente (generally), *le paste non mi piacciono.*

1. Uno spumone?
2. Un panino?
3. Una pizzetta?
4. Uno zabaione?
5. Un'aranciata?
6. Un cappuccino?
7. Un espresso?
8. Una limonata?
9. Un cornetto?
10. Un tramezzino?
11. Un gelato?

H. First ask and then indicate to whom the following things probably belong.

MODELLI: libro / Gina
Di chi è il libro? Forse è il libro di Gina.

panini / Marco
Di chi sono i panini? Forse sono i panini di Marco.

1. piatto / Armando
2. gnocchi / Gianni
3. spaghetti / Claudia
4. risotto / Tina
5. lasagne / Marco
6. espresso / Maria
7. zabaione / Carlo
8. bibita / Paolo

◆ ◆ ◆ Studio della comunicazione ◆ ◆ ◆

BEING SPECIFIC/NONSPECIFIC

The definite article allows you to indicate something specific, whereas the indefinite article allows you to indicate something nonspecific:

SPECIFIC: Il caffè del Bar Roma è squisito. — *The coffee served at the Bar Roma is delicious.*
NONSPECIFIC: A colazione bevo un caffè. — *At breakfast I have (a) coffee.*

The definite article is also used to indicate something in general, especially when the noun is the subject of a sentence.

I ravioli sono squisiti. — *Ravioli (in general) are delicious.*
Il cappuccino è squisito. — *Cappuccino (in general) is delicious.*

TITLES

The definite article is used with titles.

	MASCHILE		FEMMINILE	
Mr.	il signore il signor Rossi	Miss/Ms.	la signorina la signorina Giusti	
		Mrs./Ms.	la signora la signora Bianchi	
Prof.	il professore il professor Rossi		la professoressa la professoressa Bianchi	
Dr.	il dottore il dottor Rossi		la dottoressa la dottoressa Giusti	

The article is dropped, however, when someone is being addressed directly.

INDIRECT SPEECH (talking about)	DIRECT SPEECH (talking to)
Il signor Rossi non c'è. *Mr. Rossi isn't here.*	«Buongiorno, signor Rossi.» *"Hello, Mr. Rossi."*
La dottoressa Giusti è al bar. *Dr. Giusti is at the bar.*	«Dottoressa Giusti, come va?» *"Dr. Giusti, how's it going?"*

POLITENESS

When eating or drinking in the company of others, Italians often use certain expressions of politeness, especially among friends and at home.

Cin Cin!
Salute!

Buon appetito!

What expressions do Americans use in these situations?

◆

Applicazione **I.** While at your favorite restaurant you see someone you know. Point this out and then greet the person (according to the time of day given).

MODELLO: Prof. Giusti *(m.)* / A.M.
Ecco il professor Giusti!
Buongiorno, professore / professor Giusti!

1. Mrs. Mirri / A.M.
2. Dr. Marchi *(m.)* / A.M.
3. Prof. Bartoli *(f.)* / P.M.
4. Mrs. Cortini / P.M.
5. Mr. and Mrs. Santucci / P.M.
6. Dr. Martini *(f.)* / A.M.

IL MOMENTO CREATIVO ◆

J. You and a friend are at a **trattoria** and are awaiting two more friends, Pina and Andrea. Create a short conversation in which:

- you and your friend exchange greetings
- you express your hunger
- your friend expresses his/her thirst
- you ask where Pina and Andrea are
- your friend suggests they are late because they have another appointment

FASE 2ª   Ascolto

Listen carefully to the conversation and see if you can determine:

- what each person orders
- what each person likes or dislikes
- who has a date
- why the date has not kept his/her appointment

Pronuncia

MORE ABOUT ITALIAN VOWELS

Words with an accented final vowel are stressed on that vowel: **caffè, perché.** The accent mark is usually grave (`). But in some words, especially those ending in **-ché,** the acute accent mark (´) may be used.

The accent mark is used in some one-syllable words to avoid confusion: **e** *(and)* vs. **è** *(he/she/it is).*

When **a** *(to/at)* and **e** *(and)* come before a word beginning with a vowel, they may be written as **ad** and **ed**:

a **Armando**	*or*	*ad* **Armando**
Tina *e* **Elena**	*or*	**Tina** *ed* **Elena**

Ad is generally used before a word beginning with an **a**; **ed** is generally used before a word beginning with **e**.

Finally, you may have noticed that most words in Italian are stressed on the next-to-last syllable: **appuntamento, tramezzino, gelato.** However, there are words that do not follow this pattern: **piacciono, semplice, desiderano.** These are identified in this book with an underlined vowel the first time they are introduced.

Esercitazione

Repeat each of the following sentences after your teacher. Then without looking at your book, write each one down as your teacher dictates it to you.

1. Armando e Tina sono in uno snack bar.
2. Ho ancora fame! Un panino al prosciutto, per favore!
3. Un altro tramezzino al formaggio, per favore!
4. Un qualsiasi succo di frutta ed un panino.
5. Gina è in una trattoria, non in un bar.
6. Prendiamo un'acqua minerale?
7. Non mi piacciono gli spaghetti.
8. Perché non ti piace il caffè?
9. Armando è in orario, ma Gianni è in anticipo.
10. La bibita è molto buona!

FASE 3ª Lettura

UN SUCCO DI FRUTTA

volete: do you want

"Ragazzi, volete un succo di frutta?"

"Sì, grazie!" "Sì, grazie!"

"Per me alla pera!".
"Io voglio l'albicocca!".
"Anch'io, anch'io!".

pera: pear
albicocca: apricot

Attività

A. Answer the following questions.

1. Chi vuole *(wants)* un succo di frutta?
2. Che tipo di frutta desidera il primo *(the first)* ragazzo?
3. E il secondo?
4. E il terzo?

B. The following vignette imitates the one in the **Lettura** section of the previous chapter. Complete it in a similar way.

Un signore entra in un bar.

SIGNORE: Un _____ _____ frutta, per favore.
BARISTA: Alla pera o _____?
SIGNORE: All'albicocca.
BARISTA: _____.
SIGNORE: Sì, voglio anche un caffè.
BARISTA: Lungo o _____?
A questo punto, _____

FASE 4ª   Punto di arrivo

Attività varie

A. Opinioni e discussione. Ask your partner the following questions. He/she will ask you the questions in turn.

1. Com'è la mensa della nostra scuola *(of our school)*? Eccellente? Così così? Terribile?
2. Qual è il tuo fast food preferito *(favorite)*?
3. C'è uno snack bar vicino alla *(near)* nostra scuola? È eccellente, così così o terribile?
4. Quando hai più *(more)* fame, a colazione, a pranzo o a cena?
5. Ti piacciono gli spaghetti alla carbonara?
6. Quale piatto di pasta (gli spaghetti, le lasagne, ecc.) ti piace di più *(more)*?

B. Situazioni tipiche. Choose the most logical response or completion.

1. You order any fruit drink with
   - Un qualsiasi succo di frutta.
   - Per me, un succo di frutta.
2. If you are having **un cappuccino e una brioche,** you are most likely having
   - la cena
   - la colazione
3. Stores close during
   - la cena
   - il pranzo
4. You can have **un gelato** at
   - una pizzeria
   - una gelateria

5. You can have **panini e tramezzini** at
   - una pizzeria
   - una paninoteca
6. You point out that Armando has come again with
   - Ecco allora Armando!
   - Ecco ancora Armando!
7. If you and your friend want something else, you would say
   - Desiderano qualcosa.
   - Prendiamo qualcos'altro.
8. If you're really angry at a person (male), you might call him
   - un mascalzone
   - un signore
9. If you're really hungry, you might say
   - Certo che ho fame!
   - Ho una fame da lupi!
10. You convey relief with
    - Certo!
    - Meno male!

C. Un cruciverba.

ORIZZONTALI *(Across)*
  1. drinking glass
  4. to be as hungry as a bear
  7. also
  9. May I help you? *(sing.)*
  10. Here is the table!

VERTICALI *(Down)*
  1. We drink tea.
  2. She is in a hurry.
  3. maybe
  5. Delighted!
  6. the bottle
  8. What's your name? *(pol.)*

D. Compiti comunicativi.

1. Say that you are still hungry.
2. Call the waiter and order a cheese sandwich.
3. Order another cheese sandwich and any fruit juice.
4. Order a ham sandwich (flat).
5. Order more coffee.
6. Ask a waiter how much it (the bill) is.
7. Ask someone which sandwich he/she wants.
8. Ask your friend if his/her beverage is delicious.

Attività scritte

A. Working in pairs, prepare an ad for a food or a beverage, imitating the ad of the **lettura.** Then distribute it to the other class members for commentary. The class will then choose the most "popular" ad.

B. Read the following menu from **Ristorante del Pantheon.** Then select and write out what you would like to eat.

Ristorante
del
Pantheon

Roma - Veduta della Piazza della Rotonda

VIA DEL PANTHEON 55 - TEL. 6792788

Gli antipasti

SALMONE AFFUMICATO	L. 18000
CARPACCIO DI SALMONE FRESCO	18000
PROSCIUTTO DI PARMA	10000
ANTIPASTO MISTO	9000
PROSCIUTTO E MELONE	14000
BRESAOLA DI MANZO	12000
SPEK AFFUMICATO	10000

Le asciutte

SPAGHETTI ALLE VONGOLE VERACI FRESCHE	L. 15000
SPAGHETTI AGLIO OLIO E PEPERONCINO	9000
GNOCCHI AL POMODORO	10000
" AL GORGONZOLA	10000
PENNETTE ALLA PRIMAVERA	10000
BUCATINI ALL'AMATRICIANA	10000
PENNE ALL'ARRABBIATA	9000
RISOTTO ALLA MILANESE	10000
" AL LIMONE D'AMALFI	10.000

Le verdure

INSALATA VERDE	L. 5000
INSALATA DI AVOCADOS	5000
VERDURE BOLLITE	5000
FAGIOLINI LESSI	6000

I nostri dolci   7000

LAMPONI	L. 10000
MACEDONIA CON GELATO	6000 8000
FRUTTA FRESCA	4000
~~ANANAS~~	

I gelati   7000

AFFOGATO WHISKY	L. 10000
CAPPUCCINO	2500
THE CAMOMILLA CAFFE	2000

il servizio e IVA sono inclusi nei prezzi

Simulazione

In groups of three or four write your own "scripts" based on the following suggestions and then role-play them in class.

*You are in a **trattoria**.*

S1:　Says he/she is still hungry and/or thirsty and calls a waiter.

S2:　(waiter) Asks an appropriate question.

S1:　Orders food and drink

S3:　Orders as well, but something different.

S4:　Comes into the **trattoria** and tells S3 that they have a date.

S3:　Gives a convincing excuse for missing the date, and the two make up.

Lessico utile

Nomi

l'appuntamento *appointment, date*
l'arancia *orange (fruit)*
la bibita *soft drink*
il bisogno *need*
la cena *dinner*
la colazione *breakfast*
il cornetto *croissant*
il gelato *ice cream*
il libro *book*
la mensa *school cafeteria*
il panino *bun, roll, sandwich*
la pasta *pastry*
il pranzo *lunch*
la ragazza *girl*
il ristorante *a formal restaurant*
la tavola *table, eating table*
la tavola calda *cafeteria*
il tavolo *table*
il tramezzino *(flat) sandwich*
la trattoria *informal restaurant*
la via *street* (**in via Nazionale** *on National Street*)

Aggettivi

altro *other*
buono *good*
delizioso *delightful*
puntuale *punctual*
squisito *delicious*

Verbi

avere *to have*
(**avere bisogno di** *to need*)
(**avere fame** *to be hungry*)
(**avere fretta** *to be in a hurry*)
(**avere paura** *to be afraid*)
(**avere pazienza** *to be patient*)
(**avere ragione** *to be right*)
(**avere sete** *to be thirsty*)
(**avere sonno** *to be sleepy*)
(**avere torto** *to be wrong*)
bere *to drink*

Avverbi

allora *so, then, thus, therefore*
ancora *still, more, again*
certo/certamente *certainly*
fuori *outside*
là *there* (**là fuori** *out there*)
sempre *always* (**per sempre** *forever*)

Altri vocaboli/Espressioni

Addio! *So long! Adieu!*
altrettanto *and the same to you*
Buon appetito! *Good appetite!*
che/cosa/che cosa *what*
chi *who*
Cin cin! *To your health! Drink up!*
come *how*
con *with*
cosa *what*
dove *where*

essere simpatico a *to be pleasing to* (**mi è simpatico** *he pleases me, I like him*)
forse *maybe*
in *in*
in anticipo *early*
in orario *on time (used to refer to trains, planes, etc.)*
in ritardo *late*
ma *but*
Mascalzone! *You rascal!*
Meno male! *Thank goodness!*
Non importa! *It doesn't matter!*
o *or*
perché *why; because*
qualcosa *something*
quale *which*
qualsiasi *of any kind, whatever*
quando *when*
quanto *how much*
Salute! *To your health! Drink up!*
solo (solamente, soltanto) *only, just*

3

IL MIO MONDO!

LANGUAGE FUNCTIONS

Talking about daily routines and interests
School subjects   Describing your family

GRAMMATICAL STRUCTURES

More about pluralizing nouns
Present indicative of **-are** verbs
Descriptive adjectives   **Molto/Tanto**

CULTURE

The Italian family   Italian first names

FASE 1ª Punto di partenza 1

world

AH, CHE MONDO°!

Claudio, Maria, Pina e Marco sono in un autobus.

CLAUDIO:	Ah, che mondo! Quante cose che non mi piacciono!
MARIA:	Ma perché?

First of all/I want
house/in the countryside/car

CLAUDIO:	Anzitutto°, abito in un appartamento in via Dante e voglio° invece abitare in una casa° in campagna°. Non ho una macchina°...
MARIA:	No, ma hai una moto e una bicicletta, no?
CLAUDIO:	No!

how do you get/downtown

on foot

MARIA:	E allora come fai per andare° in centro°?
CLAUDIO:	Vado sempre a piedi°!

All of a sudden

Improvvisamente° Pina esclama:

pencil
workbook

school bag

PINA:	Oh, mamma mia! Dov'è il mio libro? E la mia penna, la mia matita° e il mio quaderno°?
MARCO:	Nella mia cartella°!
PINA:	Perché?

tonight

MARCO:	Perché stasera° voglio studiare con te!
PINA:	Impossibile!
MARCO:	Ma tu hai un computer, no?

typewriter
busy

PINA:	Sì, e anche una macchina da scrivere°. Ma stasera non sono a casa. Sono impegnata°!

> ◉ **OCCHIO ALLA LINGUA!**
>
> The **presente indicativo** of **andare, fare,** and **volere** is as follows:
>
> andare   **vado, vai, va, andiamo, andate, vanno**
> fare   **faccio, fai, fa, facciamo, fate, fanno**
> volere   **voglio, vuoi, vuole, vogliamo, volete, vogliono**

Comprensione

A. Choose the correct response or sentence ending.

1. Stasera Pina
   a. è impegnata   b. va in centro   c. va in campagna
2. Pina ha
   a. solo una macchina da scrivere   b. solo un computer   c. un computer e una macchina da scrivere
3. Chi è curioso secondo *(according to)* Pina?
   a. Maria   b. Marco   c. Claudio
4. Marco vuole studiare con
   a. Pina   b. Maria   c. Claudio
5. Il libro, la penna, la matita e il quaderno di Pina
   a. sono nella cartella di Maria   b. sono nella cartella di Marco   c. sono nella cartella di Claudio
6. Pina esclama improvvisamente
   a. «Mamma mia!»   b. «Impossibile!»   c. «Uffa!»
7. Claudio va in centro
   a. con la moto   b. in bicicletta   c. a piedi
8. Claudio abita
   a. in una casa in via Dante   b. in un appartamento in via Dante   c. in campagna

Espansione

B. Working in pairs, ask your partner how each of the following people (including yourself!) gets downtown. Your partner tells you how each one goes and would like to go, using the expressions **in macchina, con la moto, con l'autobus, a piedi, in bicicletta.**

MODELLO: Pina
—*Come **fa** Pina per andare in centro?*
—*Pina **va** in centro a piedi, ma **vuole** andare con l'autobus.*

1. tu
2. io
3. l'ingegner Tozzi
4. il professore/la professoressa
5. noi
6. voi
7. l'avvocato Valenti e la dottoressa Verdi

C. Tocca a te! Say what kind of dwelling you live in; the name of your street; and how you get to school and downtown.

MODELLO: *Abito in una casa/in un appartamento.*
             È in via Washington.
             A scuola vado con l'autobus e in centro vado in macchina.

D. Working in pairs, ask your partner what radio and TV program he/she likes best; what movie he/she wants to see (on a VCR); what his/her favorite record, cassette, or CD is.

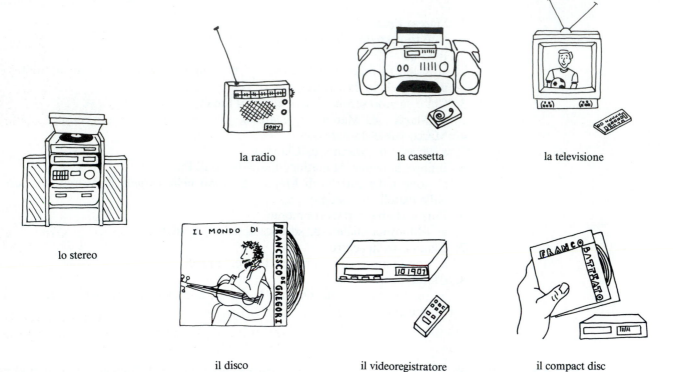

la radio

la cassetta

la televisione

lo stereo

il disco

il videoregistratore

il compact disc

Here is some useful vocabulary:

| **ascoltare** | *to listen to* | **guardare** | *to watch* |
| **vedere** | *to see* | **preferito** | *favorite* |

MODELLI: —*Qual è il tuo programma preferito alla radio?*
             —*Alla radio mi piace ascoltare...*

             —*Quale film vuoi vedere con il tuo videoregistratore?*
             —*Con il mio videoregistratore voglio vedere il film...*

             —*Qual è il tuo disco preferito?*
             —*Il mio disco preferito è...*

Dove vai spesso con la moto?

◆ ◆ ◆ **Studio del lessico** ◆ ◆ ◆

ABBREVIATIONS

A synonym for **la macchina** is **l'automobile** *automobile, car.* The latter can be abbreviated to **l'auto,** which does not change in the plural: **le auto.** The same applies to **la moto** and **la radio,** both of which are also abbreviations.

SINGOLARE	PLURALE
l'auto(mobile) = **l'auto**	le auto(mobili) = **le auto**
la moto(cicletta) = **la moto**	le moto(ciclette) = **le moto**
la radio(fonia) = **la radio**	le radio(fonie) = **le radio**

GETTING SOMEWHERE

a piedi	*on foot*
con l'autobus/in autobus	*by bus*
con la moto/in moto	*by motorcycle*
con la bicicletta/in bicicletta	*by bicycle*
con la macchina/con l'automobile/	*by car*
in macchina/in automobile	

PARTICOLARITÀ

- **appartamento** refers to the individual *apartment*. An *apartment building* is either **l'edificio** or **il palazzo**. The former also means *building* in general.
- **casa** means both *house* and *home*.
- **televisione** means *television* (the medium). The word for *TV set* is **il televisore**. The abbreviated form **la TV** or **la Tivú** is pronounced "tee-voo."
- **il film** is borrowed from English. It remains unchanged in the plural: **i film** *movies*. This applies as well to **l'autobus — gli autobus** *buses*.

◆

Applicazione

E. Complete the following passages with the appropriate form of the words or expressions provided. You might have to put the noun into the plural and conjugate the verb as required.

> fare, film, palazzo, casa, televisione, televisore, auto, moto, disco, video-registratore, stereo, anzitutto, impossibile, Mamma mia!, cartella, penna, matita, quaderno

1. Quante cose che non mi piacciono: _____, abito in via Petrarca, dove ci sono tanti *(many)* _____. Io non abito in un appartamento ma in una _____.

2. _____! Dov'è il mio _____? E la mia _____ e la mia _____? Non sono nella mia _____!

3. Come _____ per andare in centro o a scuola?
   — Vado sempre a piedi o con l'_____. Domani, invece, vado con la _____.

4. _____! Non possiamo vedere *(We cannot see)* i _____ di Fellini perché non ho un _____!
   — Allora guardiamo *(let's watch)* solo la _____!
   — No, non ho il _____!
   — Allora ascoltiamo *(let's listen to)* un _____!
   — No, non ho uno _____!

◆ ◆ ◆ Studio della grammatica ◆ ◆ ◆

NOMI AL PLURALE

In the previous chapter, you learned how to pluralize nouns. Here are some additional pluralization patterns.

- If the noun ends in **-ca** or **-ga** it is pluralized to **-che** and **-ghe.**

la marca	le **marche**	**la riga** *(ruler)*	le **righe**
l'amica *(friend, f.)*	le **amiche**		

- If the noun ends in **-go** it normally changes to **-ghi.**

il sugo *(sauce)*	**i sughi**

- If the noun ends in **-co**, then the following guideline will help you pluralize it:

-chi *(if preceded by a consonant)*	**-ci** *(if preceded by a vowel)*
il dis**co** → i dis**chi**	l'ami**co** → gli ami**ci**

Remember that this is only a guideline. Exceptions to it will be pointed out in **Occhio alla lingua!** sections.

- If the noun ends in **-cio** or **-gio** it changes to **-ci** and **-gi.**

l'edificio	**gli edifici**
l'orologio *(watch, clock)*	**gli orologi**

- If the noun ends in **-cia** or **-gia** it changes to **-ce** and **-ge** if the **-i** of the singular is not stressed.

l'arancia	**le arance**
la pioggia *(rain)*	**le piogge**

However, if the **-i** of the singular is stressed, the plural ends in **-cie** or **-gie.**

la farmacia *(pharmacy)*	**le farmacie**
la bugia *(lie)*	**le bugie**

- Nouns ending in an accented vowel do not change in the plural.

il caffè	**i caffè**
il tè	**i tè**

- This applies as well to nouns ending in a consonant, which, as you learned above, are borrowed words.

l'autobus	gli autobus
il bitter	i bitter

- Finally, recall that some nouns are abbreviations, and therefore do not change in the plural.

l'auto	le auto

IL MIO

The possessive adjective *my* has the following forms:

	SINGOLARE	PLURALE
MASCHILE	il **mio** disco	i **miei** dischi
FEMMINILE	la **mia** penna	le **mie** penne

Remember that the form of the article is determined by the word immediately following it.

*l'*amico	*il* mio amico
gli spaghetti	*i* miei spaghetti

◆

Applicazione

F. Il mondo di Maria! Claudio is dreaming about Mary. He imagines various people, places, and things he associates with her world. Following the model, reconstruct his dream. Note that the subject of his dream is given to you in the singular, but that Claudio tends to dream "in the plural."

MODELLI:　(*people*) amica
Ah, come mi sono simpatiche le amiche di Maria!

- Use **simpatici** (*m. pl.*) and **simpatiche** (*f. pl.*)

(*places*) snack bar
Ecco gli snack bar dove va Maria.

(*things*) libro
Mamma mia! Quanti libri ha Maria!

- Use **quanti** (*m. pl.*) and **quante** (*f. pl.*)

1. orologio	3. amica	5. edificio	7. moto	9. bar
2. amico	4. riga	6. radio	8. disco	

G. Suddenly Claudio's dream is turning into a nightmare! He imagines that all the things in his own world are disappearing. Reconstuct his nightmare following the model. Once again, you will need to change the subjects into the plural.

> MODELLO: macchina da scrivere
> *Dove sono le mie macchine da scrivere?*

1. bicicletta
2. casa in campagna
3. computer
4. radio

5. disco
6. televisore
7. film
8. auto

9. moto
10. amico
11. orologio

◆ ◆ ◆ Studio della comunicazione ◆ ◆ ◆

IL MIO MONDO

In this **Punto,** you have learned to talk about your world.

> —Dove abiti?
> —In una casa./In centro.

> —Come fai per andare a scuola?
> —Vado a piedi.

> —Hai una macchina?
> —No, non ho una macchina.

> —Quali dischi ti piacciono?
> —Mi piacciono i dischi di Madonna.

◆

Applicazione

H. A tutti la parola! Answer the following questions. Note that all car, bicycle, and motorcycle names are feminine: **Ho una Ford, Ho una Cinelli,** etc.

1. Dove abiti?
2. Ti piace abitare in un appartamento o in una casa?
3. Hai una macchina? Che marca è?
4. Hai una moto? Che marca è?
5. Hai una bicicletta? Che marca è?
6. Come fai per andare a scuola? E in centro?
7. Hai una cartella? Che cosa c'è nella tua cartella?
8. Hai una macchina da scrivere? Che marca è?
9. Hai un computer? Che marca è?
10. Quali dischi ti piacciono?
11. Quali film ti piacciono?

IL MOMENTO CREATIVO ◆

I. You are interviewing your new roommate and want to get to know him/her. Ask:

• where he/she lives

• how he/she gets to school

• how he/she gets downtown

• what he/she watches on TV

• what his/her favorite record is

• what his/her favorite movie is

Punto di partenza 2

LE COSE CHE FACCIO OGNI° GIORNO!

ogni: every
next day

A scuola, il giorno dopo°.

MARCO: Ciao, Pina! Allora sei impegnata anche stasera?

PINA: Sei veramente impossibile! Non hai altro da fare?

MARCO: Certo! Ecco le cose che faccio ogni giorno! Vado in centro con la moto e arrivo a scuola molto presto°. A mezzogiorno° mangio un panino, ma generalmente non ceno° la sera perché penso° a te! Allora ascolto° un disco o guardo° la TV.

early/noon
have dinner/think/listen to
watch

today

PINA: Non hai lezione oggi°?

MARCO: Certo. Il lunedì ho lezione di francese e d'italiano. Il martedì solo matematica. Il mercoledì tedesco° e spagnolo°. Il giovedì storia e il venerdì biologia. Il sabato vado a scuola, e la domenica penso solo a te!

German/Spanish

PINA: Sei veramente pazzo!

⊙ OCCHIO ALLA CULTURA!

School is compulsory in Italy up until the age of 14; students spend five years in elementary school (**la scuola elementare**) and three years in junior high school (**la scuola media**). High school (**la scuola superiore**) is optional. With a few exceptions, the school day ends at 1:15 P.M. (See **Elemento di civiltà 2** for more information on the Italian school system.)

Comprensione

A. Correct each statement to make it true.

1. Il lunedì Pina ha lezione di francese e d'italiano.
2. Il martedì Marco ha lezione di tedesco e spagnolo.
3. Il mercoledì Marco ha lezione di matematica.
4. Il giovedì ed il venerdì Marco non ha lezione.
5. Il sabato e la domenica Marco studia tutto il giorno.
6. Ogni giorno Marco va a scuola a piedi.
7. A mezzogiorno Marco mangia sempre gli spaghetti.
8. La sera Marca cena con gli amici.
9. La sera Marco ascolta la radio, ma non guarda la TV.

Espansione

B. A tutti la parola! In groups of three or four, tell each other how you get to school; what you eat at noon; where you generally have dinner; and what you do for entertainment at night.

MODELLO: *Vado a scuola con l'autobus. A mezzogiorno mangio un panino, ecc.*

C. Now give your class schedule.

MODELLO: *Il lunedì ho lezione di matematica, ecc.*

ADDITIONAL COURSE SUBJECTS

la chimica	*chemistry*	**la fisica**	*physics*
l'economia	*economics*	**l'inglese** (*m.*)	*English*
la filosofia	*philosophy*		

◆ ◆ ◆ Studio del lessico ◆ ◆ ◆

COGNATES

The names of school subjects in English and Italian constitute what are called cognates, as can be seen from the following chart. Cognates are words deriving from the same root language.

-ics ⟶ -ica		*-y* ⟶ -ia	
mathematics	**la matematica**	*biology*	**la biologia**
physics	**la fisica**	*history*	**la storia**
		philosophy	**la filosofia**

DAYS OF THE WEEK

I GIORNI DELLA SETTIMANA

lunedì	*Monday*
martedì	*Tuesday*
mercoledì	*Wednesday*
giovedì	*Thursday*
venerdì	*Friday*
sabato	*Saturday*
domenica	*Sunday*

By putting the definite article before the **giorni della settimana** you will form the following time expression: **il lunedì** *on Mondays,* **il martedì** *on Tuesdays,* etc. All the **giorni,** except **la domenica,** are masculine.

MONDAY/TUESDAY . . .	ON MONDAYS/TUESDAYS . . .
Lunedì non ho lezione.	Ma generalmente il lunedì ho lezione d'italiano.
Domenica vado in centro.	Ma generalmente la domenica vado in campagna.

The days are not capitalized, unless, of course, they occur as the first word in a sentence.

PENSARE

The verb **pensare** means *to think of someone/something* when followed by the preposition **a**. But when it is followed by the preposition **di** it means *to think of doing something.*

PENSARE A	PENSARE DI
Marco **pensa a** Pina.	Marco **pensa di andare** in centro.
*Mark **is thinking of** Pina.*	*Mark **is thinking of going** downtown.*

PARTICOLARITÀ

- The words for languages can also be used as adjectives to refer to nationalities.

Gianni parla italiano.	*John speaks Italian.*
Gianni è italiano.	*John is Italian.*
Maria studia l'italiano.	*Mary studies Italian.*
Maria non è italiana.	*Mary isn't Italian.*

- Nationalities are not capitalized unless they begin a sentence. The article is generally used with languages: **Maria studia l'italiano.** But with the verb **parlare** *to speak*, it is always optional: **Maria parla l'italiano / Maria parla italiano.**

- **Ogni** *(each, every)* is followed by a singular noun: **Ogni giorno vado a scuola.** Another way to express the same habitual action is with the plural **tutti/tutte +** **l'articolo determinativo:**

   ogni giorno   tutti i giorni   ogni sera   tutte le sere

- **Tutto** can also be used with singular nouns to mean *all, the whole:* **tutta la sera** *(all evening long);* **tutto il libro** *(the whole book).* As you have seen, **tutto** agrees with the **nome** that follows it: **tutto** *(m. sing.),* **tutti** *(m. pl.),* **tutta** *(f. sing.),* **tutte** *(f. pl.).*

- Time expressions indicating habitual action can start with **di**: **di sera** *(every evening);* **di giorno** *(during the daytime).*

- The concept *class* is rendered by:

la lezione	*actual class lesson*	**l'aula**	*classroom*
la classe	*class of students, classroom*	**il corso**	*course*

- Here are the words for some things found in the classroom.

la finestra	*window*	**il pavimento**	*floor*
la lavagna	*blackboard*	**la porta**	*door*
la luce	*light*		

Applicazione

D. Marco always keeps a weekly agenda. But this week he is on school break, so he has made up a new schedule — one quite different from the one for school. First say what Marco usually does each day. Then state what he has planned for his week of vacation.

MODELLO: *Generalmente il lunedì Marco ha... , ma lunedì vuole...*

lunedì	biologia e fisica	guardare la TV tutto il giorno
mercoledì	matematica e spagnolo	ascoltare i dischi tutto il giorno
martedì	inglese e filosofia	vedere un film
giovedì	francese e tedesco	andare in centro
venerdì	chimica e filosofia	ascoltare la radio tutto il giorno
sabato	non fare niente	andare in centro
domenica	stare a casa	andare in campagna

E. Tocca a te! Indicate what courses you are taking at school; items found in your Italian classroom; and your weekly timetable in each of three ways (following the model).

MODELLO: *Ecco i miei corsi: la matematica, lo spagnolo...*

In l'aula d'italiano c'è (ci sono)...

Il lunedì ho lezione d'italiano. / Ogni lunedì c'è il corso d'italiano. / Tutti i lunedì vado a lezione d'italiano.

F. Here is Marco's diary entry for last Monday. Complete it with the missing words in their appropriate form.

a, di, oggi, lezione, impegnato, stasera, aula, classe, settimana

_____ ho una _____ di francese. L'_____ è in un altro edificio. Tutta la mia _____ arriva sempre in ritardo, perché il lunedì è un giorno della _____ impossibile. _____ non sono _____ e allora penso _____ andare in centro con Pina. Ah, io penso sempre _____ lei!

◆ ◆ ◆ Studio della grammatica ◆ ◆ ◆

IL PRESENTE INDICATIVO

In this **Punto** you have been using the present indicative of regular verbs which, unlike the ones you have encountered before — **andare, avere, bere, essere, fare, stare,** and **volere** — are conjugated in a predictable way. The regular verbs introduced so far are listed here.

-are VERBS

abitare	*to live (somewhere)*
arrivare	*to arrive*
ascoltare	*to listen (to)*
aspettare	*to wait (for)*
cenare	*to have dinner, dine*
desiderare	*to want, desire*
entrare	*to enter*
guardare	*to watch, look at*
mangiare	*to eat*
parlare	*to speak*
pensare	*to think*
presentare	*to introduce someone*
studiare	*to study*

These are known as first-conjugation verbs because their infinitive form ends in **-are.** The infinitive is the form given to you in a dictionary. To conjugate these verbs, drop the **-are** and add the following endings:

SINGOLARE	PLURALE
(io) guard**o**	(noi) guard**iamo**
(tu) guard**i**	(voi) guard**ate**
(lui/lei/Lei) guard**a**	(loro) gua<u>r</u>d**ano**

- Do not double the **i** of **mangiare** and **studiare.**

  io mangio, tu mangi,...
  io studio, tu studi,...

The present indicative allows you to talk about ongoing or continuous actions. It corresponds to three English tenses.

Guardo la TV. } *I watch TV.*
I am watching TV.
I do watch TV.

- Remember that the negative is formed by placing **non** before the verb: ***Non guardo la TV.***
- Subject pronouns are optional, unless more than one subject is used in the same sentence: **A mezzogiorno, *io* mangio una pizza, ma *tu* mangi un panino.**

Finally, note that **aspettare** means *to wait for,* and that **ascoltare** means *to listen to:*

Marco aspetta Pina.	*Mark **is waiting for** Pina.*
Ogni sera Claudio **ascolta** la radio.	*Every evening Claudio **listens to** the radio.*

IL PRONOME RELATIVO *CHE*

- *that/which:* Ecco le cose **che** faccio ogni giorno.

  *Here are the things **that/which** I do every day.*
- *who:* Ecco la ragazza **che** abita in centro.

  *Here's the girl **who** lives downtown.*

Applicazione

G. During a lunch conversation, your friend makes various statements about what certain people do. You remark that you know others who do the same things.

MODELLO: Maria mangia a casa la sera. (io, tu, Marco, Pina)
Anch'io mangio a casa la sera., ecc.

1. Claudio studia tutto il giorno. (io e Pina, tu, Maria, i miei amici)
2. Quando arriva il professore d'italiano, Marco scappa. (tu e Claudio, Gianni, gli altri studenti, io)
3. Maria pensa sempre alla lezione d'italiano. (io, tu e Pina, Gianni, gli altri studenti)
4. Gianni parla molto bene. (tu, la mia amica, io e Claudia, Franca e Paolo)
5. Pino mangia sempre gli spaghetti a mezzogiorno. (tu, io e Gianni, il professore, gli amici di Marco)
6. Gino ascolta la radio o guarda la TV ogni sera. (io, tu, il professore, gli altri studenti)
7. Maria cena sempre a casa. (tu e Pina, io, i miei amici, Sandra)
8. Pino arriva sempre in ritardo a scuola. (io, tu, Claudio, gli altri studenti)
9. Claudia abita in un appartamento che è in via Nazionale. (io, tu, Marco, i miei amici)

H. Your conversation continues. This time you point out that it is not true what your friend says of each of the people mentioned previously. Use **il ragazzo** *boy* and **la ragazza** *girl,* as in the model.

MODELLO: Maria mangia a casa la sera.
Maria non è la ragazza che mangia a casa la sera.

◆ ◆ ◆ Studio della comunicazione ◆ ◆ ◆

FIRST NAMES

In the first three chapters, you have been using typical Italian first names (nomi). You will have probably noticed that many names have corresponding masculine and feminine forms.

MASCHILE	FEMMINILE
Carlo	Carla
Gino	Gina
Mario	Maria
Claudio	Claudia
Dino	Dina
Pino	Pina

◆

Applicazione

I. Can you guess the corresponding masculine or feminine name for each of the following? After you have done this, write a sentence about each one.

MODELLO: Pino
Pina
Pina non va a scuola il venerdì.

1. Angela
2. Bruno
3. Franca
4. Francesco
5. Michele *(m.)*
6. Gianni
7. Rina
8. Renato
9. Sandra
10. Silvano

IL MOMENTO CREATIVO ◆

J. With another student, discuss your weekly schedules: what you do each day; with whom; what you like and dislike doing. After the discussion, suggest doing something together on Saturday evening.

1. Che cos'è "Top Gun"?
2. Sai chi sono gli attori/ le attrici nel film?

Punto di partenza 3

TI PRESENTO LA MIA FAMIGLIA!

A casa di Pina.

to know	GIORGIO: Pina, voglio conoscere° la tua famiglia!
	PINA: *(shows Giorgio a photo)* Va bene! Ti presento la mia famiglia! Mio padre si chiama Piero. È molto intelligente! E mia madre si chiama Patrizia. Anche lei è molto intelligente.
grandparents	GIORGIO: E i tuoi nonni°?
man/nice	PINA: Mio nonno si chiama Franco. È un uomo° simpatico°! Mia nonna
woman	si chiama Franca. È una donna° molto elegante e simpatica.
brothers/sisters	GIORGIO: Hai fratelli° o sorelle°?
aunts and uncles/their children (sons and daughters)/abroad	PINA: Ho solo una sorella. Ma ho tanti cugini! I miei zii° e i loro figli° sono tutti all'estero°! E la tua famiglia?
	GIORGIO: È molto grande! Un giorno anch'io ti presento la mia famiglia. Ma adesso, abbiamo una lezione, no?

> ### ◉ OCCHIO ALLA LINGUA!
>
> The verb **chiamarsi** *to be called* (**Mio nonno *si chiama* Franco.** *My grandfather's name is Frank.*) is a reflexive verb.[1]
>
> The plural of **la famiglia** is **le famiglie,** and that of **l'uomo** is **gli uomini.**
>
> When referring to a single family member, the definite article is not used with a possessive adjective, for example, **mia madre.**

1. Chi è quest'uomo probabilmente?
2. E il bambino?

---

[1] Reflexive verbs will be explained in **Capitolo 5.**

Comprensione

A. Answer the following questions.

1. Chi è Franco?
2. Com'è Franco?
3. Chi è Franca?
4. Com'è Franca?
5. Come si chiama il padre di Pina?
6. Com'è?
7. E la madre di Pina come si chiama?
8. Com'è?
9. Ha fratelli o sorelle?
10. Quanti cugini ha?
11. Dove sono gli zii di Pina?
12. Com'è la famiglia di Giorgio?
13. Che cosa hanno adesso Pina e Giorgio?
14. Qual è il plurale di «l'uomo intelligente», «l'uomo simpatico» e «la famiglia simpatica»?

Espansione

B. With a partner, describe your own family, using the following list of family members.

MODELLO: *Mia madre si chiama... È molto intelligente e generosa.*
            Ho due sorelle che si chiamano...

FAMILY MEMBERS

Maschile		Femminile	
il cognato	*brother-in-law*	la cognata	*sister-in-law*
il cugino	*cousin*	la cugina	*cousin*
il figlio	*son*	la figlia	*daughter*
il genero	*son-in-law*	la nuora	*daughter-in-law*
il marito	*husband*	la moglie	*wife*
il nipote	*nephew; grandson*	la nipote	*niece; granddaughter*
il nonno	*grandfather*	la nonna	*grandmother*
il padre	*father*	la madre	*mother*
il suocero	*father-in-law*	la suocera	*mother-in-law*
lo zio	*uncle*	la zia	*aunt*

A FEW MORE ADJECTIVES

alto	*tall*	**basso**	*short*
bello	*beautiful; handsome*	**brutto**	*ugly*
generoso	*generous*	**avaro**	*avaricious, stingy*
magro	*thin, skinny*	**grasso**	*fat*
ricco	*rich*	**povero**	*poor*
giovane	*young*	**vecchio**	*old*

Note: For feminine forms change the **-o** to **-a**; but do not change adjectives ending in **-e.**

NUMBERS FROM 1 – 5

1	**uno**[2]	4	**quattro**
2	**due**	5	**cinque**
3	**tre**		

◆   ◆   ◆ **Studio del lessico** ◆   ◆   ◆   ◆

GENDER DISTINCTIONS

MALE		FEMALE	
il bambino	*child*	**la bambina**	*child*
il giovane	*young man*	**la giovane**	*young woman*
il ragazzo	*boy*	**la ragazza**	*girl*
l'uomo	*man*	**la donna**	*woman*

Note that one refers to family members by using the preposition **di:** *Mary's uncle* → **lo zio di Maria.**

GIORGIO: Dove sono gli zii di Maria?

PINA: Lo zio è qui, ma la zia è all'estero.
(Her uncle is here, but her aunt is abroad.)

• **genitore** and **parente** are false cognates.

il genitore	*parent*	**i genitori**	*parents*
il parente	*relative*	**i parenti**	*relatives*

---

[2] Use **uno** like the indefinite article: **un fratello; una sorella.**

Applicazione

C. Ecco la famiglia di Bruno! Answer the following questions about Bruno's family in complete sentences, and then describe each person. You may need to refer to the list of family members on page 72.

1. Chi è la madre di Bruno?
2. Chi è la madre di Francesco e la moglie di Michele?
3. Chi è la sorella di Bruno?
4. Chi sono i nonni di Bruno?
5. Bruno ha un fratello? Come si chiama?
6. Chi sono i genitori di Maria?
7. Maria ha un fratello? Come si chiama?
8. Chi è la suocera di Carlo?

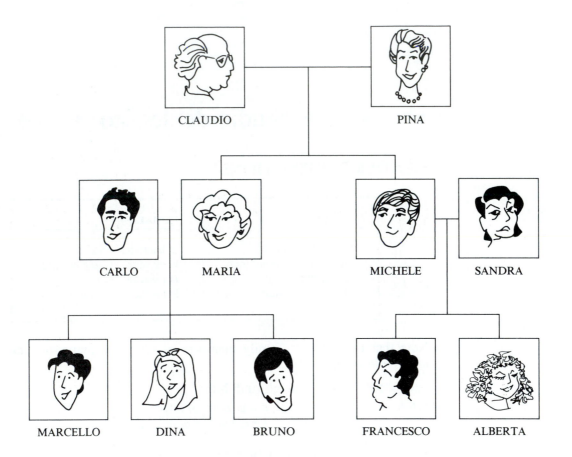

D. Ecco la famiglia di Giorgio! Pretend you are Giorgio. You are showing Pina your family album. Identify each person in it by name and gender, by relationship to you, and by pointing out his/her characteristics (as indicated).

MODELLO: Franco / grandfather / nice and generous
Franco è un uomo.
È mio nonno.
È simpatico e generoso.

1. Angela / grandmother / intelligent and beautiful
2. Franco / relative / stingy
3. Daniele / parent / very nice
4. Marco / brother / very short, but certainly not ugly
5. Daniela / sister / tall and thin
6. Piero / cousin / very intelligent
7. Piera / cousin / she too is very intelligent
8. Francesco / nephew / very nice
9. Francesca / niece / she too is very nice

◆ ◆ ◆ Studio della grammatica ◆ ◆ ◆

AGGETTIVI DESCRITTIVI

The words you have been using to describe family members are known as **aggettivi descrittivi.** (They are also sometimes called **aggettivi qualificativi.**) These generally *follow* the noun they modify (**Giorgio è un giovane *alto***) and agree with it in gender and number.

- **Aggettivi** that end in **-o** have a corresponding feminine form in **-a.**

  È un bambino simpatic**o** e bell**o.**
  È una bambina simpatic**a** e bell**a.**

- **Aggettivi** that end in **-e** have the same form in the feminine.

  È un uomo intelligent**e** ed elegant**e.**
  È una donna intelligent**e** ed elegant**e.**

- **Aggettivi** are pluralized in the same way as nouns.

  Sono bambini simpatic**i** e bell**i.**
  Sono bambine simpatic**he** e bell**e.**

  Sono uomini intelligent**i** ed elegant**i.**
  Sono donne intelligent**i** ed elegant**i.**

- **Aggettivi** ending in **-co** and **-go** follow the same pluralization patterns as those described previously in this chapter for nouns.

<table>
<tr><td>Sono bambini simpati**ci**.</td><td>Sono giorni lun**ghi**.</td></tr>
<tr><td>Sono bambine simpati**che**.</td><td>Sono sere lun**ghe**.</td></tr>
</table>

ADJECTIVE ENDINGS

	ending in -o		ending in -e	
	SINGOLARE	PLURALE	SINGOLARE	PLURALE
Masc.	-o	-i	-e	-i
Fem.	-a	-e	-e	-i

MOLTO/TANTO

Molto can be used either as an adjective meaning *much (pl., many)* or *a lot (of)*, or as an adverb meaning *very.*

AGGETTIVO: Gina mangia sempre molt**i** spaghetti. *(agreement)*

AVVERBIO: Gina è **molto** simpatica. *(no agreement)*

When **molto** is used in expressions with **avere** + *noun,* it means *very.* In this case, however it is an adjective and must therefore agree with the noun.

Ho **molta fame.**   *I'm very hungry.*

Tanto has the same features as **molto:**

Gino mangia **tanti spaghetti.**
Anche loro hanno **tanta fame.**

It differs slightly in meaning from **molto,** adding emphasis to the sentence: **Gino mangia sempre tanti spaghetti.** *Gino always eats an awful lot of spaghetti.*

IL MIO

The rule for dropping the article is the following: drop it before a family noun that is singular and unmodified.

Mio cugino è alto.	*but*	I miei cugini sono alti. *(plural)*	Il mio cugino italiano è all'estero. *(modified)*

◆

Applicazione

E. La mia opinione! Working in pairs as Giorgio and Pina, describe the following people. Then give your own opinion. Remember to make the adjectives agree with the noun.

> MODELLO: professore / simpatico / intelligente
> GIORGIO: *Il mio professore è simpatico.*
> YOUR OPINION: *Il mio professore è molto simpatico.*

1. cugina / alto / basso
2. zii / ricco / povero
3. amici / avaro / generoso
4. fratello / elegante / generoso
5. parenti / simpatico / intelligente
6. genitori / simpatico / generoso

F. Supply the forms of **molto** missing from the following description of Giorgio.

Giorgio è un ragazzo _____ intelligente. Ogni giorno ha _____ lezioni, e vuole studiare _____. È anche _____ generoso. Tutta la settimana va a scuola, dove ha _____ amici. È un ragazzo che ha sempre _____ fretta. La sera ha sempre _____ fame e _____ sonno. Non ha _____ pazienza! Ha _____ parenti all'estero. Gli piacciono *(He likes)* _____ i film alla TV.

◆ ◆ ◆ Studio della comunicazione ◆ ◆ ◆

DESCRIBING

In general, **aggettivi** allow you to describe the characteristics of people, objects, and events.

PHYSICAL CHARACTERISTICS
Giovanni è alto.
Maria è alta.

PERSONALITY CHARACTERISTICS
Giovanni è simpatico.
Maria è simpatica.

DESCRIPTIONS OF THINGS
Il bitter è buono.
La mia casa è grande.

SOCIAL CHARACTERISTICS
Giovanni è ricco.
Maria è ricca.

NATIONALITY
Giovanni è italiano.
Maria è italiana.

Applicazione   **G.** Make up sentences using the following adjectives. You can use more than one in a sentence, if you prefer.

MODELLI: grande
La mia casa è molto grande.

macchiato
Mi piace molto il caffè macchiato.

1. bianco	4. disperato	7. dolce	10. innamorato
2. rosso	5. gentile	8. squisito	11. pazzo
3. curioso	6. impegnato	9. delizioso	12. puntuale

IL MOMENTO CREATIVO ◆

H. Interview a classmate to find out:

- if he/she has a large family
- how many siblings he/she has and what their names are
- what their physical characteristics are
- what their personality is like
- what his/her nationality is

FASE 2ª Ascolto

Listen carefully to the conversation and see if you can determine:

- what each student studies
- the favorite pastime of each student
- where each student lives
- the names of the parents/relatives mentioned

Pronuncia

DIPHTHONGS AND TRIPHTHONGS

The letters **i** and **u** can stand for semiconsonant sounds.

• in a diphthong (a syllable with two vowels):

    i = [y]:   p**i**ace stud**i**are **i**tal**i**ano
    u = [w]:   g**u**ardo **u**omo sc**u**ola

• This is true as well in a triphthong (a syllable with three vowels: **miei**).

If the two adjacent vowels belong to different syllables, then no diphthong or triphthong is formed, and the vowels retain their normal pronunciation: **zi-o, vi-a, bi-o-lo-gi-a.**

Esercitazione

Repeat each of the following words/expressions after your teacher. Then divide each word into syllables.

    MODELLO: orologio
                    o-ro-lo-gio

1. piacciono	9. auto	17. facciamo
2. via	10. radio	18. studio
3. hai	11. orologio	19. giovane
4. a piedi	12. zii	20. biologia
5. quaderno	13. bugia	21. filosofia
6. curioso	14. farmacia	22. economia
7. vuoi	15. giorno	23. edificio
8. vuole	16. faccio	24. storia

1. *Quali cose vuoi comprare alla "Fiera di Roma"?*
2. *Per quanti giorni c'è la Fiera?*

FASE 3ª Lettura

CHI SONO?

	Son forse un poeta?
	No, certo.
write/word/strange	Non scrive° che una parola°, ben strana°,
soul	la penna dell'anima° mia:
folly	«follia°».
therefore/painter	Son dunque° un pittore°?
Not at all.	Neanche.°
	Non ha che un colore
palette	la tavolozza° dell'anima mia:
melancholy	«malinconia°».
	Un musico, allora?
Not at all.	Nemmeno.°
	Non c'è che una nota
keyboard	nella tastiera° dell'anima mia:
	«nostalgia».
	Son dunque... che cosa?
put/magnifying glass	Io metto° una lente°
in front of/heart	davanti al° mio cuore°
	per farlo vedere alla gente.
	Chi sono?
joker; acrobat	Il saltimbanco° dell'anima mia.

(Da *Poemi* di Aldo Palazzeschi)

◉ OCCHIO ALLA LINGUA!

The noun **poeta** (*pl.*, **i poeti**) is masculine. Unlike the English word *people*, **la gente** is a singular noun requiring a singular verb: **Molta gente è ricca.** *Many people are rich.* The noun **il musicista** is more common than **il musico** for *musician,* which is more old-fashioned.

The structure **non... che** gives the idea of *but* or *only,* as in: **Non scrive che una parola.** *It (the pen of my soul) writes **but** one word.* And the expression **per farlo vedere alla gente** means *to let the people see it.*

Note the inversion of subjects and objects in the whole poem; for example, **Non scrive che una parola, ben strana, la penna dell'anima mia.** *The pen of my soul writes but one, rather strange, word.*

Attività   **A.** Answer the following questions.

1. È un poeta Palazzeschi?
2. Che tipo *(type)* di parola scrive la penna della sua *(his)* anima?
3. Quale parola scrive?
4. È un pittore Palazzeschi?
5. Che «colore» ha la tavolozza della sua anima?
6. È un musico Palazzeschi?
7. Quale «nota» c'è nella tastiera della sua anima?
8. Che cosa vuole mettere Palazzeschi davanti al suo cuore?
9. Perché?
10. Chi è, dunque, Palazzeschi?

B. What type of poem is this?

ironica *(ironical)?*
tragica *(tragic)?*
di un pessimista *(of a pessimist)?*
di un ottimista *(of an optimist)?*

C. Answer the following questions affirmatively, imitating the poem to complete your answers.

MODELLO: Tu sei forse un poeta?
Sì, sono un poeta. La penna dell'anima mia non scrive che...

1. Tu sei forse un poeta/una poetessa?
2. Tu sei un pittore/una pittrice?
3. Tu sei un musicista/una musicista?
4. Chi sei dunque?

FASE 4ª Punto di arrivo

Attività varie   **A. Opinioni e discussione.**

1. Ti piace il tuo mondo?
2. Hai una macchina? Se sì, di che marca?
3. Qual è il tuo programma preferito alla TV il lunedì, il martedì, il mercoledì, ecc.?
4. Qual è il tuo film preferito?
5. Qual è il tuo corso preferito?
6. Ti piace la lezione d'italiano?
7. Chi è il tuo amico/la tua amica nell'aula d'italiano?

B. Prepare a summary of your world. Include as many aspects as possible:

- your name
- residence
- favorite pastimes, actors, movies, etc.
- how you get to school/downtown
- your family members
- a description of yourself
- your schedule

C. Situazioni tipiche! Choose the most logical response or completion.

1. In una cartella ci sono...
    - la penna, la matita, il quaderno, il libro
    - l'autobus, la metropolitana, la macchina, la bicicletta
2. —Voglio studiare con te stasera.
    —No, no...
    - Impossibile!
    - Io ho un computer.
3. Con chi hai un appuntamento?
    - Sono impegnata!
    - Come sei curioso!
4. Dove andate?
    - Andiamo in centro.
    - Vado in centro.
5. Che cosa fa, signora?
    - Non faccio niente *(nothing)*.
    - Non fa niente.
6. Cosa vogliono fare gli studenti?
    - Vogliamo studiare.
    - Vogliono studiare.
7. Non ho la macchina, allora vado in centro
    - in auto
    - con la moto
8. Non abito in una casa. Abito
    - in un appartamento
    - in un autobus
9. Sei veramente impossibile. Non hai...
    - altro da fare?
    - una lezione?

D. Giochiamo! Unscramble the letters to form words that complete each sentence.

1. Non ho una TMOO _____ .
2. Ma ho, invece, una CCIIBLEATT _____ .
3. Come fai per andare in ENCTRO _____ ?
4. Vado sempre a IEIDP _____ .
5. Ho un computer, ma non ho una macchina da REEIRVSC _____ .
6. Adesso ascolto la DIRAO _____ .
7. Ogni sera guardo la LEETVISIOEN _____ .
8. La mia CSSTTAAE _____ preferita è di Madonna.
9. Abito in un DEIFICOI _____ in via Nazionale.
10. No, non sono i miei genitori, sono i miei RAPTINE _____ .
11. No, non sono donne, sono MIUOIN _____ .

E. Compiti comunicativi. Give the Italian equivalent of the following.

1. Say that you live in an apartment, but that you would like to live in a house in the country.
2. Say that you want a VCR.
3. Ask your boyfriend/girlfriend if he/she is busy tonight.
4. Ask a friend if he/she has a class.
5. Describe the student next to you (**È alto, simpatico...**).

Attività scritte

F. Keep a one-week diary of the things you intend to do every day. Use only the concepts introduced in this chapter, and use the infinitive form of the verb.

MODELLO: *Lunedì: Andare a scuola a piedi. Studiare lo spagnolo, ecc.*

G. In groups of four or five, each member will write out a "relationship puzzle" for three of his/her family members/relatives. Read these out to the other group members, who must try to guess each one.

MODELLO: È il figlio di mio zio.
È tuo cugino.

H. Write up a schedule of a typical week. Include in it only the following three things:

• school subjects taken on a specific day
• the names (in Italian if possible) of your friends in each course
• TV programs you watch on a specific day

I. Write a short, imaginative description of the people and things in the photo on page 84. Use as many adjectives as you can, and describe what they are doing as well.

Simulazioni

J. In groups of three or four, prepare the following scenarios in advance and then role-play them in class.

1. Your roommate has arranged a blind date for you this Friday night. Naturally you want to know something about the person before you go out with him/her. So you grill your roommate. (What's his/her name? Where does he/she live? Does he/she have a car? What subjects does he/she take?, etc.). On the basis of your roommate's responses you decide whether or not you want to go through with the date.

2. You are meeting your date's parents (or parent) for the first time. But before you both leave, they/he/she ask(s) you questions about yourself (What courses do you take? Do you have a car?, etc.). After three or four questions, you come up with an excuse to leave.

Lessico utile

Nomi

l'amico(-a) *friend*
l'aula *classroom*
il bambino/la bambina *child*
la cartella *school bag, briefcase*
la casa *house, home* (**a casa** *at home*)

il centro *downtown area* (**in centro** *downtown*)
il cognato/la cognata *brother-in-law/sister-in-law*
il corso *course*
la cosa *thing*

il cugino/la cugina *cousin*
il disco *record*
la domenica *Sunday*
la donna *woman*
l'edificio *building*
la famiglia *family*

il figlio/la figlia *son/daughter* (i figli *children*)
la finestra *window*
il fratello *brother*
il genero *son-in-law*
il genitore *parent*
la gente *people*
il giorno *day*
il giovedì *Thursday*
l'inglese *(m.) English*
la lavagna *blackboard*
la lezione *class, lesson* (avere lezione *to have a class*)
la luce *light*
il lunedì *Monday*
la macchina *car*
la madre *mother*
il marito *husband*
il martedì *Tuesday*
la matita *pencil*
il mercoledì *Wednesday*
il mezzogiorno *noon* (a mezzogiorno *at noon*)
la moglie *wife*
il mondo *world*
il/la nipote *nephew/grandson; niece/grandaughter*
il nonno/la nonna *grandfather/ grandmother* (i nonni *grandparents*)
la nuora *daughter-in-law*
l'orologio *watch, clock*
il padre *father*
la parola *word*
il pavimento *floor*
la penna *pen*
la porta *door*
il quaderno *workbook*
il ragazzo/la ragazza *boy/girl*
il sabato *Saturday*
la scuola *school* (a scuola *at/to school*)

la sera *evening*
la sorella *sister*
il suocero/la suocera *father-in-law/mother-in-law*
la televisione *television*
l'uomo (*pl.* gli uomini) *man*
il venerdì *Friday*
lo zio/la zia *uncle/aunt* (gli zii *aunt(s) and uncle(s)*)

Aggettivi

alto *tall*
basso *short*
bello *beautiful, handsome*
brutto *ugly*
elegante *elegant*
francese *French* (il francese *the French language*)
generoso *generous*
giovane *young*
grande *big, large*
grasso *fat*
impegnato *busy (with)*
magro *thin, skinny*
molto *much (many), a lot*
povero *poor*
preferito *favorite*
ricco *rich*
simpatico *nice, good, pleasant*
spagnolo *Spanish* (lo spagnolo *the Spanish language*)
tanto *much (many), a lot*
tedesco *German* (il tedesco *the German language*)
vecchio *old*

Verbi

abitare *to live (somewhere)*
andare *to go*
arrivare *to arrive*
ascoltare *to listen to*
aspettare *to wait for*
chiamarsi *to be called*
conoscere *to know*
entrare *to enter*
fare *to do, make*
guardare *to watch*
mangiare *to eat*
parlare *to speak*
pensare *to think*
volere *to want to*

Avverbi

adesso *now*
oggi *today*
presto *early*
stasera *tonight*

Altri vocaboli/Espressioni

a piedi *on foot*
che *that, which, who*
davanti a *in front of*
dunque *therefore, thus*
ogni *each, every*

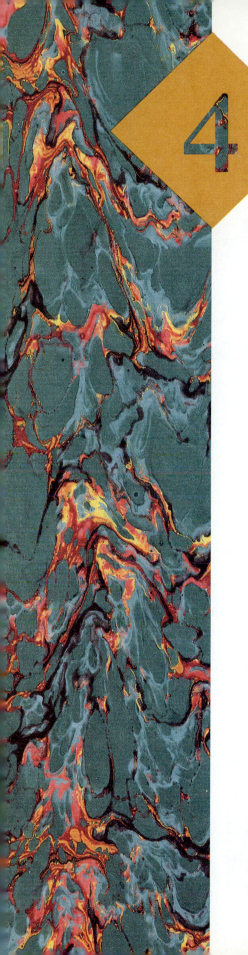

4 AL TELEFONO!

LANGUAGE FUNCTIONS

Using the phone   Negating
Conveying mood
Cardinal numbers from 0 to 100
Telling time   Talking about the weather

GRAMMATICAL STRUCTURES

Quale and quanto   Position of adjectives
Buono, bello, grande   Negative constructions
Present indicative of -ere verbs
Sapere and conoscere

CULTURE

Italian cinema   24-hour clock

FASE 1ª Punto di partenza 1

PRONTO°, CHI PARLA?

Hello

Il telefono squilla.

DINO:	Pronto, chi parla?
PINA:	Dino, sono io, Pina! Che fai?
DINO:	Studio per l'esame di domani°. Ma adesso sono stanco° e non voglio più studiare! E tu, che fai?
PINA:	Il martedì non studio mai. Guardo la TV.
DINO:	Allora, vuoi andare al cinema?
PINA:	Ma non devi° studiare per un esame?
DINO:	Macché! Non posso più studiare! Dai! Andiamo al cinema!
PINA:	Va bene! Dove?
DINO:	C'è un nuovo film al cinema Rex.
PINA:	Ma va!° Il Rex non ha mai bei film! Solo il Paradiso è un buon cinema! Oggi c'è un film di Fellini.
DINO:	D'accordo! Andiamo lì! Vengo° subito°.
PINA:	A presto!

tomorrow/tired

have to

Come on!

I'm coming/at once

1. *Come si chiama questo film?*
2. *Chi sono gli attori?*

◉ OCCHIO ALLA LINGUA!

Like other nouns introduced in **Capitolo 3**, **il cinema** is an abbreviation of **il cinematografo,** so its plural form remains unchanged: **i cinema.**

The **presente indicativo** of **dovere, potere,** and **venire** is as follows:

dovere	**devo**[1], **devi, deve, dobbiamo, dovete, devono**[2]
potere	**posso, puoi, può, possiamo, potete, possono**
venire	**vengo, vieni, viene, veniamo, venite, vengono**

In the sentences **Andiamo al cinema!** and **Andiamo lì!** the verb **andare** is in the imperative (**Capitolo 9**).

The adverb **lì** *there* is an alternate form for **là** (which you encountered in **Capitolo 2**).

◉ OCCHIO ALLA CULTURA!

Public phones in Italy are operated by either coins or **gettoni** *tokens.* Increasing numbers of public phones are being equipped for credit card calls.

Italians enjoy going **al cinema.** The "Hollywood" of Italian movie-making is in Rome and is called **Cinecittà**. Italy is internationally renowned for its film art. Among its directors, the names of Bertolucci, Fellini, Visconti, Antonioni, Wertmüller, De Sica, and Zeffirelli have become familiar worldwide. The work of Giuseppe Tornatore *(Nuovo cinema paradiso)* has also been receiving international acclaim.

---

[1] Alternate form: **debbo**
[2] Alternate form: **debbono**

Comprensione

A. The following is a paraphrase of the above phone conversation. Complete it with the appropriate form of the words provided.

> **cinema, Dai, esame, telefono, nuovo, stanco, dovere, potere, squillare, venire, adesso, domani, mai, più, subito, D'accordo, va, Macché, Pronto**

Il _____ di Dino _____. Dino risponde *(answers)* con «_____, chi parla?» È Pina che chiama Dino. Dino dice *(says)* a Pina che studia per l'_____ di _____. Ma _____ Dino è _____ e non vuole _____ studiare.

Pina non studia _____ il martedì. Guarda, invece, la TV. Dino chiede *(asks)* a Pina se *(if)* lei vuole andare al _____ con lui. Pina dice a Dino che lui _____ studiare per l'esame. Dino risponde: «_____!» Lui dice che non _____ più studiare. E poi *(then)* dice: «_____! Andiamo al cinema!»

Pina chiede a Dino dove andare. Dino dice che c'è un _____ film al cinema Rex. Pina risponde: «Ma _____!» perché il cinema Rex non ha mai bei film. Il cinema Paradiso, invece, è un buon cinema. E oggi c'è un film di Fellini.

«_____!» risponde Dino. Poi dice a Pina che _____ _____.

Espansione

B. Give the Italian for each of the following.

> MODELLO: tokens used in public telephones
> *i gettoni*

1. where Italians enjoy going (to see films)
2. the Hollywood of Italy
3. five well-known Italian movie directors

C. Missing from the following three telephone conversations are the verbs **potere, volere, dovere,** and **venire.** Complete each conversation using the correct form of the verb. (Note that **volere** was introduced in the previous chapter.)

• **potere**

FRANCO: Maria, _____ venire stasera a casa mia?

MARIA: No, Franco, non _____ venire.

FRANCO: E Barbara, la tua *(your)* amica, _____ venire?

MARIA: No. Io e Barbara non _____ venire!

FRANCO: Ma perché voi due *(the two of you)* non _____ venire?

MARIA: Uffa, Franco! Non _____ più parlare al telefono! Ciao!

- **volere**

RINALDI: Signora Marini, cosa _____ fare stasera?

MARINI: Stasera _____ andare al cinema con la mia amica.

RINALDI: Anche voi _____ andare al cinema. Perché?

MARINI: Noi _____ andare al cinema perché c'è il nuovo film di Tornatore.

RINALDI: Tutti _____ andare al cinema stasera! Allora vengo anch'io!

- **dovere/venire**

MARISA: Claudia, _____ al cinema con me stasera?

CLAUDIA: No, non posso! _____ studiare!

MARISA: Ma perché _____ studiare?

CLAUDIA: Tutti _____ studiare per il corso d'italiano! C'è un esame domani! Anche tu _____ studiare, non è vero?

MARISA: Sì. Allora, io _____ subito a casa tua *(your)* per studiare. Va bene? Anche il mio amico Paolo _____ studiare. Allora, _____ anche lui, va bene?

CLAUDIA: No, no! (Voi) non _____ venire!

MARISA: Ma perché (noi) non _____ venire? Noi _____ solo per studiare con te!

CLAUDIA: Va bene! Altre amiche _____ stasera. Allora, quando _____ voi due?

MARISA: Subito! Ciao! A presto!

D. Pronto! With your partner, use the cues to role-play short telephone conversations. Follow the model.

MODELLO: Carlo / al cinema

S1: *Pronto! Chi parla? / Chi è?*

S2: *Sono Carlo. Che fai? Vuoi venire con me al cinema?*

S1: *Scusa, ma non posso perché ho un altro appuntamento / perché devo studiare / ecc.*

1. Maria / al bar
2. Dino / in centro
3. la professoressa Giusti / a cena

4. Claudia / a pranzo
5. Gino / in una (qualsiasi) trattoria

E. Say that you do not want to do the following things anymore and explain why.

MODELLO: studiare per l'esame
Non voglio più studiare per l'esame perché sono stanco(-a) e voglio guardare la TV!

1. studiare per gli esami
2. guardare la TV
3. ascoltare i miei dischi

4. pensare agli esami
5. andare a scuola a piedi

◆ ◆ ◆ Studio del lessico ◆ ◆ ◆

SYNONYMS

A synonym for the adverb **adesso** is **ora**.

> **Adesso** sono stanca. = **Ora** sono stanca.

Similarly, **squillare** has the synonym **suonare**.

> Il telefono **squilla.** = Il telefono **suona.**

Suonare also means *to play (an instrument).*

> Io **suono** il pianoforte.

USING THE TELEPHONE

• *phone number*	**il numero di telefono / il numero telefonico**
• *numbers (1–10)*	**i numeri**

1	**uno**	*6*	**sei**
2	**due**	*7*	**sette**
3	**tre**	*8*	**otto**
4	**quattro**	*9*	**nove**
5	**cinque**	*10*	**dieci**

• *area code*	**il prefisso**
• *to dial*	**fare il numero**
• *to answer*	**rispondere (a)**
• *to hang up*	**riattaccare (il telefono, il ricevitore)**
• *to phone*	**telefonare (a)**
phone call	**la telefonata**
to make a call	**fare una telefonata**
• *phone line*	**la linea**
busy	**occupata**
free	**libera**
• *long-distance call*	**l'interurbana**
direct dialing	**la teleselezione**
fax	**il fax**
• *phone bill*	**la bolletta (del telefono)**

Applicazione

F. Una telefonata o un fax? Use the words/expressions listed below to complete the following vignette.

fax, numero, libera, occupata, interurbana, teleselezione, riattacca

La signora Rossi fa il _____ della dottoressa Giusti. La telefonata è un' _____ e la signora usa *(uses)* la _____. Ma la linea è _____. Allora la signora Rossi _____ il telefono. Telefona un'altra volta *(time)*, ma la linea non è ancora _____. Allora la signora Rossi pensa di mandare *(to send)*, invece, un _____.

G. Finalmente! Mrs. Rossi is finally able to get through to Dr. Giusti. Use the words listed below to complete their brief conversation.

arrivederLa, pronto, suona, adesso, può, occupata, sono, domani

Il telefono _____.

GIUSTI: _____! Chi è?

ROSSI: Dottoressa, _____ la signora Rossi.

GIUSTI: E _____ cosa desidera?

ROSSI: Dottoressa, _____ abbiamo un appuntamento, vero?

GIUSTI: No, impossibile! Sono molto _____. Non _____ venire! _____!

H. Al telefono! Ask your partner the following questions.

1. Qual è il tuo numero di telefono?
2. Qual è il tuo prefisso?
3. Quanto è generalmente la tua bolletta del telefono? (**il dollaro** = *dollar*)
4. Quante telefonate fai di solito ogni giorno?
5. A chi telefoni?
6. Chi telefona a te generalmente?

◆ ◆ ◆ Studio della grammatica ◆ ◆ ◆

QUALE/QUANTO

When used as adjectives, **quale** *which* and **quanto** *how much* agree in gender and number with the noun that follows.

	SINGOLARE	PLURALE
MASCHILE	Quale numero hai? Quanto caffè vuoi?	Quali numeri hai? Quanti caffè bevi?
FEMMINILE	Quale linea è libera? Quanta pizza vuoi?	Quali linee sono libere? Quante pizze mangi?

AGGETTIVI

You might have noticed in the **Punto** dialog that **nuovo** was placed before the noun: **un nuovo film.** In general, adjectives may be put before the noun to emphasize their meaning.

> Lui è un simpatico zio.   *He's a (really) nice uncle.*
> Pina ha una nuova macchina.   *Pina has a new car.*

When you put an adjective before a noun, you must make appropriate changes to the article.

> **uno** zio simpatico (**uno** is used before **z**) *but* **un** simpatico zio (**un** is used before **s**)
> **gli** uomini generosi (**gli** is used before **u**, a vowel) *but* **i** generosi uomini (**i** is used before **g**)

BUONO, BELLO, GRANDE

These three adjectives occur either before or after the noun. After the noun their endings change according to the gender and number of the noun. Before the noun, they have the following features:

- **buono**

When it precedes the noun, the forms of this adjective are similar to those of the indefinite article.

L'ARTICOLO INDETERMINATIVO	BUONO *(before)*	*(after)*
uno zio	il **buono** zio	lo zio **buono**
uno stereo	il **buono** stereo	lo stereo **buono**
un ragazzo	il **buon** ragazzo	il ragazzo **buono**
un amico	il **buon** amico	l'amico **buono**
una ragazza	la **buona** ragazza	la ragazza **buona**
un'amica	la **buon**'amica	l'amica **buona**

Plural forms are the same before or after: **buoni** *(m.)*/**buone** *(f.)*.

i **buoni** zii   gli zii **buoni**
i **buoni** amici   gli amici **buoni**
le **buone** ragazze   le ragazze **buone**
le **buone** amiche   le amiche **buone**

(Note the changes made to the articles.)

Conosci il film? Ti piace?

- **bello**

When it precedes the noun, the forms of this adjective are similar to those of the definite article.

L'ARTICOLO DETERMINATIVO	BELLO (before)	(after)
lo zio	il **bello** zio	lo zio **bello**
lo stereo	il **bello** stereo	lo stereo **bello**
gli zii	i **begli** zii	gli zii **belli**
gli stereo	i **begli** stereo	gli stereo **belli**
l'amico	il **bell'**amico	l'amico **bello**
gli amici	i **begli** amici	gli amici **belli**
il ragazzo	il **bel** ragazzo	il ragazzo **bello**
i ragazzi	i **bei** ragazzi	i ragazzi **belli**
la ragazza	la **bella** ragazza	la ragazza **bella**
l'amica	la **bell'**amica	l'amica **bella**
le ragazze	le **belle** ragazze	le ragazze **belle**
le amiche	le **belle** amiche	le amiche **belle**

- **grande**

Before any singular noun beginning with a consonant the adjective **grande** can be shortened to **gran.**

È un **grande** libro.   È un libro **grande.**
È un **gran** libro.
È una **grande** donna.   È una donna **grande.**
È una **gran** donna.

Before a vowel, the form **grand'** may be used.

> È una **grand'**amica.
> È una **grande** amica.

Its plural form is **grandi.**

> Sono **grandi** libri.   Sono libri **grandi.**
> Sono **grandi** donne.   Sono donne **grandi.**

Its position can be used to convey a difference in meaning: È un **gran** libro. *It's a* **great** *book.* / È un libro **grande.** *It's a **big** book.*

◆

Applicazione   **I.** Ask your partner which of the following he/she has.

> MODELLO: numero telefonico
> *Quale numero telefonico hai?*

1. prefisso   3. videoregistratore   5. automobile   7. dischi
2. televisore   4. radio   6. orologi   8. bicicletta

J. Ask how much/how many of the following the person indicated can eat or drink.

> MODELLO: caffè / tu
> *Quanto caffè puoi bere (tu)?*

1. gnocchi / io e tu   4. pizza / Daniela   7. risotto / Franco
2. ravioli / Marco e Maria 5. gelato / tu e Claudio   8. Coca-Cola / loro
3. bibite / voi   6. lasagne / tu

K. Form sentences using an element from each column. Put the adjectives **bello, buono,** and **grande** before the noun, using the correct form.

> MODELLO: *I film italiani sono bei film.*

I film italiani		piatto	
L'Empire State e la Torre Trump		montagna	
Il risotto alla milanese		macchina	buono
I dischi di Pavarotti	essere	edificio	bello
La Maserati e la Ferrari		film	grande
L'Omega e lo Swatch		disco	
Le Alpi		orologio	

L. Answer each question in either the affirmative or the negative putting the adjective in front of the noun.

> MODELLO: La Fiat è una macchina buona?
> *Sì, la Fiat è una buona macchina./No, la Fiat non è una buona macchina.*

1. La Lancia è un'automobile bella?
2. *Nuovo cinema paradiso* è un film bello?
3. Sophia Loren è una donna bella?
4. Marcello Mastroianni è un uomo bello?
5. Il caffè Motta è un caffè buono?
6. Marcello Mastroianni e Giancarlo Giannini sono uomini belli?

◆ ◆ ◆ Studio della comunicazione ◆ ◆ ◆

NEGATION

In the **Punto** dialog, you encountered ways of negating. The following chart summarizes the main negative constructions in Italian.

non... più	*no more/no longer not anymore*	Pina **non** abita **più** qui.
non... mai	*never*	Pina **non** telefona **mai**.
non... niente/nulla	*nothing*	Adesso **non** faccio **niente**. Anche tu **non** fai **nulla**.
non... nessuno	*no one*	Oggi **non** c'è **nessuno** in classe.
non... neanche/nemmeno	*not even*	**Non** viene **neanche** Maria. E **non** viene **nemmeno** Marco.
non... mica	*not quite/really*	Lui **non** ha **mica** ragione!
non... affatto	*not at all*	**Non** hai **affatto** ragione!
non... né... né	*neither . . . nor*	**Non** bevo **né** caffè **né** tè.

These can be combined in various ways:

> Adesso **non** voglio **più niente**.   *Now I **don't** want **anything else**.*
> Lui **non** prende **mai niente**.   *He **never** has **anything**.*

Like their affirmative counterpart **anche**, **neanche/nemmeno** must be followed by a subject or subject pronoun.

> Viene anche Gianni.   Non viene **nemmeno Gianni**.
> Viene anche lui.   Non viene **neanche lui**.

DOVERE, POTERE AND *VOLERE*

- **dovere** = *to have to, must*
  Devi andare! *You **have** to go! / You **must** go!*

- **potere** = *to be able to*
  Non **posso** più studiare! *I **can't** study any longer!*

- **volere** = *to want to*
  Voglio andare al cinema! *I **want** to go to the movies!*

SHADES OF MEANING

Good (in general)	Good (at something)
buono	**bravo**
È una **buona** pizza.	È una **brava** professoressa.
It's a good pizza.	*She's a good teacher/professor.*

ON THE PHONE

Answering	Pronto?
Asking if someone is in/there	C'è Marco? *Is Mark in/there?*
	C'è la signora Binni? *Is Mrs. Binni in/there?*
This is . . .	Sono Marco. *This is Mark.*
	Sono il signor Martini. *This is Mr. Martini.*
Wrong number	Scusi, ho sbagliato numero!
	(**sbagliare** *to make a mistake*)

1. *Che cosa fa la ragazza?*
2. *A chi telefona probabilmente?*
3. *Inventa il loro dialogo.*

Applicazione

M. No, no! You phone your friend Marco, who is in a bad mood. He negates everything you ask him. Give Marco's lines.

MODELLO: Ti piacciono ancora i film di Wertmüller?
No, non mi piacciono più!

1. Ti piacciono ancora i film di Fellini?
2. I film di Fellini sono belli. E io ho sempre ragione!
3. Ti piacciono anche i film di Bertolucci?
4. Ti piace veramente il nuovo film di Tornatore?
5. Ti piace il film di Fellini o il film di Tornatore?
6. Tom Cruise è veramente bravo!
7. Anche Julia Roberts è veramente brava!
8. Ti piacciono tutti gli attori *(actors)*?
9. Uffa! Ti piace qualcosa?

N. Tell your partner the following, giving a reason for each.

- three things you don't *have* to do anymore
- three things you *cannot* do any longer
- three things you *never* want to do

O. Role-play this phone conversation with your partner. Of course, you can modify it as you see fit.

S1:   Call your friend, saying the number out loud.
S2:   Answer and ask who's there.
S1:   Identify yourself, and ask if your friend wants to go to the movies.
S2:   Say you can't come, giving an excuse.
S1:   Say that you want to see Lina Wertmüller's new movie and can only go tonight because tomorrow you have to study for an Italian exam.
S2:   Say that you like Wertmüller's films a lot, and that you want to go.
S1:   Say when the film starts **(cominciare)**, and then say good-bye.
S2:   Say that you are coming soon, and then say good-bye.

IL MOMENTO CREATIVO ◆

P. Phone a classmate and ask him/her what he/she is doing. Invite him/her to go out. Discuss various options for activities and agree on what you are going to do.

Punto di partenza 2

VUOI USCIRE° STASERA

Il telefono di Dino squilla un'altra volta.

uscire: to go out

DINO: Pronto?

FRANCO: Ciao, Dino, sono Franco. Vuoi uscire stasera?

DINO: OK!

FRANCO: Allora vengo tra dieci minuti.

to himself/What a mistake!
unfortunately

DINO: (*tra sé°:* Oh no! Che sbaglio!°). Senti Franco, purtroppo° non posso uscire con te perché ho un altro appuntamento alle sei e mezzo. Ciao! A presto!

What a shame!

FRANCO: (*tra sé:* Mamma mia! Che peccato!°)

◉ OCCHIO ALLA LINGUA!

The **presente indicativo** of **uscire** is: **esco, esci, esce, usciamo, uscite, escono.**

◉ OCCHIO ALLA CULTURA!

Like many other people in the world today, Italians are receptive to English words and expressions; hence the *OK* used by Dino. This has become a fashionable synonym for **Va bene.**

Comprensione

A. Correct the following statements to make them true.

1. Franco pensa tra sé: «Dino è bravo.»
2. Franco telefona a Pina.
3. Dino può uscire con Franco.
4. Dino ha un appuntamento alle sei.
5. Franco vuole andare a casa di Dino tra cinque minuti.

Espansione

B. A che ora? Ask the student next to you at what time he/she would like to go out to the indicated place. Your classmate responds as indicated.

MODELLO: al bar / 6:00
—*A che ora vuoi uscire per andare al bar?*
—*Alle sei, OK?*

1. al cinema / 2:00
2. allo snack bar / 3:00
3. al ristorante / 7:00
4. al bar / 5:00

5. in centro / 4:00
6. alla trattoria / 6:00
7. alla tavola calda / 8:00
8. a cena / 9:00

C. A che ora? Someone calls you at home at the first time indicated. He/She asks you at what time either you or a family member is going out. You give an exact time. Reconstruct each phone call.

> MODELLO: Pina / 2:00 / Maria / 2:05
> — *Pronto! Sono Pina! A che ora esce Maria?*
> — *Esce tra cinque minuti! Alle due e cinque!*

1. Franco / 3:00 / tu / 3:02
2. Gianni / 4:00 / tu e Maria / 4:04
3. Alessandra / 8:00 / le tue sorelle / 8:09
4. Francesca / 6:00 / tuo fratello / 6:10

◆   ◆   ◆ **Studio del lessico** ◆   ◆   ◆

NUMERI CARDINALI (11–100)

You have already learned the cardinal numbers for 1–10. The numbers for 11–20 are as follows:

11 **undici**	15 **quindici**	18 **diciotto**
12 **dodici**	16 **sedici**	19 **diciannove**
13 **tredici**	17 **diciassette**	20 **venti**
14 **quattordici**		

To form the numbers from 20–100, do the following:

- Simply add on the number from 1–9: **ventidue** = 22; **venticinque** = 25.
- If the number begins with a vowel (**uno** and **otto**), drop the previous vowel: **ventuno** = 21; **ventotto** = 28.
- If the number ends in **-tre,** add an accent mark: **ventitré** = 23.
- When followed by a noun, the number **uno,** or any number ending in **-uno,** takes on the same form changes as the indefinite article: **un libro** = *one book;* **un'amica** = *one friend;* **ventun libri** = *21 books;* **ventun'amiche** = *21 friends.*

30 **trenta**	70 **settanta**
40 **quaranta**	80 **ottanta**
50 **cinquanta**	90 **novanta**
60 **sessanta**	100 **cento**

(31 **trentuno,** 32 **trentadue,** 33 **trentatré,** ecc.)

TIME

Note the various ways of conveying the word *time:*

- **il tempo**   *time in general*
  Il **tempo** vola!   ***Time*** *flies!*

- **l'ora**   *clock/watch time, hour*
  A che **ora** vengono?   *At what **time** are they coming?*

- **la volta**   *occurrence, number of instances*
  Quante **volte** telefoni?   *How many **times** do you phone?*

Il tempo also refers to the weather: **Che tempo fa?** *How's the weather?*
  The preposition **tra/fra** gives the idea of *time from now.*

Vengo **tra/fra** due ore.   *I'm coming **in** two hours (time).*

In, on the other hand, refers to the amount of time elapsed.

Vengo **in** due ore.   *It takes me two hours to come.*

CHE... !

Che sbaglio!	***What*** *a mistake!*
Che maleducato!	***What*** *a rude person!*
Che film!	***What*** *a movie!*
Che peccato!	***What*** *a shame!*

Applicazione

D. Linda, an American student working for a department store **(un magazzino)** in Italy, has taken a large export order over the phone. But the order must be in Italian. Write out the item and quantity (in letters).

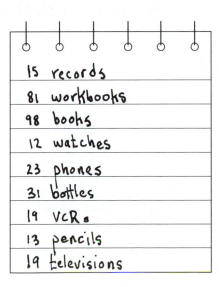

15 records
81 workbooks
98 books
12 watches
23 phones
31 bottles
19 VCRs
13 pencils
19 televisions

MODELLO: 22 pens
ventidue penne

E. Can you guess the next number in each sequence? Write out each number in letters.

MODELLO: 18, 19, 20,...
            diciotto, diciannove, venti, ventuno

1. 82, 84, 86,...   4. 70, 69, 68,...   7. 4, 8, 16,...
2. 97, 95, 93,...   5. 50, 53, 56,...   8. 3, 13, 23,...
3. 40, 50, 60,...   6. 3, 6, 9,...

F. Franco is still trying to get someone to go out with him and is now talking to Claudia. Use the words listed below to complete their conversation.

che, mai, volte, volta, peccato, purtroppo, tempo, ora, tra/fra, senti

FRANCO: Pronto! Sono Franco. _____, Claudia, vuoi uscire?

CLAUDIA: A che _____?

FRANCO: Alle sei, va bene? Vengo _____ quindici minuti.

CLAUDIA: No, non posso uscire. _____ devo studiare. C'è un esame tra una settimana e, allora, non ho molto _____ per studiare. Forse un'altra _____ .

FRANCO: _____ sbaglio! C'è un nuovo film di Visconti!

CLAUDIA: Ma quante _____ vai al cinema ogni settimana?

FRANCO: Non vado _____ al cinema! Ciao!

CLAUDIA: (*tra sé:* Mamma mia! Che _____!)

◆ ◆ ◆ Studio della grammatica ◆ ◆ ◆

VERBI

The verb **telefonare** is followed by the preposition **a.** On the other hand, **ascoltare** *to listen to,* **cercare** *to look/search for,* **aspettare** *to wait for,* and **pagare** *to pay for* are not followed by a preposition as they are in English. Compare:

Franco **telefona a** Claudia.   *Franco **phones** Claudia.*
Franco **ascolta** la radio.   *Franco **listens to** the radio.*
Franco **cerca** il mio numero.   *Franco **is looking for** my number.*
Franco **aspetta** l'autobus.   *Franco **is waiting for** the bus.*
Franco **paga** il caffè.   *Franco **is paying for** the coffee.*

An **-h-** is added to the verbs **cercare** and **pagare** to retain the hard **c** and **g** sound of the stem.

cerco	cerc*h*iamo	pago	pag*h*iamo
cerc*h*i	cercate	pag*h*i	pagate
cerca	cercano	paga	pagano

The verb **chiamare** *to call* is a synonym for **telefonare**. It is *not* followed by a preposition.

Franco **telefona a** Claudia.   Franco **chiama** Claudia.

◆

Applicazione

G. A friend calls you to bring you up-to-date on the latest news and gossip. Point out to him/her that you know of others (as indicated) who have been doing the same things.

MODELLO: Franco telefona a Claudia ogni sera. (tu, io,...)
Veramente? Ma anche tu telefoni a Claudia ogni sera. Anch'io telefono a Claudia ogni sera, ecc.

1. Marco telefona ogni sera al professore. (io, mia sorella, tu e Claudia, Gianni e Carla)
2. Pina non chiama mai. (Maria e Paolo, io e mio fratello, tu, tu e Dino)
3. Tina non ascolta più i dischi dei Beatles. (io, tu, tu e Maria, i miei amici)
4. Bruna aspetta l'autobus ogni giorno per andare a scuola. (tu, Marco e Maria, io e mia sorella, tu e tuo fratello)
5. Gianni non paga mai al bar. (tu, io e mio fratello, tu e tua sorella, i miei amici)
6. Anna cerca un nuovo appartamento. (io, tu, tu ed io, i miei amici)

◆ ◆ ◆ Studio della comunicazione ◆ ◆ ◆

TELLING TIME

● **le ore**

To ask *What time is it?* you can use either **Che ora è?** or **Che ore sono?** To say what time it is, use the plural **Sono le....** The singular **È...** is used only for *one o'clock, twelve noon,* and *midnight.* Since **ore** is a common factor in telling time, it is normally omitted.

Che ora è? / Che ore sono?
Sono le tre.   *It's 3:00.*   È mezzogiorno.   *It's noon.*
Sono le otto.   *It's 8:00.*   È mezzanotte.   *It's midnight.*
È l'una.   *It's 1:00.*

To indicate which part of the day it is (A.M. or P.M.), you can use the following expressions:

di mattina/della mattina/del mattino	*in the morning*
del pomeriggio	*in the afternoon*
di sera/della sera	*in the evening*
di notte/della notte	*at night/in the night*

In Italy, "official" time — used for train, bus, and plane schedules, movie hours, TV programs, museum hours, etc. — is based on the 24-hour clock. After 12 noon, the hours continue as **le tredici** (13,00), **le quattordici** (14,00), etc. (note that Italian uses a comma or a period instead of a colon to separate the minutes). When using this system, you do not need to use A.M. or P.M. designations.

Here are some examples using both systems:

2:00 A.M.	Sono le due **di mattina/della mattina/del mattino**.
2:00 P.M.	Sono le quattordici. *or* Sono le due **del pomeriggio**.
1:00 A.M.	È l'una **del mattino**.
1:00 P.M.	Sono le tredici. *or* È l'una **del pomeriggio**.

- **i minuti**

Just add the number of minutes to the hour, using **e**:

1:20	l'una **e** venti
2:42	le due **e** quarantadue
23:59	le ventitré **e** cinquantanove

Note the following equivalent expressions:

un quarto	*a quarter*
mezzo/mezza	*half-past*

3:15	le tre e quindici / le tre e **un quarto**
16:15	le sedici e quindici / le sedici e **un quarto**
4:30	le quattro e trenta / le quattro e **mezzo (mezza)**
12:30	le dodici e trenta / le dodici e **mezzo (mezza)**

If there are less than twenty minutes to go before the next hour, a commonly used formula is:

next hour + **meno** *(less/minus)* + *number of minutes to go*

1:50	l'una e cinquanta = le due **meno** dieci
6:55	le sei e cinquantacinque = le sette **meno** cinque
8:45	le otto e quarantacinque = le nove **meno** un quarto

To ask *At what time . . . ?* use **A che ora... ?** To answer use the following:

all'una	*at one o'clock*
alle due	*at two o'clock*
alle tre	*at three o'clock*

———————————◆———————————

Finally, note the following expressions used for emphasis:

È l'una **precisa.** / È l'una **in punto.**	*It's **exactly** one o'clock. / It's one o'clock **on the dot.***
Sono le due **precise.** / Sono le due **in punto.**	*It's **exactly** two. / It's two **on the dot.***
È mezzogiorno **preciso.** / È mezzogiorno **in punto.**	*It's **exactly** noon. / It's noon **on the dot.***
È mezzanotte **precisa.** / È mezzanotte **in punto.**	*It's **exactly** midnight. / It's midnight **on the dot.***

Applicazione

H. A che ora? With your partner construct the following phone calls using the 24-hour clock.

MODELLO: 2:00 / 2:05 P.M.

S1:   *Pronto. C'è Gianni? Gianni, vuoi venire al cinema / al bar / ecc. alle quattordici?*

S2:   *Alle quattordici precise/in punto no, ma forse alle quattordici e cinque. Va bene?*

1. 8:00 / 8:20 A.M.
2. 9:00 / 9:10 A.M.
3. 10:00 / 10:30 A.M.
4. 11:00 / 11:45 A.M.

5. 12:00 (noon) / 12:55 P.M.
6. 1:00 / 1:15 P.M.
7. 2:00 / 2:50 P.M.
8. 3:00 / 3:25 P.M.

I. Say the times indicated out loud, using both 12 and 24-hour systems.

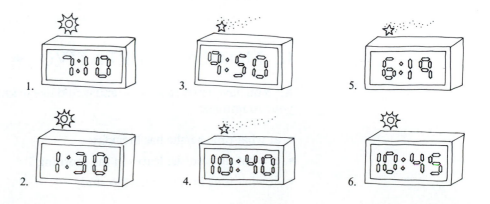

J. For each of the following movies, say:

- what the name of the movie theater is
- where the theater is located
- its phone number
- the time at which the movie will be playing
- the price of admission

> MODELLO: La tana del serpente
> *Il cinema si chiama Academy Hall. È in via Stamira 5, ecc.*

1. Balla coi lupi
2. L'americano rosso
3. Il falò della vanità
4. Edward mani di forbice
5. Condominio

cinema **R**oma

PRIMA VISIONE

ACADEMY HALL via Stamira 5 L. 8000 ∅ 426778 (16.45-22.30) **La tana del serpente** di R. Holcomb-dramm. thrilling, C

ADMIRAL p.za Verbano 5 L. 10000 ∅ 8541195 (16-22.30) **Edward mani di forbice** di T. Burton-fantastico, C

ADRIANO p.za Cavour 22 L. 10000 ∅ 3211896 (15.30-19.05-22.30) ★ **Balla coi lupi** di K. Costner-drammatico, C

ALCAZAR via Merry Del Val 14 (Trastevere) L. 10000 ∅ 5880099 (16.30-22.30) ▼ **L'americano rosso** di A. D'Alatri-commedia, C

AMBASSADE via Accad. Agiati 57-59 L. 10000 ∅ 5408901 (15.30-22.30) ▼ **Il falò della vanità** di B. De Palma-commedia, C

AMERICA via Natale del Grande 6 L. 10000 ∅ 5816168 (15.30-22.30) ★ **Balla coi lupi** di K. Costner-drammatico, C

ARCHIMEDE via Archimede 71 L. 10000 ∅ 875567 (17-22.30) ▼ **Condominio** di F. Farina-commedia, C

IL MOMENTO CREATIVO ◆

K. You have a new roommate and would like to know about his/her schedule. Ask your roommate:

- at what time he/she has breakfast
- at what time he/she leaves in the morning
- at what time he/she prefers to study

Punto di partenza 3

CHE TEMPO FA?

is about to/time

Mentre Dino sta per° uscire, il telefono suona un'altra volta°.

MARIA: Pronto, Dino, sono Maria. Vuoi uscire stasera?

weather

DINO: (*tra sé:* Impossibile!) Che tempo° fa?

know/It's hot/it's not windy

MARIA: Come? Non lo sai°? Fa bel tempo! Fa caldo° e non c'è vento°. È una serata magnifica!

I can't stand

DINO: (*tra sé:* Devo pensare a qualcos'altro!) No, non posso uscire. Non sopporto° il caldo!

MARIA: Su, dai! Andiamo a vedere un film!

DINO: Scusa, Maria, ma mia madre mi chiama. Ciao!

◉ OCCHIO ALLA LINGUA!

The **presente indicativo** of **sapere** *(to know)* is irregular: **so, sai, sa, sappiamo, sapete, sanno.**
  The phrase **mia madre mi chiama** means *my mother is calling me.*
And the sentence **Andiamo a vedere un film!** contains the imperative form **Andiamo!** *Let's go!* (**Capitolo 9**).

Comprensione

A. Complete each sentence with a logical ending.

1. Mentre Dino sta per uscire...
2. Scusa, Maria, ma mia madre...
3. Su, dai!...
4. Come? Non lo sai?...
5. È una serata...
6. Che tempo...

Espansione

B. Complete each sentence with the appropriate form of **sapere.**

1. Io _____ che fa molto caldo.
2. I miei amici _____ che io non sopporto il caldo.
3. Maria, _____ che mia madre mi chiama?
4. Franco ed io _____ che c'è un bel film al cinema Rex.
5. Maria, Tina, _____ che ora è?
6. Dino _____ che Maria vuole uscire.

◆ ◆   ◆ Studio del lessico ◆   ◆   ◆

SERATA/GIORNATA

The use of **serata** rather than **sera** adds a dimension of duration. The same is true of **giornata** and **giorno**.

Buon giorno!	*Good day!*
Buona giornata!	*Have a good day!*
È una serata lunga!	*It's a long evening.*

CALDO/FREDDO

When referring to a weather condition, use **fare: Fa caldo./Fa freddo.** *It's hot./It's cold.* When referring to a physical state, use **avere: Ho caldo./Ho freddo.** *I'm hot./I'm cold.* When referring to some object as hot or cold, use **essere: La pizza è calda./La pizza è fredda.** *The pizza is hot./The pizza is cold.*

SAPERE/CONOSCERE

These two verbs mean *to know* with the following differences:

CONOSCERE	SAPERE
to know someone, to be acquainted with Franco non **conosce** Pina.	*to know something* Franco non **sa** l'inglese. Tutti **sanno** che Franco esce con Pina.
to be familiar with Franco non **conosce** il Bar Roma.	*to know how to + infinitive* Franco non **sa** scrivere il francese.

Sapere has an irregular present indicative (see **Occhio alla lingua!** above). **Conoscere** is conjugated as any regular second-conjugation verb: **conosco, conosci, conosce, conosciamo, conoscete, conoscono** (see **Studio della grammatica** below).

ON THE PHONE AGAIN

la cabina telefonica	*phone booth*
il centralino	*switchboard/operator*
l'elenco telefonico	*phone book*
la segreteria telefonica	*answering machine*

◆

Applicazione   **C.** The verbs **sapere, fare,** and **essere** are missing from the following messages that Dino has received on his **segreteria telefonica.** Put them in their appropriate spaces in their correct forms.

1. PINA: Ciao, Dino! Purtroppo non posso più uscire con te stasera. _____ molto freddo! Ciao! A presto!

2. FRANCO: Pronto, Dino! Tutti _____ che tu non esci mai! Pazienza! A domani!

3. MARIA: Ciao, Dino! Perché non vieni al bar più tardi *(later)*? _____, no, che al bar il cappuccino _____ caldo proprio come piace a te *(just as you like it)*?

4. PINA: Ciao, Dino, sono Pina, ancora una volta! Forse posso uscire perché non _____ più freddo. A presto!

5. FRANCO: Dino, sono ancora io! Io _____ che tu sei impegnato, ma devi uscire! _____ bel tempo! Ciao!

D. Pina phones a third time and leaves the following message. Use the words or expressions listed below to complete her message.

sai, segreteria telefonica, cabina telefonica, centralino, elenco telefonico

Pronto, Dino. Dove sei? Non mi piace parlare alla tua _____! Sono in una _____ e cerco il numero di Maria nell'_____, ma non c'è. Tu lo _____ il numero di Maria o devo, invece, chiamare il _____? Telefonami *(Call me)* quando arrivi a casa!

E. Sapere o conoscere? These two verbs are missing from the following excerpts of telephone conversations. Put them in their appropriate spaces in their correct forms.

1. —(Tu) _____ come si chiama la nuova amica di Paolo? —No, (io) non _____ affatto le amiche di Paolo.

2. —Tutti _____ che Dino non studia mai. —Allora, anche tu _____ Dino molto bene!

3. —(Noi) non _____ una buona trattoria qui a Roma! —Come? (Voi) non _____ la Trattoria Piccola Venezia? —No. Non _____ dov'è.

4. —(Voi) non _____ il professore d'italiano? —No, ma (noi) _____ chi è.

5. —Sì, è vero, (io) non _____ scrivere molto bene. —Anche mio fratello non _____ scrivere molto bene.

6. —No, (noi) non _____ nessuno qui. —Anche i miei cugini non _____ nessuno.

◆ ◆ ◆ Studio della grammatica ◆ ◆ ◆

IL PRESENTE INDICATIVO: SECONDA CONIUGAZIONE

In this **Punto** you have encountered two second-conjugation verbs: **vedere** and **conoscere.** These end in **-ere.** Their conjugations in the **presente indicativo** are as follows:

SINGOLARE	PLURALE
ved*o*	ved*iamo*
ved*i*	ved*ete*
ved*e*	v*e*d*ono*
conosc*o*	conosc*iamo*
conosc*i*	conosc*ete*
conosc*e*	con*o*sc*ono*

Here are some more common **-ere** verbs:

leggere	*to read*
mettere	*to put*
prendere	*to take, have something*
rispondere (a)	*to answer*
scrivere	*to write*
vendere	*to sell*

◆

Applicazione

F. Sai che... ? Pina calls Mary to bring her up-to-date on what Dino has been doing. Being a good friend of Dino's, Mary responds to each bit of gossip by pointing out that she knows someone else who does the same things.

MODELLO: Dino non legge mai! (io, tu,...)
Sì, ma anch'io non leggo mai! Anche tu non leggi mai!

1. Dino non legge mai! (io, Gino, Marco e Tina, io e mia sorella)
2. Dino non vede mai nessuno al bar! (io e Franco, Gina, io, i miei amici)
3. Dino non risponde mai al telefono! (io, tu, io e mia sorella, tu e tuo fratello)
4. Dino non mette mai lo zucchero *(sugar)* nel caffè! (tu, mia madre, io e mia madre)
5. Dino non scrive mai ai parenti! (tu, mia sorella, io e mia sorella, tu e tuo fratello)
6. Dino non prende mai l'autobus per andare a scuola! (io, tu, tu e tuo fratello, i miei amici)
7. Dino vende la bicicletta! (i miei amici, io, io e mia sorella, Franco)

◆ ◆ ◆ Studio della comunicazione ◆ ◆ ◆

TALKING ABOUT THE WEATHER

When talking about general weather conditions, use the verb **essere:**

Generalmente in Italia **è bello.**	*The weather **is** usually **beautiful** in Italy.*

Otherwise, use **fare.** Here are some useful weather expressions:

Fa bel tempo.	*It's beautiful (weather).*
Fa brutto./Fa cattivo tempo.	*It's bad weather.*
Fa caldo/freddo/fresco.	*It's hot/cold/cool.*
C'è afa./È afoso.	*It's muggy.*
C'è nebbia.	*It's foggy.*
È nuvoloso.	*It's cloudy.*
È sereno.	*It's calm.*
C'è il sole.	*It's sunny.*
C'è un temporale.	*There's a storm.*
C'è una tempesta.	*There's a bad storm.*
Tira vento./C'è il vento.	*It's windy.*
lampeggiare	*to emit lightning*
nevicare	*to snow*
piovere	*to rain*
tuonare	*to be thundering*

Finally, in Italy temperature is reported in centigrade degrees → 32°F = 0°C.

La temperatura

il grado	*degree*
centrigrado	*centigrade*
meno	*minus*

◆

Applicazione

G. Working with your partner, comment on the weather (as indicated). Your partner responds by giving a different weather description than yours.

MODELLO: It's hot.
Fa caldo, non è vero?
No/Macché! Fa freddo!

1. It's cold.
2. It's cool.
3. There's thunder and lightning.
4. It's snowing.
5. The weather's beautiful.
6. The weather's awful.

H. Che tempo fa? Describe the weather condition depicted in each scene.

1.

2.

3.

4.

5.

6.

I. Che tempo! React to each temperature in an appropriate way.

MODELLO: 1°C
Un grado centigrado? Fa molto freddo.

1. 25°C   2. 38°C   3. 0°C   4. −7°C   5. 18°C   6. 22°C   7. 40°C
8. −13°C

IL MOMENTO CREATIVO ◆

J. Prepare a weather forecast for the next three days and play the role of a TV announcer, reading it to the class.

FASE 2ª Ascolto

Listen carefully to the conversation and see if you can determine:

- who the speakers on the phone are
- what they plan to do this evening
- the name of the movie mentioned
- the weather conditions mentioned

Pronuncia

DOUBLE CONSONANTS

As you have discovered, Italian has both single and double consonants. When pronouncing them, double consonants last twice as long as single ones: **ade*ss*o, squi*ll*are, tu*tt*o, le*gg*ere.**

Esercitazione   Repeat each of the following words after the teacher. Then, working in pairs, create an appropriate sentence for each word.

> MODELLO: pioggia
> *Oggi non c'è pioggia, c'è il sole.*

1. avvocato	6. scappare	11. risotto	16. fratello
2. bicchiere	7. abbastanza	12. tramezzino	17. palazzo
3. bottiglia	8. tutto	13. innamorato	18. bello
4. formaggio	9. ghiaccio	14. sonno	
5. rosso	10. pizza	15. fretta	

FASE 3ª Lettura

LEGGIAMO I FUMETTI!

— *Pronto, chi... sparla?*

— *La casa dei gatti? No,
ha sbagliato numero!*

svela: reveals
sparla: speak badly

(Da: «*L'altra enigmistica*»)

(Da: «*L'altra enigmistica*»)

Attività

A. Answer the following questions.

1. Che cosa svela il settimanale *Scandal*?
2. Che cosa dice *(says)* la direttrice?
3. Che cosa dice il cane?
4. Chi ha sbagliato numero (probabilmente)?

B. Tocca a te!

1. Ti piacciono i cani? Hai un cane? Se sì *(If yes)*, come si chiama?
2. Ti piacciono i gatti? Preferisci *(Do you prefer)* i cani o i gatti? Hai un gatto? Se sì, come si chiama?
3. Tu sparli mai della gente? Se sì, di chi sparli? Perché?
4. Tu leggi un settimanale? Se sì, quale? Ti piace?
5. Conosci *(Do you know)* una persona *(person)* come *(like)* la direttrice? Se sì, chi è? Anche questa persona svela "tutto"?
6. Quando sbagli numero che cosa dici di solito?

FASE 4ª Punto di arrivo

Attività varie

A. Opinioni e discussione.

Al telefono!

1. Parli spesso al telefono?
2. Con chi parli?
3. Chi parla di più al telefono nella tua famiglia?

Andiamo al cinema!

4. Conosci qualche film *(a movie)* di un regista/una regista *(movie director)* italiano(-a)?
5. Come si chiama il film?
6. Chi è il/la regista?
7. Ti piace?

Che ora è / che tempo fa?

8. Che ora è adesso?
9. Che tempo fa oggi?
10. Com'è il tempo generalmente?

B. Situazioni tipiche. Choose the most logical response or completion.

1. Squilla il telefono...
   - Pronto?
   - Ciao, come va?
2. Pronto, chi è?
   - Sono Dino.
   - È Dino.
3. Che cosa fai?
   - Studio per l'esame di domani.
   - Adesso sono stanca.
4. Vuoi andare al cinema?
   - No, devo studiare.
   - Sì, devo studiare.
5. Dai! Andiamo al cinema!
   - Il martedì non studio mai.
   - Va bene.
6. C'è un nuovo film?
   - Sì, il Paradiso ha sempre bei film.
   - Sì. È di Tornatore.
7. Allora vieni subito?
   - D'accordo.
   - Non c'è un bel film lì.

8. Qual è il tuo numero telefonico?
   - 585-4412
   - Non faccio una telefonata adesso.
9. Qual è il tuo prefisso?
   - 416
   - Ho solo la teleselezione.
10. Quanto è la tua bolletta del telefono generalmente?
    - Dieci dollari.
    - È occupata.
11. Gianni, sono tre anni che non ti vedo.
    - È tardi!
    - Il tempo vola!

C. Giochiamo!

1. Squilla il telefono. Un uomo risponde e chiede *(asks)* «Chi parla?»
   La voce *(voice)* di un bambino dice «Come? Non mi conosci?»
   L'uomo risponde, «No, chi sei?»
   «La madre di tua moglie», dice il bambino, «è mia nonna».
   Allora, chi è veramente il bambino?

2. **Giochiamo a tombola!** Select any ten numbers from 1 to 100 and write them
   down on a sheet of paper. The teacher will then call out numbers randomly from
   1 to 100. Each time one of your numbers comes up, circle it. When you have
   circled all your numbers call out **Tombola!**

D. Compiti comunicativi. Give the Italian equivalent of the following.

1. Answer the phone.
2. Ask if your friend is in.
3. Ask your friend if he/she can come with you to the movies.
4. Ask him/her if he/she has to study.
5. Tell your friend that he/she has to come with you to the movies.
6. Tell someone that you have the wrong number, excusing yourself.

Conosci il film? Ti piace?

Attività scritte   1. **Il tempo di oggi.** Prepare a weather report, based on the drawing and the legend accompanying it. Include a few of the cities and give some temperatures. Use your imagination!

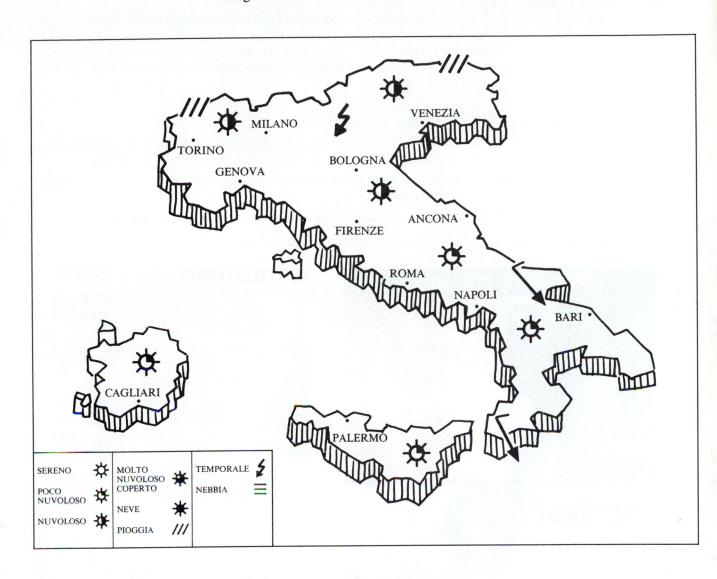

2. Interview your partner, writing down his/her answers. Ask him/her:

• where he/she is from

• whether it rains a lot there

• whether it snows there

• what the weather is like in general

• whether he/she prefers the weather here, at home, or at any other place.

Then read your interviews in class. The other students will try to guess who each interviewee is.

Simulazioni   Prepare scripts based on the following scenarios and then role-play them in class.

1. You are visiting one of the countries listed in the directory below and want to call a friend of yours in Italy to see how things are. In groups of three (caller, friend, operator), prepare a script and then act out a telephone conversation between you and your friend (and sometimes the operator). Here are some suggestions to help you get started.

   • Dial the number, saying it out loud.
   • The operator intercedes and asks you where you are calling from, what city you want, and the phone number and name of the person you are calling.
   • After numerous tries (wrong number, busy line, no answer, etc.), you finally get hold of your friend.
   • Ask each other questions: what time it is, what the weather is like, etc.

2. One student answers the phone. The second student (of the opposite sex) asks him/her what he/she is doing. The first student gives an appropriate answer. The second student then asks him/her to go out somewhere. The first student turns the offer down. The second student insists, giving an interesting reason for going out (e.g., a good movie is playing somewhere). The first student may or may not agree.

Lessico utile

Nomi

il caldo *heat, warmth* (**fa caldo** *it's hot, warm*)

il cinema *movies, movie theater* (**al cinema** *to the movies*)

l'esame *(m.) exam*

il grado *degree*

l'interurbana *long-distance call*

la mattina *morning* (**di mattina/ della mattina/del mattino** *in the morning*)

la mezzanotte *midnight*

il mezzogiorno *noon*

il minuto *minute*

la nebbia *fog*

la notte *night* (**di notte/della notte**) *at night, in the night*

l'ora *clock/watch time, hour*

il pomeriggio *afternoon* (**del pomeriggio** *in the afternoon*)

il prefisso *area code*

il quarto *quarter*

lo sbaglio *mistake*

la sera *evening* (**di sera/della sera** *in the evening*)

la serata *evening*

il sole *sun*

la telefonata *phone call*

il telefono *phone*

il tempo *time (in general); weather*

il temporale *storm*

il vento *wind*

la volta *time (occurrence); number of instances*

Aggettivi

bello *beautiful, handsome, nice*

bravo *good (at something)*

buono *good*

grande *big, large, great*

magnifico *magnificent, wonderful*

maleducato *rude*

mezzo *half*

nuovo *new*

nuvoloso *cloudy*

occupato *busy*

preciso *exact*

sereno *calm*

stanco *tired*

Avverbi

adesso *now*

domani *tomorrow*

lì *there*

mai *ever*

ora *now*

più *more*

purtroppo *unfortunately*

subito *right away*

Verbi

ascoltare *to listen to*

aspettare *to wait for*

cercare *to look for, search for*

dovere *to have to*

leggere *to read*

mettere *to put*

nevicare *to snow*

pagare *to pay for*

piovere *to rain*

potere *to be able to*

prendere *to take, have something*

rispondere (a) *to answer*

sapere *to know*

sbagliare *to make a mistake*

scrivere *to write*

sopportare *to stand, put up with*

squillare *to ring*

suonare *to ring, play (an instrument)*

telefonare (a) *to phone*

uscire *to go out*

vedere *to see*

vendere *to sell*

venire *to come*

Altri vocaboli/Espressioni

Che peccato! *What a shame!*

Che tempo fa? *How's the weather?*

D'accordo! *OK! I agree!*

fare il numero *to dial*

in punto *on the dot*

Ma va! *Come on, now! No way!*

Macché *No way!*

meno *minus*

mentre *while*

numero di telefono (il numero telefonico) *phone number*

Pronto! *Hello! (on the phone)*

quale *which*

quanto *how much*

segreteria telefonica *answering machine*

stare per *to be about to*

tra (fra) *in, within*

ITALIA

L'ITALIA—UN PO' DI GEOGRAFIA

<table>
<tr><td>boot/islands</td><td></td></tr>
<tr><td>area</td></tr>
<tr><td>square</td></tr>
<tr><td>mountain chain</td></tr>
<tr><td>country/mountainous</td></tr>
<tr><td>valley</td></tr>
<tr><td>river</td></tr>
<tr><td>crosses/lakes</td></tr>
<tr><td>at the foot of</td></tr>
<tr><td>surrounded</td></tr>
<tr><td>northern</td></tr>
<tr><td>southern/islands</td></tr>
<tr><td>regional capital</td></tr>
<tr><td>dark red dot</td></tr>
</table>

L'Italia è una penisola che ha la forma di uno stivale°. Anche due grandi isole° sono italiane: la Sicilia e la Sardegna. La penisola ha un'estensione° di circa 324.000 chilometri quadrati°.

A nord ci sono le Alpi, una catena di montagne°; e lungo la penisola ci sono gli Appennini, un'altra catena. L'Italia è un paese° montuoso°: tre quarti della superficie è, infatti, montuosa. La pianura° più grande è la Pianura Padana, chiamata anche la Valle del Po. Il Po, che va dalle Alpi al Mare Adriatico, è il fiume° più importante d'Italia. Altri fiumi importanti sono: l'Adige, nella Valle Padana, l'Arno, che attraversa° Pisa e Firenze, e il Tevere, che attraversa Roma. I laghi° più conosciuti sono il Lago di Como, il Lago Maggiore e il Lago di Garda, ai piedi° delle Alpi.

L'Italia è circondata° dal mare: a ovest dal Mar Ligure e dal Mar Tirreno; a sud dal Mar Ionio; e a est dal Mar Adriatico.

Ci sono venti (20) regioni italiane: otto (8) settentrionali°, sei (6) centrali, quattro (4) meridionali° e due insulari°.

Le regioni sono divise in province; e ogni provincia in diversi comuni. Ogni regione ha un capoluogo°, ma la capitale d'Italia è Roma. La cartina geografica indica i capoluoghi delle regioni (che sono indicate con un punto rosso scuro°). Ci sono anche due piccoli stati indipendenti: la Repubblica di San Marino e la Città del Vaticano.

Comprensione

A. Complete each sentence in an appropriate fashion.

1. L'Italia è una _____ che ha la forma di uno _____ .
2. Le due grandi isole italiane sono la _____ e la _____ .
3. Le Alpi sono a _____ e gli Appennini sono_____ la penisola.
4. Le Alpi e gli Appennini sono _____ .
5. La Pianura Padana è anche chiamata la _____ .
6. Como, Maggiore e Garda sono _____ .
7. Il Po, l'Adige e l'Arno sono _____ .
8. Il Mediterraneo e l'Adriatico sono _____ .

B. Using the map write down the names of all the regions and their capital cities. Point out if you have ever visited any region or city and if you liked it.

Attività

C. Answer the following questions.

1. Quali città vuoi visitare?
2. Quali altri posti (places) vuoi visitare?

D. Simulazione. Working with a partner plan a week's vacation in Italy. Decide on which place or places you want to visit on each day (from Monday to Sunday). Use the map or other material to show your classmates where these are located.

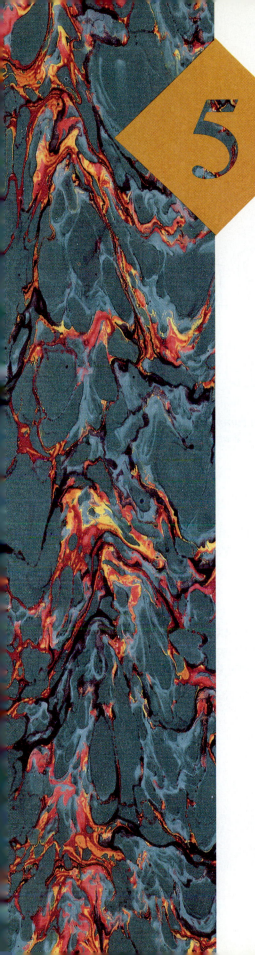

5

UNA FESTA IN FAMIGLIA!

LANGUAGE FUNCTIONS

Expressing possession   Giving best wishes
Giving the date   Expressing feelings
Relating events in time

GRAMMATICAL STRUCTURES

Possessive
Present indicative of **-ire** verbs
Reflexive verbs   Dates and seasons
Cardinal numbers 100 and above
Present progressive

CULTURE

Use of titles   Professions

125

FASE 1ª Punto di partenza 1

birthday

BUON COMPLEANNO°!

is seated

La famiglia Barzetti è seduta° a tavola. Oggi è il compleanno della nonna, Renata. C'è sua nipote, Sandra, e suo nipote, Stefano. C'è anche sua figlia, Maria, e suo genero, Massimo.

Best wishes

SANDRA: Tanti auguri°, nonna!

How old are you

STEFANO: Buon compleanno! Quanti anni hai°, adesso, nonna?

RENATA: Troppi! Ma sono molto contenta!

Let's sing!

MARIA: Facciamo gli auguri alla nonna! Cantiamo!°

TUTTI: (*to the tune of* "Happy Birthday to You")
Tanti auguri a te,
Tanti auguri a te,
Tanti auguri cara nonna,
Tanti auguri a te.

doctor

RENATA: Grazie a tutti! Sono veramente felice! Vedo davanti a me mia figlia, un medico°, mio genero, un professore, e i miei due nipoti, due bravi studenti universitari. Ah, sono proprio fortunata!

☉ OCCHIO ALLA LINGUA!

The word **troppo,** like **molto** and **tanto,** has both an adjectival and an adverbial function.

La giornata è **troppo** lunga. *(adverb)* *The day is **too** long.*

Ci sono **troppi** studenti in classe oggi. *(adjective)* *There are **too many** students in class today.*

The verb forms **Facciamo (gli auguri)!** and **Cantiamo!** are both imperatives (**Capitolo 9**).

Comprensione

A. Answer the following questions.

1. Dov'è la famiglia Barzetti?
2. Che cosa c'è oggi in famiglia?
3. Chi è Renata?
4. Chi è Sandra?
5. Chi è Stefano?
6. Chi è Maria?
7. Chi è Massimo?
8. Chi fa gli auguri alla nonna prima degli altri *(before the others)*?
9. Quanti anni ha la nonna, secondo quello che dice lei *(according to her)*?
10. Com'è la nonna oggi?
11. Che cosa cantano tutti?
12. Quali sono le professioni *(professions)* di Maria, Massimo, Stefano e Sandra?
13. Perché la nonna dice che è proprio fortunata?

Espansione

B. How would you express your good wishes for the following situations and events? Provide the English equivalent as well.

MODELLO: compleanno
Buon compleanno!
(Happy birthday!)

1. anno
2. viaggio *(trip)*
3. Natale *(m.) (Christmas)*
4. Pasqua *(Easter)*
5. giornata
6. serata

C. Identify the relationship of each of the family members of the Barzetti family to Renata in two ways. Use **suo** before a masculine noun and **sua** before a feminine noun.

MODELLO: Sandra
Sandra è la nipote di Renata. Sandra è sua nipote.

1. Stefano   2. Maria   3. Massimo   4. Sandra

D. Ti presento la mia famiglia! Tell your partner the name, age, and occupation (if any) of each member of your family.

MODELLO: *Mio padre si chiama Frank. Ha 45 anni. È medico.*

A FEW MORE PROFESSIONS		
MASCHILE	**FEMMINILE**	
il commesso	la commessa	*store clerk*
l'impiegato	l'impiegata	*office employee*
l'operaio	l'operaia	*factory worker*
lo studente	la studentessa	*student*

♦   ♦   ♦ **Studio del lessico** ♦   ♦   ♦

PROFESSIONS/TITLES

Many professions and titles (for the professions) use the same words.

PROFESSIONE	TITOLO
un professore	il professor Verdi
un ingegnere	l'ingegner Dini

- **Medico** indicates the profession of doctor for both males and females: **Renato è medico./Silvana è medico.** The corresponding titles are **dottore/dottoressa.**
- The same pattern holds for **avvocato: Marco è avvocato./Maria è avvocato.**

    Recently there has been a tendency to avoid gender distinctions even in titles. A female lawyer is now addressed as **l'avvocato Dini,** rather than **l'avvocatessa Dini.** Some female titles are still prevalent, however, e.g. **la professoressa Dini.**

    You can also use **fare l'avvocato/fare il medico,** etc., to say that someone practices a certain profession: **Mia madre fa l'avvocato./Mia sorella fa il medico,** etc. Or you can use **essere** without the indefinite article: **Mio padre è avvocato.** However, if the noun is modified then you must use the indefinite article: **Mio padre è un bravo avvocato.**

AGGETTIVI

Remember that **bravo** means *good at something.* **Gianni è un bravo studente.** It can come before or after the noun. **Caro** and **povero** can also come before or after, but their position can be used to alter the meaning.

È un **caro** amico.	*He's a **dear** friend.*
È un libro **caro.**	*It's an **expensive** book.*
Povero ragazzo! Ha tanti soldi ma pochi amici.	***Poor** boy! He has lots of money but not many friends.*
È una famiglia **povera.** Non ha soldi.	*It's a **poor** family. It doesn't have any money.*

♦

Applicazione
E. You and your teacher have been invited to Renata Barzetti's birthday celebration. Introduce the following family members to your teacher. Then state his/her profession (as indicated).

> MODELLO: Franco Barilli / operaio
> *Professore/Professoressa, Le presento il signor Franco Barilli.*
> *Lui è operaio./Lui fa l'operaio.*

1. Franca Orsi / professoressa
2. Stefano Barzetti / studente universitario
3. Alberto Giorgetti / medico
4. Carla Dentini / avvocato
5. Dino Orsi / impiegato
6. Franco Bellini / operaio
7. Gianni Santucci / commesso
8. Maria Barzetti-Pozzo / medico

F. Alla festa! Give the Italian equivalent of the following.

1. Say that you have an expensive gift (**regalo costoso**) for Mrs. Renata Barzetti.
2. Give Mrs. Barzetti your best wishes.
3. Ask Mrs. Barzetti how old she is.
4. Say that you are a poor (money-wise) university student.
5. Say that you are only a poor student who has no time to do anything.
6. Tell Stefano that he, instead, is really lucky.
7. Ask Mrs. Barzetti if she is happy.

◆ ◆ ◆ Studio della grammatica ◆ ◆ ◆

AGGETTIVI POSSESSIVI

In this **Punto,** and in previous chapters, you have encountered several possessive adjectives. Here are all the **aggettivi possessivi.**

	SINGOLARE		PLURALE	
	MASCHILE	FEMMINILE	MASCHILE	FEMMINILE
my	il mio	la mia	i miei	le mie
your	il tuo	la tua	i tuoi	le tue
your (pol.)	il Suo	la Sua	i Suoi	le Sue
his/her/its	il suo	la sua	i suoi	le sue
our	il nostro	la nostra	i nostri	le nostre
your	il vostro	la vostra	i vostri	le vostre
your (pol.)	il Loro	la Loro	i Loro	le Loro
their	il loro	la loro	i loro	le loro

Note the following:

- The definite article is used with the possessive adjective.
- The possessive adjective is like any adjective: it agrees in gender and number with the noun it modifies; and it is normally placed before the noun.

<blockquote>

il mio compleanno   la mia penna
il tuo orologio   la tua amica
i nostri genitori   le nostre amiche, ecc.

</blockquote>

- The exception is **loro,** which is invariable: **la loro amica, i loro amici, le loro zie,** ecc.
- Unlike English, the third-person possessive refers to *his, her, its,* and *your (pol.)*.

<blockquote>

il suo compleanno   *his/her/your birthday*
la sua amica   *his/her/your (female) friend*
È il compleanno di Marco. = È il suo compleanno.
È il compleanno di Maria. = È il suo compleanno.

</blockquote>

- Remember to maintain a distinction between familiar and polite forms.

<blockquote>

Gianni, è **il tuo** compleanno?
Signor Marchi, è **il suo** compleanno?

</blockquote>

Polite forms may always be capitalized: **il Suo** compleanno.

- In the plural, the **vostro** form is used when addressing a group of people. When several people are involved a familiar/polite distinction is normally maintained:

<blockquote>

Quando è **il vostro** compleanno? *(in general)*
Signor Marchi, signora Dini, quando è **il Loro** compleanno?

</blockquote>

When referring to a single family member or relative, do not use the definite article: **mio padre, sua madre, nostro zio, ecc.** However, if the noun is in the plural, or modified, then the usual possessive form (with the article) is used: *le sue* **zie,** *la nostra* **simpatica cugina, ecc.** The exception to all this is **loro,** which *always* retains the article: *il loro* **padre,** *la loro* **madre, ecc.**

If you replace the definite article with the indefinite article, you will convey the expression *of mine, of yours,* etc.

<blockquote>

Lui è **un nostro** amico.   *He's a friend of ours.*
Maria è **una loro** cugina.   *Mary is a cousin of theirs.*

</blockquote>

With the words **la mamma** *mom,* **il papà** *dad,* **il nonno,** and **la nonna** the article is optional in the singular, unmodified form: **mia mamma/la mia mamma; mio papà/il mio papà, ecc.**

PRONOMI POSSESSIVI

Possessive pronouns (*yours, mine, his,* etc.) have the same forms as the corresponding adjectives.

AGGETTIVO	PRONOME	
Oggi è **il mio** compleanno.	Quando è **il tuo?**	*When is yours?*
Ecco **la mia** amica.	Dov'è **la vostra?**	*Where is yours?*

The pronouns are really abbreviated phrases: **Quando è il tuo (compleanno)?/ Dov'è la vostra (amica)?** The article is always used with the pronoun.

Ecco **mia** madre!   Dov'è **la tua?**

Nostra cugina si chiama Claudia.   Come si chiama **la vostra?**

◆

Applicazione

G. A tavola! Your parents have invited relatives and friends to your birthday party. You are now at the dinner table. Before you start eating, introduce your new school friend Franco to each person.

MODELLO: fratello
              Ti presento mio fratello.

1. sorella
2. amico Paolo
3. zii
4. nonni
5. papà
6. mamma

H. Dinner is being served, and everyone is having something different. Answer each question in the affirmative. After realizing you have made a mistake, reply in the negative pointing to the person to whom the item belongs.

MODELLO: Sono gli spaghetti di Maria?
              Sì, sono i suoi spaghetti.
              No, no, scusa! Non sono i suoi, sono i tuoi!

1. Sono gli spaghetti di Michele?
2. È il cappuccino di Paola?
3. Sono i ravioli della mamma?
4. È la pasta della nonna?
5. Sono le lasagne di Carlo?
6. È il risotto di Claudia?
7. È la pizzetta di Marco?
8. È il formaggio di Silvana?

Hai ragione: ha proprio i denti di suo padre!

I. After dinner you and your sister take out the family album and show it to your friend Franco. Working in pairs, use the following sequence for each picture.

MODELLO: cugina

FRANCO: *È vostra cugina?*

TU: *No, non è la nostra.*

FRANCO: *Chi è?*

TU: *È la loro cugina (pointing to other people in the photo album).*

1. zio
2. cugini
3. cugina tedesca
4. amico
5. zia
6. parenti francesi
7. zia spagnola
8. nipote americano

◆ ◆ ◆ Studio della comunicazione ◆ ◆ ◆

GIVING BEST WISHES

Use **buono** to give your best wishes.

Buon compleanno! *Happy Birthday!*   Buona giornata! *Have a nice day!*

In a few instances **tanto** is used.

Tanti auguri! *Best wishes!*   Tante belle cose! *All the best!*

AGE, BIRTHDAYS, DATES

Quanti anni **hai?** *(fam.)*   *How old **are you?** (lit., How many years*
Quanti anni **ha?** *(pol.)*   *do you have?)*
Ho diciotto anni.   ***I'm** eighteen years old.*
Quando **sei nato(-a)?** *(fam.)*   *When **were you born?***
Quando **è nato(-a)** *(pol.)*
Sono nato(-a) il tre maggio.   ***I was born** on May 3.*

I MESI DELL'ANNO

il mese *month*			
gennaio	*January*	luglio	*July*
febbraio	*February*	agosto	*August*
marzo	*March*	settembre	*September*
aprile	*April*	ottobre	*October*
maggio	*May*	novembre	*November*
giugno	*June*	dicembre	*December*

Like the **giorni della settimana (Capitolo 3),** the **mesi dell'anno** are not capitalized. Use the cardinal number with the month.

<table>
<tr><td>Quanti ne abbiamo?</td><td>*What's the date?*</td></tr>
</table>

È il tre gennaio.	*It's January 3.*
Ne abbiamo tre.	*It's the third.*
È il ventotto febbraio.	*It's February 28.*
Ne abbiamo ventotto.	*It's the twenty-eighth.*

The complete version, with **di,** is also used: **il tre *di* gennaio/il ventotto *di* febbraio** *(the third of January/the twenty-eighth of February).* For the first of each month, the ordinal number **primo** is used instead of the cardinal number.

È **il primo** ottobre.	*It's October 1.*
È **il primo** marzo.	*It's March 1.*

Be sure to contract the article before **otto** and **undici.**

l'otto giugno	*June 8*
l'undici luglio	*July 11*

When writing dates in numbers, Italians put the day first, followed by the number of the month.

14/11 = il quattordici novembre   7/5 = il sette maggio

Applicazione

J. After Franco has seen the family photo album, he asks everyone present when he/she was born. Re-create each exchange with your partner.

MODELLO: Marina: 28/1
FRANCO: *Marina, quando sei nata?*
MARINA: *Sono nata il ventotto gennaio.*

1. Sandra: 1/11
2. Stefano: 11/2
3. Maria: 8/11
4. Massimo: 4/4
5. Franco: 12/3
6. Giuseppe: 19/6
7. Gina: 28/7
8. Dina: 8/10
9. Gianni: 18/9
10. Marco: 3/1
11. Paola: 24/5
12. Roberta: 1/8

K. Quando sei nato(-a)? Interview your partner to find out:

• quando è nato(-a)

• quanti anni ha

L. In che mese? Give the month in which each of the following occurs. Then express an appropriate wish.

> MODELLO: l'anno nuovo
> *L'anno nuovo è a gennaio/in gennaio.*[1]
> *Buon anno (nuovo)!*

1. il tuo compleanno
2. la Pasqua
3. il Natale
4. il compleanno di tuo fratello/tua sorella
5. San Valentino

IL MOMENTO CREATIVO ◆

M. Two friends (s1 and s2) decide to give a third friend (s3) a surprise birthday party. s1 calls s3 to invite him/her over to watch TV. When s3 arrives, s1 and s2 sing happy birthday to s3. Then, they give him/her a card they have prepared.

Punto di partenza 2

CHE FAI DI BELLO?°

What's new?

Sandra lascia° la festa per un momento. Va in camera° a telefonare al suo fidanzato, Daniele. Ecco la loro breve telefonata.

leaves/bedroom

DANIELE:	Pronto!
SANDRA:	Ciao, Daniele, sono io!
DANIELE:	Sandra, che fai di bello?
SANDRA:	È il compleanno di mia nonna. Ma tu sai che senza° di te non mi diverto° e che mi annoio° facilmente.
DANIELE:	Anch'io preferisco° stare sempre con te! Usciamo insieme stasera?
SANDRA:	Perché non vieni, invece, a casa mia? C'è ancora un pezzo° di torta° per te.
DANIELE:	Va bene! Vengo subito!

without
enjoy myself/get bored
prefer
piece/cake

☉ OCCHIO ALLA LINGUA!

The word **festa** can also mean *holiday* (Christmas, Easter, etc.).

The verb **preferire** is conjugated in the present tense with **-isc-** (see **Studio della grammatica** below).

In camera is an idiomatic substitution for **nella sua camera.** It can substitute any possessive: **Sandra, vai *in camera?* = Sandra, vai *nella tua camera?***

The preposition **senza** is followed by **di** before a pronoun: **Lui non può stare *senza* Sandra.** *but* **Lui non può stare senza *di* lei.**

---

[1] Note that you can use either **a** or **in** with the month.

Comprensione

A. Vero o falso? Correct each false statement to make it true.

1. Sandra lascia la festa per andare al cinema.
2. Sandra va in camera a telefonare a Daniele.
3. Daniele vuole sapere cosa fa di bello Sandra.
4. Sandra dice che oggi è il suo compleanno.
5. Sandra si diverte sempre senza Daniele.
6. Senza Daniele Sandra si annoia facilmente.
7. Daniele preferisce stare sempre con Sandra.
8. Sandra chiede *(asks)* a Daniele di venire a casa sua.
9. Daniele viene domani.

Espansione

B. Ti diverti o ti annoi? Say whether you enjoy, or are bored by, each of the following and give a reason why.

> MODELLO: quando c'è una festa in famiglia
> *Quando c'è una festa in famiglia io mi diverto perché tutti sono felici. / Quando c'è una festa in famiglia io mi annoio perché c'è sempre troppa gente.*

1. quando c'è una festa in famiglia
2. quando sono al cinema
3. quando sono in centro
4. quando piove
5. quando nevica
6. quando guardo la TV

C. Quale preferisci? Interview your partner to find out what he/she prefers.

> MODELLO: Quale preferisci, le feste in famiglia o tra *(among)* amici?
> *Preferisco le feste in famiglia perché tutti sono contenti. / Preferisco le feste tra amici perché mi diverto molto.*

1. i cani o i gatti
2. quando piove o quando nevica
3. andare al cinema o guardare la TV
4. studiare l'italiano o un'altra lingua *(language)*

◆ ◆ ◆ Studio del lessico ◆ ◆ ◆

- The preposition **tra/fra** also means *among* and *between:* **Mi piace stare *tra* amici.** *I like to stay **among** friends.*

- The expression **a casa mia** means *to my house.* This idiomatic formula can be used with the other possessives as well.

a casa tua	*to your house*
a casa nostra	*to our house*
a casa loro	*to their house*

Applicazione   **D. È il mio compleanno!** With a partner reconstruct the following phone call between Giorgio and Angela.

> MODELLO: Angela answers and asks who is there.
> *Pronto! Chi è?/Chi parla?*

Giorgio fa il numero di Angela. Il telefono squilla.

ANGELA: Answers and asks who is there.
GIORGIO: Identifies himself and asks Angela what she's doing.
ANGELA: She says it's her birthday and asks if Georgio would like to come over.
GIORGIO: He says that he doesn't know her parents well enough.
ANGELA: She says it doesn't matter.
GIORGIO: He says he will be right over.

◆ ◆ ◆ Studio della grammatica ◆ ◆ ◆

IL PRESENTE INDICATIVO: TERZA CONIUGAZIONE

In this **Punto** you have encountered a third-conjugation verb, **preferire.** The infinitive of this conjugation ends in **-ire.** There are two patterns to this conjugation for all present tenses.

PRESENTE INDICATIVO

APRIRE *to open*		PREFERIRE	
apro	apriamo	preferisco	preferiamo
apri	aprite	preferisci	preferite
apre	aprono	preferisce	preferiscono

The only difference between the two is the addition of **-isc-** to all the persons except the first and second plural. Verbs conjugated in this way are identified as they are introduced. Here are a few more **-ire** verbs.

capire *(isc)*	*to understand*	partire	*to leave*
dormire	*to sleep*	pulire *(isc)*	*to clean*
finire *(isc)*	*to finish*		

The following chart summarizes the endings of regular verbs in the present indicative:

		-are	-ere	-ire
SINGOLARE		-o	-o	-(isc)o
		-i	-i	-(isc)i
		-a	-e	-(isc)e
PLURALE		-iamo	-iamo	-iamo
		-ate	-ete	-ite
		-ano	-ono	-(isc)ono

VERBI RIFLESSIVI

Reflexive verbs refer back to the subject: *I wash myself. They enjoy themselves.* They are conjugated in the normal fashion. Just put the appropriate reflexive pronoun before each form of the verb.

PRONOMI RIFLESSIVI		
SINGOLARE	mi	*myself*
	ti	*yourself*
	si	*himself/herself/itself/oneself/yourself (pol.)*
PLURALE	ci	*ourselves*
	vi	*yourselves*
	si	*themselves/yourselves (pol.)*

A reflexive verb can be recognized by the **-si** *oneself* suffix added to the infinitive.

alzare + si = alzar*si*	*to get up*
mettere + si = metter*si*	*to put on*
divertire + si = divertir*si*	*to enjoy onself*
vestire + si = vestir*si*	*to get dressed*
lavare + si = lavar*si*	*to wash oneself*

Here are three verbs conjugated fully:

	ALZARSI	METTERSI	DIVERTIRSI
SINGOLARE	mi alzo	mi metto	mi diverto
	ti alzi	ti metti	ti diverti
	si alza	si mette	si diverte
PLURALE	ci alziamo	ci mettiamo	ci divertiamo
	vi alzate	vi mettete	vi divertite
	si alzano	si mettono	si divertono

- The pronouns are always placed in front of the verb: **Lui non** *si* **diverte mai.**
- With **volere, potere,** and **dovere,** the pronouns may be put optionally onto the infinitive.

Lui non **si** vuole divertire mai.   Lui non vuole mai divertir**si**.

- As usual, the polite pronoun form can be capitalized: **Come si chiama, Lei?/ Come Si chiama, Lei?**
- Some verbs occur in both reflexive and nonreflexive forms. In this case their meanings change.

| **alzare** | *to lift* | **alzarsi** | *to get up* |
| **mettere** | *to put* | **mettersi** | *to put on* |

- The reflexive pronouns allow you to express *each other* with an appropriate verb. This is called the reciprocal reflexive (**il riflessivo reciproco**).

Giorgio e Angela **si** telefonano ogni sera.   *George and Angela phone **each other** every evening.*
Noi non **ci** telefoniamo mai.   *We never phone **each other**.*

◆

Applicazione   **E.** React to each statement by pointing out that others do the same things as well.

MODELLO: Gianni si alza sempre alle sei. (io, tu,...)
Anch'io mi alzo sempre alle sei. Anche tu ti alzi sempre alle sei.

1. Giorgio apre la sua trattoria a mezzogiorno. (tuo zio, tu e tuo cugino, i nostri genitori, io)
2. Massimo capisce il francese. (io, tu, tu e tua sorella, i miei genitori)
3. Noi finiamo le lezioni ogni giorno alle 15,00. (i vostri amici, io, mio fratello, tu e la tua amica)
4. Mario dorme troppo! (io, tu, i miei amici, mio fratello)
5. Quando Stefano guarda la TV si annoia. (io, tu, mia sorella, i miei genitori)
6. Ogni sabato mio cugino si alza presto e pulisce la casa. (io, tu, io e mia sorella, i miei genitori)
7. Marco vuole mettersi sempre una giacca *(jacket)* quando esce. (io, tu, tu e tuo cugino, i nostri amici)
8. Angela si diverte molto quando va in Italia. (io e il mio fidanzato, tuo cugino, tu, i nostri amici)

AUGURANDOTI BUON ONOMASTICO

F. Complete the caption under each drawing.

1. *Mark _____ una giacca* (jacket) *quando esce.*

2. *Pina e suo papà _____ ogni sabato.*

3. *Io e mio fratello _____ alle sei della mattina.*

G. Sì, è proprio vero! Working in pairs, your partner says the following things. You agree with him/her.

MODELLO: Io e mio cugino non ci telefoniamo mai.
Sì, è proprio vero! Voi non vi telefonate mai.

1. Maria e Claudia non si parlano più.
2. Io e mio zio non ci chiamiamo mai.
3. Tu e tua sorella non vi cercate mai.
4. Carla e il tuo fidanzato non si conoscono.
5. Io e tua sorella non ci telefoniamo mai.

H. A che ora ti alzi? Interview your partner to find out:

• when he/she gets up in the morning

• what he/she prefers to eat for breakfast

• what class or classes bore him/her

• if **(se)** he/she enjoys himself/herself in Italian class

◆ ◆ ◆ Studio della comunicazione ◆ ◆ ◆

MORE ABOUT DATES

When you ask **Che giorno è oggi?** the response can include the date and the month. However, if you do not care to know the month, then simply ask **Quanti ne abbiamo?** *How many of them (days) do we have?*

Che giorno è (oggi)?	Quanti **ne** abbiamo (oggi)?
È il quattro aprile.	**Ne** abbiamo **quattro.**
È il primo ottobre.	È il **primo.**

I NUMERI CARDINALI DA 100 IN POI

From 100 to 999:

100	**cento** (101 **centuno** 102 **centodue** 103 **centotrè...**)
200	**duecento**
300	**trecento**
400	**quattrocento**
500	**cinquecento**
600	**seicento**
700	**settecento**
800	**ottocento**
900	**novecento**

From 1000 on:

1000	**mille** (1350 **milletrecentocinquanta** 1875 **milleottocentosettantacinque...**)
2000	**duemila** (the plural of **mille** is **mila**) (2467 **duemilaquattrocentosessantasette**)
3000	**tremila**
4000	**quattromila**
...	
100.000	**centomila**
200.000	**duecentomila**
890.211	**ottocentonovantamiladuecentoundici**
...	
1.000.000	**un milione**
2.000.000	**due milioni**
...	
1.000.000.000	**un miliardo**
2.000.000.000	**due miliardi**

Milione and **miliardo** are followed by **di** before a noun.

mille automobili	*1,000 cars*
duemila dollari	*2,000 dollars*
un milione *di* dollari	*1,000,000 dollars*
due miliardi *di* lire	*2,000,000,000 liras*

To give your year of birth:

Quand'è nato(-a)?
Sono nato(-a) **nel** millenovecentosettantacinque. (1975)
Sono nato(-a) il sei giugno, millenovecentosettantacinque.

In general, years require the definite article:

Il 1492 è un anno importante.   *1492 is an important year.*

Note that long numbers can be written with or without numerically logical separations: 1975 = millenovecentosettantacinque *or* mille novecento settanta cinque

EXPRESSING FEELINGS

Here are expressions you have encountered up to now for expressing your feelings.

Che bello!	*How nice!*
Come?	*What do you mean?*
D'accordo!	*I agree!*
Impossible!	*Impossible! Out of the question!*
Ma va!	*No way! Come on, now!*
Macché!	*No way! I wish!*
Mamma mia!	*Oh my! Oh dear!*
Mascalzone!	*You rascal!*
Meno male!	*Thank goodness!*
Non importa!	*It doesn't matter!*
Pazienza!	*Patience!*
Su, dai!	*Come on!*
Va bene!/OK!	*OK!*

◆

MUSEO DIOCESANO
CORTONA (Arezzo)

Biglietto d'ingresso L. 5.000

Applicazione

I. Numeri, numeri! To each number given below, add a digit, write it on the board, and then read the resulting number.

> MODELLO: three
> *tre*
> S1: 34   *trentaquattro*
> S2: 348   *trecentoquarantotto*
> S3: 3480   *tremilaquattrocentoottanta*
> *Possible final number:*
> *348.012.234.123 trecentoquarantottomiliardi...*

1. one   2. four   3. two   4. three   5. eight   6. nine

J. Date importanti! Give the date of each of the following historical events. If you don't know it, give an approximate date.

1. La nascita di George Washington
2. La data delle ultime Olimpiadi *(last Olympic games)*
3. La data della prossima elezione del Presidente degli Stati Uniti
4. La scoperta *(discovery)* dell'America

Buon Compleanno

K. Quando sei nato(-a)? Give your date of birth. Say that unfortunately it's not the date of your birthday. Then give the correct date.

> MODELLO: — *Sono nato(-a) il tre maggio. Purtroppo non è il tre maggio. Ne abbiamo quattro. È il quattro ottobre.*

L. Che bello! React to each situation in an appropriate manner.

React . . .
1. to the fact that exams have been cancelled.
2. to your friend's hesitation to go out with you.
3. with surprise to what someone has just said.
4. to your friend's suggestion to do something tonight.

IL MOMENTO CREATIVO ◆

M. Your friend reminds you that there is a history exam tomorrow, which you had forgotten about. React to his/her reminder. Then ask him/her to give you five or six important events you will have to know for the exam. Try to guess what the dates are.

Punto di partenza 3

get married

PERCHÉ NON CI SPOSIAMO°?

gives

Daniele arriva a casa di Sandra poco dopo la loro telefonata. Sandra dà° un pezzo di torta al suo fidanzato.

really

DANIELE: *(mentre mangia la torta)* Cara Sandra, sono proprio° contento quando siamo insieme!

SANDRA: Allora, perché non ci sposiamo?

first/money/then

DANIELE: Ma prima° voglio fare tanti soldi°, e poi°...

are you saying/love me

SANDRA: Ma che cosa stai dicendo°? Se mi vuoi bene°, ci dobbiamo sposare subito!

job

DANIELE: Hai ragione! Io ho un buon lavoro° e tu stai per finire l'università. Andiamo a parlare ai tuoi genitori.

◉ OCCHIO ALLA LINGUA!

The word for *money,* **i soldi,** is normally used in the plural. However, the singular form can be used with various other meanings: **Non ho un soldo!** *I don't have a cent.* Recall that nouns ending in an accented vowel do not change in the plural: **l'università, le università.**

The noun **lavoro** means both *job* (**Ho un buon lavoro**) and *work* (**Il lavoro è importante**).

Like **molto, tanto,** and **troppo, poco** has both an adjectival and an adverbial function: **Io ho *pochi* soldi.** *I have **little** money.*/**Lei è *poco* simpatica.** *She's **not very** nice.*

The verbs **dare** and **dire** have the following conjugations in the **presente indicativo.**

dare: do, dai, dà, diamo, date, danno
dire: dico, dici, dice, diciamo, dite, dicono

1. *Dov'è la famiglia?*
2. *Che cosa fanno?*
3. *Chi è ognuno* (each one) *probabilmente?*

Comprensione   A. Complete the following paraphrase with the missing words.

Daniele arriva _____ casa di Sandra _____ dopo la loro telefonata. Sandra _____ un pezzo di torta al suo _____. _____ mangia la torta, Daniele dice che è proprio _____ quando è _____ a Sandra. Allora Sandra gli chiede *(asks him):* «Perché non _____ sposiamo?» Daniele risponde che _____ fare tanti _____. Allora Sandra gli dice *(tells him)* che se lui le _____ bene, si devono _____ subito. Daniele risponde che lui ha un buon _____ e che Sandra sta per finire l'_____. Infine *(Finally)* dice che vuole andare a parlare ai _____ di Sandra.

Espansione   B. During a family reunion, someone makes the following two statements. Point out to him/her that others say and do the same things too (**Anche mia sorella dice sempre tutto ai genitori...**).

1. Io dico sempre tutto ai genitori. (mia sorella, io e mia sorella, tu e tuo fratello, i miei amici)
2. Io non do mai soldi a nessuno. (mio padre, io e mio fratello, tu e tua sorella, i miei amici)

C. Dare, dire, essere o fare? Complete each sentence with the appropriate verb in its correct form.

1. Mia sorella _____ una studentessa universitaria.
2. Mio fratello parla poco; non _____ mai niente.
3. Mia sorella non _____ mai soldi a nessuno; ma neanche io _____ soldi alla gente.
4. Mio zio _____ l'avvocato.
5. Tutti noi parliamo troppo; _____ troppe cose, non è vero?
6. I miei genitori _____ che vanno a Roma tra poco *(in a little while).*

D. Prima... poi! Now the conversation turns to the topic of the future. Arrange each of the following pairs of events in any order you wish, as you plan out your life.

MODELLO: sposarsi / fare tanti soldi
Prima voglio fare tanti soldi e poi mi sposo.
Prima mi voglio sposare e poi voglio fare tanti soldi.

1. finire l'università / lavorare
2. cercare un buon lavoro / sposarsi
3. divertirsi / andare all'università
4. andare in Italia / lavorare

E. Around the house you always get asked what you or some other family member is doing at various times. Imitate the format laid out for you in the model.

> MODELLO: Io **(stare)** guardando la TV.
> **Sto guardando la TV.**

1. Mio fratello **(stare)** dormendo.
2. I miei genitori **(stare)** ascoltando la radio.
3. Io **(stare)** mangiando un pezzo di torta.
4. Mia sorella **(stare)** bevendo un caffè.
5. Noi **(stare)** uscendo per andare in centro.

◆ ◆ ◆ Studio del lessico ◆ ◆ ◆

TO LEAVE

- **partire**   *to leave, depart*
  Domani **partiamo** per l'Italia.
- **uscire**   *to leave, go out*
  Vuoi **uscire** stasera?
- **lasciare**   *to leave something*
  Non voglio ancora **lasciare** l'università.
  Lascio sempre i miei libri a casa.
- **andare via**   *to leave, go away*
  Adesso devo **andare via.**

RELATIONS

- amico/amica   *a friend in general*
  Maria ha tanti **amici.**
- ragazzo/ragazza   *boyfriend/girlfriend*
  Gianni è il mio **ragazzo.**
  Maria è la mia **ragazza.**
- fidanzato/fidanzata *fiancé/fiancée*
  Pino è il mio **fidanzato.**
  Carla è la mia **fidanzata.**

SEASONS

la stagione	*season*		
la primavera	*spring*	l'autunno	*fall*
l'estate *(f.)*	*summer*	l'inverno	*winter*

Applicazione

F. Your friends have come over to visit and chat. You bring them up-to-date with the latest gossip by telling them that:

1. Mary is leaving the university.
2. She is leaving for Italy in a week with Franco's sister.
3. Her boyfriend never goes out anymore, especially **(specialmente)** on Sundays.
4. In Italy Mary has a new friend named Irma.
5. She has another new friend named Giorgio.
6. Carlo's fiancée is also leaving for Italy.
7. Finally **(infine),** Carla's fiancé never wants to go out.

G. Identify the season in each drawing. Then describe the weather.

1.   2.   3.   4.

H. In autunno fa bel tempo! With your partner, describe the weather in your city during the four seasons.

MODELLO: in autunno
           In autunno fa bel tempo. Tira vento ma c'è il sole...

   in autunno   in inverno   in primavera   in estate

◆ ◆ ◆ Studio della grammatica ◆ ◆ ◆

IL PRESENTE PROGRESSIVO

In the first five chapters you have been using the present indicative to express three kinds of action.

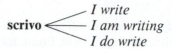

scrivo ⟨ *I write*
⟨ *I am writing*
⟨ *I do write*

The ongoing action *I am writing*—called the progressive—has an exact counterpart in Italian:

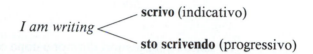

I am writing ⟨ **scrivo** (indicativo)

⟨ **sto scrivendo** (progressivo)

The present progressive is formed with the present indicative of **stare** and the gerund **(il gerundio)** of the verb.

L'INFINITIVO	IL GERUNDIO
parl**are**	parl**ando**
scriv**ere**	scriv**endo**
fin**ire**	fin**endo**

Of the verbs introduced so far, the following have irregular gerunds:

bere	**bevendo**	essere	**essendo**
dare	**dando**	fare	**facendo**
dire	**dicendo**	stare	**stando**

With reflexive verbs, the pronoun may come before **stare** or attached to the gerund. This last form is used less, however.

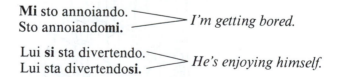

Mi sto annoiando.
Sto annoiando**mi**. ⟩ *I'm getting bored.*

Lui **si** sta divertendo.
Lui sta divertendo**si**. ⟩ *He's enjoying himself.*

However, when the gerund is used alone, then the pronoun must be attached.

Passo le mie giornate   *I spend my days enjoying myself.*
   divertendo**mi**.

Essentially, the present progressive allows you to "zero in" on an ongoing action.

Generalmente guardo la TV, ma adesso **sto ascoltando** la radio.	*Generally I watch TV, but now **I'm listening to** the radio.*

◆

Applicazione

I. It is Friday and you are still at home. Your best friend calls you to tell you what certain people are doing tonight. Point out that others too are doing the same thing.

MODELLO: Di solito mia madre guarda la TV, ma adesso sta leggendo un libro (tu,...)
Di solito anche tu guardi la TV, ma adesso stai leggendo un libro.

1. Di solito i miei genitori dormono dopo cena, ma adesso stanno guardando un film alla TV. (io, tu, mio fratello, le mie sorelle)
2. Di solito il venerdì studio, ma adesso sto pulendo la casa. (mio fratello, io e mia sorella, tu e tuo fratello, i tuoi amici)
3. Di solito a quest' *(this)* ora ceno, ma adesso sto finendo di leggere un libro. (Maria, io e mia sorella, tu e tuo fratello, i miei genitori)
4. Di solito il venerdì non faccio niente, ma adesso sto facendo tante cose. (mio fratello, io e mia sorella, i miei amici)
5. Di solito non dico nulla, ma adesso sto dicendo troppe cose! (tu, mio fratello, i miei genitori)
6. Di solito mi diverto, ma adesso non mi sto divertendo. (mio fratello, io e mia sorella, tu e tuo fratello, i miei genitori)

J. Che cosa stanno facendo? Using the **presente progressivo,** describe what the following people are doing. Do you like to do any of these things? Why or why not?

1.   2.   3.

◆ ◆ ◆ Studio della comunicazione ◆ ◆ ◆

EVENTS

Now . . . **Adesso** mangio.	*After . . .* **Dopo** guardo la TV.
First . . . **Prima** studio.	*Then . . .* **Poi** esco.
Early . . . Lei viene sempre **presto.**	*Late . . .* Lui, invece, viene sempre **tardi.**

CI DIAMO DEL TU?

To initiate, request, or suggest a change in the level of formality, the appropriate expression is **dare/darsi del tu** = literally, to give the **"tu"** form, to be on familiar terms.

Ci diamo del tu?   *Let's be on familiar terms.*
Loro si danno del tu.   *They're on familiar terms.*

◆

Applicazione

K. For each sequence of events, say something appropriate that applies to you.

MODELLO: dopo cena / prima / poi
                   Dopo cena, prima studio, poi guardo la TV.

1. ogni sera / prima / poi
2. oggi / adesso / dopo
3. ogni mattina / prima / poi
4. la mattina / prima / poi
5. in estate / prima / poi
6. a scuola / presto / tardi

L. A chi dai del tu? Indicate whether or not you are on familiar terms with the following people in the two ways shown in the model.

MODELLO: al professore/alla professoressa
                   Sì, ci diamo del tu. / No, non ci diamo del tu.
                   Sì, do del tu al professore/alla professoressa. / No, non do del tu al professore/alla professoressa.

1. al professore/alla professoressa
2. allo studente/alla studentessa accanto a te *(next to you)*
3. ai tuoi genitori
4. al medico di famiglia
5. ai tuoi parenti

IL MOMENTO CREATIVO ◆

M. Working in pairs, ask your partner about his/her daily routines (what time he/she gets up, gets dressed, etc.). Your partner will ask you similar questions.

FASE 2ª   Ascolto

Listen carefully to the conversation and see if you can determine:

- whose birthday it is
- when that person was born
- who's getting married
- the profession of each person in the family

Pronuncia

C, CI, CH, G, GI, GH

The hard [k] sound is represented by either **c** or **ch**:

c *before* **a, o, u** *and any consonant*	**ch** *before* **e, i**
cane, cuore, come	che, chi, anche

The corresponding hard [g] sound is represented in a similar way:

g *before* **a, o, u** *and any consonant*	**gh** *before* **e, i**
gatto, guardare, grazie	spaghetti, paghi

The soft [c] sound is represented by the following:

c *before* e *and* i	ci *before* a, o, u
cena, cinema	ciao, bacio

The corresponding soft [j] sound is represented in a similar way:

g *before* e, i	gi *before* a, o, u
gente, Gino	Gianni, giovane

Esercitazione

Repeat each word after your teacher. Then without looking at your book, write each word as your teacher dictates it to you.

1. maggio
2. dicembre
3. giugno
4. ciao
5. giorno
6. aranciata
7. cameriere
8. succo
9. macchiato
10. secco
11. semplice
12. chiamarsi
13. cena
14. certo
15. amico
16. amici
17. amiche
18. orologio
19. macchina
20. tedeschi
21. comincio
22. leggo
23. leggi
24. pago
25. paghi
26. spaghetti

FASE 3ª Lettura

E PENSARE CHE TRA UNA SETTIMANA È NATALE

FIGLIO:	Notte!
FIGLIA:	Notte!
MADRE:	Chiuso° il balcone?
FIGLIA:	Chiuso!
MADRE:	Chiuse le persiane°?
FIGLIA:	Chiuse!
PADRE:	Chiusa la porta d'entrata?
FIGLIO:	Chiusa!
FIGLIA:	Fa un freddo!°
PADRE:	Freddo?
FIGLIA:	Freddo. Freddo!
FIGLIO:	Si prepara un inverno°...
MADRE:	Freddo?
FIGLIO:	Freddo!
MADRE:	Ma qui fa caldo! *(va in cucina°)*
FIGLIO:	Sì, ma...
PADRE:	Caldo, caldo. *(Alla figlia)* Le pantofole°.
FIGLIA:	Pantofole? Fa un freddo!
FIGLIO:	L'hai già detto... e qui fa caldo.
FIGLIA:	Sì, qui fa caldo ma fuori fa freddo.

La conversazione continua, poi...

ZIA:	E pensare che tra una settimana è Natale...
FIGLIA:	Natale?
FIGLIO:	Natale? Pensavo Pasqua, io, pensavo!
MADRE:	Eh... voi giovani!
PADRE:	Pasqua o Natale, quello che importa è non star male°!

(Da: *Dopo una giornata di lavoro chiunque° può essere brutale* di F. Zardi)

Glosses (left margin):
- closed
- window blinds
- It's really getting cold!
- Winter is around the corner
- kitchen
- slippers
- the important thing is to be in good health
- anyone

☉ OCCHIO ALLA LINGUA!

In the phrase **L'hai già detto** *You've already said it* the verb is in the present perfect (**Capitolo** 6). The verb form **pensavo** *I thought* is an imperfect indicative (**Capitolo** 8).

Attività   **A.** Complete each sentence with the missing word or words.

1. Il balcone è _____ .
2. Sono _____ anche le _____ .
3. Anche la porta d'_____ è _____ .
4. Si _____ un inverno!
5. La madre va in _____ .
6. Il padre vuole le sue _____ .
7. L'hai _____ detto.
8. Qui fa caldo, ma _____ fa freddo.
9. La conversazione _____ .
10. E pensare che _____ una settimana è _____ !
11. Natale? Pensavo _____ .

B. Answer the following questions.

1. È giorno o notte?
2. Come sono il balcone, le persiane e la porta d'entrata?
3. Che tempo fa in casa?
4. Che tempo fa fuori?
5. Che cosa c'è tra una settimana?

C. Rewrite the **Lettura** so that all the sentences are complete.

MODELLO: Notte!
             È notte!

D. Tocca a te!

1. È una famiglia simpatica? Perché sì/no?
2. Com'è la tua famiglia? È simpatica o simile alla famiglia nella lettura?
3. Quale festa preferisci—Natale, Pasqua, il tuo compleanno? Perché?

FASE 4ª Punto di arrivo

Attività varie   **A. Opinioni e discussione.**

1. Quando sei nato(-a)?
2. Quanti anni hai?
3. Come festeggi *(How do you celebrate)* di solito il tuo compleanno?
4. Dove vuoi festeggiare il tuo compleanno quest'anno? A casa? In un ristorante?
5. Se hai un fidanzato/una fidanzata, come festeggi di solito il suo compleanno?
6. Ti piace andare alle feste tra amici? Perché?

B. Situazioni tipiche. Choose the most logical response or completion.

1. È a scuola
   - uno studente
   - un operaio
2. Lavora in un ufficio
   - un commesso
   - un impiegato
3. È la macchina di Marco?
   - Sì, è la sua.
   - Sì, è il suo.
4. È vostra cugina?
   - Sì, è la nostra.
   - Sì, è nostra.
5. Che fai di bello?
   - Niente.
   - Sì, sono molto bello.
6. Senza di te
   - mi annoio e non mi diverto.
   - mangio un pezzo di torta.
7. Perché non ci sposiamo?
   - Prima voglio finire l'università.
   - Ho un buon lavoro.

C. Giochiamo! Put the following words in order to make meaningful sentences.

1. proprio fortunata sono _____
2. me a vedo davanti figlia mia medico un _____
3. nipoti studenti due miei i universitari sono _____
4. ragazzo la festa il momento un per lascia _____
5. camera in va telefonare fidanzata sua alla a _____
6. arriva casa a Daniele Sandra di dopo poco telefonata loro la _____

D. Give the Italian equivalent of the following.

1. Sing "Happy Birthday" in Italian to Maria, Franco, and Pina.
2. Ask your boyfriend/girlfriend to come over to your house.
3. Write these numbers out in letters: 256 1.234 23.456 678.700
   1.234.567 432.543 123.456.789
4. Say "How nice!"
5. Agree with someone.
6. Tell someone to have patience.
7. Express disgust.
8. Say that it doesn't matter.

Attività scritte

1. Write a brief description of your family, including the following information:
   • quanti membri ci sono
   • la data di nascita *(birth)* di ogni membro
   • quanti anni ha ogni membro
   • se è sposato(-a) *(is married)*
   • quale lavoro *(job)* fa
   • una breve descrizione *(a brief description)* del membro
   After you have written it, read it to the class.
2. Working in small groups of three or four, decide on a famous person (or family), make up a brief description of that person, and then read it to the other class members. Each group is allowed to ask two questions in trying to guess the famous person.

Simulazioni

In groups of four or five, prepare scripts based on the following two scenarios and then role-play them in class.

1. It's the mother's birthday and everyone is seated at the table. Everyone wishes her a happy birthday, and she says she is very happy. She says something about each member of the family. After the cake, the son and daughter ask to leave. The dialog finishes with the mother's comment on youth of today.
2. Four friends, two boys and two girls, are talking about the future. Each one says what he/she wants to do.

Lessico utile

Nomi

agosto *August*
l'anno *year* (**Quanti anni hai?** *How old are you?*)
aprile *April*
l'augurio *wish* (**Tanti auguri!** *Many/Best wishes!*)
l'autunno *fall*

la camera *bedroom*
il commesso/la commessa *store clerk*
il compleanno *birthday* (**Buon compleanno!** *Happy birthday!*)
dicembre *December*
l'entrata *entrance*

l'estate *(f.) summer*
febbraio *February*
la festa *party, feast*
il fidanzato/la fidanzata *fiancé/fiancée*
gennaio *January*
giugno *June*

l'impiegato/l'impiegata) *office worker*
l'inverno *winter*
il lavoro *job, work*
luglio *July*
maggio *May*
la mamma *mom*
marzo *March*
il medico *medical doctor*
il mese *month*
il momento *moment*
il Natale *Christmas*
novembre *November*
ottobre *October*
il papà *dad*
la Pasqua *Easter*
il pezzo *piece*
la primavera *spring*
settembre *September*
i soldi *money*
la stagione *season*
lo studente/la studentessa *student*
la tavola *dinner table* (**a tavola** *at the table*)
la torta *cake*
l'università *(f.) university*

Aggettivi

breve *brief*
caro *dear*
chiuso *closed*

contento *happy, content*
felice *happy*
fortunato *fortunate, lucky*
poco *little*
universitario *of the university, university-level*

Verbi

alzarsi *to get up*
annoiarsi *to be/get bored*
aprire *to open*
cantare *to sing*
capire *to understand*
chiedere *to ask*
dare *to give*
dire *to say, tell*
divertirsi *to enjoy oneself, have fun*
dormire *to sleep*
finire (isc) *to finish*
lasciare *to leave (something)*
mettere/metter(si) *to put/to put on*
partire *to leave*
preferire (isc) *to prefer*
prepararsi *to prepare*
pulire (isc) *to clean*
sposarsi *to get married*

Avverbi

adesso *now*
dopo *after*

già *already*
insieme *together*
poi *then*
presto *early*
prima *first, before*
proprio *really*
tardi *late*
troppo *too (much)*

Altri vocaboli/Espressioni

andare via *to go away*
Che fai di bello? *What's new/up?*
dare/darsi del tu *to be on familiar terms*
Quanti anni hai *(fam.)*/ha *(pol.)? How old are you?*
Quanti ne abbiamo? *What's the date?*
senza *without*
Sono nato(-a) *I was born*
tra/fra *among, between*
voler(e) bene a *to love*

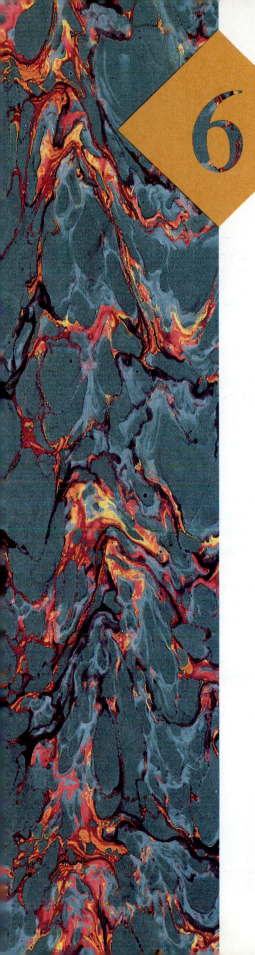

FACCIAMO DELLE SPESE!

LANGUAGE FUNCTIONS

Talking about finished past actions
Pointing out
Carrying out transactions in stores
Expressing partial amounts

GRAMMATICAL STRUCTURES

Present perfect   Demonstrative adjectives and
pronouns   Direct object pronouns
Prepositional contractions   Partitive

CULTURE

Buying clothes, reading materials, and food

FASE 1ª Punto di partenza 1

size

CHE TAGLIA° PORTA?

yesterday/clothing store

Ieri° la signora Biagi e sua figlia sono andate in un negozio di abbigliamento° femminile.

LA COMMESSA:	Buongiorno, desiderano?

Last year/around/bought
dress/red/blouse/white
I would like

LA MADRE:	L'anno scorso° sono venuta verso° Pasqua e ho comprato° un bellissimo vestito° rosso° con una camicetta° bianca°. Adesso vorrei° comprare un vestito simile per mia figlia.

by now
next year

LA COMMESSA:	Purtroppo ormai° abbiamo venduto tutti i modelli dell'anno scorso. Fra poco cominciano i modelli dell'anno prossimo°.
LA MADRE:	Peccato! Può suggerire qualcos'altro?

in the latest style/what's more
on sale

LA COMMESSA:	Abbiamo un vestito all'ultima moda°, e, per di più°, è in saldo°. Che taglia porta, signorina?

exactly
try on/this one

LA FIGLIA:	Non so esattamente°.
LA COMMESSA:	Vuole provarsi° questo°? È la taglia 42.
LA FIGLIA:	Oh, che bello! Mi piace moltissimo!
LA MADRE:	Va bene! Quanto costa?

As

LA COMMESSA:	Come° ho detto prima, è in saldo. Costa solo 250.000 lire.
LA MADRE:	Va bene, grazie.
LA COMMESSA:	Grazie a Lei!

◉ OCCHIO ALLA LINGUA!

The verb **cominciare**, like **mangiare**, drops the **i** of the infinitive before adding the **-i** ending: **comincio, cominci, comincia, cominciamo, cominciate, cominciano.**
The verb **suggerire** is conjugated with **-isc-** in the present.

◉ OCCHIO ALLA CULTURA!

Because the metric system is used in Italy, sizes are different from those used in the United States. Here are some comparisons:

Abbigliamento *Clothing*				Scarpe *Shoes*	
Uomini		Donne			
U.S.	Italy	U.S.	Italy	U.S.	Italy
S	46	8	42	7	37
M	48	10	44	8	38
L	50	12	46	9	39
XL	52	14	48	11	41

Italy is acclaimed internationally for its fashion industry. Among its well-known designers are: Armani, Gucci, Spagnoli, Fendi, Inghirami, Valentino, Brioni, Ferragamo, Missoni and others. In general, Italians buy clothes at both boutiques and department stores. The main department stores are **UPIM** and **Standa.**

Comprensione

A. Answer the following questions.

1. Dove sono andate la signora Biagi e sua figlia ieri?
2. Quando è andata al negozio l'anno scorso la signora Biagi?
3. Che cosa ha comprato?
4. Che cosa vuole comprare adesso?
5. Hanno ancora i modelli dell'anno scorso?
6. Che cosa comincia fra poco?
7. Che cosa suggerisce allora la commessa?
8. La figlia sa che taglia porta?
9. La figlia si è provata il vestito in saldo?
10. Quanto è costato il vestito?

B. Complete each sentence with the appropriate form of the words below.

suggerire, taglia, provarsi, moda, scorso, modello, simile, costare, camicetta, prossimo, saldo, femminile, vestito, negozio

1. La signora Biagi e sua figlia sono andate in un _____ di abbigliamento _____ .
2. La madre dice che è venuta verso Pasqua dell'anno _____ quando ha comprato un bel _____ rosso e una _____ bianca.
3. Quest'anno la madre desidera comprare un vestito _____ per sua figlia.
4. Purtroppo hanno ormai venduto tutti i _____ dell'anno scorso.
5. Ma tra poco cominciano i modelli dell'anno _____ .
6. Allora la commessa _____ un vestito all'ultima _____ che è in _____ .
7. La figlia non sa quale _____ porta.
8. Allora _____ la taglia 42.
9. Il vestito _____ 250.000 lire.

Espansione

C. You are at a clothing store. Tell the salesperson that you would like to buy the indicated item in the color seen in the drawing, but that, unfortunately, you bought one last week.

MODELLO: cravatta
Vorrei comprare la cravatta rossa, ma purtroppo ho comprato una cravatta la settimana scorsa.

Capi di vestiario   *Articles of clothing*

la camicia (*pl.* le camicie)
i pantaloncini
il cappotto
l'impermeabile (*m.*)
la maglietta
il vestito
il guanto
la cintura
il cappello
la borsa
la gonna
il golf
la sciarpa
la cravatta
la giacca
lo stivale
i pantaloni
la scarpa
la calza
il calzino

COLORI

arancione *(inv.)*[1]	*orange*	**marrone** *(inv.)*	*brown*
azzurro	*blue*	**nero**	*black*
bianco	*white*	**rosa** *(inv.)*	*pink*
blu *(inv.)*	*dark blue*	**rosso**	*red*
celeste	*light blue*	**verde**	*green*
giallo	*yellow*	**viola** *(inv.)*	*purple*
grigio	*gray*		

1. impermeabile
2. golf
3. giacca
4. sciarpa

5. cappello
6. gonna
7. scarpe
8. pantaloni

D. Create sentences in which you describe what each person is wearing. Be sure to include colors. Use your imagination!

MODELLO: *Per andare all'ufficio, la Signora Biagi porta...*

La signora Biagi/per andare all'ufficio

Carlo e Pina/per andare al cinema

il Professor Verdi/per insegnare
(to teach) *all'università*

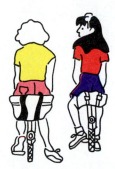

Laura e Gianna/per andare in bicicletta

---

[1] An invariable adjective does not agree with the noun.

E. Tocca a te! Describe what the person next to you is wearing.

MODELLO: *Debbie porta un golf marrone. I suoi pantaloni sono neri...*

◆   ◆   ◆ # Studio del lessico ◆   ◆   ◆

-ISSIMO

The suffix **-issimo** can be added to any adjective or adverb to add *very* to its meaning.

È una giacca **molto bella.**   È una giacca **bellissima.**
Sto **molto male.**   Sto **malissimo.**

When adding **-issimo** to an adjective ending in **-co** follow these guidelines:

• If an **h** is added to the masculine plural form to retain the hard **c** sound, use it in this case as well.

stanco → **stanchi** *(m., pl.)* → **stanchissimo**

• If the soft sound is retained in the masculine plural, then retain it in this case as well.

simpatico → **simpatici** *(m., pl.)* → **simpaticissimo**

If the adjective ends in **-go,** then the **h** is always retained.

lungo → **lunghi** *(m., pl.)* → **lunghissimo**

SCORSO/PROSSIMO

The adjectives **scorso** *(last)* and **prossimo** *(next)* are preceded by the definite article.

l'anno scorso/l'anno prossimo	*last year/next year*
la settimana scorsa/la settimana prossima	*last week/next week*
il mese scorso/il mese prossimo	*last month/next month*

Applicazione

F. In un negozio di abbigliamento. Request the following items at a clothing store, emphasizing your request as in the model.

> MODELLO: vestito / lungo
> *Vorrei un vestito lungo, anzi* (as a matter of fact) *lunghissimo!*

1. abito / lungo
2. due camicie / bianco
3. camicetta / elegante
4. le calze / bello
5. i guanti / bianco
6. i pantaloni / lungo

G. Tocca a te! Tell your partner what article of clothing you bought last week, last month, or last year; and what you would like to buy next week, next month, or next year.

> MODELLO: *Il mese scorso ho comprato una cintura nera molto bella. La settimana prossima vorrei comprare un abito maschile all'ultima moda.*

H. Write down, and then tell your partner, what you buy **al prezzo regolare** *(at normal price),* only **in saldo** *(on sale),* and only **in svendita** *(at a clearance sale).*

> MODELLO: *Al prezzo regolare compro i vestiti per la scuola. In saldo compro i capi all'ultima moda. In svendita di solito compro tutte le scarpe.*

◆ ◆ ◆ Studio della grammatica ◆ ◆ ◆

IL PASSATO PROSSIMO

In this **Punto** you have encountered a new verb tense: the present perfect. This allows you to speak about events and actions that took place in the past, such as:

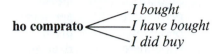

ho comprato ⟨ *I bought*
I have bought
I did buy

This tense is a compound tense **(un tempo composto),** that is, it is made up of two separate parts. It is formed with the present indicative of **avere** — the auxiliary verb **(il verbo ausiliare)** — and the past participle **(il participio passato)** of the verb.

The past participles of the three conjugations are formed as follows:

L'INFINITO	IL PARTICIPIO PASSATO
parlare	parlato *(spoken)*
vendere	venduto *(sold)*
finire	finito *(finished)*

Here are these three verbs conjugated in the **passato prossimo:**

	parlare	vendere	finire
Singolare	ho parlato	ho venduto	ho finito
	hai parlato	hai venduto	hai finito
	ha parlato	ha venduto	ha finito
Plurale	abbiamo parlato	abbiamo venduto	abbiamo finito
	avete parlato	avete venduto	avete finito
	hanno parlato	hanno venduto	hanno finito

The past participles of verbs ending in **-ciare** and **-giare** retain the **i**. An **i** is added to second- and third-conjugation verbs as well to retain the soft sound.

L'INFINITO	IL PARTICIPIO PASSATO
cominciare	comin**ciato**
mangiare	man**giato**
conoscere	conos**ciuto**
piacere *(to like)*	pia**ciuto**

Of the verbs introduced so far, the following have irregular past participles:

L'INFINITO	IL PARTICIPIO PASSATO
aprire	**aperto**
bere	**bevuto**
chiedere	**chiesto**
dare	**dato**
dire	**detto**
essere	**stato**
fare	**fatto**
leggere	**letto**
mettere	**messo**
permettere	**permesso**
prendere	**preso**
rispondere	**risposto**
scrivere	**scritto**
stare	**stato**
vedere	**visto** (*or* **veduto**)
venire	**venuto**

Remember what you already know about verbs: the negative **non** comes *before* the verb (**Ieri *non* ho comprato niente**); and subject personal pronouns are optional in simple sentences.

IL PASSATO PROSSIMO CON *ESSERE*

Some verbs require **essere** as their auxiliary. In such cases the past participle always agrees in gender and number with the subject—in the same way as an adjective ending in **-o**.

Il ragazzo è andat**o** al cinema.   *The boy went to the movies.*
La ragazza è partit**a** per l'Italia.   *The girl left for Italy.*
Noi siamo andat**i** via.   *We went away.*

With the polite **Lei,** agreement is normally made with the biological gender of the person referred to.

Signor Verdi, quando è arrivat**o**?
Signora Binni, quando è arrivat**a**?

Here are three verbs conjugated with **essere:**

arrivare *to arrive*	**crescere** *to grow*	**partire** *to leave*
sono arrivato(-a)	sono cresciuto (-a)	sono partito(-a)
sei arrivato(-a)	sei cresciuto(-a)	sei partito(-a)
è arrivato(-a)	è cresciuto(-a)	è partito(-a)
siamo arrivati(-e)	siamo cresciuti(-e)	siamo partiti(-e)
siete arrivati(-e)	siete cresciuti(-e)	siete partiti(-e)
sono arrivati(-e)	sono cresciuti(-e)	sono partiti(-e)

In the plural, agreement occurs in the following ways:

- Use **-e** (the feminine plural) if all the components of a subject are feminine.

  Le ragazze **sono arrivate.**
  Maria e Claudia **sono arrivate.**
  Noi *(only females)* **siamo arrivate.**

- Use **-i** (the masculine plural) for all other cases.

  I ragazzi **sono arrivati.**
  Maria e Paolo **sono arrivati.**
  Noi *(in general)* **siamo arrivati.**

Which verbs are conjugated with **essere?**

- All reflexive verbs: **Maria *si è divertita* ieri./Loro *si sono alzati* presto.**
- This includes reciprocal reflexives: **Loro hanno telefonato ieri./Loro *si sono telefonati* ieri.**
- A few nonreflexive verbs. These will be pointed out to you as they are introduced. Of the verbs introduced so far, the following are conjugated with **essere.**

andare	piacere
arrivare	partire
costare	scappare
crescere	stare
entrare	uscire
nascere *(to be born)*	venire

PARTICOLARITÀ

- to say *I/You liked:* **Mi sono piaciuti gli spaghetti./Non ti sono piaciute le paste?**
- in past tenses **conoscere** means *to meet someone for the first time.* **Incontrare,** on the other hand, means *to meet, encounter someone already known.*

Ho conosciuto Maria l'anno scorso.	*I met Mary last year.*
Ho incontrato Maria ieri.	*I ran into Mary yesterday.*

- the auxiliary of the verbs **dovere, potere,** and **volere** is determined by the infinitive.

Claudia non ha voluto mangiare.	Claudia non è voluta andare via.
Loro hanno dovuto scrivere.	Loro sono dovuti partire.
Marco non ha potuto studiare.	Marco non è potuto venire.

However, in current spoken Italian the tendency is to use only **avere** in all constructions: **Loro *hanno* dovuto partire.**

- Finally, as in corresponding English constructions, some adverbs can be placed between the auxiliary and the past participle: **Non ho *mai* bevuto l'espresso. Sono *già* arrivati.**

Applicazione

I. While shopping you run into a friend, who immediately brings you up-to-date on what has been happening. Point out that others too have done these things but at a different time in the past.

MODELLO: Sai che Gianni ha comprato una cravatta gialla ieri? (tu...)
Sì, ma anche tu hai comprato una cravatta gialla la settimana scorsa/due settimane fa (ago), ecc.

1. Sai che la settimana scorsa Marco ha comprato una camicia viola? (io, tu, i tuoi amici)
2. Sai che ieri nostro padre ha venduto la macchina? (noi due, tua cugina, i tuoi genitori)
3. Sai che Claudia ha dormito in classe ieri? (io, tu e Marco, Paola e Pina)
4. Sai che Gino ha fatto colazione in classe ieri? (io, tu, i tuoi amici)
5. Sai che ho conosciuto Pina solo un anno fa? (io e Maria, Claudia, Dino e sua sorella)
6. Sai che Paola ha trovato un orologio in classe ieri? (io, tu, Marco)
7. Sai che ho cominciato a studiare la filosofia a settembre? (Carla, io e Maria, Dino e sua sorella)
8. Sai che loro sono arrivati ieri? (Marco, Maria, le tue cugine)

J. Tocca a te! Ask your partner whether he/she has ever done the following things. Your partner responds as in the model.

> MODELLO: stare / in Italia
> S1: *Sei mai stato(-a) in Italia?*
> S2: *Sì, sono stato(-a) in Italia due anni fa. No, non sono mai stato(-a) in Italia.*

1. stare / a Roma
2. bere / un cappuccino
3. leggere / i fumetti italiani
4. mettersi / una giacca all'ultima moda
5. scrivere / ai tuoi parenti all'estero
6. prendere / un caffè in un bar italiano
7. rispondere / in classe
8. vedere / il Vaticano
9. venire / in centro con me

K. Below are the entries of Laura's schedule for last week. All the things she wrote down actually took place. Now she wants to record what happened. Can you help her?

> MODELLO: lunedì: Vado in centro.
> *Lunedì scorso sono andata in centro.*

lunedì:	Oggi vado in centro. Piove. Mio padre deve partire per Napoli.
martedì:	Oggi regalo *(I'm giving)* una cravatta al mio fidanzato.
mercoledì:	Oggi mio fratello viene con me in centro. Alle due incontriamo Carlo al bar Venezia.
giovedì:	Oggi compro un vestito. Chiedo qualche soldo *(some money)* ai miei genitori.
venerdì:	Oggi i miei amici escono e vanno al cinema. Ma io non posso uscire perché devo studiare.

L. Use the words below to talk about what you did or did not do last week.

> MODELLO: studiare
> *Non ho studiato l'italiano./Ho studiato molto per l'esame d'italiano.*

1. finire
2. scrivere
3. parlare
4. comprare
5. mettere
6. uscire
7. vedere
8. divertirsi

◆ ◆ ◆ Studio della comunicazione ◆ ◆ ◆

BUYING

Asking for something politely
Vorrei

Asking how much something costs
Quanto costa il vestito?
Quant'è il vestito?
Quanto costano le scarpe?

To shop (in general)
fare delle spese

To need
avere bisogno di

Other useful notions

Ha una carta di credito?	*Do you have a credit card?*
È troppo caro(-a).	*It's too expensive.*
È a buon prezzo.	*It's at a good price.*

◆

Applicazione

M. Working in pairs, role-play the following clothing store situations, using the cues and adding freely to your responses.

MODELLO: *red shirt* / 48 / 52.000 / mettere (in saldo in un altro negozio)

CLIENTE: *Vorrei una camicia rossa.*

COMMESSO(-A):   *Che taglia porta?*

CLIENTE: *La taglia quarantotto. Quanto costa?*

COMMESSO(-A):   *Cinquantaduemila lire.*

CLIENTE: *Non la prendo perché in un altro negozio hanno messo una camicia simile in saldo per ventimila lire!*

1. *gray raincoat* / 44 / 129.000 / chiedere (ai miei genitori)
2. *blue sweater* / 42 / 87.000 / dare (ad un amico / un'amica)
3. *brown suit* / 48 / 467.900 / dire (che costa di meno in un altro negozio)
4. *black pants* / 46 / 134.000 / trovare (in saldo in un altro negozio)

N. Tocca a te!

1. Che cosa porti quando vai al cinema / al lavoro / in bicicletta?
2. Ti piacciono gli abiti all'ultima moda?
3. La moda per te è importante? Perché sì / no?
4. Quali capi di abbigliamento *(items of clothing)* sono troppo cari oggi?
5. Fai delle spese con una carta di credito o no? Perché sì / no?

IL MOMENTO CREATIVO ◆

O. You are at a clothing store and run into a picky clerk. Each time you ask for one type of clothing, the clerk says that he/she doesn't have what you ask for, but has something similar. After a number of such responses, you leave the store in a huff.

Punto di partenza 2

CHE TIPO DI LIBRO PREFERISCE?

bookstore

Ieri Claudia, l'altra figlia della signora Biagi, è entrata in una libreria° per comprare libri.

CLAUDIA:	Scusi, Lei vende libri in inglese?
COMMESSO:	Sì, abbiamo anche giornali° e riviste° in inglese. Lei lo conosce molto bene, l'inglese?
CLAUDIA:	Certo! Sono stata in America l'anno scorso e l'ho imparato° molto bene.
COMMESSO:	Che tipo di libro preferisce?
CLAUDIA:	Cerco un romanzo°. Forse un giallo°. Mi sono sempre piaciuti i libri di spionaggio°, ma non li trovo° mai.
COMMESSO:	Ecco, signorina. Abbiamo questo libro di Ian Fleming: *James Bond, Agent 007.*
CLAUDIA:	Va bene. Lo prendo.
COMMESSO:	Altro?
CLAUDIA:	Un libro di fantascienza°?
COMMESSO:	Mi dispiace, ma sono tutti esauriti°.
CLAUDIA:	Allora nient'altro, grazie.

newspapers/magazines

learned

novel/mystery book
spy/find

science fiction
out of stock

◉ OCCHIO ALLA CULTURA!

In Italy you can buy books as well as newspapers and magazines at a newsstand (**un'edicola**). Newsstands can be found on virtually every street corner. Bus and subway tickets are also sold there.

Comprensione

A. Complete each sentence with the appropriate word.

1. Ieri l'altra figlia della signora Biagi è entrata in una _____ per _____ libri.
2. Claudia voleva *(wanted)* comprare dei libri in _____.
3. La libreria aveva *(had)* anche _____ e _____ in inglese.
4. Claudia _____ l'inglese in America l'anno _____.
5. Il _____ di libro che Claudia cercava *(was looking for)* era *(was)* un _____.
6. A lei sono sempre piaciuti i libri di _____, ma, purtroppo, non li _____ mai.
7. Claudia voleva anche comprare un libro di _____.
8. Ma il commesso ha detto: «Mi _____, ma sono tutti _____».
9. In Italia possiamo comprare libri, giornali e riviste anche nelle _____.

Espansione

You can buy the following types of books at either a bookstore or a newsstand:

il fotoromanzo	*illustrated novel*
i fumetti	*comics*
la narrativa	*fiction*
la poesia	*poetry*
il romanzo rosa	*love story/harlequin novel*
la saggistica	*essays/nonfiction*
il teatro	*plays, drama*

B. Working in pairs, choose one of the following scripts, improvising freely as required.

(S1: cliente; S2: commesso/commessa)

MODELLO: un romanzo
S1:   *Scusi, vorrei comprare un romanzo.*
S2:   *Certo! Che tipo preferisce?/Quale?/Di quale autore?, ecc.*
S1:   *Forse un romanzo di fantascienza/di Umberto Eco, ecc.*
S2:   *Abbiamo* Il nome della rosa *di Umberto Eco/il* Dr. No *di Ian Fleming, ecc.*
S1:   *Va bene, lo prendo/No, grazie, l'ho già, ecc.*

1. un giallo
2. un fotoromanzo
3. una rivista
4. un libro di poesia
5. un libro di saggistica
6. un romanzo rosa

◆ ◆ ◆ Studio del lessico ◆ ◆ ◆

- **libreria** is another false friend: it means *bookstore*. The word for *library* is **la biblioteca.**

- **fa** means *ago:*

due minuti **fa**	*two minutes **ago***
quattro anni **fa**	*four years **ago***

- the reason why the color **giallo** is used to designate a literary genre is that years ago the jacket of many mystery novels was yellow.

- **cliente** means *customer* and can be both masculine (**il cliente**) and feminine (**la cliente**).

- **poesia** refers to both *poetry* in general and a single *poem.*

La poesia mi piace.	*I like poetry.*
Questa poesia non mi piace.	*I don't like this poem.*

◆

Applicazione C. Answer the following questions.

1. In quale negozio possiamo comprare libri?
2. Che cosa possiamo comprare in un'edicola?
3. Hai mai letto i fotoromanzi? Quando? Quali?
4. Ti piace la poesia? Chi è il tuo poeta preferito?
5. Hai mai letto un giallo? Quale? Ti piacciono i romanzi di questo tipo? Perché?
6. Hai mai letto romanzi rosa? Ti piacciono? Perché?
7. Vai mai in una biblioteca? Perché?
8. Ti piacciono i fumetti? Quali? Perché?

◆ ◆ ◆ Studio della grammatica ◆ ◆ ◆

AGGETTIVI DIMOSTRATIVI

The demonstrative adjectives in Italian are **questo** *(this)* and **quello** *(that)*. These adjectives always precede the noun they modify. **Questo** has the same endings as adjectives ending in **-o.**

questo libro	*this book*	**questi** libri	*these books*
questa rivista	*this magazine*	**queste** riviste	*these magazines*

The final vowel can be dropped before a masculine or feminine singular noun beginning with a vowel: **questo abito/quest'abito; questa amica/quest'amica.**

The endings for **quello** are like those for the definite article and the adjective **bello.**

quello stivale	**quegli** stivali
quell'abito	**quegli** abiti
quel libro	**quei** libri
quella rivista	**quelle** riviste
quell'amica	**quelle** amiche

Be sure to make the appropriate changes when using other adjectives.

quegli stivali nuovi	*but*	**quei** nuovi stivali
quell'impermeabile bello	*but*	**quel** bell'impermeabile

PRONOMI DIMOSTRATIVI

Questo and **quello** serve as pronouns when used without nouns.

Aggettivo	**Pronome**	
questo libro	questo	*this one*
quel libro	quello	*that one*

The pronoun forms of **questo** are the same as the adjective forms.

Aggettivo	**Pronome**	
Questo cappotto è bello.	**Questo** è bello.	***This one** is beautiful.*
Quest'abito è nuovo.	**Questo** è nuovo.	***This** one is new.*

The pronoun forms of **quello** are simplified as follows:

Aggettivo	**Pronome**
Quel libro è nuovo. **Quell'**abito è nuovo. **Quello** stivale è nuovo.	**Quello** è nuovo.
Quei libri sono nuovi. **Quegli** abiti sono nuovi. **Quegli** stivali sono nuovi.	**Quelli** sono nuovi.
Quella camicia è nuova. **Quell'**edicola è nuova.	**Quella** è nuova.
Quelle camicie sono nuove. **Quelle** edicole sono nuove.	**Quelle** sono nuove.

— Hai visto che questi terrestri non sono poi tanto diversi da noi!

PRONOMI DI COMPLEMENTO (OGGETTO)

Claudia's line **«Lo prendo»** *("I'll take it")* contains the direct object pronoun **lo**. In Italian this type of pronoun usually comes right before the verb: ***Lo* prendo./Non *lo* prendo.**

SINGOLARE	
mi *me*	Gianni non **mi** chiama mai. *John never calls* **me.**
ti *you*	Maria **ti** chiama sempre. *Mary always calls* **you.**
lo *him/it*	Non **lo** conosco. *I don't know* **him.**
la *her/it*	Non **la** conosco. *I don't know* **her.**
La *you (m. &* *f., pol.)*	Signor Rossi, **La** chiamo domani. *Mr. Rossi, I'll call* **you** *tomorrow.*
PLURALE	
ci *us*	Lui **ci** chiama sempre. *He always calls* **us.**
vi *you*	Io non **vi** conosco. *I do not know* **you.**
li *them (m.)*	Quegli studenti? Non **li** conosco. *Those students? I don't know* **them.**
le *them (f.)*	Quelle studentesse? Non **le** conosco. *Those students? I don't know* **them.**

Third-person forms can replace entire object noun phrases:

Gianni compra **il libro di Eco.**	Gianni **lo** compra.
Maria vuole **quella rivista.**	Maria **la** vuole.
Io non compro mai **i fumetti.**	Io non **li** compro mai.
Non leggo mai **le sue poesie.**	Non **le** leggo mai.

In compound tenses, agreement between the past participle and these third-person forms is obligatory.

> Gianni l'ha comprato (lo ha comprato).
> Maria l'ha voluta (la ha voluta).
> Io non li ho comprati mai.
> Non le ho lette mai.

In all other cases it is optional:

> *(Maria speaking)* Gianni **mi** ha chiamato ieri. *or*
> Gianni **mi** ha chiamata ieri.

The forms **lo** and **la** are apostrophized in the usual way: **Gianni *l'ha* comprato./ Maria *l'ha* voluta** in the singular. In the plural, they cannot be apostrophized.

With modal verbs **(dovere, potere, volere)** the object pronoun can either be placed before the conjugated verb or be attached to the infinitive.

> La voglio comprare.   Voglio comprar**la**.

In compound tenses, agreement is made only when the pronoun *precedes* the modal verb.

> L'ho volut**a** comprare.   Ho voluto comprar**la**. *(no agreement)*
> *(agreement)*

Object pronouns are always attached to **ecco: Ecco*mi*!** *Here I am!/***Ecco*li*!** *Here they are!,* and so on.

--- ◆ ---

Applicazione   **D.** Working in pairs, role-play the following typical buying situations, using the demonstratives both as adjectives and pronouns as in the model.

> MODELLO: libri
>
> COMMESSO(-A):   *Vuole questi libri o quelli?*
> CLIENTE: *Voglio quei libri.*

1. romanzi	4. riviste	7. impermeabile	10. stereo	13. calze
2. giallo	5. golf	8. pantaloni	11. zucchini	14. arance
3. fotoromanzi	6. stivali	9. cappotto	12. cravatta	15. orologio

Souvenir
Cornici e Stampe
Stampe originali
Libri di Roma · Oggetti d'Arte
Materiale Fotografico

E. Working in pairs, role-play the following situations. You are a customer looking at something in a store and the sales person remarks that the item is beautiful. You agree, adding that your brother/sister bought it yesterday in another color. Remember to use the correct forms according to the gender and number of the noun.

> MODELLO: cintura
> COMMESSO(-A): *Quella cintura è bella, no?*
> CLIENTE: *Sì, è una bella cintura. Mia sorella/Mio fratello l'ha comprata ieri, ma di un altro colore.*

1. vestito
2. camicia
3. scarpe

4. guanti
5. stivali
6. orologio

F. At a bookstore you run into your old friend Alberto, and the following conversation ensues. Supply the missing object pronouns.

TU: Ciao! Quanto tempo è che non ci vediamo? Non _____ riconosco più!

ALBERTO: Come? Non _____ riconosci più?

TU: Sei cambiato *(You've changed)* molto! Come sta la tua famiglia?

ALBERTO: Bene! Perché non _____ vieni mai a trovare *(to visit)*?

TU: Non _____ vengo mai a trovare perché non ho mai tempo!

ALBERTO: Peccato! Devo andare! _____ chiamo domani, va bene?

TU: Va bene.

G. The customer asks to see the indicated item(s). The clerk shows the item(s) (as in the model). The customer says that he/she saw it (them) yesterday as well in another store, and that he/she would like to buy it (them). The clerk ends the conversational routine in any appropriate way.

> MODELLO: camicia
> CLIENTE: *Posso vedere quella camicia?*
> COMMESSO(-A): *Certo che la può vedere/Certo che può vederla. Eccola!*
> CLIENTE: *L'ho vista ieri anche in un altro negozio e la vorrei comprare/vorrei comprarla.*
> COMMESSO(-A): *Oggi è in saldo/Costa solo 245.000 lire/ La vuole?/ecc.*

1. pantaloni
2. scarpe
3. cappotto
4. cintura
5. guanti
6. cappello

◆ ◆ ◆ Studio della comunicazione ◆ ◆ ◆

MORE ABOUT BUYING

To excuse oneself
scusarsi

Excuse me *(fam.)*
Scusami!
Scusa!

Something else?
Altro?
Qualcos'altro?

Excuse me *(pol.)*
Mi scusi!
Scusi!

Nothing else.
Nient'altro.

◆

Applicazione

H. You are at a **libreria** and need some help finding one of the items listed below. With your partner, create a short conversation that includes the following:

- you try to get the salesperson's attention and ask if he/she has what you are looking for. Add that you saw it in the window **(in vetrina)** yesterday.

- the salesperson regretfully says that it is out of stock and asks if you would like anything else

- you respond appropriately

i fumetti western
le riviste in lingua inglese

la nuova rivista di computer
il nuovo romanzo di spionaggio di Robert Ludlum

IL MOMENTO CREATIVO ◆

I. You are at a bookstore, looking for something interesting to read. The clerk makes a series of suggestions but you are not quite sure what you want. You explain your reading preferences, i.e., types of books. On the basis of this explanation, the clerk suggests a specific book and you decide to buy it.

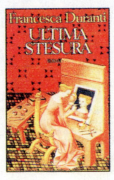  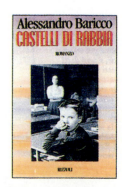

Che tipo di romanzo è ognuno di questi probabilmente?

Punto di partenza 3

SONO VERAMENTE FRESCHE?

Giorgio, il marito della signora Biagi, sta facendo un po' di spesa in un negozio di alimentari°.

food

COMMESSO:	Prego, signore, desidera?
GIORGIO:	Vorrei un po' di frutta.
COMMESSO:	Va bene. Abbiamo delle mele° fresche.
GIORGIO:	Sono veramente fresche?
COMMESSO:	Certo. Abbiamo anche dell'uva° fresca.
GIORGIO:	No, grazie. Va bene così.
COMMESSO:	Ecco il Suo scontrino°.
GIORGIO:	A che ora apre° domani?
COMMESSO:	Alle nove in punto. Perché?
GIORGIO:	Devo comprare altre cose per una festa nella serata.

apples

grapes

receipt
open

◉ OCCHIO ALLA CULTURA!

In many parts of Italy foodstores are open the following hours:

7:30/8:00 – 13:00 and
16:00/17:00 – 20:00

Some are closed on Thursdays. In most cities stores are also closed on Monday mornings. Recently, it has become illegal not to keep one's **scontrino** upon leaving any store.

Outdoor markets, **mercati,** are still very popular in Italy, although they are becoming less common as Italy becomes a more urban country. They are generally held on Wednesdays or Saturdays; some cities, such as Florence, have a permanent **mercato.**

Comprensione   **A.** Answer the following questions.

1. Dov'è andato ieri il marito della signora Biagi?
2. Che cosa voleva *(What did he want)*?
3. Che cosa ha suggerito il commesso la prima volta?
4. Che cosa ha suggerito la seconda volta?
5. Che cosa ha dato il commesso al signor Biagi?
6. Generalmente a che ora aprono la mattina i negozi di alimentari?
7. A che ora aprono nel pomeriggio?
8. Che cosa dobbiamo avere con noi quando usciamo dal negozio?

Espansione   **B.** Ask for the following fruit as in the model.

MODELLO: apples
Vorrei delle mele. Non queste, ma quelle!

l'arancia *orange*	delle arance *some oranges*
la banana *banana*	delle banane *some bananas*
la ciliegia *cherry*	delle ciliege *some cherries*
la fragola *strawberry*	delle fragole *some strawberries*
il limone *lemon*	dei limoni *some lemons*
la mela *apple*	delle mele *some apples*
la pera *pear*	delle pere *some pears*
la pesca *peach*	delle pesche *some peaches*
l'uva *grapes*	dell'uva *some grapes*

1. oranges
2. grapes
3. bananas
4. peaches
5. cherries
6. pears
7. strawberries
8. apples
9. lemons

C. Now do the same for the following vegetables, imitating the model.

MODELLO: beans
Vorrei dei fagioli. Ma preferisco questi, non quelli.

il fagiolo *bean*	dei fagioli *some beans*
il fagiolino *string bean*	dei fagiolini *some string beans*
gli spinaci *spinach*	degli spinaci *some spinach*
il pomodoro *tomato*	dei pomodori *some tomatoes*
il pisello *pea*	dei piselli *some peas*
la carota *carrot*	delle carote *some carrots*
la patata *potato*	delle patate *some potatoes*
il broccolo *broccoli*	dei broccoli *some broccoli*
lo zucchino *green squash*	degli zucchini *some zucchini*

1. zucchini
2. beans
3. broccoli
4. string beans
5. tomatoes
6. potatoes
7. peas
8. carrots
9. spinach

D. Tocca a te! Using the list below, interview your partner to find out:

- if he/she likes each type of food
- when he/she eats it

MODELLO: le fragole
S1:   *Ti piacciono le fragole?*
S2:   *Mi piacciono molto.*
S1:   *Quando le mangi?*
S3:   *Le mangio due o tre volte alla settimana.*

gli zucchini	i fagioli	le banane
le carote	i fagiolini	le pesche
gli spinaci	i limoni	le ciliege

◆ Studio del lessico ◆

- Note the following differences between Italian and English:

  l'uva (singolare)   = *grapes (pl.)*
  lo zucchino (singolare) = *zucchini*
  gli spinaci (plurale)   = *spinach (sing.)*

- As you may recall, the definite article is used when talking about things in general (especially when the noun is the subject of the sentence): **Gli zucchini sono buoni.** *Zucchini are good.* / **L'uva è squisita.** *Grapes are delicious.*

- The word for *vegetables* in general is **la verdura: La verdura è buona.** *Vegetables are good.* In the plural it refers to specific kinds of vegetables: **Non mi piacciono le verdure che hanno servito ieri.** *I don't like the vegetables they served yesterday.*

- Here is some more useful shopping vocabulary:

la bolletta	*utilities/phone bill*
fare la spesa	*to shop for food*
fare delle spese	*to shop in general*
la fattura	*bill, invoice*
lo scontrino	*store/cashier's receipt, bill*

◆

Applicazione

E. Below are some of the things Marco had to do last week. Now he wants to go over what he did or did not do. But he does not have a good memory, so for each case he repeats himself.

MODELLO: pagare la bolletta del telefono
La bolletta del telefono? L'ho pagata! Hmmm... Forse non l'ho pagata!

1. fare la spesa al negozio di alimentari
2. fare delle spese in centro
3. comprare gli zucchini per la cena
4. comprare gli spinaci per mia madre
5. comprare l'uva e la verdura
6. pagare la fattura di mio fratello

◆ ◆ ◆ Studio della grammatica ◆ ◆ ◆

PREPOSIZIONI ARTICOLATE

In this **Punto** you have been using the preposition **di** plus the definite article. **Di** normally means *of*, but when it combines with the definite article, its meaning changes to *some*. This preposition, as well as **a** *(at, to)*; **su** *(on)*; **in** *(in)*; and **da** *(from)*, contract with the definite article forms as follows:

	lo	l'	gli	il	i	la	le
a	allo	all'	agli	al	ai	alla	alle
di	dello	dell'	degli	del	dei	della	delle
su	sullo	sull'	sugli	sul	sui	sulla	sulle
in	nello	nell'	negli	nel	nei	nella	nelle
da	dallo	dall'	dagli	dal	dai	dalla	dalle

Vengo **a** + **le** nove. — Vengo **alle** nove.
È la frutta **di** + **l'**uomo. — È la frutta **dell'**uomo.
La pera è **su** + **il** tavolo. — La pera è **sul** tavolo.
Io vengo **da** + **la** biblioteca. — Io vengo **dalla** biblioteca.
Ho messo il libro **in** + **la** cartella. — Ho messo il libro **nella** cartella.

Other prepositions do not contract: **Questo è *per il* tuo amico.**
With **con,** however, you have two choices:

con il/col: Vado al cinema **con** il cugino di Pino./Vado al cinema **col** cugino di Pino.

con l'/coll': Vado al cinema **con** l'amica di Marco./Vado al cinema **coll'**amica di Marco.

IL PARTITIVO

As you have seen, the use of **di** + *definite article* renders the idea of *some*. This is known as the partitive structure.

Vorrei **della** frutta.	*I would like **some** fruit.*
Ho comprato **dei** piselli.	*I bought **some** peas.*

Note that with singular nouns, **un po' di** can also be used to mean *a bit of.*

Vorrei **un po' di** frutta.	*I would like **a bit of** fruit.*

In the negative, this structure is normally dropped.

Non voglio piselli.	*I do not want any peas.*
Non mangio mai verdura.	*I never eat vegetables.*

Grammatically, the partitive allows you to put the indefinite article into the plural.

un romanzo	**dei** romanzi	*some novels*
uno zucchino	**degli** zucchini	*some zucchini*
un'amica	**delle** amiche	*some friends*

◆

Applicazione

F. Supply the missing contracted prepositions from the following short conversations.

1. In un negozio di abbigliamento

   COMMESSA: Abbiamo un vestito _____ ultima moda.

   CLIENTE: No, grazie. Vorrei due camicie da regalare _____ miei amici. Ma non so quale colore comprare.

   COMMESSA: _____ mesi d'estate vanno bene i colori chiari. Davanti a Lei ci sono _____ belle camicie celesti.

   CLIENTE: Sono belle! Le prendo, grazie!

2. In una libreria

   COMMESSA: Vuole vedere _____ riviste?

   CLIENTE: No. Ha _____ fumetti?

   COMMESSA: Certo. Eccoli. Altro? Abbiamo anche _____ bei fotoromanzi.

   CLIENTE: No, grazie! Non mi piacciono.

3. In un negozio di alimentari

COMMESSO: Vuole _____ frutta?

CLIENTE: Va bene, forse _____ mele e _____ limoni. Poi, vorrei
             anche _____ verdura.

COMMESSO: Ecco tutto!

G. Your friend tells you that he/she did something yesterday. You inform him/her
that you too did similar things (as in the model).

MODELLO: Ieri ho mangiato delle mele (banane, spinaci,...)
            Io, invece, ho mangiato delle banane, degli spinaci,...

1. Ieri sono venuto(-a) a casa tardi dal centro. (cinema, amici, scuola)
2. Ieri ho scritto allo zio. (zia, miei amici, zii della mia amica)
3. Ieri ho lasciato i miei libri sul tavolo. (televisore, autobus, stereo)
4. Ieri sono entrato(-a) nel bar. (trattoria, snack bar, ristorante)

H. At **la mensa,** students are being asked if they would like the indicated items. As it
turns out, none of them ever eats any of the fruits or vegetables mentioned. With
your partner, create an exchange as in the model.

MODELLO: patata
            — Vuole delle patate?
            — No! Non mangio mai patate!

1. limone	5. fagiolo	8. pisello	11. arancia	14. pera
2. ciliegia	6. fagiolino	9. carota	12. fragola	15. pesca
3. banana	7. pomodoro	10. broccolo	13. mela	16. uva
4. zucchino				

◆ ◆ ◆ Studio della comunicazione ◆ ◆ ◆

A FEW EXPRESSIONS WITH PREPOSITIONS

To express possession

È il libro **di** Marco.
È il libro **dell'**uomo.

To express position

Il libro è **sul** tavolo.

To express direction

Vado **a** casa.
Vado **in** centro.
Vengo **dal** centro.

Marco è **nel** negozio.

Applicazione

I. Tocca a te! Working in pairs, ask your partner:

- where certain classroom objects are
- where he/she goes on Saturday nights
- what he/she usually does after school

IL MOMENTO CREATIVO ◆

J. Working with a group of students, prepare a questionnaire for a marketing company in order to find out the following:

- what kinds of food people eat the most
- where they shop for food, especially for fruits and vegetables
- if price affects the food they buy

The remainder of the class should answer the questionnaire. Collect the answers and then discuss the results in class.

FASE 2ª Ascolto

Listen carefully to the conversation and see if you can determine:

- what kind of store the two customers are in
- how they are related to each other
- what they intend to buy
- what they end up buying

Pronuncia

GLI, GN

The sequence of letters **gli** stands for a sound that is similar to the sound represented by *lli* in the English word *million:* **figlia, luglio, taglia.** The sequence **gn** stands for a sound that is similar to the *ny* sound in the English word *canyon:* **giugno, signora.**

Esercitazione

Working in pairs, make a list of all the words you remember that have these two sounds and then give them to your teacher. The pair(s) with the greatest number of correctly spelled words will put them on the board. The whole class will then repeat the words after the teacher.

FASE 3ª Lettura

IL COMMESSO SCIOVINISTA°!

chauvinist

Una graziosa° signorina entra in un negozio di calzature°.

graceful/shoe store

COMMESSO: Buongiorno, signorina. Che cosa desidera?

SIGNORINA: Vorrei un paio° di scarpe.

pair

Il commesso premurosamente° fa vedere alla signorina delle scarpe di molti colori e di molte misure. La signorina ne sceglie° un paio.

with great haste
chooses

SIGNORINA: Quanto costano le scarpe di pelle lucida°?

shiny leather

COMMESSO: Per Lei, signorina, un bacio°!

kiss

SIGNORINA: *(senza mostrare sorpresa)* Va bene. Le prendo, e oggi pomeriggio mando° il mio fidanzato a pagare il conto°!

send/bill

(Da: *Divertenti storie italiane* di L. Fabbri)

◉ OCCHIO ALLA LINGUA!

The plural of **il paio** is **le paia: Ho comprato due *paia* di scarpe.** The word **la misura** is a more general one for *size*. The word for number, **il numero,** is also used for *size*. **Che *numero* porta?** The word **lo sciovinista** can also be feminine: **la sciovinista.** The corresponding plural forms are: **gli sciovinisti** and **le scioviniste.**

The verb **scegliere** has the following irregular forms:

Presente indicativo scelgo, scegli, sceglie, scegliamo, scegliete, scelgono
Participio passato   scelto

The expression **fare vedere a** *(to show to)* is a causative construction (**Lezione finale**).
The particle **ne** means *of it/of them* (**Capitolo 7**).

Attività

A. Complete the following paraphrase of the excerpt above with the appropriate words.

Una _____ signorina è entrata _____ un negozio di _____, dove c'era *(there was)* un commesso _____. Il commesso ha detto «Buongiorno» e poi ha chiesto _____ signorina «Cosa _____?»

Il commesso ha fatto vedere alla signorina un paio di _____ di molti colori e di molte _____. La signorina ha scelto un _____ di pelle _____. Il commesso ha risposto *(answered)* che le scarpe costavano *(cost)* un _____. Ma la signorina, senza mostrare _____, ha mandato il suo fidanzato a pagare il _____.

B. Answer the following questions.

1. Com'è la signorina che è entrata nel negozio?
2. In che tipo di negozio è entrata?
3. Che cosa voleva comprare la signorina?
4. Che cosa ha fatto vedere il commesso alla signorina?
5. Quante ne ha scelte?
6. Secondo *(according to)* il commesso, quanto costano le scarpe di pelle lucida?
7. Come ha pagato il conto la signorina?

C. Discussione in classe!

1. Perché è uno sciovinista il commesso?
2. Conosci uno sciovinista come il commesso? Descrivilo *(Describe him)*.
3. Possono essere scioviniste anche le donne?
4. Come possiamo cambiare l'atteggiamento *(How can we change the attitude)* degli sciovinisti?

D. With your partner, create a new scenario based on the **Lettura**.

> MODELLO: un negozio di abbigliamento
>
> *Una graziosa signorina entra in un negozio di abbigliamento.*
> COMMESSO: Buongiorno, signorina. Che cosa desidera?
> SIGNORINA: Vorrei un vestito all'ultima moda...

1. un negozio di abbigliamento femminile o maschile
2. una libreria
3. un negozio di alimentari

Descrivi i vestiti che vedi nella foto.

FASE 4ª   Punto di arrivo

Attività varie

A. Opinioni e discussione.

1. Quando vai a fare delle spese, vai generalmente da solo(-a) o con qualcuno? Con chi?
2. Ti piace l'abbigliamento italiano? Perché sì/no?
3. Qual è il tuo romanzo preferito? Perché?
4. Chi fa la spesa (di alimentari) a casa tua? Perché?

B. Situazioni tipiche.

In un negozio di abbigliamento

1. C'è
   - un barista
   - un commesso/una commessa
2. Se *(If)* l'abito costa meno del normale, può essere
   - in vendita
   - in saldo
3. Se ti vuoi provare un vestito, puoi chiedere
   - Posso provarmi questo?
   - Quanto costa?
4. Se ti piace molto, puoi dire
   - Oh, che bello! Mi piace moltissimo!
   - Mi piacciono i modelli dell'anno scorso!
5. Che taglia porta in Italia?
   - la taglia 42 o 44
   - la taglia 15 o 16

In una libreria

6. Puoi anche comprare
   - penne e matite
   - giornali e riviste
7. Tra *(Among)* i tipi di libri che puoi comprare, ci sono
   - i libri di fantascienza e i romanzi
   - i compact disc e le cassette
8. Se quello che vuoi non c'è, il commesso/la commessa può dire
   - Nient'altro.
   - Sono tutti esauriti.
9. Se vuoi attirare *(attract)* l'attenzione *(attention)* del commesso/della commessa, puoi dire
   - Scusami!
   - Mi scusi!

In un negozio di alimentari

10. Puoi comprare
    • delle mele e dell'uva
    • degli scontrini e delle fatture
11. Quando hai finito di fare la spesa il commesso/la commessa ti può dare
    • una bolletta
    • uno scontrino

C. Giochiamo!

1. In the following word-search puzzle you will find the names of 15 articles of clothing. To facilitate finding the word, each one will read only from left to right. Each time you find a word, write that you would like to buy it in one of the following colors. Change the color for each item and use the demonstrative for "that/those."

   MODELLO: calze
              Vorrei comprare quel paio di calze nere.

   arancione, azzurro, bianco, blu, celeste, chiaro, giallo, grigio, marrone, nero, rosa, rosso, scuro, verde, viola

   ```
   S T I V A L I B N S C I A R P A M K P A N T A L O N I
   M G O L F I A M L O P L K I O P L O K J G U A N T I L
   M I M P E R M E A B I L E M L O G O N N A M L O P N M
   K O P L K M J H U Y T R E S D F G T Y U I O P L K M N
   J G I A C C A N M C R A V A T T A M K C O L L A N T E
   M N K I O P O I U Y T C I N T U R A M C A P P O T T O
   N C A P P E L L O M K C A M I C I A M K C A L Z I N I
   ```

2. Choose the word that does not belong in each set of four and say why.

   MODELLO: l'uva, la frutta, le mele, lo scontrino
              Lo scontrino, perché non è un cibo./Non possiamo mangiare uno scontrino./ecc.

   a. delle arance, dei romanzi, delle banane, delle ciliegie
   b. dei fagioli, delle fragole, dei limoni, delle pere
   c. delle pesche, dell'uva, delle mele, delle poesie
   d. delle bollette, degli spinaci, dei pomodori, dei piselli
   e. delle camicie, dei pantaloni, delle carote, delle scarpe
   f. delle patate, dei broccoli, degli zucchini, delle fatture
   g. delle scarpe, delle calze, dei vestiti, degli stivali

Attività scritta   **L'abbigliamento ideale!** Write a paragraph describing what you consider the appropriate clothing (**abbigliamento maschile e femminile**) for each of the following situations. Then read your descriptions to the class.

1. a scuola
2. al cinema
3. a fare delle spese
4. a casa

Simulazioni   In groups of two or three, role-play one of the following scenarios.

1. **Alla libreria dell'università:** You want to buy some school supplies—pencils, pens, etc.—so you ask the salesperson for them. Then you mention that you saw your favorite book in the window and would like to get that too. Unfortunately it is out of stock. You leave with an appropriate exchange.
2. **A un negozio di abbigliamento femminile/maschile:** You are with a couple of friends, each of you looking for a present (**un regalo**) for a mutual friend, whose birthday party you are going to that night. Each of you asks the salesperson if you can see several different types of clothes; only one of you decides on something; the other two keep asking to see more clothes, which annoys the salesperson. The one who buys something leaves, quite exasperated with his/her friends. The other two decide to go elsewhere to buy something else (CD, book, etc.)

Lessico utile

Nomi

l'abbigliamento *clothing*
l'abito *suit*
la biblioteca *library*
la bolletta *utility bill (e.g., phone bill)*
la calza *stocking*
il calzino *sock*
la camicetta *blouse*
la camicia *shirt (pl. le camicie)*
il capo *article (of clothing)*
il cappello *hat*
il cappotto *coat*
la carota *carrot*
la ciliegia *cherry*
la cintura *belt*
il/la cliente *customer*
il commesso/la commessa *store clerk*
il conto *bill*

la cravatta *tie*
il fagiolino *string bean*/**il fagiolo** *bean*
la fantascienza *science fiction*
la fattura *general bill, invoice*
il fotoromanzo *illustrated novel*
la fragola *strawberry*
i fumetti *comics*
la giacca *jacket*
il giallo *mystery book*
il giornale *newspaper*
la gonna *skirt*
il guanto *glove*
l'impermeabile *(m.) raincoat, overcoat*
la libreria *bookstore*
il limone *lemon*
la mela *apple*
la misura/la taglia *size*

il negozio *store*
il paio *(pl. le paia) pair*
i pantaloni *pants*
la patata *potato*
la pera *pear*
la pesca *peach*
il pisello *pea*
la poesia *poetry, poem*
il pomodoro *tomato*
il prezzo *price*
la rivista *magazine*
il romanzo *novel*/ **il romanzo rosa** *love story/harlequin novel*
la scarpa *shoe*
la sciarpa *scarf*
lo scontrino *store/cashier's receipt, bill*
lo stivale *boot*
il teatro *plays, theater*

l'uva *grapes*
il vestito *dress, suit*
lo zucchino *green squash*

Aggettivi

arancione *(inv.) orange*
azzurro *blue*
bianco *white*
blu *(inv.) dark blue*
celeste *light blue*
giallo *yellow*
grigio *gray*
marrone *(inv.) brown*
nero *black*
prossimo *next* (l'anno prossimo
   next year)
rosa *(inv.) pink*
rosso *red*
scorso *last* (l'anno scorso *last year*)
sicuro *sure*
simile *similar*

verde *green*
viola *(inv.) purple*

Verbi

arrivare *(ess.) to arrive*
cominciare *to begin*
comprare *to buy*
costare *(ess.) to cost*
crescere *(ess.) to grow*
imparare *to learn*
incontrare *to encounter, meet, run
   into someone*
mandare *to send*
mostrare *to show, demonstrate*
partire *(ess.) to leave, depart*
piacere *(ess.) to like*
portare *to wear*
provarsi *to try on*
scegliere *to choose, select*
trovare *to find*

Avverbi

ieri *yesterday*
ormai *by now*

Altri vocaboli/Espressioni

all'ultima moda *in the latest
   fashion/style*
anzi *as a matter of fact*
capo di vestiario *article of clothing*
come, *as, like*
fa *ago*
fare la spesa *to shop for food*
   fare delle spese *to shop (in
   general)*
in saldo *on sale*
mi dispiace *I'm sorry*
verso *around, toward*

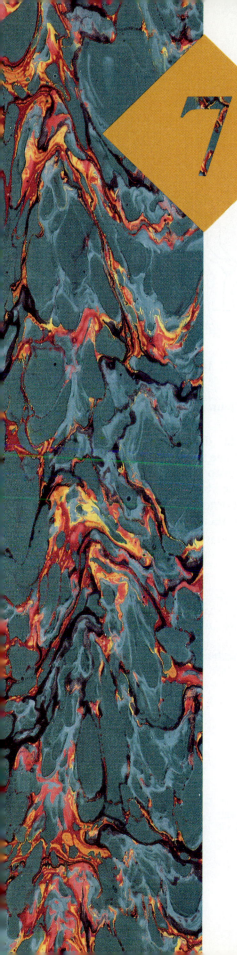

7

GUARDIAMO LA TV!

LANGUAGE FUNCTIONS

Talking about television   Talking about the future   Using expressions of quantity
Speaking of actions that have been going on for a while   Probability

GRAMMATICAL STRUCTURES

Future   Expressions of quantity
Future perfect

CULTURE

Italian television

FASE 1ª   Punto di partenza 1

SEI ANCORA UN BAMBINO!

Maria e suo fratello, Roberto, stanno guardando la TV. Ma i due non sono d'accordo sul tipo di programma che vogliono vedere.

MARIA:	Stasera sul canale due della RAI c'è un nuovo programma a puntate°. Lo voglio vedere, va bene?
ROBERTO:	No, no! Tra poco ci sarà la partita° di pallacanestro°. Domani guarderemo i programmi televisivi che vuoi tu!
MARIA:	Sei ancora un bambino! Non hai visto ieri sera che un'inchiesta condotta negli Stati Uniti mostra che i bambini sotto° i cinque o i sei anni passano° cinque ore al giorno davanti alla televisione! Questo rende i bambini pigri°. E tu sei ancora un bambino!
ROBERTO:	La tua tattica° non funziona! Sono quasi le otto e la partita sta per cominciare!

series
game/basketball

under
spend
lazy

tactic

◉ OCCHIO ALLA LINGUA!

Il programma (*pl.* **i programmi**) is masculine, and **la pallacanestro** is feminine.

The form **condotto** is actually the past participle of **condurre** *(to conduct)*. The verb **rendere** has an irregular past participle: **reso.**

The expression **al giorno** means *a day.* This formula can be used for other time expressions: **alla settimana** *(every week)*, **al mese** *(every month)*.

◉ OCCHIO ALLA CULTURA!

Italian television has three state-run channels, RAI Uno, RAI Due, and RAI Tre (RAI = **Radio Audizioni Italiane**), as well as several private channels, among them Italia 1, Rete 4, and Telemontecarlo. Programming is similar to that in the U.S. Commercials, for instance, are aired throughout the programs.

Comprensione **A.** Correct the following statements.

1. Maria e suo fratello stanno guardando un film al cinema.
2. Loro sono sempre d'accordo sul tipo di programma televisivo che vogliono vedere.
3. La tattica di Maria funziona, secondo Roberto.
4. La partita di pallacanestro comincerà alle dieci.
5. Un'inchiesta condotta negli Stati Uniti mostra che i bambini sotto i cinque anni leggono i fumetti cinque ore al giorno.
6. Questo rende i bambini stanchi.
7. Il nuovo programma a puntate è sul canale uno della RAI.
8. In Italia i programmi televisivi non sono come negli Stati Uniti.
9. Ci sono due canali statali in Italia: RAI Uno e Due.

Espansione The following is a list of common types of TV programs:

il film	*movie*
il telefilm	*TV movie*
l'intervista	*interview*
il programma a puntate	*series, soap opera*
il programma sportivo	*sports program*
la pubblicità	*advertising, commercials*
lo spettacolo	*show*
il telegiornale	*TV newscast*
il telequiz	*TV game show*

B. Lo guardo sempre! Choose two of the following types of programs. State whether or not you watch each regularly, and whether you will watch it tonight or in the near future.

MODELLO: il telegiornale
Lo guardo sempre. / Non lo guardo mai. / Lo guarderò anche stasera. / Non lo guarderò neanche stasera (domani, ogni tanto [every once in a while], *ecc.*)

il telegiornale, i programmi a puntate, la pubblicità durante *(during)* **un tuo programma preferito, le interviste, i telefilm, i telequiz, gli spettacoli, i programmi sportivi**

C. Discussione in classe!

1. Quanto tempo passi a guardare la TV ogni giorno? Perché?
2. Secondo te, la televisione ha un effetto negativo *(negative effect)* sui bambini? Sugli adulti? Perché?
3. Secondo te, la pubblicità ha un effetto negativo sulle persone?

❖ ❖ ❖ Studio del lessico ❖ ❖ ❖

FUNZIONARE/LAVORARE

The verb **funzionare** means *to work* in the sense of *to function, operate; to work,* in the sense of *labor,* is rendered by **lavorare.**

lavorare	funzionare
—Dove **lavora** Maria?	Le tue tattiche non **funzionano.**
—Lei **lavora** in un negozio di alimentari.	Il mio orologio non **funziona.**

PAROLE TIPO *PROGRAMMA*

Nouns ending in **-amma** are of Classical Greek origin. They are all masculine.

SINGOLARE	PLURALE
l'**anagramma** *anagram*	gli **anagrammi**
il **dramma** *drama*	i **drammi**
il **programma** *program*	i **programmi**
il **telegramma** *telegram*	i **telegrammi**

CONTRARI

Pigro is an adjective meaning *lazy.* Its opposite is **energico.** Associating adjectives in terms of opposites is a useful way to remember them. Here are some common opposites, many of which you have already encountered in the first six chapters. The new ones are glossed.

AGGETTIVO	CONTRARIO	AGGETTIVO	CONTRARIO
allegro *cheerful*	**triste** *sad*	**giovane/nuovo**	**vecchio** *old*
alto	**basso**	**interessante** *exciting*	**noioso** *boring*
aperto *open*	**chiuso**	**magro**	**grasso**
bello	**brutto**	**pigro**	**attivo, dinamico, energico**
buono/bravo	**cattivo**		
contento	**scontento** *unhappy*	**ricco**	**povero**
felice	**infelice** *unhappy*	**simile**	**differente, diverso**
fortunato	**sfortunato** *unlucky*	**simpatico**	**antipatico**
generoso	**avaro**	**stanco**	**riposato** *rested*

❖

Applicazione　**D.** Maria and Roberto are discussing TV. But for everything Maria says, Roberto says the opposite. Give his responses.

MODELLO:　—Questo programma è interessante.
　　　　　　　—*Macché! È noioso.*

1. Quell'attore *(actor)* è alto e magro.
2. Quegli spettacoli sono simili.
3. Il nostro televisore è nuovo.
4. Tutti gli attori in quel telefilm sono ricchi e giovani.
5. In quel programma le attrici *(actresses)* sono generose e simpatiche.
6. I bambini che guardano sempre la TV sono pigri, tristi e scontenti.
7. Quell'attrice è brava e bella.
8. I telequiz sono tutti noiosi.
9. Quell'attore è stato sempre sfortunato.

E. Complete each question with the appropriate form of the words provided. Then, with your partner, take turns asking and answering these questions.

funzionare, lavorare, canale, telegramma, anagramma, dramma

1. Tu _____ mentre vai a scuola? Dove?
2. Se vuoi guardare un programma televisivo, quali tattiche _____ per te?
3. C'è un _____ televisivo che ti piace guardare? Quale? Perché?
4. Puoi dare un _____ del tuo nome *(name)*? (Per esempio, MARY = ARMY.)
5. Hai mai visto un _____ di Shakespeare? Ti è piaciuto?
6. Hai mai ricevuto *(received)* un _____? Da chi?

◆ ◆ ◆ Studio della grammatica ◆ ◆ ◆

IL FUTURO SEMPLICE

Just as in English, the future tense **(futuro semplice)** in Italian allows you to speak of future actions and events.

> Domani **guarderemo** la partita.   *Tomorrow **we will watch** the game.*

The **futuro semplice** also conveys the idea of *going to* or *will be.*

> Fra una settimana **andrà** a Roma.   *In a week, **he will go/is going/will be going** to Rome.*
>
> Ti **chiamerò** stasera.   *I'll call/am going to call/will be calling you tonight.*

To form the future of regular verbs drop the final **-e** of the infinitive and add the endings **-ò, -ai, -à, -emo, -ete, -anno.** For first-conjugation **(-are)** verbs, change the **a** of the infinitive ending to **e.**

parlare (parler-)		**mettere** (metter-)		**finire** (finir-)	
parlerò	parleremo	metterò	metteremo	finirò	finiremo
parlerai	parlerete	metterai	metterete	finirai	finirete
parlerà	parleranno	metterà	metteranno	finirà	finiranno

— Chissà quale teoria formuleranno per il fatto che facciamo le figure tutte uguali...

The **i** of verbs ending in **-ciare** and **-giare** is dropped.

cominciare	**comincerò, comincerai,...**
mangiare	**mangerò, mangerai,...**

Verbs ending in **-care** and **-gare** are written with an **h** to show the retention of the hard **c** and **g** sounds.

cercare	**cercherò, cercherai,...**
pagare	**pagherò, pagherai,...**

For reflexive verbs, place the pronoun before the conjugated verb.

alzarsi	**mi alzerò, ti alzerai, si alzerà,...**
mettersi	**mi metterò, ti metterai, si metterà,...**
divertirsi	**mi divertirò, ti divertirai, si divertirà,...**

VERBI IRREGOLARI

Some irregular verbs in the future are conjugated by dropping the vowel of the infinitive ending: **andare → andr-.**

The verbs conjugated in this way and which you have encountered so far are:

andare (andr-)	**andrò, andrai, andrà, andremo, andrete, andranno**
avere (avr-)	**avrò, avrai, avrà, avremo, avrete, avranno**
dovere (dovr-)	**dovrò, dovrai, dovrà, dovremo, dovrete, dovranno**
potere (potr-)	**potrò, potrai, potrà, potremo, potrete, potranno**
sapere (sapr-)	**saprò, saprai, saprà, sapremo, saprete, sapranno**
vedere (vedr-)	**vedrò, vedrai, vedrà, vedremo, vedrete, vedranno**

The other irregular verbs are conjugated as follows:

bere	berrò, berrai, berrà, berremo, berrete, berranno
dare	darò, darai, darà, daremo, darete, daranno
essere	sarò, sarai, sarà, saremo, sarete, saranno
fare	farò, farai, farà, faremo, farete, faranno
stare	starò, starai, starà, staremo, starete, staranno
venire	verrò, verrai, verrà, verremo, verrete, verranno
volere	vorrò, vorrai, vorrà, vorremo, vorrete, vorranno

◆

Applicazione

F. Programmi televisivi! You are watching the indicated TV programs, and hear the following lines. Following the model, form sentences putting all verbs into the future tense.

MODELLO: *Dallas:* Ho cominciato a lavorare. (tu, J. R.,...)
Anche tu (Tu) comincerai a lavorare.
Anche J. R. comincerà a lavorare.

1. *MacGiver:* Sono scappati disperati! (io, tu, voi)
2. *Il cuoco moderno (modern cook):* Ho mangiato tutto. (tu, voi, loro)
3. *Dallas:* Bobby ha cercato J. R. ma forse non l'ha trovato. (io, sua moglie, i suoi amici)
4. *Perry Mason:* Perry ha cominciato a parlare. (io, tu, noi)
5. *Un telequiz:* Hanno pagato loro! (lui, tu, loro)
6. *Un'intervista:* Ho letto quel nuovo libro. (tu, voi, loro)
7. *Sesame Street:* Abbiamo scritto tutte le parole. (tu, Kermit, loro)
8. *Un programma a puntate:* Ci siamo divertiti a Venezia! (Barbara, voi, i loro amici)
9. *Batman:* Sono partiti! (Robin, voi, gli uomini cattivi)
10. *Cosby Show:* Mi sono sposato! (tu, voi, loro)

G. You are writing a script for a new TV show and have jotted down some notes. Now the time has come to put them together to form a storyline. Put all verbs in the future tense.

MODELLO: Maria / andare a Roma / esserci / il suo fidanzato
Maria andrà a Roma perché ci sarà il suo fidanzato.

1. lei / avere paura / non esserci / nessuno
2. i suoi amici / dovere andare a Roma / esserci / tanti problemi
3. gli uomini cattivi / non potere scappare / venire / la polizia *(police)*
4. Maria / non sapere cosa fare / non vedere / i suoi amici
5. Giancarlo, il suo fidanzato / essere triste / non divertirsi / senza Maria
6. Maria / stare a Roma / volere vedere / Giancarlo
7. i due / non mangiare e bere niente / avere / paura
8. Maria / fare qualcos'altro / non arrivare in tempo / i suoi amici
10. Giancarlo / dare dei soldi a Franco / avere bisogno / di scappare

◆ ◆ ◆ Studio della comunicazione ◆ ◆ ◆

PROGRAMMI TELEVISIVI

iniziare   *to start*
terminare   *to end*
preferito   *favorite*

Il mio programma preferito è *Much Music.*
A che ora inizierà il telegiornale di stasera?
A che ora terminerà il tuo programma preferito?
Su quale canale è?
Che tipo di programma è?

EMPHASIZING

A common way to emphasize a statement is to put the subject to be emphasized at the *end* of the sentence.

Domani guarderemo i programmi televisivi che vuoi **tu**!

*Tomorrow we'll watch the TV programs that **you** want!*

◆

Applicazione

Here is a recent listing for RAI Uno and RAI Due.

GIOVEDI 17

RAIUNO

11,05: Provaci ancora Harry: «Il compleanno di Ellie», *telefilm*.
12,05: Piacere Raiuno.
14: Il mondo di Quark: «Estate artica».
14,30: Primissima: Attualità culturali.
15,30: L'albero azzurro, per i più piccini.
16: Big! Per ragazzi.
18,05: Italia ore sei.
18,45: Un anno nella vita: «Le notti di Joe», *telefilm*.
20,40: Rascal: L'orsetto lavoratore, *film di avventure* nella Natura di Norman Tokar, con Steve Forrest, Pamela Toll (*1969*).

RAIDUE

9,30: Radio anch'io.
11,55: I fatti vostri.
14: Beautiful, 205ª p.
14,25: Quando si ama.
15,05: Destini, 68ª punt.
15,35: Roanoak, *film di avventure* con Victor Garber, Victoria Racimo, Les Cooke.
17,10: Bellitalia.
18,10: Casablanca.
18,30: Rock caffè.
18,45: Hunter: «Un equivoco da un'inflazione di dollari», *telefilm*.
20,30: Una vita in gioco, *sceneggiato* con Mariangela Melato, Ennio Fantastichini, Laura Di Marino, Fabio Traversa. 2ª puntata.
22: ... E compagnia bella, spettacolo parlato «all'italiana» di Enrico Vaime e Mara Venier. 2ª serata.
23,15: Pegaso: Fatti & Opinioni.
23,30: Pallacanestro: Coppa Campioni.

H. With a partner, choose two or three programs from the listing on page 198 and say what kind of program each is; the channel it will be on; and when it will begin and end.

> MODELLO: Provaci ancora Harry *è un telefilm. Sarà su RAI Due. Inizierà alle 11,05 e terminerà alle 12,05.*

I. Il mio programma preferito è... Divide into small groups. Then, for each type of television program listed below, name your favorite and say why you like it. Indicate when it normally can be seen and who usually watches it with you.

> MODELLO: programma a puntate
> *Il mio programma a puntate è... Lo guardo perché mi piacciono i programmi a puntate. Va in onda (It goes on the air) alle... sul canale... Lo guardo solo io./Lo guardano anche mio fratello e mia sorella, ecc.*

programma a puntate	spettacolo
telequiz	programma sportivo

IL MOMENTO CREATIVO ◆

J. Discussione in classe.

1. L'estate prossima...
   a. cosa farai?
   b. dove andrai?
2. L'anno prossimo...
   a. cosa farai? lavorerai?
   b. studierai ancora?
   c. che cosa studierai?
3. Dopo l'università...
   a. cosa farai?
   b. dove abiterai (probabilmente)?

1. *Che tipo di programma è?*
2. *Chi è Carlo Frisi?*
3. *Quali sono le sue caratteristiche personali?*
4. *Su quale canale andrà in onda il programma?*
5. *A che ora?*

Tra gli animatori del telegiornale satirico c'è Carlo Frisi, che imita Vespa, Biscardi, Ciotti, Boskov, Vicini, Vasco Rossi e Grillo; nel suo repertorio non mancano le donne, tra cui Sandra Milo, Ornella Vanoni, Marisa Laurito.

VARIETÀ

RAI DUE • 18,00 •

tgX

Sopra, Carlo Frisi (24 anni); è nato a Rimini (Forlì).

Punto di partenza 2

BUON DIVERTIMENTO!

in a few seconds twentieth	UN'ANNUNCIATRICE DELLA RAI DUE:	Signore e signori, tra pochi istanti° andrà in onda la ventesima° puntata della serie televisiva *Dallas*. Buon divertimento!
watchmaker	*Dall'orologiaio°.*	
	J. R.:	Vorrei comprare un orologio da signora. Ha dei nuovi modelli?
last	COMMESSO:	Certo, signore! Ne abbiamo ricevuti alcuni in questi ultimi° giorni.
love	J. R.:	Ne vorrei uno per la donna che amo° e che ho sempre amato!
wristwatch face	COMMESSO:	Ecco, allora, un orologio da polso° proprio elegante. Ha un quadrante° fosforescente.
	J. R.:	Bello! Quanto costa?
	COMMESSO:	Un milione di lire.
an arm and a leg just the same	J. R.:	Mamma mia! Costa un occhio della testa°! Lo prendo lo stesso°.

J. R. torna in ufficio e dà l'orologio alla sua segretaria.

SEGRETARIA:	Oh, che bello, J. R! Grazie!
L'ANNUNCIATRICE:	L'episodio di oggi finisce così. Buona serata!

⦿ OCCHIO ALLA LINGUA!

The plural forms of **l'ufficio** and **l'episodio** are: **gli uffici** and **gli episodi**.
  The verb **tornare** is conjugated with **essere** in compound tenses.
  The expression **dall'orologiaio** means *at the watchmaker's* (**Capitolo** 9).

⦿ OCCHIO ALLA CULTURA!

Many Italian television programs are briefly introduced and ended by **un'annunciatrice**. American programs such as *Dallas, Hunter,* and *Happy Days* are quite popular. They are, of course, dubbed in Italian.

Comprensione   **A.** Answer the following questions.

1. Su quale canale e a che ora è andato in onda l'ultimo episodio di *Dallas*?
2. Chi ha presentato l'episodio?
3. Dov'è andato J. R.?
4. Che cosa voleva *(did he want)* comprare?
5. Per chi lo voleva comprare?
6. Che tipo di orologio ha comprato?
7. Quanto è costato?
8. Dov'è tornato J. R.?
9. Chi presenta, generalmente, i programmi televisivi in Italia?
10. Quali programmi sono molto popolari?

Espansione   **B.   Signore e signori...!** With your partner role-play two actors advertising the items below on a television commercial.

MODELLO: un orologio da polso

S1:   *Signore e signori, buonasera/buongiorno. Avete bisogno di un orologio da polso?*

S2:   *Ne abbiamo uno nuovo e non costa un occhio della testa. Costa solo 500.000 lire!*

S1:   *È molto bello!/È proprio delizioso!/ecc.*

1. un orologio da signora
2. un abito nuovo
3. un cappotto all'ultima moda
4. un telefono portatile *(portable)*

5. un televisore Toshiba
6. un compact disc di musica classica

◆ · ◆ · ◆ **Studio del lessico** ◆ · ◆ · ◆

PAROLE TIPO *ANNUNCIATORE*

L'annunciatore is the masculine form corresponding to **l'annunciatrice.** Here are other pairs with this pattern:

Maschile (**-tore**)	Femminile (**-trice**)
l'attore *actor*	**l'attrice** *actress*
il pittore *painter*	**la pittrice** *painter*
lo scultore *sculptor*	**la scultrice** *sculptress*

LO STESSO

In the dialog above, **lo stesso** *just the same* can also be used as an adjectival construction, meaning *the same*. In this case, it agrees with the gender and number of the noun it modifies.

lo stesso episodio   **gli stessi** episodi
la stessa intervista   **le stesse** interviste

ESPRESSIONI IDIOMATICHE

The expressions **andare in onda** and **un occhio della testa** are idiomatic, that is, they are made up of words whose individual meanings are used together to form a new meaning. You have encountered others in previous chapters: eg. **all'ultima moda** and **una fame da lupi**.

Applicazione

C. Chi è? During a television talk show, statements are made by various guests about new movies, sculptures, and paintings. Identify the occupation of each person. Then invent a title for each new work.

MODELLO: (il signor Marchi) «Nel mio nuovo film, do un bacio *(kiss)* a Maria Di Stefano».
Il signor Marchi è un attore. Il suo nuovo film si chiamerà Bacio d'amore!

Here is some additional vocabulary:

il quadro	*painting*
la scultura	*sculpture*
rappresentare	*to represent*
recitare	*to act, recite, play (in a movie)*

1. (la signora Di Stefano) «Questa volta reciterò con Marcello Mastroianni, ma lui non mi amerà. Amerà un'altra donna».
2. (la signora Girardi) «Nella mia nuova scultura ho cercato *(I have tried)* di rappresentare la famiglia moderna».
3. (la signora Marchi) «Nel mio nuovo quadro ho cercato di far vedere come la televisione rende i bambini pigri».
4. (il signor Morelli) «Nel mio nuovo quadro, vorrei rappresentare la serie televisiva a puntate *Hunter*».
5. (il signor Rimanelli) «La mia nuova scultura cercherà di rappresentare l'effetto negativo della pubblicità».
6. (il signor Nannini) «Nel mio nuovo film reciterò con Silvana Dorelli. Lei sarà la mia ragazza in una storia *(story)* di spionaggio».

D. You are the announcer for a TV channel that offers merchandise at very low prices. Try to sell each item below as in the model.

> MODELLO: orologio: *Ecco lo stesso orologio che vi ho fatto vedere ieri.*
> *Oggi è in saldo per solo* (any price).

1. impermeabile
2. gonna
3. orologio da polso
4. camicia

5. giacca
6. anello *(ring)*
7. libri
8. macchina da scrivere

E. You are at home alone watching a rerun of *Dallas*. Throughout the show, J. R. makes statements about his brother Bobby that have been contradicted by recent episodes. Say what really happened using the expressions **andare in onda, all'ultima moda, costare un occhio della testa.**

> MODELLO: Costa molto poco.
> *Non è vero! È costato un occhio della testa!*

1. Bobby non va a quel ristorante.
2. Bobby si mette abiti vecchi.
3. Il suo orologio non costa niente.
4. Il nuovo programma televisivo andrà in onda fra poco.

1. Come si chiama questo programma?
2. Che tipo di programma è?

◆ ◆ ◆ Studio della grammatica ◆ ◆ ◆

ESPRESSIONI DI QUANTITÀ

In **Capitolo** 6, you learned to express the partitive *some* with **di** + the definite article: **Vorrei della frutta. Compro dei libri.** The partitive can be used with singular or plural nouns.

The partitive notion can also be expressed by the indefinite adjectives **alcuni(-e)** and **qualche** when used with "count" nouns (nouns that can be put into the plural).

- **alcuni(-e)** *some, a few* is always used in the plural.

> Ci sono **alcuni** ragazzi in classe.   *There are **a few** boys in the class.*
> Ho comprato **alcune** penne.   *I bought **a few** pens.*

- **qualche** *some, a few* is *always* used with a singular noun, even if the meaning is plural.

> C'è **qualche** ragazza/ragazzo   *There are **a few** girls/boys in the class.*
> in classe.
> Ho comprato **qualche** penna.   *I bought **some** pens.*

With "noncount" nouns (nouns that do not normally have a plural form), use the partitive or **un po' di** *(a bit of, some, a little)*.

Mangerò **un po' di** formaggio.   *I'll eat **a little bit of** cheese.*
Vuoi **un po' di** frutta?   *Do you want **some** fruit?*

Never use **qualche** or **alcuni(-e)** with noncount nouns!

SOMMARIO

<table>
<tr><td rowspan="2">With Count Nouns</td><td colspan="3">MASCHILE</td></tr>
<tr><td>dei libri
degli zucchini
degli amici</td><td>alcuni libri
alcuni zucchini
alcuni amici</td><td>qualche libro
qualche zucchino
qualche amico</td></tr>
<tr><td></td><td colspan="3">FEMMINILE</td></tr>
<tr><td></td><td>delle penne
delle amiche</td><td>alcune penne
alcune amiche</td><td>qualche penna
qualche amica</td></tr>
<tr><td rowspan="2">With Noncount Nouns</td><td colspan="3">MASCHILE</td></tr>
<tr><td>del pane bread
dell'orzo barley
dello zucchero sugar</td><td>un po' di pane
un po' di orzo
un po' di zucchero</td><td></td></tr>
<tr><td></td><td colspan="3">FEMMINILE</td></tr>
<tr><td></td><td>della carne meat
dell'uva</td><td>un po' di carne
un po' di uva</td><td></td></tr>
</table>

NE

The word **ne** *(some [of it/of them])* can replace several partitive structures. Like the direct object pronoun, it is placed right before the verb (with the same exceptions and options that apply to the direct object pronoun as discussed in **Capitolo** 6).

- **Ne** replaces **di** + **l'articolo determinativo.**

Vorrei comprare **dei libri.**   **Ne** vorrei comprare./Vorrei comprar**ne.** *I would like to buy **some.***
Comprerò **della carne.**   **Ne** comprerò. *I will buy **some.***

- **Ne** replaces the noun used with **alcuni(-e)** and **un po' di.**

Vorrei comprare **alcuni libri.**   **Ne** vorrei comprare **alcuni.**/Vorrei comprar**ne alcuni.** *I would like to buy **some, a few (of them).***

Comprerò **un po' di carne.**   **Ne** comprerò **un po'.** *I will buy **some, a bit (of it).***

- **Ne** also replaces the noun in numerical and quantitative expressions.

> Vorrei mangiare **molta verdura.**
> **Ne** vorrei mangiare **molta.**/Vorrei mangi-
> ar**ne molta.** *I would like to eat **a lot
> (of it).***

> Mangerò **due panini.**
> **Ne** mangerò **due.** *I will eat **two (of them).***

Note that *one* in this case is either **uno** or **una.**

> Prenderò solo **un tramezzino.**   Ne prenderò solo **uno.**
> Prenderò solo **una pizza.**   Ne prenderò solo **una.**

- Finally, as in the case of direct object pronouns, the past participle of a compound verb agrees with **ne**, replacing partitive structures.

> Ho comprato **della frutta.**   Ne ho comprat**a.**
> Abbiamo mangiato **tre mele.**   Ne abbiamo mangiat**e** tre.

IL FUTURO

In sentences with **se** *(if)*, **appena** *(as soon as)*, and **quando** *(when)*, it is customary to use the same verb tenses in both clauses: future with future, present with present. Note that in English the future is implied, yet not expressed, in the dependent clause.

Future tense in both clauses:

> **Se comprerai** quelle pesche, **non ti piaceranno.**
> *If you buy those peaches, you won't like them.*

> **Quando arriveranno, andranno** subito al cinema.
> *When they arrive, they will go to the movies right away.*

> **Appena mi alzerò, guarderò** il telegiornale.
> *As soon as I wake up, I'll watch the news.*

Present tense in both clauses:

> **Se tu guardi** quel programma, non ti **parlo** più.
> *If you watch that program, I won't speak to you anymore.*

However, in most cases, these two tenses can be "mixed" as in English.

> **Se tu guardi** quel programma, non ti **parlerò** più.

Applicazione

F. Dallas continua! In recent episodes J. R. has been buying many lavish gifts. Carlo has been keeping up with J. R.'s latest exploits, but his sister Angela hasn't. She asks him a few questions so that she can catch up on what's been going on. Working in pairs, role-play Carlo and Angela, using the partitive structures illustrated in the model.

> MODELLO: televisori
> ANGELA: *J. R. ha comprato dei televisori nuovi?*
> CARLO: *Sì. Ha comprato alcuni televisori nuovi per (+ name of Dallas character).*

1. orologi
2. radio *(pl.)*
3. stereo *(pl.)*
4. macchine
5. appartamenti
6. vestiti
7. quadri
8. sculture

G. Angela wants to make sure she has understood everything, so she repeats each question asking Carlo to be more specific. Working in pairs, use the partitive structures illustrated in the model.

> MODELLO: televisori (tre)
> —*Ha veramente comprato alcuni televisori per (+ character's name)? Quanti?*
> —*Ne ha comprati tre.*

1. orologi (uno)
2. radio (due)
3. stereo (quattro)
4. macchine (tre)
5. appartamenti (cinque)
6. vestiti (dieci)
7. quadri (otto)
8. sculture (undici)

H. Angela asks about other episodes she has missed. Working in pairs, use the partitive structures illustrated in the model.

> MODELLO: scrivere / poesie
> —*Ha scritto delle poesie?*
> —*Sì. Ha scritto qualche poesia.*

1. leggere / fotoromanzi
2. fare / telefonate
3. mangiare / zucchini
4. avere / appuntamenti nuovi
5. comprare / orologi da polso
6. ricevere / quadri
7. comprare / sculture

I. Now Angela repeats each of her questions, asking Carlo to be more specific. Imitate the format illustrated in the model.

> MODELLO: scrivere / poesie (alcuno)
> —*Allora è proprio vero che ha scritto qualche poesia?*
> —*Sì. Ne ha scritte alcune.*

1. leggere / fotoromanzi (molto)
2. fare / telefonate (poco)
3. mangiare / zucchini (troppo)
4. avere / appuntamenti (alcuni)
5. comprare / orologi da polso (tanto)
6. ricevere / quadri (alcuno)
7. comprare / sculture (molto)

J. Angela remembers that her favorite character was trying to diet during a recent episode. So she asks Carlo what that person has been eating or drinking. Working in pairs, use the partitive structures illustrated in the model.

MODELLO: verdura
—*Mangia ancora della verdura?*
—*Sì. Mangia ancora un po' di verdura.*

1. carne
2. orzo
3. pane
4. uva
5. formaggio
6. prosciutto
7. acqua minerale
8. caffè

K. Once again she asks Carlo to be more specific. Becoming exasperated, Carlo answers negatively. Follow the model, using the items listed in Exercise J.

MODELLO: verdura
—*Allora dici che mangia ancora della verdura? È proprio vero che ne mangia ancora?*
—*Forse, ma non ne mangerà più!*

L. Finally, Angela and Carlo speculate on what will be happening in future episodes. Work in pairs imitating the model.

MODELLO: comprare l'orologio alla segretaria / dire grazie
—*Se J. R. comprerà l'orologio alla segretaria, lei gli* (to him) *dirà grazie.*
—*Sì, hai ragione. Se J. R. compra l'orologio alla segretaria, lei gli dirà grazie.*

1. andare a New York / vedere suo fratello lì
2. non telefonare al suo amico / il suo amico non venire al suo compleanno
3. comprare una macchina nuova / potere andare a New York

◆ ◆ ◆ Studio della comunicazione ◆ ◆ ◆

HAVE A GOOD . . . !

Buon divertimento! *Have a good time!*
Buon viaggio! *Have a good trip!*
Buona fortuna! *Good luck!*
Buona giornata! *Have a good day!*
Buona serata! *Have a good evening!*

EXPRESSIONS OF QUANTITY

abbastanza	*enough*
molto/tanto	*a lot*
poco	*little, small*
troppo	*too much*

—Quanto pane hai comprato?   —Ne ho comprato **molto.**
                               —Ne ho comprato **poco.**
                               —Ne ho comprato **abbastanza.**

—Quanto costa?   —Poco.
                               —Molto.
                               —Troppo.

◆

Applicazione   **M.** Express an appropriate wish for each statement.

MODELLO: Domani andremo in Italia.
           Buon viaggio!

1. Oggi compio *(I celebrate)* ventidue anni.
2. Oggi è Pasqua.
3. Oggi è il venticinque dicembre.
4. Devo studiare per l'esame d'italiano.
5. Domani andrò a Roma.
6. Oggi devo fare molte cose.
7. Stasera vorrei uscire.
8. Stasera vado al cinema.

N. With a partner, play the roles of two actors promoting the following items on a TV commercial. Follow the model.

MODELLO: orologio da polso / molto
   S1:   *Avete bisogno di un orologio da polso?*
   S2:   *Ne abbiamo molti!*
   S1:   *Il prezzo? Solo* (+ price)

1. orologio da signora / tanto
2. orologio da polso / poco
3. macchina elegante / poco
4. radio Toshiba / molto
5. televisore RCA / abbastanza

IL MOMENTO CREATIVO ◆

You are a famous TV personality. Choose one of the following topics, prepare a script for it, and dramatize it before the class.

- a weather report
- a commercial for a specific product
- an announcement for a new soap opera

Punto di partenza 3

ECCO I TITOLI PRINCIPALI!

Verso la fine della trasmissione.

newscast/headlines decreases/with respect to of the United States/meeting forecast	**ANNUNCIATRICE:**	Termina così il telegiornale°. Ecco di nuovo i t<u>i</u>toli° principali. Il d<u>o</u>llaro diminuisce° rispetto alla° lira italiana. Il Presidente della Rep<u>u</u>bblica Italiana e il Presidente statunitense° v<u>o</u>gliono fare un incontro° sulla crisi econ<u>o</u>mica.... E ora le previsioni° del tempo.
showers dropping	**ANNUNCIATORE:**	Dopo che avrà fatto cattivo tempo con piogge° e temporali in mattinata, domani pomeriggio farà bel tempo. Poi, in serata le temperature saranno in diminuzione° nelle regioni nord-occidentali.
commercial	**ANNUNCIATRICE:**	Ed ecco a voi un annuncio pubblicitario°. Buona serata!

◉ OCCHIO ALLA LINGUA!

The verb **diminuire** is conjugated with **-isc-** in the present tense.
Dopo che is a conjunction, whereas **dopo** alone is an adverb.

AVVERBIO:	Lo faccio **dopo**. *I'll do it later/after.*
CONGIUNZIONE:	**Dopo che** saranno arrivati, andremo tutti al cinema. *After they have arrived, we'll all go to the movies.*

Comprensione

A. Vero o falso? Change each false statement to make it correct.

1. La trasmissione sta per *(is about to)* cominciare.
2. Il telefilm sta per terminare.
3. L'annunciatore ripete *(repeats)* i titoli principali.
4. La lira sta diminuendo rispetto al dollaro.
5. Il Presidente italiano e quello americano vogliono fare un incontro sulla crisi economica.
6. Dopo che avrà fatto bel tempo nella mattinata, nel pomeriggio nevicherà.
7. In serata, le temperature saranno in diminuzione nelle regioni sud-orientali.
8. La trasmissione termina con un annuncio pubblicitario.

Espansione

B. Ecco i titoli principali! Provide details for each headline.

> MODELLO: Il dollaro diminuisce...
> *Il dollaro diminuisce rispetto alla lira.*

1. La lira diminuisce...
2. Il Presidente statunitense è arrivato oggi in Italia...
3. Un'inchiesta della RAI mostra che la crisi economica è terminata...
4. La popolare serie televisiva *Dallas* non andrà più in onda sui canali della RAI perché...

C. Previsioni del tempo! Give brief weather forecasts as in the model.

> MODELLO: morning / rain / sunny
> *Dopo che avrà piovuto nella mattinata, ci sarà il sole.*

1. afternoon / snow / falling temperature
2. evening / rain / windy
3. tomorrow morning / snow / nice weather
4. tomorrow afternoon / rain / cold

◆   ◆   ◆ Studio del lessico ◆   ◆   ◆

PUNTI CARDINALI

nord	*north*	sud	*south*
settentrionale	*northern*	meridionale	*southern*
ovest	*west*	est	*east*
occidentale	*western*	orientale	*eastern*

PAROLE TIPO *CRISI*

Nouns ending in **-si** are all of Classical Greek origin. They are all feminine and do not change in the plural.

SINGOLARE	PLURALE
la crisi	**le crisi**
la tesi *thesis*	**le tesi** *theses*
l'ipotesi *hypothesis*	**le ipotesi** *hypotheses*

Che tempo fa?

IL PLEUT!!

Applicazione

D. Following the model, change each forecast by stating the opposite.

MODELLO: A nord farà freddo.
A sud, invece, farà caldo

1. A sud farà brutto tempo.
2. Nell'Italia settentrionale pioverà.
3. A sud-est ci sarà molta afa.
4. Nelle regioni orientali la temperatura aumenterà.
5. A nord-ovest ci sarà nebbia.
6. Nelle regioni occidentali nevicherà.
7. A sud-ovest farà bel tempo.
8. A nord ci sarà un temporale.
9. A est farà molto caldo.
10. A ovest tirerà molto vento.
11. A nord-est ci sarà il sole.
12. Nelle regioni meridionali pioverà.

E. Complete the following TV headlines, ads, and announcements.

> **mattino, crisi, ipotesi, annuncio, titolo, trasmissione, quadrante, programma, inchiesta, essere, rendere, funzionare, diminuire, andare in onda**

1. Al _____, il Presidente italiano e quello statunitense faranno un incontro sulla _____ economica. I due non _____ quasi mai d'accordo in questo campo *(area)*. Ognuno *(Each one)* ha un'_____ differente sulla crisi.
2. Ecco i _____ principali. Dopo il telegiornale andrà in onda una _____ su una nuova _____ condotta negli Stati Uniti.
3. Se il vostro orologio non _____ più, abbiamo dei modelli nuovi con il _____ fosforescente.
4. La temperatura _____ solo nelle regioni orientali.
5. Gli _____ pubblicitari di stasera _____ alle venti.
6. Una nuova inchiesta mostra che i _____ televisivi _____ tutti pigri.

◆ ◆ ◆ Studio della grammatica ◆ ◆ ◆

AZIONI PRESENTI E FUTURE

To express an action that began in the past and is still going on in the present, use the present indicative or the progressive with the preposition **da** *(since, for)* + *a time expression.*

Abito a Roma **dal** 1972 (e abito ancora lì).	*I have been living in Rome **since** 1972 (and I still live there).*
Abito a Roma **da** venti anni (e abito ancora lì).	*I have been living in Rome **for** twenty years (and I still live there).*
Studio l'italiano **da** settembre (e lo studio ancora).	*I have been studying Italian **since** September (and I'm still studying it).*
Studio l'italiano **da** quattro mesi (e lo studio ancora).	*I have been studying Italian **for** four months (and I'm still studying it).*
Sto studiando **da** questa mattina (e sto studiando ancora).	*I have been studying **since** this morning (and I'm still studying).*
Sto studiando **da** otto ore (e sto studiando ancora).	*I have been studying **for** eight hours (and I'm still studying).*

As you can see, in such cases these tenses correspond to the English present progressive (*I have been living, studying,* etc.).

If, however, you want to express *I will be living, studying,* etc., use the future tense.

Abiterò a Roma **fino al** 2010.	*I will be living in Rome **until** 2010.*
Abiterò a Roma **per** venti anni.	*I will be living in Rome **for** twenty years.*
Studierò **fino a** domani.	*I will be studying **until** tomorrow.*
Studierò **per** otto ore.	*I will be studying **for** eight hours.*

To say *I will be leaving, going . . . in* + time expression, use the future tense followed by **tra/fra.**

Partiremo **tra** due ore.	*We will be leaving **in** eight hours (in eight hours' time).*
Andranno via **fra** un'ora.	*They will be going away **in** an hour (in an hour's time).*

IL FUTURO ANTERIORE

The **futuro anteriore** is a compound tense formed with the future of **avere** or **essere** + *a past participle.*

mangiare	**avrò mangiato**	*I will have eaten*
arrivare	**saranno arrivati(-e)**	*they will have arrived*
divertirsi	**ti sarai divertito(-a)**	*you will have enjoyed yourself*

It is used to express a future action that will have occurred before some other action.

> **dopo che** = *after*
> **appena** = *as soon as*

Dopo che **avrò mangiato,** uscirò.	*After eating I'll be going out.*
Appena **saranno arrivati,** cominceremo a mangiare.	*As soon as they arrive (have arrived), we will begin eating.*

LA PROBABILITÀ

The **futuro semplice** and the **futuro anteriore** are also used in Italian to express probability.

Quell'orologio **costerà** un occhio della testa.	*That watch **probably costs/must cost** an arm and a leg.*
Giovanni **sarà** già **andato** via.	*John has **probably/must have** already **gone** away.*

ESPRESSIONI NEGATIVE

The partitive cannot be used in negative constructions. In the negative singular only, it is replaced by **nessuno** + *singular noun.* Note that the endings of **nessuno** change like the indefinite article.

—Hai (dei) libri?
—No, non ho **nessun** libro. *No I don't have any books.*

—Hai mangiato alcuni zucchini?
—No, non ho mangiato **nessuno** zucchino. *No, I haven't eaten **any** zucchini.*

—Hai (degli) amici?
—No, non ho **nessun** amico. *No, I don't have **any** friends.*

—Hai qualche penna?
—No, non ho **nessuna** penna. *No, I don't have **any** pens.*

—Hai (delle) amiche?
—No, non ho **nessun'**amica. *No, I don't have **any** friends.*

Or, you can simply use **non.**

—Hai (dei) libri?	—Hai qualche penna?
—No, non ho libri.	—No, non ho penne.

With noncount nouns, this is the only form used.

—Vuoi (della) carne?	—Vuoi (del) pane?
—No, non voglio carne.	—No, non voglio pane.
No, I don't want any meat.	*No, I don't want any bread.*

Applicazione

F. Intervista. You have been living in Italy for a few years as a foreign student and are being interviewed on an Italian youth information program. Answer the questions as indicated.

> MODELLO: —Da quando sei in Italia? (1972)
> —*Sono in Italia dal 1972.*

1. Da quando sei a Venezia? (1992)
2. Da quanto tempo sei in Italia? (5 anni)
3. Fino a quando studierai l'italiano? (l'anno prossimo)
4. Per quanto tempo studierai in un'università italiana? (ancora 3 anni)
5. Quando tornerai negli Stati Uniti? (2 anni)
6. Quando partirai per Roma? (ottobre)
7. Quando tornerai a Venezia? (un anno)
8. Da quanto tempo bevi l'espresso? (quando sono arrivato[-a])
9. Da quanto tempo guardi la TV italiana? (l'anno scorso)

G. You are being interviewed for a television announcer's job. As part of the interview you are given the following notes to recite in the form of headlines.

> MODELLO: Presidente statunitense arrivare / incontrare / Presidente italiano
> *Appena sarà arrivato, il Presidente statunitense incontrerà il Presidente italiano.*

1. loro parlare della crisi economica / parlare della nuova inchiesta
2. l'attore Marco Spina sposarsi / recitare in un nuovo film
3. nevicare al mattino / tirare vento nel pomeriggio
4. andare in onda il telefilm / esserci alcuni annunci pubblicitari

H. You have been watching TV all evening. Before going to bed your brother asks you what has been on. Since you haven't been paying much attention, you answer with uncertainty using the **futuro semplice** or **futuro anteriore.**

> MODELLO: —È in diminuzione la temperatura?
> —*Penso di sì! Sarà in diminuzione.*

1. È arrivato il Presidente?
2. C'è una crisi economica?
3. Si sono sposati quei due attori?
4. Marcello Mastroianni recita nel nuovo film di Fellini?
5. Hanno condotto una nuova inchiesta?
6. Hanno parlato di una nuova tattica economica?
7. J. R. ha recitato nell'episodio di stasera?
8. Sono le nove?

I. Your brother continues to ask you questions. This time you answer negatively as in the model.

MODELLO: Ci sarà una crisi economica?
No, non ci sarà nessuna crisi economica.

1. Hai qualche ipotesi sull'inchiesta?
2. Hai guardato degli annunci pubblicitari interessanti?
3. Hai visto dei programmi interessanti?
4. C'è stato qualche incontro tra i due Presidenti?
5. Conosci quella trasmissione nuova?
6. Conosci quell'annunciatrice della RAI DUE?

◆ ◆ ◆ Studio della comunicazione ◆ ◆ ◆

ESSERCI

The verb **esserci** is used often in the narration of facts. Let's review its use in the tenses covered so far.

PRESENTE INDICATIVO	PASSATO PROSSIMO	FUTURO SEMPLICE	FUTURO ANTERIORE
C'è *There is*	**C'è stato(-a)** *There has been/ There was*	**Ci sarà** *There will be*	**Ci sarà stato(-a)** *There must have been*
Ci sono *There are*	**Ci sono stati(-e)** *There have been/There were*	**Ci saranno** *There will be*	**Ci saranno stati(-e)** *There must have been*

◆

Applicazione

J. Prepare a brief newscast based on one of the following headlines.

MODELLO: Attore famoso si sposa...
Il famoso attore, Giovanni Spezzini, si è sposato con un'attrice americana, Deborah Smith. I due abitano adesso in Italia e lavorano per la RAI.

1. Professore famoso arriva negli Stati Uniti...
2. Le previsioni di oggi...
3. Ci sarà un altro incontro tra i due Presidenti...

IL MOMENTO CREATIVO ◆

You are interviewing an American student for a summer job at RAI Uno. Working with a partner, ask the job candidate:

- how long he/she has been in Italy
- what he/she will be doing after getting a job
- when he/she will return to the U.S.
- what he/she hopes (**sperare**) to be doing in the future

FASE 2ᵃ Ascolto

Listen carefully to the conversation and see if you can determine:

- what product is being promoted
- what its price is
- what its most important features are
- who the intended buyer is

Pronuncia

STRESS PATTERNS

Here are some guidelines that will help you use the proper stress on syllables:

- In two-syllable words, the stress falls on the first syllable: **casa, pane, carne, disco.**
- Exceptions to this are words with an accented final vowel: **caffè, città, papà.**
- In three-syllable words, the stress falls generally on the next-to-last syllable: **gelato, amico, canale.**
- This holds true for words containing more than three syllables: **divertimento, abbigliamento, trasmissione.**
- Once again, any word with an accented final vowel will form an exception to this rule: **pubblicità, università.**
- Three-syllable and multisyllable words that are not stressed on the next-to-last syllable have to be memorized. These are identified with an underline below their stressed syllable when they are first introduced: **tattica, perdere, chimica, storia.**

Esercitazione

Repeat the following logic puzzle after your teacher, and then put a line under the main stress of each word. Write down the answer to the puzzle and hand it in.

Marcello, Angela e suo padre sono appassionati *(fans)* di differenti programmi televisivi. Ieri sera hanno visto quattro programmi differenti.

Angela ha guardato la TV dalle diciotto alle diciannove.
Il padre ha guardato la partita di pallacanestro.
Dalle diciotto e trenta alle diciannove e trenta, Marcello ha letto un romanzo.
La trasmissione di *Dallas* ha avuto luogo *(took place)* dalle diciotto e venti alle diciotto e cinquanta.

Chi ha guardato *Dallas* ieri sera?

FASE 3ª Lettura

nato: born
diventa: becomes
dimenticare: forget
innumerevoli: countless
elettrodomestico: appliance

E'APPENA NATO,
MA SA GIA' SCRIVERE!

CLOCK
20:32 00
SUN   1/JAN/'84

SELECT DAY   →A
SHIFT   →B
IF OK, MEMORIZE →C

Sì, il VS-4, il nuovissimo video registratore AKAI, è un prodigio!
Il VS-4 è figlio della più avanzata tecnologia e della filosofia del "NON PUOI SBAGLIARE".
Ed in effetti con il VS-4 non potete sbagliare: il vostro televisore diventa monitor e, passo dopo passo, vi segue in tutte le operazioni.
Certo, questa è la sua caratteristica più esclusiva, ma non si possono dimenticare le sue innumerevoli funzioni: tutte quelle che cercate in un nuovo video registratore più alcune, che forse non avete mai immaginato!
AKAI VS-4, preciso come un personal computer, docile come un elettrodomestico.

AKAI Hi-Fi & Video.

◉ OCCHIO ALLA LINGUA!

Nascere and diventare are conjugated with essere in compound tenses. The past participle of nascere is nato.
    Dimenticare is conjugated like cercare.

PRESENTE INDICATIVO	**dimentico, dimentichi,...**
FUTURO	**dimenticherò, dimenticherai,...**

Attività   **A.** Complete the following paraphrase of the advertisement with the appropriate form of the word.

avanzato, caratteristica, diventare, effetti, elettrodomestico, immaginare, nato, passo, preciso

1. L'AKAI VS-4 è _____ come un personal computer.
2. È anche docile come un _____.
3. La sua _____ più esclusiva è che è molto semplice *(simple)*.
4. In _____, con il VS-4 non si può sbagliare.
5. Il televisore _____ monitor.
6. E poi ci segue, _____ dopo _____ in tutte le operazioni.
7. Forse non avete mai _____ le sue innumerevoli funzioni.
8. Il VS-4 è appena _____ ma sa già scrivere.
9. È figlio di una tecnologia _____.

B. Answer the following questions.

1. Che cosa significa «È appena nato ma sa già scrivere»?
2. Se il VS-4 è un figlio prodigio, chi sono i suoi genitori?
3. Perché «non puoi sbagliare» con il VS-4?
4. Descrivi il VS-4.
5. Hai un videoregistratore? Di che marca è? Come funziona?

C. Make up an ad similar to the AKAI ad.

FASE 4ª Punto di arrivo

Attività varie   **A. Opinioni e discussione.**

1. Quando guardi la TV? La guardi da solo(-a) o in compagnia *(with company)?* Con chi?
2. Quante ore di TV guardi al giorno?
3. Ti piacciono i programmi a puntate? Se sì, quali ti piacciono? Se no, perché?
4. Cosa possiamo fare la sera invece di guardare *(instead of watching)* la TV?

B. Situazioni tipiche.

1. Se c'è un programma alla TV che vuoi vedere, puoi dire:
   • Stasera non ci sarà il mio programma preferito.
   • Se guardiamo il mio programma preferito, domani guarderò i programmi che vuoi tu.
2. Se non sei d'accordo sul programma che tua sorella vuole guardare, puoi dire:
   • Il programma ti piacerà molto.
   • Ho già visto quel programma e non è affatto bello.

3. Se vuoi far capire a tua sorella *(If you want to have your sister understand)* che non sei d'accordo(-a) con quello che ti ha detto, puoi dire:
   - La tua tattica non funzionerà.
   - Il programma sta per cominciare.
4. Se vuoi far capire a tua sorella che il tuo programma andrà in onda tra poco, puoi dire:
   - Il programma comincerà tra poco.
   - Tra poco ci sarà un annuncio pubblicitario.
5. Un altro modo *(Another way)* di dire che ti piacciono solo alcuni programmi è:
   - Mi piace solo qualche programma.
   - Mi piacciono quei programmi.

C. Che tipo di programma è?

> MODELLO: «Oh, J. R., tu non capisci niente!»
> *una serie televisiva*

1. «Ecco di nuovo i titoli principali... »
2. «In serata la temperatura sarà in diminuzione nelle regioni meridionali... »
3. «Bravo! La Sua risposta *(answer)* è corretta! Lei ha vinto *(You have won)* un'automobile!»
4. «Avete bisogno di un nuovo televisore? Comprate AKAI!»

D. Giochiamo! All the vowels are missing from the following answers. Can you provide them?

1. —Che cosa c'è stasera sul Canale 2?

   —St_s_r_ s_l c_n_l_ d__ c'_ n n__v_ pr_gr_mm_ _ p_nt_t_.

2. —Che cosa mostra un'inchiesta recente condotta negli Stati Uniti?

   —_n'_nch__st_ c_nd_tt_ n_gl_ St_t_ _n t_ m_str_ ch_ _

   b_mb_n_ s_tt_ _ 5 _ _ 6 _nn_ p_ss_n_ c_nq__ _r_ _l g__rn_

   d_v_nt_ _ll_ t_l_v_s__n_.

3. —Come rende i bambini la televisione?

   —L_ t_l_v_s__n_ r_nd_ _ b_mb_n_ p_gr_

4. —Quanto costa quell'orologio?

   —C_st_ _n _cch__ d_ll_ t_st_!

E. Compiti comunicativi!

1. Invent an appropriate name or title for each of the following.

> MODELLO: un film sullo sport
> *Lo sport nel 2010!*

a. un telefilm con Madonna   c. un programma a puntate   e. un telequiz
b. un programma di interviste   d. uno spettacolo musicale

2. You don't agree with the following statements. State the opposite.

> MODELLO: Il nostro professore/La nostra professoressa è sempre
> stanco(-a).
> *No. È sempre dinamico(-a).*

a. La grammatica italiana è molto interessante.
b. La gente ricca è sempre molto generosa.
c. Tutti gli studenti di questa classe sono contenti quando c'è un esame.
d. Tutti gli studenti di questa classe sono pigri.
e. Tutte le lingue sono simili.

3. Say that you . . .

a. have been living here since 1980
b. have been living here for three years
c. will be living here for three more years
d. will be living in another city **(la città)** in three years' time

Attività scritta

You are a television talk-show host and have invited one of the following celebrities
to be on your show. Write down 8 – 10 questions that you plan to ask him/her.

Oprah Winfrey	Barbara Bush
Paul Newman	Donald Trump
Lina Wertmüller	Meryl Streep
Larry Hagman (J. R.)	

Simulazioni

Working in groups of two or three, choose one of the following to prepare and then
role-play in class.

a TV commercial	a weather report
a newscast	a scene from a soap opera

1. *Che tipo di programma è?*
2. *Come si chiama questo programma in inglese?*

Lessico utile

Nomi

l'annuncio pubblicitario *commercial*
l'attore *actor*
l'attrice *actress*
il canale *channel*
la carne *meat*
la crisi *(f.) (pl.* **le crisi***) crisis*
il dollaro *dollar*
il dramma *drama*
l'elettrodomestico *appliance*
l'episodio *episode*
il film *movie*
la fine *end*
l'inchiesta *survey*
l'incontro *meeting, encounter*
l'intervista *interview*
l'ipotesi *(f.) (pl.* **le ipotesi***) hypothesis*
l'orologiaio *watchmaker*
l'orologio da polso *wristwatch*
la pallacanestro *basketball*
il pane *bread*
la partita *(sports) game, match*
la pioggia *rain*
il pittore/la pittrice *painter*
le previsioni (del tempo) *(weather) forecast*
il programma *program*
il programma a puntate *series*
la pubblicità *advertising, commercials*
lo scultore/la scultrice *sculptor/ sculptress*
la segretaria *secretary*
la serie televisiva *TV series*
lo spettacolo *show*
gli Stati Uniti *United States*
il telefilm *TV movie*
il telegiornale *TV newscast*
il telegramma *telegram*
la tesi *(f.) (pl.* **le tesi***) thesis*
il titolo *headline, title*
la trasmissione *broadcast, transmission*
l'ufficio *office*

Aggettivi

allegro *cheerful*
americano *American*
differente *different*
economico *economic*
dinamico *energetic*
esclusivo *exclusive*
famoso *famous*
grande *big, large*
interessante *interesting*
meridionale *southern*
noioso *boring*
pigro *lazy*
popolare *popular*
preferito *favorite*
principale *main, principal*
settentrionale *northern*
sfortunato *unlucky*
statunitense *of the U.S.*
televisivo *(pertaining to) television*
triste *sad*
ultimo *last*
vecchio *old*

Verbi

amare *to love*
dimenticare *to forget*
diminuire (-isc-) *to decrease, go down*
diventare *(ess.) to become*
funzionare *(ess.) to work, function*
iniziare *to start*
lavorare *to work*
nascere *(ess.) to be born*
passare *to pass, spend (time)*
rappresentare *to represent*
recitare *to act, recite, play (in a movie)*
rendere *to render*
ricevere *to receive*
seguire *to follow*
terminare *to end*
tornare *(ess.) to return, go back*

Avverbi

abbastanza *enough*
troppo *too much*

Altri vocaboli/Espressioni

andare in onda *to go on the air*
appena *as soon as*
Buon divertimento! *Enjoy yourselves! Have a good time!*
Buon viaggio! *Have a good trip!*
Buona fortuna! *Good luck!*
da *since, for*
di nuovo *again*
dopo che *after*
fino a *until*
lo stesso *the same*
quindi *therefore, thus*
se *if*
sotto *under*
tra poco *in a little while*
un occhio della testa *an arm and a leg*

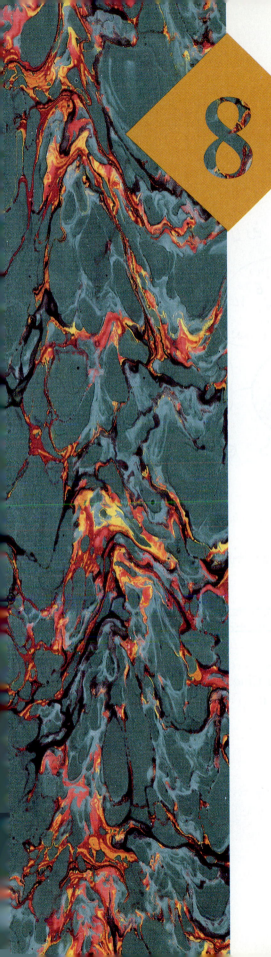

8

C'ERA UNA VOLTA...

LANGUAGE FUNCTIONS

Talking about continuous past events
Describing past events
Describing personal characteristics
Expressing your feelings

GRAMMATICAL STRUCTURES

Imperfect indicative
Indefinite pronouns and adjectives
Pluperfect indicative
Indirect object pronouns

CULTURE

Italian horoscopes

223

FASE 1ª   Punto di partenza 1

crystal ball

NELLA SFERA DI CRISTALLO°

in love/put up with
fortune teller

Stefano è innamorato° di Sonia, ma Sonia non lo ha mai sopportato°. Disperato, Stefano decide di andare da una chiaroveggente°.

CHIAROVEGGENTE:	Nella sfera di cristallo vedo che una volta nella Sua vita c'era una ragazza...
STEFANO:	Sì, sì, Sonia!
CHIAROVEGGENTE:	Sonia è una ragazza bella, intelligente e simpatica. Purtroppo ama qualcun altro°!

someone else

STEFANO:	Chi?

reveals
that's enough

CHIAROVEGGENTE:	La sfera rivela° qualcosa che Lei faceva da bambino, ma per oggi basta° così. Cinquantamila lire e torni domani!
STEFANO:	Va bene! A domani!

◉ OCCHIO ALLA LINGUA!

The past participle of **decidere** is **deciso.**
    The verb **bastare** is conjugated with **essere** in compound tenses.
    The phrase **torni domani** is in the imperative mood (**Capitolo** 9). It means *come back tomorrow.*

Comprensione   **A.** Answer the following questions.

1. Di chi è innamorato Stefano?
2. Sonia ama Stefano?
3. Da chi va Stefano e perché?
4. Dove guarda la chiaroveggente?
5. Che cosa ci vede?
6. Com'è Sonia, secondo la chiaroveggente?
7. Chi ama Sonia?
8. Che cosa rivela la sfera?
9. Quando deve tornare Stefano?

Espansione   **B. Da bambino(-a)!** With a partner, talk about the things you used to do when you were a child, using the verbs below.

MODELLO: guardare / guardavo *(I used to watch)*
Da bambino(-a) guardavo sempre Bugs Bunny *alla TV ogni sabato mattina.*

1. leggere / leggevo   3. comprare / compravo   5. volere / volevo
2. guardare / guardavo   4. scrivere / scrivevo

◆   ◆   ◆ **Studio del lessico** ◆   ◆   ◆

GLI USI DI *DA*

In addition to its basic meaning *from*, the preposition **da** has several other meanings and uses.

- **Da** means *at, to* in expressions indicating *place*, such as *at/to the fortune teller's, at/to the doctor's, at/to Mary's house*, etc.

  Stefano è andato **dalla**   *Steven went **to** the fortune teller's.*
      chiaroveggente.
  Devo andare **dal** dottore.   *I have to go **to** the doctor's.*
  Sono **da** Maria.   *I'm **at** Mary's **(house)**.*

- As you saw in the previous chapter, **da** also means both *since* and *for* in time expressions such as:

  Abito qui **da** lunedì.   *I have been living here **since** Monday.*
  Abito qui **da** tre giorni.   *I have been living here **for** three days.*

- In previous chapters you saw its use in expressions such as:

un orologio **da** polso	*wristwatch*
un orologio **da** signora	*lady's watch*
una macchina **da** scrivere	*typewriter*

In these cases it means literally *for: a watch for the wrist; a watch for a lady; a machine for writing,* etc.

- Finally, in expressions such as **da bambino**(-a), **da giovane,** etc., it means *as (as a child, as a youth,* etc.).

Da giovane, guardavo spesso la TV.   *As a youth, I often watched TV.*

PARTICOLARITÀ

- **Sopportare** is a false cognate. It means *to put up with, tolerate. To support* is translated as follows:

mantenere	*to support someone materially*
appoggiare	*to support someone intellectually*

Io **mantengo** la mia famiglia.	*I support my family.*
Io **appoggio** le tue idee.	*I support your ideas.*

- **Appoggiare** is conjugated like **mangiare. Mantenere** has the following irregular forms:

Presente indicativo	**mantengo, mantieni, mantiene, manteniamo, mantenete, mantengono**
Futuro	**manterrò, manterrai, manterrà, manterremo, manterrete, manterranno**

Applicazione

C. **Dalla chiaroveggente!** Alessandra is having fun visiting a fortune teller. To gain her trust, the fortune teller looks into her crystal ball and tells Alessandra that yesterday she . . .

MODELLO: went to Silvia's house
Ieri Lei è andata da Silvia.

1. went to the doctor's
2. bought an evening dress/gown
3. bought a wristwatch
4. bought a child's watch
5. went to her friend's house
6. went to the movies
7. studied from 3:00 P.M. until 4:00 P.M.
8. decided to go to her boyfriend's/girlfriend's house later

D. Now the fortune teller looks into her crystal ball and tells Alessandra what her friends have been doing and what they will be doing.

MODELLO: la Sua amica / abitare qui due anni / in Italia / tre anni
Nella mia sfera di cristallo vedo che la Sua amica abita qui da due anni, ma che abiterà in Italia tra tre anni.

Vedo che...

1. il Suo amico / abitare qui / quattro settimane / a Roma / un anno
2. la Sua amica / lavorare in un negozio di abbigliamento / quattro anni / in un ufficio / due anni
3. i Suoi amici / appoggiare le Sue idee / alcuni anni / solo le idee di Suo fratello / alcuni giorni
4. Lei e Sua sorella / non sopportare i vostri amici / tre mesi / sopportare gli amici ancora una volta / un paio di settimane

◆ ◆ ◆ Studio della grammatica ◆ ◆ ◆

L'IMPERFETTO INDICATIVO

The imperfect indicative is used to describe habitual or ongoing actions in the past.

Giocava ogni giorno. ⟨
*He **used to play** every day.*
*He **was playing** every day.*
*He **played** every day.*

Da bambino non **mangiavo** mai i broccoli.   *As a child I never **used to eat** broccoli.*

It is also used to describe actions that went on at the same time.

Ieri, mentre **guardavo** la TV, tu **dormivi.**   *Yesterday, while I **was watching** TV, you **were sleeping.***

The **imperfetto indicativo** of regular verbs is formed by dropping the **-re** of all three infinitives and adding the endings **-vo, -vi, -va, -vamo, -vate, -vano.**

cantare (canta-)	mettere (mette-)	finire (fini-)
cantavo	mettevo	finivo
cantavi	mettevi	finivi
cantava	metteva	finiva
cantavamo	mettevamo	finivamo
cantavate	mettevate	finivate
cantavano	mettevano	finivano

Remember to retain the **-i-** of verbs such as **cominciare** and **mangiare: cominciavo, cominciavi,...** etc. **mangiavo, mangiavi,...** etc. Do not forget to use reflexive pronouns with reflexive verbs: **mi divertivo, ti divertivi,...** etc.

VERBI IRREGOLARI/FORMA PROGRESSIVA

Of the verbs you have encountered so far, the following have irregular forms in the **imperfetto indicativo**:

bere	**bevevo, bevevi, beveva, bevevamo, bevevate, bevevano**
dare	**davo, davi, dava, davamo, davate, davano**
dire	**dicevo, dicevi, diceva, dicevamo, dicevate, dicevano**
essere	**ero, eri, era, eravamo, eravate, erano**
fare	**facevo, facevi, faceva, facevamo, facevate, facevano**
stare	**stavo, stavi, stava, stavamo, stavate, stavano**

To say *there was/there were* use **c'era/c'erano**.

As in the case of the present tense (**Capitolo** 5), there is also a progressive form of the imperfect that allows you to zero in on the action of *doing something*.

Mentre **guardavo** la TV, tu **dormivi**.	Mentre **stavo guardando** la TV, tu **dormivi/stavi dormendo**.

This form of the imperfect is constructed with the imperfect indicative of **stare** plus the gerund of the verb, and renders the idea *I was doing something* more precisely.

QUALCUNO/CIASCUNO/OGNUNO

While **ognuno** is only used as a pronoun, **qualcuno** and **ciascuno** function as both pronouns and adjectives. As adjectives they change in ways that correspond to the indefinite article.

PRONOMI

Qualcuno ti ha chiamato.	***Someone*** *called you.*
Ciascuno/Ognuno lo vuole.	***Each one/Everyone*** *wants it.*

AGGETTIVI

qualcun altro	*someone else (m.)*
qualcun'altra	*someone else (f.)*
ciascuna ragazza	*each girl*

Applicazione

E. You, too, have decided to go to a fortune teller, who is looking into your past and pointing out things you did as a child. You immediately take a liking to each other and therefore talk to each other on familiar terms. Supply the missing verbs.

1. Tu non (sopportare) _____ gli amici di tuo fratello.
2. Tu ti (dimenticare) _____ tutto.
3. Tua madre (lavorare) _____ in una libreria.
4. Certo che io non ti (conoscere) _____ .
5. Io ed il mio collega *(colleague)* non ti (potere) _____ dire la fortuna perché non ti (conoscere) _____ .
6. Tu e tua sorella non (volere) _____ andare a scuola.
7. I tuoi amici (dormire) _____ fino a tardi ogni giorno d'estate.
8. Tu (preferire) _____ stare in casa nel pomeriggio.
9. Tu e la tua famiglia (divertirsi) _____ molto quando (andare) _____ all'estero.
10. Tu (cercare) _____ sempre di giocare con altri bambini.
11. Tuo fratello (uscire) _____ sempre il sabato sera.

F. Your fortune teller wants to dig deeper into your past, so she asks you who used to do certain things regularly. Answer as in the model.

> MODELLO: Chi dava sempre un bacio alla mamma? (mio fratello,...)
> *Mio fratello dava sempre un bacio alla mamma.*

1. Chi diceva sempre tutto ai maestri di scuola? (mia sorella, gli altri studenti, io e mio fratello, ognuno)
2. Chi faceva molte spese in centro? (mia sorella, i miei genitori, io e mio padre, ciascun amico mio)
3. Chi era sempre stanco(-a)? (mia madre, i miei amici, io e mio fratello)
4. Chi stava spesso male? (la mia amica, i miei genitori, io e mia sorella)
5. Chi beveva solo latte in famiglia? (io, i miei fratelli, mia sorella)

G. To test her credibility you ask the fortune teller to tell you what you were doing yesterday. Working with a partner, one of you will ask the questions; the other will answer as the fortune teller.

> MODELLO: tuo fratello leggere / guardare la TV
> TU: *Mentre mio fratello leggeva, cosa facevo io?*
> CHIAROVEGGENTE: *Mentre tuo fratello stava leggendo, tu stavi guardando la TV.*

1. i tuoi amici dormire / studiare
2. i tuoi genitori guardare la TV / dormire
3. tuo fratello divertirsi in centro / leggere un romanzo
4. i tuoi genitori mangiare / ascoltare un po' di musica
5. tua sorella studiare / mangiare
6. i tuoi genitori dormire / scrivere

H.   Tocca a te! Tell the story of **la Professoressa Orsi.** What was her life like? What happened to her?

1. A dieci anni...

2. A venti anni...

3. Adesso, a quarant'anni...

◆ ◆ ◆ Studio della comunicazione ◆ ◆ ◆

EXPRESSING PAST ACTIONS

When you speak about past actions, it must be clear to your listener whether or not the action was completed.

COMPLETED/PERFECT ACTION	INCOMPLETED/IMPERFECT ACTION
Ieri **ho dormito** tutto il giorno. *Yesterday **I slept** all day.*	Ieri mentre **dormivo,** tu **studiavi.** *Yesterday while **I was sleeping, you were studying.***
Due anni fa **siamo andati** a Roma. *Two years ago **we went** to Rome.*	Ogni anno **andavamo** a Roma. *Every year **we used to go** to Rome.*

The imperfetto can be used with the passato prossimo to express an action in progress when another action occurs.

> Ieri **parlavo** all'insegnante quando
> **tu** mi **hai chiamato.**
> *Yesterday **I was speaking** to the*
> *instructor when **you called** me.*

For some verbs, like **sapere,** you will have to ask yourself if the action is really imperfect (continuous), no matter what its English equivalent. As a guideline, **sapere** usually translates as *I found out* in the perfect, and *I knew* in the imperfect.

Ho saputo che sei italiano ieri (per la prima volta). *I found out (for the first time) yesterday that you are Italian.*	**Sapevo** che eri italiano (e lo so ancora). *I knew you were Italian (and I still do).*

The modal verbs **dovere, potere,** and **volere** have the following meanings in the imperfect.

Potevo uscire, ma non sono uscito(-a).	*I could/was able to go out, but I didn't.*
Dovevo uscire, ma non sono uscito(-a).	*I had/I was supposed to go out, but I didn't.*
Volevo uscire, ma non sono uscito(-a).	*I wanted to go out, but I didn't.*

◆

Applicazione

I. Your fortune teller continues to gain your trust by correctly telling you that you . . .

> MODELLO: met your friend yesterday, and that while you were talking it started to rain
> *Hai incontrato il tuo amico/la tua amica. Mentre parlavate, ha cominciato a piovere.*

1. You spoke to your instructor yesterday, and that while the two of you were speaking, it started to rain.
2. Until two years ago you used to go abroad **(all'estero)** every summer.
3. You found out that your aunt and uncle were arriving yesterday, but that you didn't know that they were arriving late.
4. You couldn't go to the market two days ago because it was raining.
5. Your friend wanted to phone you.
6. You had to study yesterday for an exam.
7. You had to study for only two hours and that then **(e che allora)** you had to go shopping with your parents.

Cosa facevi da bambino?

J. Da bambino(-a)... Tell your partner whether or not you used to do the following things as a child, adding any pertinent information.

MODELLO: leggere i fumetti
—*Da bambino(-a) leggevo sempre i fumetti. / Da bambino(-a) non leggevo mai i fumetti.*
—*Mi piacevano quelli di* Bugs Bunny. / *Preferivo guardare la TV.*

1. leggere i fumetti
2. guardare *Sesame Street*
3. avere pazienza con gli altri bambini
4. giocare con mio fratello/mia sorella

IL MOMENTO CREATIVO ◆

K. Name three things you had to do, wanted to do, and were able (were allowed) to do when you were 12 years old.

1. Dovevo...   2. Volevo...   3. Potevo...

Punto di partenza 2

smile/enchanting

AVEVA UN SORRISO° INCANTEVOLE°!

Il giorno dopo.

STEFANO:	Allora, continuiamo con la mia fortuna!

Oh, yes

CHIAROVEGGENTE:	Va bene. Dove eravamo? Ah, già°... Da bambino Lei giocava spesso con Sonia, non è vero?
STEFANO:	Sì, da bambina Sonia aveva un sorriso incantevole! È proprio una Bilancia°!

Libra

CHIAROVEGGENTE:	Giocava con altri bambini?

will happen

STEFANO:	Basta con il passato! Voglio sapere cosa succederà° nel futuro!
CHIAROVEGGENTE:	Va bene. Cinquantamila lire e torni domani.

had told me so

STEFANO:	Uffa! I miei amici me lo avevano detto°! A domani!

◉ OCCHIO ALLA LINGUA!

The verb **giocare** is conjugated like **cercare**.

Presente indicativo	**gioco, giochi,...**
Futuro	**giocherò, giocherai,...**

Succedere is conjugated with **essere** in compound tenses. Its past participle is **successo**.

Comprensione

A. Correct the following statements, making them true.

1. La chiaroveggente decide di continuare con la fortuna di Sonia.
2. Da bambino, Stefano giocava spesso con altri bambini.
3. Da bambina, Sonia aveva un sorriso docile.
4. Stefano è proprio una Bilancia.
5. Stefano vuole sapere altre cose del suo passato.

Espansione

B. Tocca a te! Describe to your partner how you used to be as a child, using the following adjectives and any others you know. Give a reason for your statement.

MODELLO: contento
Da bambino(-a) ero sempre contento(-a) perché avevo tanti amici. / Da bambino(-a) non ero mai contento(-a) perché avevo pochi amici.

1. pigro   2. felice   3. fortunato   4. stanco

◆ ◆ ◆ Studio del lessico ◆ ◆ ◆ ◆

LO ZODIACO

I SEGNI DELLO ZODIACO

l'**Ariete** *(m.)*	*Aries*
il **Toro**	*Taurus*
i **Gemelli**	*Gemini*
il **Cancro**	*Cancer*
il **Leone**	*Leo*
la **Vergine**	*Virgo*
la **Bilancia**	*Libra*
lo **Scorpione**	*Scorpio*
il **Sagittario**	*Sagittarius*
il **Capricorno**	*Capricorn*
l'**Acquario**	*Aquarius*
i **Pesci**	*Pisces*

◆

Applicazione C. Name the zodiac signs for each date below.

1. 3 dicembre	5. 2 febbraio	9. 3 maggio
2. 14 novembre	6. 21 marzo	10. 10 giugno
3. 1 ottobre	7. 24 aprile	11. 3 agosto
4. 12 gennaio	8. 10 giugno	12. 29 luglio

Now ask a classmate when he/she was born and guess his/her sign.

◆ ◆ ◆ Studio della grammatica ◆ ◆ ◆

IL TRAPASSATO PROSSIMO

The pluperfect indicative allows you to express an action that occurred before
another past action.

PAST ACTION	ACTION THAT OCCURRED BEFORE IT
Ho mangiato la carne	dopo che **avevo mangiato** gli spaghetti.
I ate the meat	*after I **had eaten** spaghetti.*

This tense therefore corresponds to the English past perfect (*I had eaten, you had written,* etc.). It is a compound tense formed with the imperfect of the auxiliary verb plus the past participle. Review **Capitolo** 6 for the main characteristics of compound tenses.

avevo mangiato	*I had eaten*
ero andato(-a)	*I had gone*
si erano sposati	*they had gotten married*

◆

Applicazione

D. The fortune teller now tells you what had already happened yesterday before your cousin arrived. This time nothing she says is true. Working in pairs, reconstruct the exchanges between you and the fortune teller.

MODELLO: tu / cenare

CHIAROVEGGENTE: *Quando tuo cugino/tua cugina è arrivato(-a), tu avevi già cenato, vero?*

TU: *No, non avevo affatto cenato.*

1. tu / leggere un romanzo
2. tu e tua sorella / decidere di andare in centro
3. la tua compagna / venire a casa tua
4. i tuoi genitori / andare via
5. tuo fratello / guardare un telefilm

E. Now ask your partner if he/she . . .

MODELLO: had ever spoken Italian before this year

S1: *Avevi mai parlato l'italiano prima di quest'anno?*

S2: *Sì, l'ho studiato due anni fa.*

1. had ever gone to a fortune teller before last week
2. had ever gone abroad before this year
3. had ever met the Italian professor before this year
4. had ever read an Italian book before this year

Avevi mai letto un libro italiano prima di quest'anno?

◆ ◆ ◆ Studio della comunicazione ◆ ◆ ◆

CARATTERISTICHE PERSONALI

You have already encountered most of the adjectives listed below. Here they are organized into categories that will allow you to talk about physical, personal, and social characteristics.

PHYSICAL

alto	*tall*
basso	*short*
bello	*beautiful, handsome*
brutto	*ugly*
grande	*big*
grasso	*fat*
magro	*skinny, thin*
piccolo	*small*

PERSONAL/SOCIAL

altruista	*altruistic*
antipatico	*unpleasant*
attivo	*active*
avaro	*stingy*
buono/bravo	*good*
cattivo	*bad*
dinamico	*dynamic*

educato	*well-mannered*
egoista	*egoist(ic)*
energico	*energetic*
geloso	*jealous*
generoso	*generous*
gentile	*kind, gentle*
individualista	*individualist*
intelligente	*intelligent*
istruito	*well-educated*
maleducato	*rude*
paziente	*patient*
povero	*poor*
ricco	*rich*
sensato	*sensible*
sensibile	*sensitive*
sicuro	*sure*
simpatico	*nice, pleasant*
timido	*shy, timid*

Words such as **egoista, altruista,** and **individualista** will be discussed in the next **Studio del lessico.**

Note the difference between **educato** *(well-mannered)* and **istruito** *(well-educated),* and **sensato** *(sensible)* and **sensibile** *(sensitive).*

Descrivi le persone nella foto.

Applicazione

F. Tocca a te! Describe the physical and social characteristics of two of your family members ten years ago, and indicate whether they are the same or have changed now.

MODELLO: *Dieci anni fa, mio fratello era basso e timido. Oggi, invece, è alto, ma è ancora timido.*

IL MOMENTO CREATIVO ◆

G. Quando avevo tredici anni... With a partner, describe yourselves when you were 13 years old. Have either of you changed much?

Punto di partenza 3

SONO PAZZO D'AMORE!

Stefano torna ancora una volta dalla chiaroveggente.

STEFANO:	Senta! Lei mi deve dire tutto oggi!
CHIAROVEGGENTE:	Va bene! Lei vuole sposare Sonia, no?
STEFANO:	Sì sì, altrimenti°...
CHIAROVEGGENTE:	Le conviene° andare da uno psicanalista — lei è pazzo d'amore! Cinquantamila lire e non torni più!
STEFANO:	Adesso sono più disperato che mai°!

otherwise
It's worth your while

than ever

☉ OCCHIO ALLA LINGUA!

The verb **sposare** means *to marry (someone)*, whereas **sposarsi (con)** means *to get married (to someone)*.

Io **sposo** Sonia.	*I'm marrying Sonia.*
Io **mi sposo con** Sonia.	*I'm getting married to Sonia.*
Si **sposano** domani.	*They're getting married tomorrow.*

Convenire is conjugated like **venire**.

Presente indicativo	**convengo, convieni, conviene, conveniamo, convenite, convengono**
Participio passato	**convenuto**
Futuro	**converrò, converrai, converrà, converremo, converrete, converranno**

Comprensione

A. Answer the following questions.

1. Che cosa vuole sapere Stefano dalla chiaroveggente questa volta?
2. Secondo la chiaroveggente, che cosa vuole fare Stefano?
3. Dove gli conviene andare?
4. Di che cosa è pazzo Stefano, secondo la chiaroveggente?
5. Com'è alla fine Stefano?

Espansione

B. Non ti conviene! Vent your feelings by telling your partner why he/she should not be doing the following things. Imitate the format in the model.

> MODELLO: sposarsi
> *Vuoi sposarti? / Ti vuoi sposare? Non ti conviene! Sei ancora troppo giovane!*

1. uscire stasera
2. vedere quel nuovo film
3. vendere la tua macchina

4. sposarsi
5. andare da una chiaroveggente

◆   ◆   ◆ **Studio del lessico** ◆   ◆   ◆

CONVENIRE

This verb is always used with an indirect object or indirect object pronoun to mean *to be worth one's while, to be in one's best interest.*

A Maria non conviene.	*It's not worth Mary's while.*
Non ti converrà.	*It will not be worth your while.*
Non ci è convenuto.	*It was not worth our while.*

PAROLE TIPO *PSICANALISTA*

Nouns ending in **-ista** can be either masculine or feminine, and their plural forms vary according to gender.

MASCHILE		FEMMINILE	
l'altruista	gli altruisti	l'altruista	le altruiste
l'artista	gli artisti	l'artista	le artiste
il barista	i baristi	la barista	le bariste
il dentista	i dentisti	la dentista	le dentiste
l'egoista	gli egoisti	l'egoista	le egoiste
l'individualista	gli individualisti	l'individualista	le individualiste
il musicista	i musicisti	la musicista	le musiciste
il pianista	i pianisti	la pianista	le pianiste
lo psicanalista	gli psicanalisti	la psicanalista	le psicanaliste
lo sciovinista	gli sciovinisti	la sciovinista	le scioviniste

Applicazione

C. Your fortune teller is finally giving you some advice. Fill in the spaces with an appropriate form of **convenire** to complete her statements.

1. Se ti vuoi sposare, ti _____ finire prima l'università.
2. Domani ti _____ tornare un'altra volta, altrimenti non ti dirò tutto.
3. Ai tuoi amici _____ andare da uno psicanalista subito!
4. Allora, ti _____ veramente venire da un/una chiaroveggente?

D. Identify the following.

MODELLI: una donna che ti chiede cose sul tuo passato
È una psicanalista.
uomini che suonano strumenti
Sono dei musicisti.

1. un uomo che ha idee stereotipate sulle donne
2. donne che chiedono cose sul passato di una persona
3. una donna che suona il pianoforte
4. uomini che suonano strumenti
5. una donna che fa le cose a modo suo *(in her own way)*
6. uomini che pensano solo a se stessi *(themselves)*
7. donne che curano *(look after)* i denti *(teeth)*
8. un uomo che serve *(serves)* in un bar
9. una donna che pensa sempre al bene *(the good)* degli altri
10. donne che fanno dipinti o sculture

◆ ◆ ◆ **Studio della grammatica** ◆ ◆ ◆

PRONOMI DI COMPLEMENTO DI TERMINE (OGGETTO INDIRETTO)

You have been using indirect object pronouns (**pronomi di complemento di termine/oggetto indiretto**) with the verbs **convenire** and **piacere**. These differ from the direct object pronouns only in the third-person singular and plural.

PRONOMI

Oggetto diretto				Oggetto indiretto			
mi	*me*	**ci**	*us*	**mi**	*to me*	**ci**	*to us*
ti	*you*	**vi**	*you*	**ti**	*to you*	**vi**	*to you*
lo	*him/it (m.)*	**li**	*them (m.)*	**gli**	*to him*	**gli/loro**	*to them*
la	*her/it (f.)*	**le**	*them (f.)*	**le**	*to her*	**Loro**	*to you*
La	*you (pol.)*			**Le**	*to you (pol.)*		*(very polite)*

Like direct object pronouns, indirect object pronouns come right before the verb.

Gianni dà la penna **a Maria.**   Gianni **le** dà la penna.
Stefano non telefonerà più **a Sonia.**   Stefano non **le** telefonerà più.

There is no agreement in compound tenses between the past participle and the indirect object pronoun.

DIRECT: Gianni ha comprato **i libri.** Gianni **li** ha comprati.

INDIRECT: Gianni ha dato i libri **a Maria.** Gianni **le** ha dato i libri.

The third-person plural has the alternate forms **gli** and **loro.** If you use **loro,** however, it goes *after* the verb.

Maria **gli** dà i libri. *but*
Maria dà **loro** i libri.   *Mary gives the books to them.*

In contemporary spoken Italian, the tendency is to use only **gli** in the third-person plural.

ARTICOLI E DIMOSTRATIVI

Recall that the masculine form **lo** (plural **gli**) is used before nouns beginning with **z** or **s** + consonant. It is also used before masculine nouns beginning with **gn: gli gnocchi.**

In this **Punto,** this article form is also used before **ps: lo psicanalista** (plural, **gli psicanalisti**). It is also used before words beginning with **y,** which are all borrowings from foreign languages: **lo yogurt** *yogurt.*
Remember that other structures have corresponding forms.

lo psicanalista   **uno** psicanalista   **quello** psicanalista
gli psicanalisti   **degli** psicanalisti   **quegli** psicanalisti

◆

Applicazione   E. Alessandra has decided to visit the fortune teller again to ask her some specific questions. The fortune teller answers affirmatively in all cases, using direct or indirect object pronouns as required.

MODELLO: —Ho mai dato un bacio *al mio ragazzo?*
—*Sì, gli hai dato un bacio.*

1. Ho mai studiato *il francese?*
2. Ho mai detto *una bugia?*
3. Ho mai scritto *ai miei parenti?*
4. Ho mai telefonato *all'amico di mio fratello?*
5. Ho mai telefonato *alla madre del mio compagno?*
6. Ho mai letto *un romanzo rosa?*

F. Pina is asking Carlo about things he and his family used to do. Give Carlo's answers using object pronouns.

MODELLO: —Scrivevi spesso *a tua cugina?*
—*Certo che le scrivevo spesso!*

1. Davi spesso *un bacio* ai tuoi genitori?
2. I tuoi genitori *ti* davano spesso un bacio?
3. I tuoi genitori davano spesso un bacio *a te e a tuo fratello?*
4. I tuoi genitori compravano spesso giocattoli *(toys)* nuovi *per te?*
5. Scrivevi spesso *al tuo amico?*
6. Scrivevi spesso *alla tua amica?*
7. Telefonavi spesso *ai tuoi amici?*
8. Dicevi sempre tutto *a tuo fratello?*

G. Verbs, articles, and object pronouns are missing from the following fortune. Provide them in their appropriate forms. In the case of verbs, you are given each infinitive in parentheses.

Ecco _____ tua fortuna! Da bambino, tu (fare) _____ tanti sbagli. Tu non (giocare) _____ mai con _____ altri bambini. (Volere) _____ sempre mangiare _____ gnocchi e _____ yogurt, anche se non (piacere) _____ agli altri membri della tua famiglia. Oggi _____ (convenire) _____ andare da _____ psicanalista perché _____ potrà dire più di quello che (potere) _____ dire io *(more than what I can tell you).* Nel futuro (tu) (sposarsi) _____, ma non so cosa (tu) (fare) _____. Buona fortuna!

♦ ♦ ♦ Studio della comunicazione ♦ ♦ ♦

EXPRESSING FEELINGS

Non lo/la sopporto!	*I can't stand him/her!*
Sono più disperato che mai!	*I'm more desperate than ever!*
Tu sei pazzo(-a)!	*You're crazy!*

PIACERE

Recall that in **Capitolo** 2 you learned how to say *I like* and *you like* using **piacere.** This is an irregular verb in the present indicative: **piaccio, piaci, piace, piacciamo, piacete, piacciono.**

In compound tenses, it is conjugated with **essere** (**Capitolo** 6).

La carne non **mi è piaciuta.**   ***I didn't like*** *the meat.*

It is regular in the imperfect and future.

Mi piaceva andare in Italia
da bambino(-a).   *I used to like going* to Italy
                      as a child.
Ti piacerà l'Italia?   *Will you like* Italy?

To express liking, it is useful to think of **piacere** as meaning *to be pleasing to,* as in:

Mary likes me. = I am pleasing to Mary. = (Io) Piaccio a Maria.

Indirect object pronouns are used frequently with this verb.

She used to like him. = He used to be pleasing to her. = (Lui) le piaceva.
(Lui piaceva a lei.)

---◆---

Applicazione

H. Before leaving the fortune teller, you want to test her one more time. Working in pairs ask her if . . .

MODELLO: Mary will like you
           —*Piacerò a Maria?*
           —*Sì, le piacerai.*

Continue in this way.

1. Mary likes John
2. John used to like Mary
3. it is true that Mary never liked John
4. it is true that Mary's friends have never liked John
5. John really likes Mary
6. Mary likes your friends
7. your friends like Mary
8. you like Mary's friends

I. The fortune teller makes a final series of statements. Complete your conversation with the appropriate words.

1. —Il tuo amico è antipatico!

   —Sì, non lo _____!

2. —Anche la tua amica è antipatica!

   —Non _____ neanche lei!

3. —Perché sei così triste?

   —Non sono solo triste. Sono più _____ che mai!

4. —Non hai ancora studiato per l'esame di domani?

   —No! Sono proprio _____!

5. —Preferisci andare da un altro chiaroveggente!

   —Sì.

   —Perché?

   —Perché sei veramente _____!

IL MOMENTO CREATIVO ◆

J. Interview a classmate to find out if he/she always, sometimes, or never did the following things as a child. After your interview, report the information to the class to see whether any of you had anything in common as children.

Da bambino(-a):

1. giocare al baseball / a tennis / a nascondino *(hide-and-seek)?*
2. guardare la TV (quali programmi)?
3. leggere invece di guardare la TV?
4. ascoltare la musica (di chi)?

FASE 2ª Ascolto

Listen carefully to the conversation and see if you can determine:

- whose fortune is being read
- what the person used to do as a child
- the name of the person he/she is in love with
- what his/her fortune holds

Pronuncia

THE LETTER *S*

The letter **s** stands for two sounds: the [s] sound, as in the English word *sip*—known technically as a "voiceless" consonant—and the [z] sound, as in the English word *zip*—known technically as a "voiced" consonant.

The voiced [z] is used before any voiced consonant—**b, d, g, l, m, n, r, v:** **sbaglio** = [zbalyo]; **svelare** = [zvelare].
The voiceless [s] is used before any voiceless consonant—**p, t, c, f**—and any vowel: **spumone** = [spumone]; **sette** = [sette].
Between vowels, the voiced [z] is used: **casa** = [kaza]; **spesa** = [speza].

Esercitazione Working in pairs, make a list of all the words you can remember that contain these two sounds. These will then be given to the teacher. The pair(s) with the greatest number of correctly spelled words will put them on the board. The rest of the class will then repeat the words after the teacher.

FASE 3ª Lettura

IL VOSTRO OROSCOPO

limelight

professional sphere

Ariete
(dal 21-3 al 20-4)
Avete la possibilità di mettervi in luce° nell'ambiente professionale° grazie alla vostra creatività.

new events

Bilancia
(dal 23-9 al 22-10)
Alcune novità° piacevolissime in campo professionale stimolano la vostra creatività.

couple

Keep this in mind!

Toro
(dal 21-4 al 20-5)
L'amore di coppia° vive un momento incantato. Tenete sempre questo in mente!°

don't get involved

you will lose out

Scorpione
(dal 23-10 al 22-11)
Non lasciatevi coinvolgere° in una discussione di lavoro nella quale sareste perdenti°, in questo momento.

fun

Gemelli
(dal 21-5 al 21-6)
La vita sociale è dinamica e divertente°, proprio come piace a voi.

Sagittario
(dal 23-11 al 21-12)
Il settore professionale attraversa un positivo momento. Incontri molto costruttivi, con superiori e collaboratori. Non perderete niente!

increase

desire
to get in with the crowd

Cancro
(dal 22-6 al 22-7)
Aumenta° la vitalità e anche la vostra voglia° di ributtarvi nella mischia°.

stars
push
changes

Capricorno
(dal 22-12 al 20-1)
Continua il vostro grande momento. Le stelle° vi spingono° a cambiamenti° molto positivi.

will catch your fancy

Leone
(dal 23-7 al 23-8)
Una persona strana colpirà la vostra fantasia°.

openings

this renders

Acquario
(dal 21-1 al 21-2)
Aumentano le aperture° in campo professionale e ciò rende° la vostra vita più entusiasmante e dinamica.

commitment

distract you

Vergine
(dal 24-8 al 22-9)
L'impegno° professionale non deve distrarvi° dalla vita sentimentale e di relazione.

It will stay

Pesci
(dal 22-2 al 20-3)
La vita sentimentale è adesso molto felice. Rimarrà° così per tutto il mese.

(Da: *Visto* 22 febbraio 1990)

◉ OCCHIO ALLA LINGUA!

The verb **rimanere** has the following irregular forms:

Presente indicativo	**rimango, rimani, rimane, rimaniamo, rimanete, rimangono**
Participio passato	**rimasto**
Futuro semplice	**rimarrò, rimarrai, rimarrà, rimarremo, rimarrete, rimarranno**

The verb **perdere** has, optionally, an irregular past participle: **perso** (or **perduto**).
The verb **tenere** has the following irregular forms:

Presente indicativo	**tengo, tieni, tiene, teniamo, tenete, tengono**
Futuro	**terrò, terrai, terrà, terremo, terrete, terranno**

Attività

A. Secondo questo oroscopo? Look at the chart on page 244 and determine the appropriate sign for each description given.

MODELLO: *Quelli nati/Quelle nate sotto questo segno avranno la possibilità di mettersi in luce nell'ambito professionale.*
l'Ariete

Quelli nati/quelle nate sotto questo segno...

1. avranno una vita sentimentale molto felice.
2. avranno una vita più entusiasmante e dinamica.
3. avranno un grande momento.
4. avranno molti incontri costruttivi.
5. non dovranno lasciarsi coinvolgere in una discussione di lavoro.
6. non dovranno lasciarsi distrarre *(should not allow themselves to be distracted)* dall'impegno professionale.
7. avranno novità piacevolissime in campo professionale
8. saranno colpiti da *(will be struck by)* una persona strana
9. vorranno ributtarsi nella mischia
10. avranno una vita sociale dinamica e divertente
11. avranno un momento incantato

B. Answer the following questions.

1. Perché l'Ariete potrà mettersi in luce nell'ambito professionale? Cioè *(That is)* potrà mettersi in luce grazie a che cosa *(thanks to what)*?
2. Che cosa deve tenere in mente il Toro?
3. Piacerà ai Gemelli questo oroscopo?
4. Che cosa aumenterà per il Cancro?
5. Chi colpirà la fantasia del Leone?
6. Che cosa non dovrà distrarre la vita sentimentale e di relazione della Vergine?
7. Quali cose stimoleranno la creatività della Bilancia?
8. In che cosa non deve lasciarsi coinvolgere lo Scorpione?
9. Con chi avrà incontri molto costruttivi il Sagittario?
10. Che tipo di cambiamenti avrà il Capricorno?
11. Che cosa aumenterà per l'Acquario?
12. Com'è la vita sentimentale dei Pesci?

C. Discussione in classe!

1. Quali sono le tue caratteristiche personali secondo *(according to)* il tuo oroscopo?
2. Sei d'accordo *(Do you agree)*?
3. Perché sì/no?
4. Credi *(Do you believe)* negli oroscopi? Perché sì/no?

FASE 4ª

Attività varie

Punto di arrivo

A. Opinioni e discussione.

Da bambino(-a)...

1. Descrivi le caratteristiche fisiche e personali che avevi.
2. Racconta le cose che facevi regolarmente.
3. Quali cose continui a fare ancora?
4. Quali erano le cose che ti piacevano ma che adesso non ti piacciono più?
5. Quali erano le cose che non ti piacevano ma che oggi, invece, ti piacciono?
6. Sei mai stato(-a) da un/una chiaroveggente? Se sì, quando? Perché?

B. Messaggi logici! Complete each sentence in a logical manner.

1. Sono innamorato, ma la ragazza non è innamorata di me. Sono
   * molto felice
   * disperato
2. Nella sfera di cristallo vedo che
   * una volta c'era una persona nella Sua vita
   * una volta c'era un chiaroveggente
3. La sfera rivela qualcosa che Lei
   * faceva da bambino
   * fa in questo momento

4. Sei andato
   - dalla chiaroveggente
   - da bambino
5. Da bambina
   - Lei ha avuto un sorriso incantevole
   - Lei aveva un sorriso incantevole
6. Ieri pomeriggio per due ore
   - Lei ha giocato con Sonia
   - Lei giocava con Sonia

Descrivi le persone nella foto.

C. Giochiamo!

Gianni, Marco e Dino sono i fidanzati di Maria, Pina e Carla, ma non necessariamente *(necessarily)* in quell'ordine *(order)*.

Gianni è figlio unico *(only child)*. Maria è fidanzata del fratello di Dino. Marco non conosce Pina, e Carla non conosce Gianni.

Chi sono le «coppie» di fidanzati?

Attività scritta

Imagine that you are looking at your high school yearbook. Write a couple of paragraphs describing either the types of friends you had, someone you went out with, one of your teachers, or a memorable event.

Simulazione

Working in pairs, prepare scripts in advance based on the following scenario. Then role-play the script in class.

S1: Tell an astrologer **(astrologo)** why you are there.

S2: **(astrologo)** Ask your customer what his/her sign is, and then do his/her horoscope.

S1: Describe how you were as a child, what you used to do, etc.

S2: On the basis of what you hear, make a prediction about S1's future.

Lessico utile

Nomi

l'Acquario *Aquarius*
l'amore *(m.) love*
l'Ariete *(m.) Aries*
l'artista *(m./f.) artist*
la Bilancia *Libra*
il Cancro *Cancer*
il Capricorno *Capricorn*
il/la chiaroveggente *clairvoyant, fortune teller*
il compagno/la compagna *chum, school friend*
il/la dentista *dentist*
la fortuna *fortune*
il futuro *future*
i Gemelli *Gemini*
l'idea *idea*
il Leone *Leo*
il passato *past*
i Pesci *Pisces*
il/la pianista *pianista*
lo/la psicanalista *(m./f.) psychoanalyst*

il Sagittario *Sagittarius*
lo Scorpione *Scorpio*
il segno *sign*
la sfera di cristallo *crystal ball*
il sorriso *smile*
il Toro *Taurus*
la Vergine *Virgo*
la vita *life*
lo zodiaco *zodiac*

Aggettivi

alto *tall*
altruista *altruist*
antipatico *unpleasant*
avaro *stingy*
basso *short*
bello *beautiful, handsome*
brutto *ugly*
buono/bravo *good*
cattivo *bad*
educato *well-mannered*

egoista *egoist(ic)*
energico *energetic*
geloso *jealous*
generoso *generous*
gentile *kind, gentle*
grande *big*
grasso *fat*
incantevole *enchanting*
individualista *individualist*
innamorato (di) *in love (with)*
intelligente *intelligent*
istruito *well-educated*
magro *skinny, thin*
paziente *patient*
piccolo *small*
povero *poor*
ricco *rich*
sensato *sensible*
sensibile *sensitive*
sicuro *sure*
simpatico *nice, pleasant*
timido *shy, timid*

Verbi

appoggiare *to support someone intellectually*
bastare *(ess.) to be enough*
convenire *(ess.) to be worthwhile*
decidere *to decide*
domandare *to ask*
giocare *to play a game, play in general*
mantenere *to support someone materially*

perdere *to lose*
rimanere *(ess.) to remain*
sopportare *to put up with*
succedere *(ess.) to happen*
tenere *to keep, hold*

Avverbio

spesso *often*

Altri vocaboli/Espressioni

altrimenti *otherwise*
c'era una volta *once upon a time, once there was*
ciascuno *each one, everyone*
ognuno *each one, everyone*
qualcuno *someone*

◆ ELEMENTO DI CIVILTÀ 2 ◆

In Italia, la scuola dell'obbligo°, e cioè°, la scuola che ogni cittadino° è obbligato, per legge°, a frequentare°, va dai sei ai quattordici anni. C'è anche la scuola materna per i bambini dai tre ai cinque anni. È simile alla *nursery school*. La scuola dell'obbligo comincia con la scuola elementare, che va dai sei agli undici anni, e la scuola media, che va dai dodici ai quattordici anni. Poi, naturalmente, c'è la scuola secondaria, che consiste, per un periodo di quattro o cinque anni, nell'istruzione preuniversitaria.

compulsory/that is/citizen \
by law/to attend

Quasi tutte le scuole sono statali°; e cioè, dipendono dallo° Stato. Il Ministero della Pubblica Istruzione, che è a Roma, controlla quasi tutto il sistema scolastico italiano.

of the state/depend on

La scuola secondaria è suddivisa nelle seguenti istituzioni: liceo per cinque anni, che può essere classico, scientifico, artistico o linguistico; istituto magistrale° per quattro anni; la scuola magistrale per tre anni; gli istituti tecnici, professionali, o artistici, per vari anni secondo il ramo°; e il conservatorio di musica per cinque anni.

pertaining to teaching

specialization

Comprensione

A. Complete each sentence on the basis of the reading.

1. La scuola dell'obbligo è la scuola che ogni cittadino...
2. La scuola materna è per i bambini...
3. Questa scuola è simile alla...
4. La scuola dell'obbligo comincia con...
5. Poi, naturalmente, c'è la scuola secondaria, che...
6. Quasi tutte le scuole in Italia sono statali; e cioè,...
7. La scuola secondaria è suddivisa nelle seguenti istituzioni:...

Attività

B. Answer the following questions.

1. Che cos'è la scuola dell'obbligo?
2. C'è la scuola dell'obbligo in America? Per quanti anni?
3. È simile o differente a quello americano il sistema scolastico italiano?
4. Che cosa sono le materie *(subjects)* classiche, scientifiche, artistiche?
5. Quale professione vuoi fare quando hai finito la scuola?

C. Simulazioni. With a partner role-play one of the following situations.

1. You want to study in Italy, but your partner tries to convince you to stay here.
2. Discuss what type of career you want to have and what you intend to do to realize your goal.

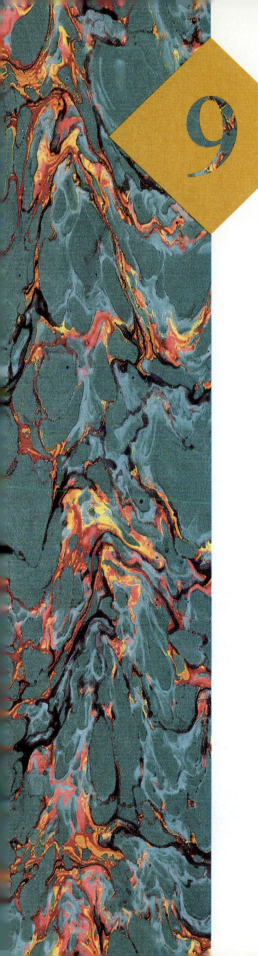

9

DAL MEDICO!

♦ **LANGUAGE FUNCTIONS**
Talking about your health and
expressing physical states   Giving commands
Indicating location

♦ **GRAMMATICAL STRUCTURES**
Imperative   **Ci**

CULTURE
Familiar and polite commands in Italian

253

FASE 1ª Punto di partenza 1

MI SENTO MALE!

Nella famiglia Fausti ci sono problemi di salute°. Il signor Fausti, per esempio, si sente° molto male e, dunque, va dal suo medico, la dottoressa Fani.

health	
feels	

FAUSTI: Dottoressa, mi sento veramente male!

FANI: Si sieda!° Adesso, mi dica!

Have a seat!

FAUSTI: Ho la febbre°. Non respiro° bene. Ho mal di gola° e di testa e un fortissimo dolore° al petto°.

fever/breathe/throat
pain/chest

FANI: Apra la bocca°! Hmm... La Sua gola è molto arrossata°! Metta questo termometro in bocca e poi la chiuda°! Hmm... Ha la febbre a 40!

mouth/has become quite red
close

FAUSTI: Che cosa pensa, dottoressa?

FANI: Indubbiamente Lei ha l'influenza. Vada a casa, prenda gli antibiotici che Le prescriverò e torni tra una settimana.

FAUSTI: Grazie! E adesso c'è mio figlio che pure° non sta bene! Lo può visitare°?

also
examine

FANI: Va bene.

◉ OCCHIO ALLA LINGUA!

The **presente indicativo** of the irregular verb **sedersi** is: **mi siedo, ti siedi, si siede, ci sediamo, vi sedete, si siedono.**

Chiudere and **prescrivere** have the past participles **chiuso** and **prescritto,** respectively.

Comprensione **A.** Answer the following questions.

1. Che cosa c'è nella famiglia Fausti?
2. Come si sente il signor Fausti?
3. Cosa decide di fare?
4. Quali sintomi *(symptoms)* ha il signor Fausti?
5. Che cosa gli dice di fare la dottoressa Fani, quando lo visita?
6. A quanto ha la febbre il signor Fausti?
7. Che cosa ha il signor Fausti, secondo la dottoressa Fani?
8. Gli ha prescritto qualcosa? Che cosa?

Espansione **B.** Your whole family has an appointment at the doctor's; you are all in the waiting room deciding where to sit. Answer the questions as in the model.

MODELLO: Dove ti siedi? (lì)
Mi siedo lì.

1. Dove ti siedi? (là)
2. E io dove mi siedo? (qui)
3. E Dina dove si siede? (lì)
4. E voi dove vi sedete? (qua)
5. E loro dove si siedono? (qui)

USEFUL VOCABULARY		DOCTOR'S ORDERS	
il raffreddore	*common cold*	**Apra** la bocca.	*Open your mouth.*
lo starnuto	*sneeze*	**Chiuda** la bocca.	*Close your mouth.*
la tosse	*cough*	**Metta** (il termo-	*Put (the thermometer*
mal di stomaco	*stomachache*	metro in bocca).	*in your mouth).*
la tensione	*tension*	**Prenda** (quest'anti-	*Take (this antibiotic).*
lo stress	*stress*	biotico).	
l'acqua	*water*	**Respiri.**	*Breathe.*
il liquido	*liquid*	**Si alzi.**	*Stand up.*
il riposo	*rest*	**Si sieda.**	*Sit down.*
		Torni...	*Come back . . .*

C. Mi sento male! With a partner, choose one of the illnesses/symptoms below and role-play the following scenario. (P = **paziente;** M = **medico**)

MODELLO: il raffreddore
P: Dottore/Dottoressa, mi sento male!
M: Mi dica!
P: Ho mal di testa. Ho anche mal di gola, ecc.
M: Apra la bocca! Respiri!, ecc.
P: Cosa pensa, dottore/dottoressa?
M: Lei ha un raffreddore! Le prescrivo due giorni di riposo e di bere molta acqua o altri liquidi.

il raffreddore   l'influenza   il mal di testa   il mal di stomaco

◆ ◆   ◆ Studio del lessico ◆   ◆   ◆

PAROLE TIPO *PROBLEMA*

Nouns ending in **-ema** are of Classical Greek origin. They are all masculine and pluralized as follows:

il problema	*problem*	⟶	**i problemi**
il sistema	*system*	⟶	**i sistemi**
il tema	*theme*	⟶	**i temi**

IL CORPO

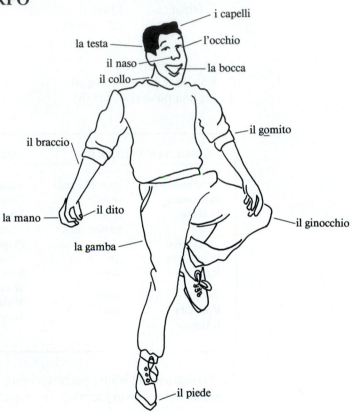

i capelli
la testa
l'occhio
il naso
la bocca
il collo
il gomito
il braccio
la mano
il dito
il ginocchio
la gamba
il piede

The nouns **il braccio, il dito,** and **il ginocchio** are masculine in the singular but feminine in the plural. Their plural form ends in **-a.**

il braccio	**le** braccia
il braccio lungo	**le** braccia lung**he**
il dito	**le** dita
il dito lungo	**le** dita lung**he**

Note that **la mano** is feminine and that its plural form is **le mani.**

Applicazione   **D.** An elementary school teacher is asking his/her pupils the following questions. Working in pairs, reconstruct the lesson.

> MODELLO: testa
> —*Quante teste abbiamo?*
> —*Ne abbiamo una.*

1. mano   2. dito   3. braccio   4. ginocchio   5. bocca   6. occhio

E. Dal medico! Complete each conversation with the appropriate form of the words provided. (M = **medico**; P = **paziente**)

> **fare male a** = *to hurt*
> **soffrire** = *to suffer* (p. pass. **sofferto**)

1. **stomaco, bocca, problema, occhio, capelli**
   - P: Dottore, mi fa male lo _____.
   - M: Apra la _____! Mi faccia vedere *(let me see)* gli _____!
   - P: Le devo anche dire, dottore, che sto perdendo i _____!
   - M: Lei ha tanti _____ di salute, vero?

2. **testa, naso, collo, influenza, sistema**
   - M: Le fa male la _____?
   - P: Sì, e anche il _____! Ho problemi pure con il _____ perché non respiro più bene.
   - M: Il Suo _____ respiratorio è congestionato *(obstructed)*. Indubbiamente Lei ha l'_____.

3. **braccio, dito, ginocchio, stress, riposo, tensione, dolore, petto**
   - P: Dottoressa, mi fanno male le _____, le _____ e le _____.
   - M: Ha anche _____ al _____?
   - P: Sì. C'è qualche problema, dottoressa?
   - M: Forse no. Lei ha mai sofferto di _____ o di _____?
   - P: Sì, specialmente *(especially)* di stress.
   - M: Senta, Lei ha bisogno di tanto _____ e di nient'altro.

4. **termometro, acqua, sentirsi, liquido, antibiotico, gola, febbre, lingua, tosse, ovviamente, starnuto, forte, prescrivere**
   - M: Signor Bressani, come sta?
   - P: Non tanto bene. Mi fa male la _____. Spesso ho gli _____ e la _____. E ieri sera ho sofferto molto.
   - M: _____, Lei non _____ bene. Forse ha un _____ raffreddore. Metta questo _____ in bocca sotto la _____. Hmm... Lei ha la _____ a 38. Prenda gli _____ che Le _____. E poi vada subito a letto per due giorni di riposo. Beva tanti _____, specialmente _____!

◆ ◆ ◆ Studio della grammatica ◆ ◆ ◆

L'IMPERATIVO

In this **Punto,** la dottoressa Fani has been giving advice and ordering her patients to do certain things by using the imperative. **L'imperativo** allows you to express commands, give advice, and so on, in a direct way.

Apra la bocca!	***Open*** *your mouth!*
Torni domani!	***Come back*** *tomorrow!*

There are five forms of the imperative, which correspond to **tu, Lei, noi, voi,** and **Loro.** To form the **imperativo,** drop the infinitive suffix and add the following endings. Note that with third-conjugation verbs, you must know whether or not -**isc**- is inserted.

	tornare (torn-)	**prendere** (prend-)	**aprire** (apr-)	**finire** (fin-)
(tu)	torna	prendi	apri	fin**isci**
(Lei)	torni	prenda	apra	fin**isca**
(noi)	torn**iamo**	prend**iamo**	apr**iamo**	fin**iamo**
(voi)	torn**ate**	prend**ete**	apr**ite**	fin**ite**
(Loro)	torn**ino**	prend**ano**	apr**ano**	fin**iscano**

As discussed in previous chapters, the third-person plural form is used in formal situations. When commanding a group of people in general the tendency is to use the second-person plural: *Aprite* **i vostri libri.**

Just as for the present indicative, verbs ending in -**ciare** and -**giare** are not written with a double **i: cominci, mangi.**

Verbs ending in -**care** and -**gare** require an **h** before the **i: cerchi, cerchiamo, cerchino; paghi, paghiamo, paghino.**

The forms of **leggere,** and similar second-conjugation verbs, are to be pronounced as written: **leggi** (soft **g**), **legga** (hard **g**).

VERBI IRREGOLARI

Of the verbs you have encountered so far, the following have irregular imperative conjugations:

andare	va' (vai), vada, andiamo, andate, vadano
avere	abbi, abbia, abbiamo, abbiate, abbiano
bere	bevi, beva, beviamo, bevete, bevano
dare	da' (dai), dia, diamo, date, diano
dire	di', dica, diciamo, dite, dicano
essere	sii, sia, siamo, siate, siano
fare	fa' (fai), faccia, facciamo, fate, facciano
rimanere	rimani, rimanga, rimaniamo, rimanete, rimangano
sapere	sappi, sappia, sappiamo, sappiate, sappiano

scegliere	scegli, scelga, scegliamo, scegliete, scelgano
stare	sta' (stai), stia, stiamo, state, stiano
tenere[1]	tieni, tenga, teniamo, tenete, tengano
uscire	esci, esca, usciamo, uscite, escano
venire	vieni, venga, veniamo, venite, vengano

◆

Applicazione

F. La dottoressa Fani has ordered il signor Fausti to do certain things so that he will get better. Using the cues and drawings, give her orders in a logical sequence. (Be sure they are in the polite form.)

andare in farmacia / comprare un antibiotico
mangiare meno / bere molti liquidi
andare a letto / stare calmo
telefonare tra...

1.   2.

3.   4.

---

[1] **Mantenere** is conjugated like **tenere**.

G. La dottoressa Fani is now examining your little sister, and tells her to do the following things. Give the doctor's commands in the familiar form.

> MODELLO: aprire la bocca
> *Apri la bocca!*

1. dire sempre tutto al medico
2. stare ferma *(stay still)*
3. respirare forte
4. bere il latte *(milk)* due volte al giorno
5. mangiare qualcosa

H. Both your parents want to lose weight, so the doctor gives them some advice. Provide her commands.

> MODELLO: aprire la bocca
> *Aprano la bocca!*

1. cominciare una nuova dieta
2. mangiare meno
3. uscire una volta al giorno
4. tornare tra una settimana
5. pagare la visita

I. Using the verbs/expressions below, list at least six things your Italian professor is always telling the class to do (this time, use the **voi** form of the imperative).

> leggere   ripetere
> aprire   scrivere
> fare attenzione   ascoltare
>   finire

◆ ◆ ◆ Studio della comunicazione ◆ ◆ ◆

PHYSICAL STATES

TO FEEL WELL/NOT WELL
stare bene/male
sentirsi bene/male

TO HAVE A SORE . . .
avere (il) mal di...
Ho (il) **mal di** gola.   *I have a sore throat.*

TO HURT
fare male a
Mi **fa male** la testa.   *My head hurts.*
Gli **fa male** la gola.   *His throat hurts.*

Applicazione   **J.** Working in pairs, one playing the part of the doctor and the other the patient, role-play the following situations.

> MODELLO: dito
>
> P: *Dottore/Dottoressa, non sto bene/sto male.*
>
> M: *Come mai* (How come) *non Si sente bene? / Si sente male?*
>
> P: *Mi fa male il dito.*
>
> M: *Prenda questo antibiotico, due aspirine, ecc.*

Dottore/Dotteressa...

1. testa
2. gola
3. stomaco
4. mano

IL MOMENTO CREATIVO ◆

K. Working in pairs, one student comes up with an ailment and another tells him/her what to do for it. You may need to consult a dictionary for additional vocabulary.

> MODELLO: S1:   *Ho mal di testa.*
>
> S2:   *Prendi un'aspirina. / Va' a letto, ecc.*

Punto di partenza 2

GIRATI!

La dottoressa Fani sta ora visitando Pierino, il figlio del signor Fausti.

injection	PIERINO:	No no! L'iniezione° no!
worry	FANI:	Non ti preoccupare°, Pierino! Non ti farò male!
	FAUSTI:	Che cos'ha mio figlio?
	FANI:	Niente di male. Solo una piccola infezione allo stomaco. *(sottovoce)* Tenga Suo figlio fermo mentre io gli faccio un'iniezione.
	FAUSTI:	Pierino, girati!

La dottoressa Fani gli fa l'iniezione ed il bambino comincia a piangere°.

to cry		
take	FAUSTI:	Pierino, non piangere! Ti porto° adesso a comprare un gelato! Grazie, dottoressa! E, infine, c'è mia figlia che ha un forte mal di denti!
excellent	FANI:	La porti da un mio collega, il dottor Giusti. È un ottimo° dentista.

◉ OCCHIO ALLA LINGUA!

Collega is both masculine and feminine.

il collega	*male colleague*	**i colleghi**	*colleagues*
la collega	*female colleague*	**le colleghe**	*female colleagues*

The past participle of the verb **piangere** is **pianto.**

Comprensione

A. Correct the following statements.

1. La dottoressa Fani ora sta visitando la figlia del signor Fausti.
2. Pierino vuole l'iniezione.
3. La dottoressa dice che il bambino ha una piccola infezione all'occhio.
4. La dottoressa dice al padre di tener fermo il bambino mentre gli mette in bocca un termometro.
5. Il bambino è rimasto fermo dopo che la dottoressa gli ha fatto un'iniezione.
6. Il bambino ha pianto perché aveva un forte mal di denti.
7. La dottoressa dice al signor Fausti di portare sua figlia da un altro medico.

B. Complete the sentences with the appropriate form of the following words.

> **pianto, collega, colleghi, colleghe, sottovoce, preoccupi, iniezione, giri, infezione, ottimo**

1. Signor Fausti, stia fermo e non Si _____!
2. Non Si _____, Lei ha solo un'_____ all'orecchio.
3. Adesso Le faccio un'_____, ma non Le farò male!
4. Ha bisogno di un dentista? Il mio _____ in via Nazionale è un _____ dentista.
5. Anche le mie _____, tutte e due in via Puccini, sono delle brave dentiste.
6. Tutti i miei _____ sono dei bravi dentisti.
7. Il bambino del signor Fausti ha _____ quando il medico gli ha fatto l'iniezione.
8. La dottoressa ha parlato al padre _____.

Espansione

C. Say the following commands exactly as in the model.

> MODELLO: mangiare un piatto di verdura
> *Mangialo.*

1. mangiare il pasto *(meal)*
2. bere il latte
3. aspettare la mamma
4. leggere il libro
5. finire i compiti *(homework)*

D. Imagine that you are a doctor telling your patients in a polite way to do the following things. Use the pronouns exactly as in the model.

MODELLO: pulirsi i denti più spesso
Si pulisca i denti più spesso.

1. girarsi
2. alzarsi più tardi
3. sedersi qui
4. pulirsi *(clean)* i denti ogni giorno

◆ ◆ ◆ **Studio del lessico** ◆ ◆ ◆

L'INFINITO

Many verbs do not require a preposition before a dependent infinitive. Some of these are:

volere	Voglio andare dal medico.
potere	Non ho potuto prendere l'antibiotico.
dovere	Dovrò andare da un altro medico.
preferire	Preferisco stare a casa.

Certain verbs, however, require either **a** or **di** before the infinitive.

cominciare (a)	**Ha cominciato a** piangere.
pensare (di)	Lei **pensa di** andare da un altro medico.
decidere (di)	Lui **ha deciso di** mangiare meno.
finire (di)	Maria **finirà di** prendere gli antibiotici domani.
cercare (di)	**Cercherò di** mangiare più verdura.

INFINE/FINALMENTE

Infine means *finally* in a sequence of things; **finalmente** means *finally,* in the sense of *at last.*

Prima ho bevuto il latte, poi ho preso l'antibiotico, **infine** ho bevuto un caffè.

Finalmente, mio fratello è andato dal medico!

◆

Applicazione   **E.** The following statements were overheard in a doctor's office. Complete them with the appropriate form of the words provided.

iniezione, infine, finalmente, piangere, dentista, collega, ottimo, dente, a

1. Lei deve cominciare _____ mangiare molto meno per la Sua salute!
2. Dottoressa, conosce qualche bravo _____? Mi fanno molto male i _____.
3. Sì, ho due bravissimi _____ che sono dentisti.
4. Sua figlia _____ quando le ho fatto un'_____.
5. Dottoressa, Lei è veramente un _____ medico.
6. Prenda l'antibiotico, beva liquidi, ed _____, stia a casa per una settimana.
7. _____, mi sento bene!

F. As you are being examined by your doctor, a conversation ensues. Ask him/her if he/she . . .

MODELLO: wants to see your tongue
Dottore/Dottoressa, vuole vedere la mia lingua?

1. can prescribe a good antibiotic
2. has to really give you a shot
3. prefers prescribing something else
4. is thinking of making another appointment for you
5. has decided to give you a strong antibiotic

◆ ◆ ◆ **Studio della grammatica** ◆ ◆ ◆

L'IMPERATIVO CON I PRONOMI

When used with the imperative, direct and indirect object pronouns are attached to the familiar forms of the imperative to form one word. With polite forms, the pronoun comes before and is kept separate.

FAMILIAR	POLITE
(tu) Prendi l'antibiotico! **Prendilo!**	(Lei) Prenda l'antibiotico! **Lo prenda!**
Scrivi a tuo zio! **Scrivigli!**	Scriva a Suo zio! **Gli scriva!**
(noi) Mangiamo il pane! **Mangiamolo.**	
(voi) Comprate i panini! **Comprateli!**	(Loro) Comprino i panini! **Li comprino!**

The form **ne** is also attached in this way.

> Mangia della carne!
> Mangiane.

Recall that the verbs **andare, dare, dire, fare,** and **stare** have apostrophized forms in the second-person singular. When pronouns are used with these forms, the first consonant of the pronoun is doubled. The only exception is **gli,** which remains unchanged.

dire (di')	**Dimmi!**	*Tell me!*
	Dicci!	*Tell us!*
	Digli!	*Tell him!*
dare (da')	**Dalle** la medicina!	*Give her the medicine!*
	Dagli il latte!	*Give him the milk!*
fare (fa')	**Fallo!**	*Do it!*

The consonant of **ne** is also doubled.

> **Fanne!**   *Make some!*

Reflexive pronouns are attached in exactly the same way.

FAMILIAR			POLITE		
(tu)	Alzati!	*Get up!*	(Lei)	**Si** alzi!	*Get up!*
	Lavati!	*Wash yourself!*		**Si** lavi!	*Wash yourself!*
(noi)	Alziamoci!	*Let's get up!*			
	Laviamoci!	*Let's wash ourselves!*			
(voi)	Alzatevi!	*Get up!*	(Loro)	**Si** alzino!	*Get up!*
	Lavatevi!	*Wash yourselves!*		**Si** lavino!	*Wash yourselves!*

Note that the stress stays where it was before the pronoun attachment: **Prendi! Prendilo!**

The verb **sedersi** has the following irregular imperative forms: **siediti, si sieda, sediamoci, sedetevi, si siedano.**

Applicazione   **G.** A week has passed and you are now back at your doctor's. This time he/she tells you to do the following things. Provide his/her commands, as in the models. (Note that they are in the polite form.)

> MODELLI: (with reflexive verbs) alzarsi presto la mattina
> *Si alzi presto la mattina!*
>
> (with nonreflexive verbs) mangiare *il pane!*
> *Lo mangi!*

1. pulirsi sempre gli orecchi
2. mettersi sempre una giacca quando fa freddo
3. sedersi
4. dire *la verità*
5. mangiare *della carne*
6. prendere *l'antibiotico*
7. finire *gli antibiotici*
8. leggere *le istruzioni*
9. telefonare *a me* tra due giorni
10. dare *a noi* il nuovo numero di telefono
11. dire tutto *a me*
12. dire tutto *alla segretaria*

H. Working with a partner, tell him/her to do the following things. Replace the objects with pronouns.

> MODELLI: alzarsi
> *Alzati!*
>
> aprire *il libro d'italiano*
> *Aprilo!*

1. sedersi
2. divertirsi dopo la scuola
3. dire sempre *la verità*

4. fare *i compiti d'italiano*
5. fare *delle domande*
6. comprare *i nuovi dischi di...*

I. Now your partner tells you and another student to do the same things listed in Exercise H. Answer appropriately for the two of you.

> MODELLI: alzarsi
> —*Alzatevi anche voi due!*
> —*Hai ragione! Alziamoci anche noi.*
>
> aprire *il libro d'italiano*
> —*Apritelo anche voi!*
> —*Hai ragione! Apriamolo anche noi!*

J. Finally, politely ask your teacher to do the same things listed in Exercise H.

> MODELLI: alzarsi
> —*Si alzi!*
>
> aprire *il libro d'italiano*
> —*Lo apra!*

◆ ◆ ◆ Studio della comunicazione ◆ ◆ ◆

GIVING ORDERS

In this chapter you have been involved in situations that require the imperative. Another way to order or to give commands is to use the modal verb **dovere.**

Devi mangiare!	*You must eat!*
Dobbiamo divertirci!/	*We must enjoy ourselves!*
Ci **dobbiamo** divertire!	

Indirect ways of ordering (*I would like you to . . . , He wants her to . . .*) require the subjunctive, which will be discussed in a later chapter.

———————————————◆———————————————

Applicazione

K. Tocca a te! Working in pairs, tell your partner that he/she must do the following things. He/She responds appropriately.

MODELLO: leggere qualcosa oggi
—*Devi leggere qualcosa oggi.*
—*Va bene. Leggerò un romanzo.*

1. studiare oggi
2. scrivere qualcosa oggi
3. andare in biblioteca oggi

4. alzarsi presto domani
5. fare qualcosa di bello oggi

IL MOMENTO CREATIVO ◆

L. You are a health instructor and are asking various students about their daily routines: what they eat, what their routines are, etc. Then give each student some appropriate advice. (**Mangia più pane! Alzati più presto!,** etc.)

Punto di partenza 3

MENO MALE!

Mirella, la figlia del signor Fausti, è dal dentista, il dottor Giusti.

GIUSTI:	Mirella, dove ti fa male?
MIRELLA:	*(piangendo)* Da nessuna parte°!
GIUSTI:	Su, su! Adesso ti metterò quest'apparecchio° sul dente. Dimmi se ti fa male!
MIRELLA:	Ahi!!!!
GIUSTI:	Ecco! Adesso su quel dentaccio metterò questa pomata°. Non ti pulire i denti per due giorni, e vedrai che il dolore andrà via.
MIRELLA:	Spero!

Margin glosses: nowhere · apparatus · ointment

Comprensione   **A.** Answer the following questions.

1. Dov'è Mirella?
2. Che cosa le fa male?
3. Perché piange Mirella? Ha paura?
4. Deve pulire i denti Mirella? Perché sì/no?

Espansione   **B.** Working in pairs, tell your partner *not* to do the following things. Follow the model.

> MODELLO: aprire il libro
> *Non aprire il libro!*

1. mangiare le paste
2. bere la Coca-Cola

3. telefonare sempre ai compagni
4. guardare sempre la TV

◆   ◆   ◆ **Studio del lessico** ◆   ◆   ◆

IL DENTACCIO

The word for *tooth* is **il dente.** The form **il dentaccio** with the suffix **-accio** conveys the idea of *bad, ugly tooth.* This suffix can be used with other nouns in the same way.

quel ragazz**accio**	*that bad, mean boy*
quei ragazz**acci**	*those bad, mean boys*
la parol**accia**	*the bad/dirty word*

The suffixes **-ino(-a)** and **-etto(-a)** allow you to convey the idea of smallness.

quel ragazz**ino**	*that little boy*
la giacch**etta**	*the small jacket* (the use of **h** signals the retention of the hard **c** sound)
il nas**etto**	*small nose*
i guant**ini**	*small gloves*

Caution must be exercised when using these suffixes because they cannot always be applied to all words. For example, **il libretto** is not a *small book,* but an **opera libretto** or a *bank book.*

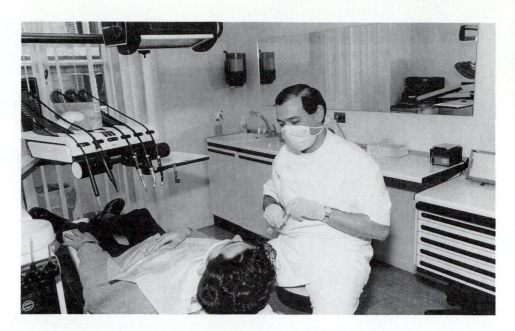

—*Vai dal dentista?*
—*Sì, ci vado.*

Applicazione

C. The person you went out with last night happens to be in the same dentist's office as you. He/She asks you if you liked the things you did together. As it turns out, you hated everything. Working in pairs, reconstruct each sequence.

> MODELLO: film(-etto)
> —*Ti è piaciuto quel film! Era un bel filmetto, no?*
> —*Macché! Secondo me era un filmaccio!*

1. musica(-etto)
2. programma(-ino)
3. vestito(-ino)
4. scarpe(-ino)
5. ristorante(-ino)

◆ ◆ ◆ Studio della grammatica ◆ ◆ ◆

CI

Throughout this book, you have been using expressions such as **c'è**, **ci sono**, **ci sarà**, and so on, in which **ci** means *there*. In general, this particle can replace any phrase which expresses location or place.

> —Siete state **a Roma?**   —No, non **ci** siamo mai state.
> —*Have you been to Rome?*   —*No, we've never been there.*
> —Hai messo la penna **nel banco?**   —No, **ci** ho messo la matita.
> —*Did you put the pen in the desk?* —*No, I put the pencil there.*

Ci also replaces expressions such as *to the dentist's, at Mary's house*, etc.

> —Vai **dal dentista?**   —Sì, **ci** vado.
> —Andremo **da Maria?**   —No, non **ci** andremo.

Ne is used to express *from there.*

GOING TO
—Sei già andato **dal dentista?** —Sì, **ci** sono andato ieri.
—Andate **dal professore?** —No, non **ci** andiamo.

COMING FROM
—Vieni **dal dentista?** —Sì, **ne** vengo.

—Venite **dal professore?** —**No, non ne** veniamo; veniamo da Maria.

When attached to the apostrophized imperative forms, the **ci** is "doubled" in the usual way: **Vacci!** *Go there!* **Stacci!** *Stay there!*

L'IMPERATIVO NEGATIVO

The negative imperative is formed by placing **non** before imperative forms in the usual way. However, in the second-person singular the infinitive is used instead.

IMPERATIVO AFFERMATIVO			IMPERATIVO NEGATIVO	
(tu)	Va' via!	*Go away!*	Non andare via!	*Don't go away!*
	Mangia il pane!	*Eat the bread!*	Non mangiare il pane!	*Don't eat the bread!*
(Lei)	Vada via!		Non vada via!	
	Mangi il pane!		Non mangi il pane!	
(noi)	Andiamo via!	*Let's go away!*	Non andiamo via!	*Let's not go away!*
	Mangiamo il pane!	*Let's eat the bread!*	Non mangiamo il pane!	*Let's not eat the bread!*
(voi)	Andate via!		Non andate via!	
	Mangiate il pane!		Non mangiate il pane!	
(Loro)	Vadano via!		Non vadano via!	
	Mangino il pane!		Non mangino il pane!	

With the negative infinitive, pronoun attachments are optional.

AFFERMATIVO		NEGATIVO	
Vacci!	*Go there!*	Non andar**ci!**/Non **ci** andare!	*Don't go there!*
Mangialo!	*Eat it!*	Non mangiar**lo!**/Non **lo** mangiare!	*Don't eat it!*
Lavati!	*Wash yourself!*	Non lavar**ti!**/Non **ti** lavare!	*Don't wash yourself!*

◆

Applicazione

D. Give negative commands to a friend who says . . .

> MODELLO: Voglio andare all'estero.
> *Ascoltami! Non ci andare!/Non andarci!*

1. Voglio comprare una macchina.
2. Voglio andare a Firenze.
3. Voglio mangiare gli spaghetti alla carbonara.
4. Voglio bere il cappuccino.
5. Voglio stare qui (per sempre).
6. Voglio scrivere ai tuoi amici.
7. Voglio alzarmi presto (ogni mattina).
8. Voglio telefonarti stasera.
9. Voglio lavarmi con quel sapone *(soap)*.
10. Voglio leggere un romanzo rosa.
11. Voglio cenare da Mario.

E. Tocca a te! Rispondi alle seguenti domande, come nel modello.

> MODELLO: Sei venuto(-a) dal centro?
> *Sì, ne sono venuto(-a). / No, non ne sono venuto(-a).*

1. Hai mangiato delle paste ieri?
2. Sei andato(-a) in centro oggi?
3. Sei venuto(-a) da casa oggi?
4. Hai bevuto del caffè questa mattina?
5. Sei andato(-a) all'estero l'anno scorso?

— Vada sempre diritto...

◆ ◆ ◆ Studio della comunicazione ◆ ◆ ◆

INDICATING LOCATION

You have encountered most of these adverbs in previous chapters.

accanto	*next to*	**lì/là**	*there*
davanti	*in front*	**lontano**	*far away*
dentro	*inside*	**qui/qua**	*here*
a destra	*to the right*	**a sinistra**	*to the left*
dietro	*behind*	**sopra**	*above, on top*
diritto	*straight ahead*	**sotto**	*under, below, underneath*
fuori	*outside*	**vicino**	*nearby*

Some of these require a preposition when followed by a noun, noun phrase, or a pronoun.

vicino
Gina abita **vicino**.
*Gina lives **nearby**.*

vicino a
Gina abita **vicino a** Maria.
*She lives **near** Mary.*

lontano
Loro abitano **lontano**.
*They live **far away**.*

lontano da
Loro abitano **lontano da** Maria.
*They live **far from** Mary.*

davanti
Marco abita **davanti**.
*Mark lives **in (the) front**.*

davanti a
Marco abita **davanti a** noi.
*Mark lives **in front of** us.*

dietro
Carlo si siede lì **dietro**.
*Carlo sits **in back**.*

dietro di *(+ pronoun)*
Marco si siede **dietro di** lei.
*Mark sits **behind** her.*

dietro a *(+ noun)*
Marco si siede **dietro a** Maria.
*Mark sits **behind** Mary.*

Note the following uses of the prepositions **a** and **in**:

in/to a city
Abito **a** New York.
Voglio andare **a** Roma.
Sono stato(-a) **a** Parigi (Paris).

in/to a country
Abito **negli** Stati Uniti.
Voglio andare **in** Italia.
Sono stato(-a) **in** Francia.

Applicazione

F. Answer by giving the opposite of what each question asks.

MODELLO: La Sua amica abita vicino a noi?
            No, abita lontano da noi.

1. La Sua casa è a destra della mia?
2. Lei abita accanto a mia sorella?
3. Quel nuovo edificio è davanti a casa Sua?
4. Preferisce abitare vicino al centro, no?
5. Sua zia abita lontano, vero?
6. I Suoi amici abitano vicino al centro, vero?
7. L'appartamento del Suo amico è sopra quest'ufficio?

G. Tocca a te! Ask your partner where the following objects/people are in the classroom.

MODELLO: Dov'è la finestra?
             È alla mia sinistra, vicino a Debbie, accanto al professore.

1. la finestra
2. la porta
3. la lavagna
4. la tua penna

5. il tuo libro d'italiano
6. il professore/la professoressa
7. tu

H. Now say if you have ever gone to the following cities and countries. If you have been there, say whether you liked it or not. If you have not been there, say whether you would like to go there.

MODELLO: Londra (London)
             Sì, sono stato(-a) a Londra. Mi è piaciuta molto. / —No, non sono mai stato(-a) a Londra. Vorrei andarci. / Ci vorrei andare.

1. Parigi
2. la Francia
3. Mosca
4. la Spagna
5. Roma
6. la Russia
7. Boston
8. Toronto
9. la Cina

IL MOMENTO CREATIVO ◆

I. Ask a partner if he/she . . .

1. has ever gone to a certain place. Pretend that you don't like this particular place and tell your partner why he/she shouldn't go there (**Non andarci perché...**) giving a good reason.
2. has done certain things (such as read a good book, bought a new CD, seen a good film, etc.) that you don't think are worthwhile.

MODELLI: *—Sei andato(-a) a vedere il nuovo film di... ?*
             —No, non l'ho ancora visto.
             —Non andarci! È un filmaccio!

             —Hai letto il nuovo romanzo di... ?
             —No, non l'ho letto.
             —Non leggerlo! È un libraccio!

FASE 2ª Ascolto

Listen carefully to the conversation and see if you can determine:

- who is sick
- what his/her ailments are
- what the doctor tells him/her to do
- what sickness he/she has

Pronuncia

SC, SCI, SCH, Z, AND MISCELLANEOUS ITEMS

The sequence of letters **sc** stands for [sk] before **a, o** and **u,** as well as before consonants: *scuola, scrivere.* The sequence **sch** also stands for [sk] (in front of **e** and **i**): *schiena back (of the body).* The sequences **sci** and **sce** stand for the sound [sh], as in English *shoe:* **lasciare, scena.**

The sound **z** stands for [ts] or [dz] (depending on where you are in Italy): **zio** = [tsio] or [dzio].

The sound represented by **ll** is never like its English counterpart in such words as *dull* and *kill.* In Italian **ll** is pronounced with the tongue touching the upper part of the teeth: **quello, bello.**

The sound represented by **t** is not identical to its counterpart in English. In *train,* for example, the tongue touches just above the upper teeth, whereas in **treno** it touches the upper teeth directly.

Esercitazione Working in pairs, write a word for each of the following letters and letter sequences. Then write an appropriate sentence for each of the words you have come up with.

MODELLO: sc
scuola
Io vado a scuola ogni giorno dal lunedì al venerdì.

1. sc	7. tt
2. sci	8. l
3. sch	9. ll
4. z	10. s
5. zz	11. ss
6. t	

FASE 3ª Lettura

hepatitis

risk/discovery

pertaining to transfusions
extraordinary/emphasized

to focus on/capable of
showing/blood/benefit/waiting
for/to exclude/blood donors

carriers showing no symptoms

LA SCOPERTA DELL'EPATITE° C

Un altro grande passo verso il rischio° zero è stata la recente scoperta° del virus dell'epatite C, precedentemente classificata come non A non B, responsabile di moltissimi casi di epatite trasfusionale°.

«Una scoperta straordinaria°», ha sottolineato° il professor Massimo Colombo, noto epatologo dell'Istituto di medicina interna dell'università di Milano, «che ci ha finalmente permesso di mettere a punto° un test di laboratorio in grado di° evidenziare° la presenza di questo virus nel sangue°. Il beneficio° che ci attendiamo° è di poter identificare, e quindi, escludere° dai donatori di sangue°, i portatori asintomatici° di virus C, riducendo i casi di epatite da trasfusione».

(Da: *Visto: Settimanale di attualità e cronaca*)

◉ OCCHIO ALLA LINGUA!

The verbs **permettere, attendere,** and **escludere** have the following past participles: **permesso, atteso,** and **escluso.**
Riducendo, *reducing,* is the gerund of the verb **ridurre.**

Attività

A. Complete the following paraphrase of the article with the appropriate words.

1. Il nuovo test è in _____ di evidenziare la presenza del virus.
2. Il virus è _____ classificato come epatite C.
3. I test hanno _____ la presenza del virus.
4. La scoperta ha _____ di mettere a punto un test di laboratorio nuovo.
5. Il beneficio che tutti attendono è di poter _____ i portatori asintomatici.
6. Il professor Colombo ha _____ che la scoperta è stata veramente straordinaria.

B. Answer the following questions.

1. Perché è stato un grande passo verso il rischio zero la scoperta del virus dell'epatite C?
2. Che cosa ha sottolineato il professor Colombo?
3. Che cosa ha permesso di fare il nuovo test?
4. Qual è il beneficio di questa scoperta?

C. Discussione! Discuss each of the following in class by looking up the necessary vocabulary beforehand.

1. Sono importanti le scoperte in medicina? Perché?
2. Conosci i sintomi dell'epatite? Quali?
3. Quali sono, secondo te, le malattie *(diseases)* più preoccupanti *(worrisome)*? Perché?

FASE 4ª   Punto di arrivo

Attività varie

A. Opinioni e discussione.

1. Hai un medico di famiglia? Come si chiama?
2. Se non hai un medico di famiglia, dove vai quando non stai bene?
3. Hai mai avuto problemi seri *(serious)* di salute? Se sì, quali?
4. Hai paura del dentista? Perché sì/no?
5. Secondo te, quante volte all'anno bisogna andare dal medico per una visita?
6. E dal dentista?
7. Vorresti *(Would you like)* fare il medico? Perché sì/no?
8. Vorresti fare il dentista? Perché sì/no?

B. Dal medico! Pretend you are a doctor and must diagnose and treat the following patients. First determine the illness. Then, using the imperative or **dovere,** indicate what you would tell the patient to do or not to do.

1. Ho la febbre. Non respiro bene. Ho mal di gola e di testa e un fortissimo dolore al petto.
2. Ho la tosse e starnutisco, ma non ho febbre alta.
3. Ho il mal di testa e soffro un po' di stress.
4. Ho il mal di stomaco.

C. Situazioni tipiche. Completa ogni breve conversazione in modo appropriato.

1. Dal dentista

DENTISTA: Dove Le fa male?

TU: _____

DENTISTA: Non Si preoccupi che non Le faccio male! Apra le bocca e mi dica dove Le fa male.

TU: _____

DENTISTA: Si calmi! Vedrà che adesso non Le farà più male quel dentaccio!

2. Dal medico!

MEDICO: Mi dica! Come sta?

TU: _____

MEDICO: Non si preoccupi. Sarà un raffreddore! Apra la bocca! Le fa male la gola?

TU:	_____
MEDICO:	Quali altri sintomi ha?
TU:	_____
MEDICO:	Forse ha l'influenza. Prenda questo antibiotico e torni domani!

D. Giochiamo! Completa ogni frase anagrammando le parole.

1. La NGUAIL _____ è nella bocca.
2. Lei ha un forte FFREARDDREO _____.
3. I CPLLIEA _____ sono sulla testa.
4. Gli CCHOI _____ sono fra il naso e la fronte *(forehead)*.
5. Il LLCOO _____ permette di girare la testa.
6. In fondo *(At the end of)* alle braccia ci sono le NMAl _____.
7. Abbiamo dieci TAID _____.
8. In fondo alle gambe ci sono i DIEIP _____.

E. Compiti comunicativi. Di' al tuo paziente di...

MODELLO: sedersi
            Si sieda, per favore!

1. dire la verità
2. aprire la bocca
3. mettere il termometro in bocca
4. chiudere la bocca
5. andare a casa
6. prendere gli antibiotici
7. stare fermo(-a)
8. respirare
9. bere molta acqua
10. tornare domani per un altro appuntamento

Di' al tuo compagno/alla tua compagna di classe di...

1. sedersi
2. stare fermo(-a)
3. bere il latte
4. fare il bravo *(be good)*/fare la brava
5. alzarsi più presto la mattina
6. non preoccuparsi
7. non girarsi
8. non mangiare sempre il «junk food»
9. prendere l'antibiotico che gli ha dato il medico

Attività scritte

1. Choose one of the following and then prepare a description of its symptoms to be read in class. The rest of the class will then try to identify the disease you have chosen.
   - l'appendicite (f.) *appendicitis*
   - il diabete *diabetes*
   - il morbillo *measles*
   - la polmonite *pneumonia*
   - la tossicodipendenza *drug addiction*

2. List 5 ways for staying healthy. Then read them to the class.

bisognare / essere necessario = *to be necessary*

MODELLI: 1. *Bisogna mangiare una mela al giorno.*
2. *È necessario divertirsi ogni tanto, ecc.*

Simulazione

Role-play the following scenario.

One student goes to a doctor with a specific ailment or disease and relates his/her symptoms to the doctor. The doctor asks the appropriate questions in order to diagnose the disease. He/She then prescribes the appropriate treatment.

Lessico utile

Nomi

l'acqua *water*
la bocca *mouth*
il braccio (*pl.* **le braccia**) *arm*
i capelli *hair*
il/la collega (*m./f.*) *colleague, associate*
il collo *neck*
il dente *tooth*
il dito (*pl.* **le dita**) *finger*
il dolore *pain*
la febbre *fever, temperature*
la gamba *leg*
il ginocchio (*pl.* **le ginocchia**) *knee*
la gola *throat* (**mal di gola** *sore throat*)
il gomito *elbow*
l'influenza *flu*
il latte *milk*
la lingua *tongue*
la mano (*pl.* **le mani**) *hand*
la medicina *medicine*
il naso *nose*
l'occhio *eye*

la parte *part*
il pasto *meal*
il petto *chest*
il piede *foot*
il problema *problem*
il raffreddore *common cold*
il riposo *rest*
la salute *health*
il sangue *blood*
lo starnuto *sneeze*
lo stomaco *stomach* (**mal di stomaco** *stomachache*)
il tema *theme*
la tensione *tension*
il termometro *thermometer*
la testa *head* (**mal di testa** *headache*)
la tosse *cough*
la verità *truth*
la visita *visit*

Aggettivi

calmo *calm*
fermo *still, motionless*
forte *strong*
interno *internal*
ottimo *excellent*
recente *recent*
responsabile (di) *responsible (for)*

Verbi

chiudere *to close, shut*
girarsi *to turn around*
lavarsi *to wash oneself*
permettere *to permit, allow*
piangere *to cry*
portare *to bring, take*
preoccuparsi *to worry*
prescrivere *to prescribe*
pulirsi (-isc-) *to clean oneself*
respirare *to breathe*
sedersi *to sit down*
sentirsi *to feel*
soffrire *to suffer*
sperare *to hope*

Avverbi

accanto *next to*
davanti *in front*
dentro *inside*
dietro *behind*
diritto *straight ahead*
fuori *outside*
dietro *back*
infine *finally*
lì/là *there*
lontano *far away*
ovviamente *obviously*
pure *also*
qui/qua *here*
sopra *above, on top*
sotto *under, below, underneath*
vicino *nearby*

Altri vocaboli/Espressioni

avere male a *to have a sore . . .*
dunque *so, therefore, thus*
fare male a *to hurt*
per esempio *for example*
sentirsi bene/male *to feel well/bad*
sottovoce *whispering*
stare bene/male *to feel well/bad*
Su, su! *Come now!*

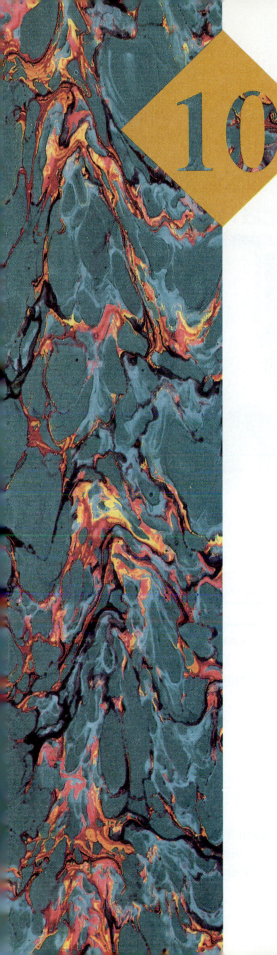

10 IN VACANZA

LANGUAGE FUNCTIONS
Making vacation and travel plans

GRAMMATICAL STRUCTURES
Double pronouns   Stressed object pronouns

CULTURE
Traveling

281

FASE 1ª Punto di partenza

ALL'AGENZIA DI VIAGGI

AGENTE:	Dove vogliono andare?
VIAGGIATRICE:	Vorremmo andare all'estero, ma non siamo sicuri in quale paese° vogliamo passare le nostre vacanze. Può suggerircene alcuni?°
AGENTE:	Certo. Abbiamo delle bellissime gite° in Francia, in Spagna, in Canada, in Brasile, in Svezia,...
VIAGGIATORE:	Basta° così! Andremo a New York!
AGENTE:	Va bene. Una scelta° eccellente!

country
Can you suggest some to us?
excursions

Enough
choice

ALL'AEROPORTO

Prima dell'imbarco.

VIAGGIATORE:	Abbiamo tutti i bagagli°?
VIAGGIATRICE:	Abbiamo già spedito° le valige°. C'è rimasto solo il bagaglio a mano.
VIAGGIATORE:	Dobbiamo passare la dogana°?
VIAGGIATRICE:	Non adesso. Hai portato i passaporti con te?
VIAGGIATORE:	Certo. Te li ho già dati. E gli assegni turistici°?
VIAGGIATRICE:	Tutto è a posto°. Andiamo!

luggage
sent on/suitcases

customs

traveler's checks
in order

AL BANCO D'ACCETTAZIONE°

check-in counter

airline	

IMPIEGATA: Con quale linea aerea° viaggiano?

VIAGGIATRICE: Con l'Alitalia. Volo 1325. È in orario?

IMPIEGATA: Penso di sì. I biglietti°, per favore? Sono di andata e ritorno°?

tickets/round-trip
one-way/coming back

VIAGGIATRICE: No. Abbiamo fatto solo il biglietto di andata°. Al ritorno°, ci penseremo quando saremo là.

smoking/boarding pass
waiting room/is scheduled
gate

IMPIEGATA: Loro sono nella classe turistica. In questo volo non è permesso fumare°. Ecco le Loro carte d'imbarco°. La sala d'aspetto° è qui a sinistra. La partenza è prevista° tra un'ora all'uscita° 4. E l'arrivo a New York è previsto tra otto ore. Buon viaggio!

IN AEREO

seatbelts/fastened
flight attendants/takeoff/captain
landing/on time/flight crew/at the service

I passeggeri sono seduti con le cinture di sicurezza° allacciate°. Anche gli assistenti di volo° sono nella cabina pronti per il decollo°. Il comandante° annuncia che l'atterraggio° sarà in orario° e che l'equipaggio di bordo° sarà a disposizione° dei passeggeri.

☉ OCCHIO ALLA LINGUA

Un sinonimo per **linea aerea** è **compagnia aerea**.
I verbi **allacciare** e **annunciare** sono coniugati *(are conjugated)* come **cominciare**; ed il verbo **viaggiare** è coniugato come **mangiare**. In questo contesto *(context)* il verbo **passare** significa *to go through*. Il verbo **permettere** è coniugato come **mettere** (*p. pass.* **permesso**).
Il verbo **spedire** è coniugato con **-isc-** nei tempi presenti. Le forme **seduti** e **allacciate** sono participi passati usati come aggettivi.
Prima di è una congiunzione *(conjunction)*: **prima dell'imbarco.** Nel **Capitolo** 5 hai usato, invece, l'avverbio **prima: Prima studio, poi guardo la TV.**
L'espressione **penso di sì/penso di no** significa *I think so/I don't think so.*

☉ OCCHIO ALLA CULTURA!

L'agente di viaggi e l'impiegata hanno usato la forma di cortesia **Loro: Dove vogliono andare (Loro)?** Questa forma di cortesia è usata in modo particolare dalle persone di servizio (per esempio, gli impiegati di un aeroporto, di una banca, ecc.).
La linea aerea nazionale italiana si chiama *Alitalia.* Questa linea ha diversi voli ogni settimana per l'America.

Comprensione

A. Completa ogni frase *(sentence/phrase)* logicamente.

1. L'Alitalia è...
2. La forma di cortesia con **Loro** è usata da *(is used by)*...
3. Gli esempi dell'uso di **Loro** in questo Punto sono...

B. Scegli *(Choose)* la risposta adatta *(appropriate answer)*. Ne puoi scegliere più di una.

1. All'agenzia di viaggi possiamo
   - chiedere ad un agente dove andare per una vacanza
   - scegliere la linea aerea
   - fare il biglietto
   - ottenere *(obtain)* la carta d'imbarco
   - spedire le valige
2. Prima di un'imbarco dobbiamo vedere se abbiamo
   - il passaporto
   - delle cose da mangiare
   - il bagaglio, le valige, ecc.
   - gli assegni turistici
   - i biglietti
   - un caffè
3. Al banco d'accettazione
   - bisogna mostrare i biglietti
   - riceviamo la carta d'imbarco
   - possiamo chiedere l'orario della partenza
   - possiamo bere una Coca-Cola
   - possiamo comprare il giornale
   - possiamo fare il biglietto

Espansione

C. Ecco una situazione in cabina. Con due compagni/compagne mettetela in scena *(role-play it)*.

MODELLO: The captain says hello to the passengers.
Buongiorno a tutti. Sono il comandante.

COMANDANTE: says that the flight is on time and that the takeoff is scheduled in a few minutes.

ASSISTENTE DI VOLO: tells the passengers to please fasten their seatbelts and that the crew will be at their service.

PASSEGGERO: asks a flight attendant when they will land.

Albergo Abruzzi

Tel. 679 20 21

00186 Roma - Piazza della Rotonda, 69

D. Completa ogni frase usando la parola *(word)* o l'espressione adatta, mettendo i nomi, gli aggettivi e i verbi nella loro forma adatta (singolare, plurale, presente indicativo, passato prossimo, ecc.).

1. Prima dell'imbarco

> V = Viaggiatore/Viaggiatrice

> V1: Dove sono i nostri _____?
>
> V2: Ho già _____ le valige. C'è rimasto solo il _____.
>
> V1: Ma perché hai già spedito le _____?
>
> V2: Perché qui non dobbiamo passare la _____.
>
> V1: Ho capito!
>
> V2: Oh, mamma mia! Ho dimenticato i _____ e gli _____!
>
> V1: No, no! Li ho io! _____! Andiamo!

2. Al banco d'accettazione

> I = Impiegato/Impiegata

> I: Con quale _____ viaggiano?
>
> V1: Con l'Alitalia.
>
> I: Con quale _____?
>
> V2: Non abbiamo ancora fatto il _____. Lo possiamo _____ adesso?
>
> I: Certo! Dove volete andare?
>
> V1: A Parigi.
>
> I: C'è il 678 che parte tra alcuni minuti. Volete un biglietto di _____ e _____?
>
> V2: No, solo di _____. Al _____ ci _____ a Parigi. È in _____?
>
> I: Penso _____ sì. La _____ è prevista tra dieci minuti, e l'_____ è _____ tra due ore. Desiderano un biglietto di prima classe o uno di classe _____?
>
> V1: Classe turistica. Si può _____?
>
> I: No! In questo volo non è _____ fumare! Ecco le Loro _____. L'uscita è qui a destra. Buon _____!

E. Certo che me li hai dati! In un aeroporto, chiedi al tuo compagno/alla tua compagna di volo se gli/le hai dato certe cose. Lui/Lei risponde sempre di sì come nel modello. Non dimenticare l'accordo *(agreement)* tra participio passato e pronome oggetto diretto.

> MODELLO: i biglietti
> —*Te li ho dati?*
> —*Certo che me li hai dati!*

1. le valige
2. il bagaglio a mano
3. il passaporto
4. la carta d'imbarco
5. gli assegni turistici

F. Con un amico/un'amica avete deciso di fare una gita in Sicilia. Perché hai avuto tanto da fare *(a lot to do)*, il tuo amico/la tua amica ha dovuto programmare *(plan)* il volo. Chiedigli/Chiedile...

- quando partirete
- con quale linea aerea viaggerete
- qual è il numero di volo e a che ora è prevista la partenza
- in quale sezione—fumatori/non fumatori—sono i vostri posti
- a che ora arriverete a Palermo

◆   ◆   ◆ Studio del lessico ◆   ◆   ◆

PREPOSITIONAL PHRASES

Note that the article is missing in the expression **in aereo** *(on the plane)*. Prepositional phrases can have two forms, either with the article or without.

Generally, phrases that use an article are more specific. Those without are more general and imply a more frequent action, event, etc. If you add a modifier, such as an adjective, to the phrase, then the article *must* be used.

WITH ARTICLE	WITHOUT ARTICLE
Vado **alla nuova casa** di Maria.	Vado **a casa.**
I'm going to Mary's new house.	*I'm going home.*
Viaggeremo **nella macchina** di Paolo.	Viaggeremo **in macchina.**
We'll be traveling in Paolo's car.	*We'll travel by car.*

Some very common prepositional phrases that normally do not require the article are:

in treno	*by train*	**in città**	*in the city*
in vacanza	*on vacation*	**in centro**	*downtown*

IN VIAGGIO

l'arrivo	*arrival*	**il finestrino**	*window*
la coincidenza	*connection*	**il posto**	*seat*
compilare un modulo	*to fill out a form*	**la toletta**	*toilet*
la dogana	*customs*	**vietato fumare**	*no smoking*
fare il biglietto	*to buy a (travel) ticket*		
niente da dichiarare	*nothing to declare*		
qualcosa da dichiarare	*something to declare*		

ALL'ALBERGO

l'albergo	*hotel*	**il pianterreno**	*main floor*
la camera	*room*	**la prenotazione**	*reservation*
l'ingresso	*entrance*	**l'uscita**	*exit*

DOVE ANDARE?

al mare *at/to the sea*

in campagna *in/to the country*

in montagna *in/to the mountains*

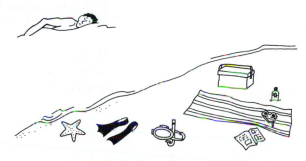

alla spiaggia/in spiaggia *at/to the beach*

TO/IN A COUNTRY
  in Italia
  in Francia
  in Spagna
  in Cile
  in Cina

TO/IN A CITY
  a Roma
  a Parigi
  a Madrid
  a Mosca
  a Pechino

Note the use of the article when the country name is modified.

negli Stati Uniti
nell'Italia centrale
nella Francia meridionale
nella Spagna antica

PARTICOLARITÀ

To buy any kind of travel ticket, the verb **fare** is used **(fare il biglietto).** For other kinds of tickets, the verb **comprare** is used.

Ieri **ho fatto il biglietto** per New York.

Non **ho** ancora **comprato il biglietto** per lo spettacolo.

◆

Applicazione

G. Tu sei in un'agenzia di viaggi. Con un compagno/una compagna svolgete il seguente dialogo. Il compagno/La compagna leggerà ogni domanda. Tu dovrai scegliere *(choose)* la risposta adatta.

1. Dove vuole andare?
2. Quanto vuole spendere?
3. Che tipo di viaggio vuole fare?
4. Quali città vuole visitare?
5. Come vuole viaggiare da una città all'altra?

Risposte (non necessariamente in ordine):

1. Voglio fare una gita.
2. Voglio visitare Parigi e Madrid.
3. Voglio andare in Europa.

4. Molto poco.
5. In treno.

H. La vostra conversazione continua. Questa volta l'agente ti chiede se nel futuro tu vorresti andare ai posti indicati. Svolgi con un compagno/una compagna la conversazione come nel modello.

MODELLI: *(with countries)* Spagna (centrale)
— *Vuole andare in Spagna?*
— *Sì, nella Spagna centrale perché non ci sono mai stato(-a).*

(with cities) Roma
— *Vuole andare a Roma?*
— *No, non voglio andarci perché ci sono già stato(-a).*

1. Francia (settentrionale)
2. Londra
3. Stati Uniti (centrali)
4. Genova *(Genoa)*

5. Canada *(m.)* (occidentale)
6. Messico (meridionale) *(Mexico)*
7. Grecia (settentrionale) *(Greece)*
8. Germania (centrale)

I. L'agente ti dà un dépliant *(brochure)* di un albergo. Completalo con le seguenti parole nella loro forma appropriata.

paesaggio *(countryside),* **spiaggia, mare, campagna, montagna, albergo, prenotazione, camera, uscita, colazione**

L'Albergo Altomare

L'Albergo Altomare è uno dei migliori locali *(places)* della Costa Azzurra. Abbiamo _____ spaziose *(spacious)* con finestre che danno su *(look out onto)* una _____ veramente magnifica!

    All'_____ troverete il banco informazioni e lì potrete avere una camera senza _____. Nel prezzo della camera è compresa *(is included)* la _____ ogni mattina dalle 6,00 alle 10,00.

    Il _____ intorno all'albergo è magnifico. Appena *(As soon as)* andrete fuori dall'_____ dell'albergo sarete molto vicini al _____. E in venti minuti potrete essere in _____ da una parte o in _____ dall'altra.

J. Completa ciascuna *(each)* frase con una preposizione semplice (**in, a,** ecc.) o articolata (**nel, alla,** ecc.), secondo il caso *(as required by each case)*.

1. In quella sala d'aspetto, servono il caffè solo _____ banco, ma nell'altra lo servono anche _____ tavolo.
2. _____ bar di quell'aeroporto, servono solo il caffè, non le paste.
3. L'aeroporto non è vicino _____ centro.
4. Per andare _____ centro, devi uscire a sinistra _____ aeroporto.
5. Generalmente vado all'aeroporto _____ macchina.
6. Appena avrò preso su *(picked up)* il mio amico _____ aeroporto, andrò _____ casa.

Sei mai stato(-a) a Roma?

K. Completa ogni frase usando la parola/l'espressione adatta. Le seguenti parole/ espressioni possono essere usate una volta sola *(The following words/expressions can be used only once)*. Naturalmente, i nomi e i verbi dovranno essere nella forma adatta (singolare, plurale, presente indicativo, passato prossimo, ecc.).

> **vietato fumare, niente da dichiarare, orario, valuta straniera, ora, qualcosa da dichiarare, di sì, di no, arrivo, fare, toletta, posto *(seat),* documento, modulo, finestrino, corridoio, coincidenza, prenotazione, impiegato, pensarci**

1. —A che _____ è la partenza? —Alle sette precise e l'aereo è in _____.
2. In questa sala d'aspetto è _____.
3. Alla dogana mi hanno chiesto se avevo portato *(had brought)* con me della _____.
4. Alla dogana io non avevo _____, ma la mia amica, invece, aveva _____.
5. —Parte alle diciotto? —Penso _____. E per quando è previsto l'_____?
   —Non lo so. Arriverà in orario? —No, penso _____.
6. —Con quale compagnia viaggi? —Ho _____ il biglietto con l'Alitalia.
7. Scusi, signorina, dov'è la _____? Non mi sento molto bene.
8. Io sono al _____ numero 27D, e tu?
9. Ha qualche _____ con Lei, per esempio, un passaporto?
10. —Per passare la dogana, bisogna compilare *(to fill out)* questo _____.
    —Va bene, _____ io!
11. Io preferisco sedermi vicino al _____, ma il mio posto è vicino al _____.
12. A che ora c'è la _____ per Milano?
13. Non ho fatto una _____. Allora vada subito dall'_____.

1. Che tipo di biglietto è?
2. Dove ha fatto il biglietto il viaggiatore?
3. Per dove l'ha fatto?
4. Quando l'ha fatto?

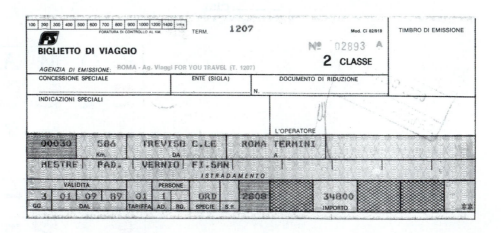

◆ ◆ ◆ Studio della grammatica ◆ ◆ ◆

PRONOMI DOPPI

When a sentence in Italian contains both a direct and an indirect object pronoun, the following patterns are to be observed:

- the indirect object pronoun precedes the direct object pronoun; and both normally precede the verb.

- the indirect object pronouns **mi, ti, ci,** and **vi** become **me, te, ce, ve** before **lo, la, li, le,** and **ne.**

Gianni mi ha dato i biglietti.	*Gianni gave me the tickets.*
Me li ha dati.	*He gave **them to me.***
Ti ho scritto una lettera ieri.	*I wrote you a letter yesterday.*
Te l'ho scritta ieri.	*I wrote **it to you** yesterday.*
Chi ci darà la carta d'imbarco?	*Who will give us the boarding pass?*
Chi **ce la** darà?	*Who will give **it to us?***

Note that agreement between the past participle and the direct object pronoun still holds.

- The indirect object pronouns **gli** *(to him),* **le** *(to her)* and **Le** *(to you)* (courtesy form) become **glie-** before **lo, la, li,** and **ne** and are attached to them to form one word.

Gianni gli ha dato il biglietto.	*Gianni gave him the ticket. He*
Gliel'ha dato.	*gave **it to him.***
L'impiegato le ha fatto una prenotazione. **Gliel'**ha fatta.	*The clerk made a reservation for her. He made **it for her.***

PRONOMI RIFLESSIVI

This pattern applies as well to reflexive pronouns.

Carlo non si lava mai le mani.	*Carlo never washes his hands.*
Non **se le** lava mai.	*He never washes them.*
Maria, perché non ti sei messa il cappotto? Perché non **te lo** sei messo?	*Maria, why didn't you put on your coat? Why didn't you put it on?*

In compound tenses, the agreement between direct object pronoun and past participle holds for reflexive verbs as well, i.e. it takes precedence over the previous agreement between the past participle and the subject.

Maria si è provata il cappotto.	*Maria tried on the coat. She tried*
Se **lo** è provat**o**.	*it on.*
Marco si è messo i guanti. Se **li** è messi.	*Marco put the gloves on. He put them on.*

PRONOMI TONICI

There is another type of pronoun, called a "stressed" pronoun, which comes after a verb.

me	*me*	**noi**	*us*
te	*you*	**voi**	*you*
Lei	*you (pol.)*	**Loro**	*you (pol.)*
lui	*him*	**loro**	*them*
lei	*her*		

In general, stressed pronouns can replace object pronouns. They must be used:

• after prepositions.

Vieni **con me!**	*Come **with me!***
Carlo mi ha parlato **di loro.**	*Carlo has spoken to me **of them.***
Questo biglietto è **per lei,** non **per lui.**	*This ticket is **for her,** not **for him.***

• when a verb has several pronouns, to avoid ambiguity.

Ha telefonato **a me,** non **a te.**	*He called **me,** not **you.***

• for emphasis.

Ha dato i biglietti **a me,** non **a lui!**	*He gave the tickets **to me,** not **to him!***
Tocca **a te!**	*It's **your** turn!*

PRONOUN ATTACHMENTS

Remember that object pronouns are attached to some imperative forms (**Capitolo** 9), to infinitives, and to **ecco** (**Capitolo** 6).

Scrivi la lettera a tua cugina!	Scri̲**gliela!** *(Remember to keep the stress on the verb.)*
Voglio dare la carta d'imbarco a tua sorella.	**Gliela** voglio dare./Voglio da̲r**gliela.**
Ecco il biglietto per Lei.	E̲cco**glielo.**

Don't forget to double the first consonant with apostrophized imperative verb forms.

Da' il biglietto a me.	**Dammelo!**

Applicazione   **L.** Tu e la tua famiglia state parlando. I diversi membri *(different members)* della tua famiglia ti fanno una serie di domande *(ask you a series of questions)*. Tu rispondi in modo appropriato e affermativamente come nel modello. Con un compagno/una compagna svolgete insieme le seguenti conversazioni.

MODELLO: Ti ho dato i biglietti?
Sì, me li hai dati.
Hai dato il passaporto a tua sorella?
Sì, gliel'ho dato.

In aereo

1. Hai chiesto il numero del volo al bigliettaio *(ticket agent)*?
2. Hanno dato le carte d'imbarco ai nostri genitori?
3. Ti sei allacciato(-a) la cintura di sicurezza?

In vacanza

4. Vi hanno dato i biglietti?
5. Hai preso i moduli per tuo fratello?
6. Hai portato i documenti a tua madre?

In treno

7. Ci hanno dato i posti?
8. Mi hai dato i biglietti?
9. Ti sei portato(-a) il bagaglio?

M. Rispondi in modo enfatico *(emphatic)*, come nel modello.

MODELLO: Te li hanno dati?
Sì, li hanno dati a me!

1. Ce l'hanno portata?
2. Ve li hanno dati?
3. Te lo ha fatto?
4. Gliele hanno date (a tua sorella)?
5. Gliele hanno date (a tuo fratello)?
6. Gliel'hanno servito (a tua madre e tuo padre)?

ROMA OSTIENSE · ROMA TRASTEVERE
FIUMICINO AEROPORTO
(O VICEVERSA)

L. 5.000   49369   D

VALIDO PER UN VIAGGIO

Quanto costa il biglietto per l'aeroporto?

N. Diversi membri della tua famiglia ti fanno le seguenti domande mentre siete in un aeroporto. Prima rispondi in un modo appropriato. Poi di' alla persona di dare l'oggetto alla persona che hai scelto.

MODELLO: Devo dare il passaporto a te o a tua sorella?
Lo devi dare a me, non a lei! / Lo devi dare a lei, non a me.
Dammelo! / Daglielo!

1. Devo dare la carta d'imbarco a lui o a voi?
2. Devo dare il posto vicino al finestrino a te o al tuo amico?
3. Devo dare i biglietti a tuo padre o a tua madre?
4. Devo dare il modulo a te o a tuo fratello?
5. Devo dare l'altra carta d'imbarco a Daniela o a Cristoforo?

◆ ◆ ◆ Studio della comunicazione ◆ ◆ ◆

TIME EXPRESSIONS: UN RIPASSO!

In the first nine chapters you encountered the following words and expressions which allow you to relate events in time.

adesso/ora	*now*	**oggi**	*today*
allora	*then*	**ora**	*(watch) time*
appena	*as soon as*	**ormai**	*by now*
domani	*tomorrow*	**poi**	*then*
dopo	*after*	**presto**	*early*
generalmente	*generally, usually*	**prima (di)**	*before*
già	*already*	**sempre**	*always*
ieri	*yesterday*	**spesso**	*often*
in anticipo	*early*	**stasera**	*tonight*
in orario	*on time*	**subito**	*right away*
in ritardo	*late*	**tardi**	*late*
mai	*never, ever*	**tempo**	*time (in general)*
mentre	*while*	**volta**	*time (occurrence)*

Here are two more:

di s<u>o</u>lito	*usually*
durante	*during*

◆

Applicazione   **O.** Completa ogni breve conversazione in modo appropriato, formando frasi in base alle espressioni di tempo date *(forming sentences on the basis of the given time expressions).*

1.   VIAGGIATORE: Parte adesso il volo per New York?

        IMPIEGATO: È _____ partito.

        VIAGGIATORE: Ah sì? Ma quando è partito?

        IMPIEGATO: Tanto _____ fa.

        VIAGGIATORE: Impossibile! Ero nella sala d'aspetto due ore fa!

2.   PASSEGGERO: A che ora è previsto il decollo?

        ASSISTENTE: _____ delle sedici.

        PASSEGGERO: Le sedici? Allora siamo in ritardo?

        ASSISTENTE: No, signore, siamo _____ .

P. Completa le seguenti frasi, mettendo il verbo alla forma adatta.

    MODELLO: Di solito noi (viaggiare) _____ con l'Alitalia, ma oggi (andare) _____ con la TWA.

        Di solito noi viaggiamo con l'Alitalia, ma oggi andiamo/andremo con la TWA.

1. Appena il comandante (terminare) _____ di fare il decollo, gli assistenti (servire) _____ il caffè.
2. Durante il viaggio in treno, io (guardare) _____ sempre fuori dal finestrino, mentre mia sorella (ascoltare) _____ la musica con il suo «walkman».
3. Il volo (partire) _____ tra due minuti. (Essere) _____ in anticipo.
4. È da questa mattina che (noi aspettare) _____ nella sala d'aspetto.
5. I miei genitori (viaggiare) _____ spesso con l'Alitalia, ma domani (viaggiare) _____ con l'Air Canada.
6. Prima (noi/andare) _____ a prendere un caffè insieme, e poi (noi/potere) _____ andare in spiaggia o a fare una passeggiata *(stroll)*.

1. Conosci questa città?
2. Ci sei mai stato(-a)?

Q. Tocca a te! Descrivi la tua vacanza ideale, includendo:

- il tipo di vacanza che vorresti fare
- i mezzi di trasporto *(means of transportation)* che preferisci
- il tipo di albergo o di alloggio che preferisci
- dove vuoi stare
- le attività che preferisci
- con chi vorresti andare

IL MOMENTO CREATIVO ◆

R. Tu ed un amico/un'amica siete ad un agenzia di viaggi e state programmando un viaggio. Chiedete/Dite all'agente...

- dove potete andare in vacanza economicamente
- che tipo di alloggi preferite (albergo, pensione o ostello[1])
- quale linea aerea è la migliore per le vacanze economiche
- quali nazioni preferite visitare
  ecc.

Mettete in scena una conversazione nella quale l'agente vi descriverà una vacanza ideale.

FASE 2ª Ascolto

Ascolta attentamente la conversazione. Sei capace di determinare:

- chi sono i passeggeri.
- con quale linea aerea e con quale volo viaggeranno.
- dove andranno e perché.
- quali posti hanno ricevuto.

---

[1] La pensione è un albergo che include generalmente il vitto *(food)* nel prezzo; l'ostello è un albergo dove possono stare i giovani economicamente.

Riconoscimento

Ecco la carta d'imbarco
di un viaggiatore.

1. In quale aeroporto ha ricevuto la carta d'imbarco?
2. Qual è il numero del suo volo?
3. Qual è la data del volo?
4. Da quale uscita deve imbarcare?
5. Quale posto ha ricevuto?
6. Fino a quando deve conservare la carta d'imbarco?
7. Se vuole cambiare posto, che cosa deve fare?

FASE 3ª Lettura

ALL'AEROPORTO

was called

I felt annoyance/line

one grows old/hates/crowd

Or/grows

in which/soon

disappear

was

in the course of events

glass cage

fake leather couch/carry-on
   luggage

by right/belonged

ask/glance

who would have asked me/to move

windy

resemble each other

foreign/recognize

Il volo di Roma era chiamato°.

Dopo qualche istante, provavo il fastidio° di dovermi mettere in coda° tra i passeggeri, sulla rampa che saliva all'uscita numero tre.

Desideravo intorno a me, il più possibile, spazio e solitudine. Appena invecchia°, uno odia° la calca°. Che cos'è? L'impressione che manchi il respiro? Oppure°, odiamo questo simbolo della vita che continua, dell'umanità che cresce°, di un mondo in cui° c'è sempre meno posto per noi, e da cui presto° dovremo sparire°?

E perché riflettevo sul fatto che tre fosse° il numero dell'uscita? Un numero può avere importanza, nel susseguirsi degli avvenimenti°: a volte ignoriamo il motivo e continuiamo a ignorarlo fino alla fine della nostra vita; a volte, invece, lo sappiamo perfettamente: ma poi, dimentichiamo.

Mi ero seduto presso l'uscita numero tre, in un angolo della gabbia vetrata°, sul basso divano di vimpelle°. Tenevo la valigetta° tra le gambe, non tanto per non occupare un posto o, più esattamente, un mezzo posto che, dal punto di vista giuridico°, spettava° solo alla persona fisica di un altro passeggero, quanto per evitare di sentirmi interpellare°: «Scusi, sa?» e di incontrare lo sguardo° di qualcuno che mi avrebbe pregato° di spostare° la valigetta.

Era il tardo pomeriggio di una giornata d'aprile, serena sì, ma ventosa°, ancora fredda... Gli aeroporti, dentro, si assomigliano° tutti. Immaginavo di trovarmi in un paese straniero°, dove le possibilità di riconoscere° qualcuno e di essere riconosciuto erano ridotte al minimo.

(Da: *L'attore* di Mario Soldati)

Attività

A. Completa il seguente brano con le parole o le espressioni adatte (potrai trovarle nel brano a pagina 297).

1. I passeggeri salgono in aereo dopo alcuni _____ .
2. Uno dei passeggeri ha provato _____ perché era molto tempo che aspettava in _____ sulla _____ che saliva all'uscita numero otto.
3. Il passeggero desiderava _____ a sé il più _____ spazio e _____ .
4. In coda comincia a _____ sul fatto dell'_____ del numero dell'uscita e della calca come *(as)* _____ della vita e dell'_____ .
5. Pensa tra sé: «Appena uno _____, comincia a _____ la _____ di gente come quella negli aeroporti».
6. «Quando sono tra la calca mi manca il _____».

B. Metti alla forma corretta i verbi **salire** e **mancare** secondo il caso *(as required)*.

1. Mentre i passeggeri _____ all'uscita numero otto, una signora non trova la rampa.
2. Signora, _____ all'uscita numero otto, le dice un altro passeggero!
3. La signora pensa tra sé: «Ho sempre troppe cose da fare! Mi _____ il tempo! E allora dimentico tutto.»
4. La signora trova l'uscita e _____ in aereo.

C. Accoppia *(Match)* le frasi a sinistra con quelle a destra, formando delle frasi intere *(entire)*. Attenzione! Nella colonna a destra ci sono due frase in più.

1. A volte ignoriamo
2. Un numero può avere importanza
3. Fino alla fine della nostra vita
4. Era il tardo pomeriggio
5. Gli aeroporti dentro
6. Lui immaginava di trovarsi
7. All'aeroporto ho riconosciuto
8. Le possibilità di essere riconosciuto in una calca

a. nel susseguirsi degli avvenimenti
b. sono ridotte al minimo
c. qualcuno che non vedevo da tanto tempo
d. si assomigliano tutti
e. sempre in orario
f. dimentichiamo di fare tante cose importanti
g. il motivo per cui facciamo qualcosa
h. dobbiamo sparire dal mondo
i. di una giornata serena ma ventosa
j. in un paese straniero

D. Discussione in classe!

1. Per quale motivo provava fastidio il passeggero?
2. Che cosa cercava nell'aeroporto? Perché?
3. Qual è il simbolo della vita che continua?
4. Perché, secondo il passeggero, possono avere importanza i numeri?
5. Descrivi la sala d'aspetto dal punto di vista del passeggero.
6. Perché non vuole essere riconosciuto?
7. Questa lettura descrive un aeroporto tipico? Perché?
8. Descrivi le tue impressioni quando sei in un aeroporto tipico o nella cabina di un aereo.

> Provi fastidio?
> Ti piace stare in coda?
> Che cosa fai se riconosci qualcuno?
> Quali sono le tue impressioni prima del decollo? Durante il viaggio? Durante l'atterraggio?

9. Ti piace viaggiare? Quali posti vuoi visitare? Perché?

Nel centro di Roma vicino a Piazza Navona e Campo de' Fiori

ALBERGO DEL "SOLE"
★ ★
al biscione
Roma

Che tipo di alloggi preferite (albergo, pensione o ostello)?

FASE 4ª Punto di arrivo

Attività varie

A. Opinioni e discussione.

1. Hai paura di viaggiare in aereo?
2. Quali paesi hai visitato?
3. Quali ti sono piaciuti? Perché? Quali non ti sono piaciuti? Perché?
3. Hai una linea aerea preferita? Quale? Perché?
4. Con quali linee hai volato? Com'era ognuna?
5. Secondo te, si dovrebbe proibire il fumo *(should smoking be prohibited)* in aereo? Perché sì/no?
6. Preferisci andare in campagna, in montagna o al mare?

B. Situazioni tipiche. Scegli la risposta logica alle seguenti domande e affermazioni.

Ad un banco d'accettazione

1. Con quale compagnia aerea viaggia?
   - Con la FIAT.
   - Con l'Alitalia.
2. Il volo è in orario?
   - Sì, è partito due minuti fa.
   - Sì, l'imbarco è previsto tra due minuti.
3. Vuole fare il biglietto?
   - Sì, di andata e ritorno.
   - Sì, ci penserò quando sarò là.
4. Per quale classe desidera fare il biglietto?
   - Per la sala d'aspetto.
   - Per quella turistica.
5. Ecco la Sua carta d'imbarco.
   - La sala d'aspetto è qui davanti.
   - I biglietti, per favore.
6. La partenza è prevista tra un'ora
   - al banco d'accettazione
   - all'uscita 3D

In cabina

7. Sono il comandante Tozzi...
   - il tempo è bello e quindi l'atterraggio è previsto per l'orario prestabilito.
   - Buon viaggio!
8. I passeggeri sono pregati di
   - allacciarsi le cinture di sicurezza
   - spedire le loro valige

9. Signorina/Signore, dov'è
   - la toletta?
   - il suo posto?
10. Scusi, ma io ho chiesto un posto
    - in cabina
    - vicino al finestrino

11. Scusi, mi può dare
    - il corridoio?
    - una rivista?
12. Scusi, signore, ma qui
    - è vietato fumare
    - non c'è l'impiegato

Alla dogana

13. Ha qualcosa
    - da dichiarare?
    - sul modulo?
14. No, non ho niente
    - da dichiarare
    - sul mio modulo

15. Ha portato con sé
    - la coincidenza?
    - della valuta straniera?
16. Ha un altro
    - momento?
    - documento?

C. Giochiamo!

Franca, Maria, Tina e Claudia sono tre amiche. Sono all'aeroporto. Partono insieme per un viaggio. Una delle amiche di solito ama fare scherzi *(to play jokes)*. Questa volta ha rubato *(stole)* il passaporto di Claudia.

Al banco d'accettazione Claudia si accorge che non ha il passaporto e allora esclama *(she exclaims)*, «Dov'è il mio passaporto?»

Franca risponde, «Non l'ho preso io!»

Maria aggiunge *(adds)*, «È vero, non l'ha preso Franca!»

Infine, Tina dice, «Nessuna delle due ha detto la verità *(truth)*!» Se solo Tina ha detto la verità, *chi* ha rubato il passaporto?

D. Compiti comunicativi.

1. Sei nel terminal e stai camminando *(are walking)* con un amico/un'amica verso il banco d'accettazione. Chiedi al tuo compagno/alla tua compagna se...

   MODELLO: ha portato il passaporto
   Hai portato il passaporto?

   Il tuo amico/La tua amica (interpretato[-a] da un altro studente/un'altra studentessa) ti risponderà come nel modello.

   MODELLO: *Certo che l'ho portato!*

   Chiedi al tuo amico/alla tua amica se...
   a. ha portato tutti i bagagli   b. ha già spedito le valige   c. si è ricordato(-a) *(remembered)* di portare il bagaglio a mano   d. ti ha già dato i biglietti   e. ha portato gli assegni turistici

2. Sei un assistente/un'assistente di volo per l'Alitalia. Di' ai tuoi passeggeri di...

> MODELLO: sedersi
> *Si siedano. / Sedetevi!*

a. allacciarsi le cinture di sicurezza   b. prepararsi per il decollo
c. prepararsi per l'atterraggio   d. sedersi perché tra poco sarà servito(-a) il pranzo/la cena

3. Di' a un passeggero specifico/a una passeggera particolare che...

> MODELLO: servirai la cena *(now)*
> *Servirò la cena adesso/ora.*

a. *(first)* servirai la cena e *(then)* ci sarà il film   b. *(as soon as)* il decollo sarà terminato gli/le darai una rivista   c. *(after)* la cena gli/le darai il caffè
d. l'arrivo è previsto *(early)*   e. gli/le porterai un bicchiere d'acqua *(right away)*

Attività scritte

1. Prepara un manifesto *(ad)* simile per una gita a Roma.

2. Scrivi un breve componimento *(composition)* su uno dei seguenti temi, leggendolo poi in classe e cercando di convincere *(convince)* gli altri che il tuo punto di vista *(point of view)* è valido.

a. Le ragioni per cui *(for which)* preferisco non viaggiare in aereo / in treno / in macchina
b. Le ragioni per cui di solito preferisco viaggiare in aereo / in treno / in macchina

Simulazioni Lavorando in gruppi, selezionate una delle seguenti situazioni da mettere in scena davanti alla classe.

1. Nel terminal

Due viaggiatori della stessa famiglia vanno al banco d'accettazione dell'aeroporto Leonardo Da Vinci a Roma dove c'è un'impiegata. I due vogliono andare a New York con l'Alitalia, ma non hanno ancora fatto i biglietti. Quando li hanno fatti, l'impiegato dice a loro che l'aereo è in ritardo. Mentre aspettano si mettono a parlare della loro vacanza.

2. In aereo

Il comandante annuncia il decollo. Gli assistenti di volo preparano i passeggeri per il decollo. Uno dei passeggeri ha paura di volare *(to fly)*. Allora, uno degli assistenti cerca di convincerlo/-la *(tries to convince him/her)* che non c'è pericolo *(danger)* viaggiare in aereo. Il dialogo può terminare in uno dei seguenti due modi: (a) il passeggero si convince *(becomes convinced)* che non c'è pericolo; (b) il passeggero continua ad avere paura e allora gli assistenti devono fare qualcosa per calmarlo/-la.

Lessico utile

Nomi

l'accettazione *(f.)* check-in
l'agente *(m.)* agent
l'aereo airplane (**in aereo** on the plane)
l'aeroporto airport
l'albergo hotel
l'arrivo arrival
l'assegno turistico traveler's check
l'assistente *(m./f.)* **di volo** flight attendant
l'atterraggio landing
il bagaglio baggage, luggage
il banco d'accettazione *(f.)* check-in counter
il biglietto ticket
la camera hotel room
la carta d'imbarco boarding pass
la cintura di sicurezza seatbelt
il corridoio aisle

il decollo takeoff
la dogana customs
l'equipaggio di bordo flight crew
il fatto fact
la fine end
il finestrino window
la gita tour
la linea (la compagnia) aerea airline
il modulo form (to fill out)
l'orario time
il paese country
la partenza departure
il passaporto passport
il passeggero/la passeggera passenger
la persona person
la possibilità possibility
il posto seat

la prenotazione reservation
la sala d'aspetto waiting room
l'uscita gate, exit
la vacanza vacation
la valigia suitcase
il viaggiatore/la viaggiatrice traveler
il viaggio trip
il volo flight

Aggettivi

fisico physical
possibile possible
previsto scheduled
pronto ready
ridotto reduced
straniero foreign
tardi late
ventoso windy

Verbi

allacciare *to fasten*
annunciare *to announce*
assomigliare *to resemble*
fumare *to smoke*
immaginare *to imagine*
incontrare *to encounter, meet*
mancare *(ess.) to lack*
odiare *to hate*
permettere *to permit, allow*
riconoscere *to recognize*
salire *to go up, climb*
sentire *to hear*
sparire (-isc-) *(ess.) to disappear*
spedire (-isc-) *to send (on)*
viaggiare *to travel*

Altri vocaboli/Espressioni

durante *during*
fare il biglietto *to buy a (travel) ticket*
fino a *until*
intorno *around*
oppure *or else*
pensarci *to think about (something)*
prima di *before*
qualcuno *someone*
vietato fumare *no smoking*

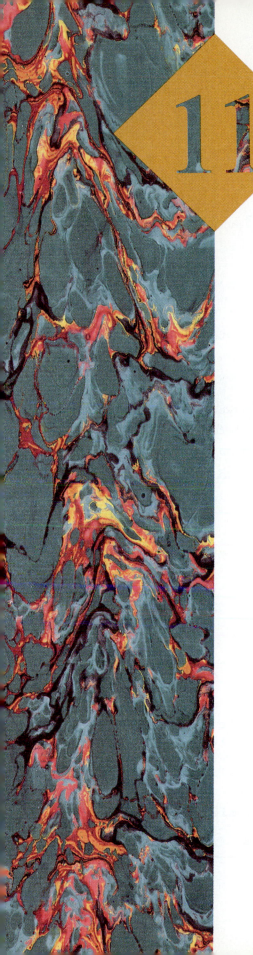

11

CARA SILVIA...

LANGUAGE FUNCTIONS

Describing events in the distant past
Using ordinal numbers

GRAMMATICAL STRUCTURES

Past Absolute   Adverbs

CULTURE

Types of letters   **I fotoromanzi**

305

FASE 1ª   Punto di partenza

UNA LETTERA FAMILIARE

Firenze, 3 maggio 1991

Cara Silvia,

sono ormai tre anni che non ci vediamo e sento molto la tua mancanza. Ti ricordi quando andammo insieme a Roma sei anni fa? Passammo due settimane bellissime, no?

Ho saputo che ti sei sposata, e recentemente ho ricevuto la bella notizia che stai aspettando un bambino! Insieme a tutta la mia famiglia ti invio mille auguri e felicitazioni!

Affettuosamente,

Maria

Mancanza: absence

Ti ricordi: Do you remember

notizia: news

ti invio: I send

UNA LETTERA COMMERCIALE

Milano, 4 aprile 1992

Gentile signor Bressani,

scrivo per ringraziarLa° molto per la Sua recente lettera in cui allega° il Suo secondo ordine di capi di abbigliamento. La informo che Le ho mandato la merce° commissionata° molte settimane fa tramite° ferrovia.

RingraziandoLa, Le porgo[1] i miei saluti,

D. Landi

to thank you
enclose

merchandise/ordered
by

---

[1] Inf.: **porgere**; p. pass.: **porto**

UNA LETTERA FORMALE

Napoli, 1 ottobre 1992

Spett.le Ditta, I.S.A.P.L.
Via Nazionale, 34
00145 Roma

la sottoscritta°, residente a Napoli in via Rossini, 24, chiede di essere assunta°[2] al posto di ragioniere° proposto° tramite avviso° comparso° sul *Corriere della Sera.*

La sottoscritta ha buona conoscenza dell'inglese e attualmente è impiegata presso° la Ditta Cristaldi, che però intende[3] lasciare per migliorare la propria posizione.

La sottoscritta allega curriculum vitae, fotografia e fotocopia del diploma.[4]

La sottoscritta ringrazia e saluta distintamente,

Daniela Barelli

(margin glosses)
undersigned
hired
accountant/advertised/ad
appearing

at

⊙ OCCHIO ALLA LINGUA!

Nota che **attuale** è un «falso amico» che significa *present* non *actual.*
Il verbo **inviare** ha due **i** nella seconda persona singolare del presente indicativo (**tu invii**) e nella terza persona singolare dell'imperativo (**[Lei] invii**).
La frase **sono tre anni che non ci vediamo** significa letteralmente *It's been three years since we have seen each other.*
Nota come si dice *in the newspaper:* **sul giornale.**

⊙ OCCHIO ALLA CULTURA!

Il *Corriere della Sera,* pubblicato a Milano, è uno dei maggiori giornali italiani. Questo giornale si può considerare l'equivalente del *New York Times.* Due altri **quotidiani** *(daily newspapers)* importanti sono *La Repubblica* e *Il Messaggero.*

---

[2] **p. pass.** del verbo **assumere.**

[3] **infinito: intendere; p. pass.: inteso.**

[4] È un nome maschile: **il diploma** (pl.: **i diplomi**).

Comprensione

A. Correggi le seguenti affermazioni.

1. *La lettera familiare:* a. Sono due anni che Maria e Silvia non si vedono. b. Sei anni fa, a Roma, le due amiche passarono tre bellissime settimane insieme. c. Maria si è sposata e sta aspettando un bambino. d. Maria abita a Milano.
2. *La lettera commerciale:* a. Il signor Landi ha allegato un ordine di capi di abbigliamento con la sua lettera. b. Lui ha inviato la merce commissionata tramite aereo.
3. *La lettera formale:* a. La signorina Daniela Borrelli abita in via Nazionale a Roma. b. Il posto di ragioniere che la signorina Borrelli vuole avere è presso la Ditta Cristaldi. c. La signorina Borrelli ha letto l'avviso sul *Messaggero.* d. La signorina Borrelli vuole lasciare il suo attuale posto perché abita lontano.

B. Completa ogni frase con la forma appropriata dei nomi dati.

> **avviso, conoscenza, diploma, ferrovia, fotocopia, fotografia, lettera, mancanza, merce, ordine, posizione, posto, ragioniere, residente, sottoscritta**

1. Il posto è stato proposto tramite _____ sul giornale.
2. La _____ ringrazia e saluta distintamente.
3. Lui ha mandato la _____ tramite ferrovia.
4. La signorina è _____ a Napoli.
5. Il _____ che ho visto sul giornale tramite avviso è per la Ditta Cristaldi.
6. Lo hanno assunto come _____.
7. Le ho inviato l'_____ la settimana scorsa.
8. Ti scrivo spesso perché sento la tua _____.
9. Con quel nuovo lavoro voglio migliorare la mia _____.
10. Quell'impiegata ha una buona _____ dell'inglese.
11. Fammi vedere come si scrive una _____ commerciale in italiano!
12. Le mando anche una fotocopia del mio _____.
13. Ho solo una _____ del mio curriculum vitae.
14. Non ho una _____ di me! La devo fare.
15. Le ho spedito la merce tramite _____.

C. Adesso completa ogni frase, mettendo l'infinito di ogni verbo nella sua forma appropriata.

1. Sono ormai tanti anni che io (sentire) la tua mancanza.
2. Ieri io non ti (salutare) perché non ti ho visto.
3. Giovanni, (ringraziare) subito tua sorella!
4. Maria, (ricordarsi) di me!
5. Le (porgere) i miei più distinti saluti.
6. Nella mia ultima lettera io non (allegare) una fotocopia dell'ordine.

7. La sua posizione di lavoro (migliorare) molto se andrà a lavorare per quella ditta.
8. Claudia, perché non gli (inviare) subito anche una copia del tuo curriculum?
9. Anche lui (intendere) lavorare per quella ditta.
10. Loro mi (informare) tramite lettera due giorni fa.

D. Completa ogni frase con un aggettivo adatto, nella sua forma appropriata.

affettuoso, commerciale, commissionato, comparso, distinto, familiare, formale, recente

1. Non so ancora scrivere le lettere _____ in italiano; solo quelle commerciali e quelle formali.
2. Dovrò scrivere una lettera _____ per ordinare *(to order)* quella merce.
3. Per cercare un posto di lavoro dovrò scrivere una lettera _____ a qualche ditta.
4. Non Le abbiamo ancora mandato la merce _____.
5. Le due amiche si sono mandate dei saluti _____.
6. Quell'avviso è _____ sul giornale.
7. Le mando i miei più _____ saluti.
8. Quella è stata una scoperta _____ per me.

Espansione

E. Svolgi i seguenti compiti comunicativi *(Perform the following communicative tasks)*.

MODELLO: Say that you wrote the letter yesterday.
Ho scritto la lettera ieri.

Say . . .

1. that you sent the merchandise by railroad.
2. that you did not, however, enclose a photocopy of the bill.
3. that in order to find a job you must look at the newspaper ads.
4. that you wrote very recently.
5. that presently you work for a big company.

F. Scrivi una risposta a ognuna delle lettere. Poi leggi ogni risposta in classe.

1. Cara Maria,...
2. Gentile signor Landi,...
3. Gentile signorina Borrelli,...

la Repubblica
Direttore Eugenio Scalfari
Il Messaggero

◆ ◆ ◆ Studio del lessico ◆ ◆ ◆

SCRIVIAMO IN ITALIANO!

la busta   la carta   la cartolina

la gomma   l'inchiostro   la macchina da scrivere

la matita   la pagina   la penna

il processore   la riga   il taccuino

il francobollo

il destinatario

l'indirizzo

il codice postale

il mittente

ALTRI VOCABOLI

l'affrancatura	*postage*
per via aerea	*airmail*
la posta	*mail*
mandare / spedire (-isc-) / inviare	*to send*
impostare / imbucare	*to mail*

I NUMERI ORDINALI

The ordinal numbers from the *first* to the *tenth* are as follows:

1st	**primo**	5th	**quinto**	9th	**nono**
2nd	**secondo**	6th	**sesto**	10th	**decimo**
3rd	**terzo**	7th	**settimo**		
4th	**quarto**	8th	**ottavo**		

To form any other successive ordinal number, drop the final vowel of the cardinal number and add the suffix **-esimo.**

11th	**undicesimo**
12th	**dodicesimo**
124th	**centoventiquattresimo**

If the cardinal number ends in **-trè** or **-sei,** keep the final (unaccented) vowel before adding **-esimo.**

23rd	**ventitreesimo**
53rd	**cinquantatreesimo**
26th	**ventiseiesimo**
56th	**cinquantaseiesimo**

Ordinal numbers are adjectives placed before the noun, so they must agree with the noun they modify.

il ventitreesimo piano	*the twenty-third floor*
la terza ragazza	*the third girl*
le prime giornate	*the first days*

For this reason, the numerical form of the ordinal includes a vowel indicating the agreement:

il **23°** piano
la **3ª** ragazza
le **1ᵉ** giornate

PARTICOLARITÀ

- The adjective **caro** means *dear* when it comes before the noun. After the noun it means *expensive.*
- Here are a few more adjectives that change meaning according to their placement:

BEFORE	AFTER
Lui è un **povero** ragazzo.	Lui è un ragazzo **povero.**
He is a poor (unfortunate) boy.	*He is a poor boy (i.e., has little money).*
Lei è una **vecchia** amica.	Lei è un'amica **vecchia.**
She is an old friend (i.e., known for many years).	*She is an old friend (i.e., aged).*

- The adjective **il proprio** means *own/very own.*

L'ho visto con i miei propri occhi.   *I saw him with my very own eyes.*

◆

Applicazione   **G.** Scegli la frase che definisce *(defines)* ogni parola e poi forma una frase che illustra il suo significato *(meaning).*

MODELLO: busta
La busta si usa per spedire una lettera.
Ieri ho dimenticato di mettere l'indirizzo sulla busta che ho spedito in Italia.

1. carta
   - si usa *(it is used/one uses it)* per spedire le lettere
   - si usa per scrivere le lettere
2. inchiostro
   - è un tipo di lettera
   - è un tipo di liquido che si usa per scrivere

3. lettera
  - è una cosa che si scrive o si legge
  - è una cosa che si usa per cancellare
4. macchina da scrivere
  - si usa per scrivere solo lettere
  - si usa per scrivere lettere e indirizzi (sulle buste)
5. matita
  - è un oggetto per scrivere
  - è un oggetto per leggere
6. pagina
  - è un oggetto per scrivere
  - è un foglio di una lettera o di un libro
7. penna
  - è un oggetto per scrivere
  - è un tipo di carta
8. processore
  - è una macchina per scrivere
  - è un tipo di lettera
9. riga
  - è un oggetto che permette di unire i fogli di carta
  - è un oggetto che permette di disegnare linee *(to draw lines)*
10. taccuino
  - è un quadernetto
  - è una letterina

H. Che cosa hai fatto ieri? Ecco le cose che hai fatto ieri. Le stai scrivendo nel tuo diario. Completalo con la forma appropriata della parola o dell'espressione data.

> **affrancatura, estero, busta, cartolina, codice, destinatario, francobollo, indirizzo, mittente, pacco, via aerea, posta, telegramma, ufficio postale, impostare, mandare**

1. Ieri io _____ quella lettera.
2. E l'ho mandata per _____.
3. Ma purtroppo, non mi ricordavo se ci avevo messo l'_____ giusta *(correct)*.
4. Allora sono andato(-a) all'_____ e ho spedito una fotocopia della lettera.
5. L'impiegato mi ha chiesto di mettere sulla _____ anche il nome del _____, cioè il mio nome.
6. Allora assieme *(together)* all'indirizzo del _____, ci ho scritto anche il mio nome, il mio _____, e il mio _____ postale.
7. Mentre ero all'ufficio postale, ho deciso di mandare anche un _____ di auguri in Italia per il compleanno di mio cugino.
8. Poi gli ho inviato anche un _____ di libri in lingua inglese.
9. Dopo ho deciso di _____ una _____ a mia zia.
10. L'affrancatura per le cartoline all'_____ è molto alta.
11. Allora ho dovuto comprare tanti _____.
12. Oggi costa molto comunicare per _____!

I. Mentre tu e un collega/una collega state aspettando l'ascensore *(elevator)* dell'edificio dove lavorate, tu chiedi al tuo collega/alla tua collega dove lavorano certe persone. Svolgi ogni mini-dialogo con uno studente/una studentessa. Inventa i nomi liberamente.

MODELLO: **24**

S1:   *A che piano lavora Spinelli?*

S2:   *Lavora al ventiquattresimo piano.*

1. **33**   2. **4**   3. **1**   4. **21**   5. **17**   6. **10**   7. **16**   8. **31**

J. Completa la seguente lettera familiare con la forma appropriata delle parole date.

povero (due volte), **vecchio, tuo, metà, caro, grande**

_____ Gianfranco,

ti informo che ieri ho ricevuto la tua lettera. Era tanto tempo che non ci scrivevamo. _____ te! Sei ancora senza lavoro! Siamo tutti e due_____ adesso. Mi dispiace! Perché non vieni a stare con noi per un po' di tempo? Sei un _____ e caro amico, e tutti noi ti ricordiamo con nostalgia. Puoi avere la _____ camera, perché i miei genitori hanno una casa _____. Una _____ della casa è, infatti, vuota *(empty)*.

Scrivimi e fammi sapere che cosa ne pensi!

Tuo
Carlo

K. Tocca a te!

1. Quante lettere/cartoline scrivi di solito ogni anno?
2. A chi le scrivi?
3. Da chi ricevi lettere/cartoline di solito?
4. Da chi vorresti *(would you like)* ricevere lettere?
5. Preferisci scrivere lettere o telefonare?

◆ ◆ ◆ Studio della grammatica ◆ ◆ ◆

IL PASSATO REMOTO

In the opening letter, "Cara Silvia," a past tense known as the **passato remoto** *(past absolute)* is used **(andammo, passammo).** Like the **passato prossimo,** the **passato remoto** describes actions completed in the past.

Carla **ha studiato** l'italiano per tre anni.
Carla **studiò** l'italiano per tre anni.
⎫ *Carla studied Italian for three years.*

Sono arrivati un mese fa.
Arrivarono un mese fa.
⎫ *They arrived a month ago.*

The **passato remoto** is used to refer to actions in the past that are considered to be *completely* finished, indicating that an action occurred within a specific period of time.

Ieri **andai** in biblioteca.	*Yesterday I went to the library.*
La settimana scorsa **telefonai** al professore.	*Last week I called the professor.*

The **passato prossimo** could also be used in the above examples. If the action has occurred in close relation to the present (i.e. within the same day), only the **passato prossimo** can in fact be used.

La posta è appena **arrivata.**   *The mail just arrived.*

Use of the **passato remoto,** especially in conversation, depends on the region the speaker is from. In many parts of central and southern Italy, it is used in both writing and speaking, whereas in northern Italy the **passato prossimo** is preferred.

The **passato remoto** is used especially to describe completed actions in the *distant* past and historically significant actions.

Passato prossimo (Recent past)	**Passato remoto** (Distant/Historical past)
Daniela **è nata** nel 1972. *Daniela was born in 1972.*	Michelangelo **nacque** nel 1475. *Michelangelo was born in 1475.*
Siamo venuti in America alcuni anni fa. *We came to America a few years ago.*	I miei nonni **vennero** in America il secolo scorso. *My grandparents came to America in the last century.*

The **passato remoto** of regular verbs is formed by dropping the infinitive suffix and adding the following endings:

arrivare	vendere	finire
arriv**ai**	vend**ei**/vend**etti**	fin**ii**
arriv**asti**	vend**esti**	fin**isti**
arriv**ò**	vend**è**/vend**ette**	fin**ì**
arriv**ammo**	vend**emmo**	fin**immo**
arriv**aste**	vend**este**	fin**iste**
arriv**arono**	vend**erono**/vend**ettero**	fin**irono**

VERBI IRREGOLARI

The **passato remoto** has more irregular verbs than any other tense. The following verbs are irregular in all persons.

essere	dare	dire	fare	stare
fui	diedi	dissi	feci	stetti
fosti	desti	dicesti	facesti	stesti
fu	diede	disse	fece	stette
fummo	demmo	dicemmo	facemmo	stemmo
foste	deste	diceste	faceste	steste
furono	diedero	dissero	fecero	stettero

Most verbs that have an irregular conjugation are **-ere** (second-conjugation) verbs. Note the typical changes in the first-person singular and third-persons singular and plural.

leggere
lessi	(stem + **-i**)
leggesti	(regular)
lesse	(stem + **-e**)
leggemmo	(regular)
leggeste	(regular)
lessero	(stem + **-ero**)

The following are just a few of the verbs that are conjugated in this way. The first-person singular form is given to show the irregular stem. Complete conjugations are found in the Appendix.

scrivere	**scrissi**	venire	**venni**	piacere	**piacqui**
chiedere	**chiesi**	tenere	**tenni**	sapere	**seppi**
prendere	**presi**	mettere	**misi**	rimanere	**rimasi**
nascere	**nacqui**	avere	**ebbi**	conoscere	**conobbi**
bere	**bevvi**	vedere	**vidi**	piangere	**piansi**

AVVERBI

Many adverbs are formed by adding **-mente** to the feminine form of the corresponding adjective. These generally correspond to English adverbs ending in *-ly*.

- If the adjective ends in **-o**, change the ending to **-a** and add **-mente**.

    vero   → vera   → **veramente**   *truly*
    calmo → calma → **calmamente**   *calmly*

- If the adjective ends in **-e**, just add **-mente**.

    elegante → **elegantemente**   *elegantly*
    felice   → **felicemente**   *happily*

- If the adjective ends in **-ale, -ile,** or **-are** then the **-e** is dropped before adding the suffix **-mente**.

    commerciale → **commercialmente**   *commercially*
    gentile   → **gentilmente**   *kindly*
    familiare   → **familiarmente**   *familiarly*

◆

Applicazione

L. Prima di andare all'ufficio postale tua madre ti chiede se hai fatto le seguenti cose. Rispondi alle sue domande nel modo indicato usando il passato remoto.

MODELLO: Hai spedito la lettera? / due settimane fa
           La spedii due settimane fa.

1. Tu e tuo fratello avete mandato la cartolina agli zii? / un anno fa
2. I tuoi amici hanno inviato il pacco? / due giorni fa
3. Maria ha allegato una fotocopia? / alla sua ultima lettera
4. Abbiamo tutti scritto cartoline per l'Italia quest'anno? / una settimana fa
5. Hai ricevuto la lettera dalla tua amica? / lunedì scorso
6. I tuoi amici italiani hanno ricevuto il nostro telegramma? / il mese scorso
7. Abbiamo mai ricevuto la loro cartolina? / la settimana scorsa
8. Avete aperto la lettera dalla zia? / ieri
9. Ti ha mai spedito un telegramma? / il mese scorso

Cos'è questo documento?

M. Descrivi quello che ha fatto sabato scorso ogni persona, usando il passato remoto dei verbi dati.

MODELLO: rimanere, guardare,
bere, mangiare
*Sabato scorso, Carlo rimase a
casa tutto il giorno e guardò la
TV. Mangiò una pizza e bevve
un litro di Coca-Cola.*

Carlo

Alessandra

1. rimanere, scrivere, studiare, leggere

Ugo   Michele   Sylvia   Lucia   Marco

2. uscire, vedere, piacere, andare

3. fare delle spese, comprare, spendere

N. Metti i verbi della seguente lettera al passato remoto.

Gentile professoressa Giusti,

vorrei dirLe che mi (piacere) _____ molto un suo articolo che io (leggere) _____ alcuni anni fa in una rivista scientifica che (vedere) _____ nella nostra biblioteca universitaria. Devo dirLe che mi (fare) _____ pensare molto. Però, vorrei dirLe che quell'artista non (nascere) _____ nel 1421 ma nel 1423.

Un mio collega (scrivere) _____ un bellissimo articolo due anni fa dove (sapere) _____ mostrare chiaramente che quell'artista (rimanere) _____ in Italia per pochi anni e che (stare) _____ all'estero per quasi tutta la vita. Quando (tornare) _____ in Italia da vecchio, all'inizio *(at first)* nessuno lo riconosceva più. Allora l'artista (mettersi) _____ a piangere. Egli (piangere) _____, ma poi (ricordarsi) _____ che in Italia nessuno lo aveva mai capito.

Le porgo tanti saluti,
Prof. F. Marchi

O. Con un altro studente/un'altra studentessa svolgete un dialogo su un viaggio che lui/lei fece anni fa. Usando il passato remoto, chiedigli/-le:

- dove andò
- se andò in aereo
- quando arrivò (la mattina, il pomeriggio, ecc.)
- dove stette (in un albergo, dai parenti, ecc.)
- quali posti visitò
- quando ne tornò
- se gli/le piacque

P. Stai scrivendo una lettera a un tuo amico/una tua amica che ti ha chiesto diverse cose sulla vita del compositore Mozart. Metti l'infinito al passato prossimo, all'imperfetto, al passato remoto, o al trapassato prossimo secondo il caso *(as required).*

il capolavoro	*masterpiece*
il concerto	*concert*
l'opera	*opera*
la sinfonia	*symphony*

Il grande musicista (nascere) _____ a Salzburg. Da bambino (essere) _____ già un genio *(genius)* in musica. Dopo che (studiare) _____ la musica, (cominciare) _____ a scrivere opere, concerti, sinfonie, ecc.

Da giovane (essere) _____ già conosciuto in tutto il mondo e (suonare) _____ in tante parti del mondo.

(Scrivere) _____ tre grandi opere, *Le nozze di Figaro, Don Giovanni, Così fan tutte,* che oggi (diventare) _____ capolavori dell'opera.

Mozart (essere) _____ povero per tutta la sua vita, anche se (essere) _____ un genio.

Q. Ecco una serie di commenti che tu hai fatto in una lettera recente che hai scritto ad un tuo amico/ad una tua amica. Riscrivi ogni frase con un avverbio appropriato formato dagli aggettivi suggeriti *(suggested)* e con il verbo indicato al passato remoto.

> MODELLO: Lei la (scrivere) *in modo formale.*
> *Lei la scrisse formalmente.*

Caro(-a)...

ti ricordi la vacanza dell'anno scorso? Adesso devo dirti le seguenti cose...
1. Noi non (salutare) _____ tuo fratello *in modo affettuoso* e gli (chiedere) _____ di andare via dopo una settimana. 2. Perché, come sempre, lui (parlare) _____ troppo per l'intera settimana. 3. Ma i tuoi cugini, invece, (rimanere) _____ e (potere) _____ parlarmi *in modo libero.* 4. Io (dovere) _____ scrivere ai miei genitori *in modo chiaro.* 5. E anche tuo fratello (scrivere) _____ una lettera *in modo eccezionale* ai vostri genitori. 6. Sai che Claudia e Gino (conoscersi) _____ *in una situazione sociale?* 7. E che Claudia (fare) _____ *in modo sicuro* quello che io le avevo detto? 9. Infine, ti ricordi che (piovere) _____ *in modo continuo?* Che brutta vacanza! Ti ricordi tutte queste cose?

Tuo/Tua,
Luca

◆ ◆ ◆ Studio della comunicazione ◆ ◆ ◆

WRITING LETTERS

As you have seen, the first word after the opening salutation in an Italian letter is not capitalized. Capitalization is used only when a formal letter is made out in general: **Spettabile Ditta**...

	FAMILIAR	POLITE
SALUTATIONS	Caro(-a) Carissimo(-a) Mio caro/Mia cara	Gentile signor Marchi/ Gentile signora Marchi Gentilissimo signor Marchi/ Gentilissima signora Marchi Spettabile Ditta (company) Spettabile Banca
CLOSINGS	Ciao Tuo/Tua Un bacio/Un bacione Un abbraccio *(hug)* Affettuosamente	Cordiali saluti La saluto cordialmente Le porgo i miei saluti Con i più cordiali saluti Distinti saluti

R. Ecco quattro lettere alle quali devi mettere una parte iniziale *(salutation)* e una chiusa *(closing)* appropriate.

1. _____,

    scrivo per informarLa che non ho ancora ricevuto l'ordine.

    _____

2. _____,

    devo dirLe che sono molto contenta di aver ricevuto la Sua lettera. Verrò domani per cominciare a lavorare.

    _____

3. _____

    come stai? Spero di venire in Italia quest'estate. Ti manderò più informazioni tra un mese.

    _____

4. _____,

    purtroppo non ho ancora ricevuto notizie da te! Scrivimi subito, così potrò programmare la nostra vacanza insieme.

    _____

IL MOMENTO CREATIVO ◆

S. Chi sono? Diversi studenti assumono l'identità di un personaggio storico famoso. Altri studenti cercheranno di scoprire l'identità del personaggio chiedendo le seguenti cose:

> Quali sono le cose più importanti che tu facesti nella tua vita?
> Quale era il paese della tua nascita?
> Chi furono i tuoi contemporanei più famosi?
> ecc.

FASE 2ª Ascolto

Ascolta attentamente la conversazione. Sei capace di determinare:

- chi sta scrivendo una lettera?
- a chi la sta scrivendo?
- che tipo di lettera è?
- che cosa vuole fare la persona che la sta scrivendo?

Riconoscimento

Ecco un telegramma.

1. Chi lo ha mandato?
2. Che cosa ha scritto?
3. Per quale ragione lo ha mandato?
4. A chi lo ha mandato?
5. Qual è il suo indirizzo?

FASE 3ª Lettura

UNA LETTERA

Marco è tornato al suo paese. Non tornava da sei mese, ma ora ha bisogna di rivedere Monica, perché l'ama ancora. Poi si ricorda che lei è scappata improvvisamente... è partita senza avvisare, così, senza dare spiegazione.

Adesso lui decide di andare a trovare l'amica di Monica, Elena, per parlare, per cercare di capire...

Elena gli fa vedere le lettere che Monica le ha spedito e Marco le legge, senza credere una parola.

menzogna: lies
credere: believe

convinto: convinced

maledizione: darn
mi sono illuso: I fooled myself

rassegnarsi: resign himself
svanire: disappear
sembra: seems

(Da: *Charme,* 14 ottobre 1988)

⊙ OCCHIO ALLA LINGUA

In questo contesto **il vero** è un sinonimo per **la verità.**
Il verbo **convincere** ha le seguenti forme irregolari: p. pass.: **convinto**; pass. rem.[5] **convinsi, convincesti, convinse, convincemmo, convinceste, convinsero.** Il verbo **illudersi** ha le seguenti forme irregolari: p. pass. **illuso**; pass. rem. **mi illusi, ti illudesti, si illuse, ci illudemmo, vi illudeste, si illusero.** Infine, il verbo **accorgersi** ha le seguenti forme irregolari: p. pass. **accorto**; pass. rem. **mi accorsi, ti accorgesti, si accorse, ci accorgemmo, vi accorgeste, si accorsero.**
I verbi **sembrare** e **svanire** sono coniugati con **essere** nei tempi composti. Il verbo **svanire** è coniugato con **-isc-** nei tempi presenti.

---

[5] From here on, this abbreviation will be used for **passato remoto.**

Attività

A. Completa la seguente parafrasi di questo segmento del fotoromanzo con le parole che mancano nella loro forma appropriata.

1. L'uomo non capisce perché ci sono così tante _____ nella lettera che legge.
2. L'uomo dice ad Elena che lei lo deve _____ perché, secondo lui, non c'è una parola di vero nella lettera.
3. Dopo aver letto la lettera l'uomo sa che si è _____ perché Monica ama un altro uomo.
4. Ma l'uomo non può _____ a veder _____ l'amore che gli _____ ancora _____ come l'_____ che respira.

B. Immagina e poi scrivi quello che c'è nella lettera. In questo modo devi «ricreare» la storia liberamente.

C. Rispondi alle seguenti domande.

1. Com'è questo fotoromanzo in confronto ai programmi televisivi come *The Young & the Restless?* È simile o diverso? In che modo?
2. Che messaggio *(message)* comunicano i fotoromanzi come questo?
3. Ti piacciono i fotoromanzi o i programmi come *The Young & the Restless?* Perché sì/no?

FASE 4ᵃ Punto di arrivo

Attività varie

A. Opinioni e discussione.

1. Tu preferisci scrivere una lettera familiare o telefonare a un amico/un'amica che abita lontano? Spiega *(Explain)* la tua risposta.
2. Tu scrivi delle lettere/delle cartoline per le feste? A Natale? A Pasqua? Per San Valentino? Per un'altra occasione? Perché sì/no?
3. A chi scrivi queste lettere/cartoline generalmente?
4. Ricevi lettere regolarmente da qualcuno? Se sì, da chi? Perché questa persona ti scrive regolarmente?
5. In generale, ti piace scrivere? Che preferisci scrivere — la poesia, i romanzi, ecc.?

B. Ecco la lettera che «Maria», l'equivalente di «Abby» di un giornale italiano, ha ricevuto la settimana scorsa.

Cara Maria,

i miei genitori non mi fanno uscire con la ragazza che amo. Dicono che non è una brava persona. Ma loro non la conoscono. Che cosa devo fare?

Assumi il ruolo di Maria e rispondi a questa lettera.

C. Giochiamo!

1. Anagrammando le seguenti parole risulteranno nomi di oggetti che sono utili per scrivere.

a. la SBUAT
b. la CRAAT
c. la MMOAG
d. il ONIUTCCA
e. la RGIA
f. l'ORTSOIHCNI
g. la MTTAAI
h. il NNEPARLLEO

2. Anagrammando le seguenti parole risulteranno nomi da usare in un ufficio postale.

a. l'FFRAANCATRUA
b. il LTEEGRMMAA
c. la CRATLIONA
d. il RIOATATINDES
e. la SOPAT
f. il BLLOONCOARF
g. l'NDIIRIOZZ
h. il TMTIENTE

D. Tocca a te! In gruppi di due studenti, svolgete i seguenti compiti comunicativi.

MODELLO: Chiedi all'altro studente/all'altra studentessa cosa fece per il suo 14° compleanno.
—*Cristina, cosa facesti per il tuo quattordicesimo compleanno?*
—*Andai al cinema con due amiche.*

Chiedigli/-le...

• cosa fece per il suo 13°, 15°, e 16° compleanno.

• cosa comprò per il 16° compleanno del suo migliore amico/della sua migliore amica.

• se gli/le piacque il suo 16° compleanno. Perché sì/no.

Attività scritta

E. Scrivi una lettera a un altro studente/a un'altra studentessa della classe a piacere. Poi quello studente/quella studentessa dovrà rispondere alla lettera che riceve. La tua lettera dovrebbe essere un invito a fare qualcosa durante il weekend.

MODELLI:

Caro/Cara ——,
vuoi venire ad una festa a casa mia questo sabato? Ci sarà anche...
Ciao,

Caro/Cara ——,
anche se —— ci sarà, non potrò venire perché dovrò studiare per un esame lunedì prossimo.

Un abbraccio,

Simulazione   F. In gruppi di tre studenti preparate e poi mettete in scena la seguente situazione.

Uno studente è impiegato in un ufficio postale. Il secondo studente è un cliente che vuole spedire diverse cose (una cartolina, un pacco, ecc.). Dopo che il primo studente ha finito di fare tutto, entra un vecchio amico/una vecchia amica e i due cominciano a parlare di cose che sono successe tanti anni fa, perché sono tanti anni che non si vedono. Il dialogo termina quando uno dei due amici (una delle due amiche) suggerisce *(suggests)* di uscire insieme (al cinema, a cena, ecc.). L'altro(-a) non può accettare *(accept)* l'invito *(invitation)* e trova una scusa appropriata.

Lessico utile

Nomi

l'**affrancatura** *postage*
l'**ansia** *anxiety*
l'**aria** *air*
l'**avviso** *newspaper ad*
la **busta** *envelope*
la **carta** *paper*
la **cartolina** *postcard*
il **codice postale** *zip code*
la **colpa** *blame, fault*
la **conoscenza** *knowledge*
la **data** *date*
il **destinatario** *addressee*
la **ditta** *company*
le **felicitazioni** *congratulations*
la **ferrovia** *railroad*
la **firma** *signature*
la **fotocopia** *photocopy*
la **fotografia** *photo(graph)*
il **francobollo** *stamp*
l'**inchiostro** *ink*
l'**indirizzo** *address*
la **lettera** *letter*
il **luogo** *place*
la **mancanza** *absence*

la **matita** *pencil*
il **membro** *member*
la **merce** *merchandise*
il **mittente** *sender*
il **nome** *name*
la **notizia** *(item of) news*
l'**ordine** *(m.) order*
il **pacco** *package*
la **pagina** *page*
la **penna** *pen*
la **posizione** *position*
la **posta** *mail*
il **posto** *work position*
il **processore** *word processor*
il **ragioniere** *accountant,*
    bookkeeper
la **riga** *ruler*
il **saluto** *greeting*
il **taccuino** *pad*

Aggettivi

affettuoso *affectionate*
assunto *hired*

attuale *at present, presently*
cieco *blind*
comparso *appearing, appeared*
gentile *kind*
recente *recent*

Verbi

accorgersi *to realize, be aware*
credere *to believe*
imbucare *to mail*
impostare/inviare/mandare/
    spedire (-isc-) *to send, to mail*
intendere *to intend*
nuotare *to swim*
ricordarsi *to remember*
ringraziare *to thank*
sembrare *(ess.) to seem*

Altri vocaboli/Espressioni

per *in order to*
però *however*
tramite *by, through*
l'**ufficio postale** *post office*

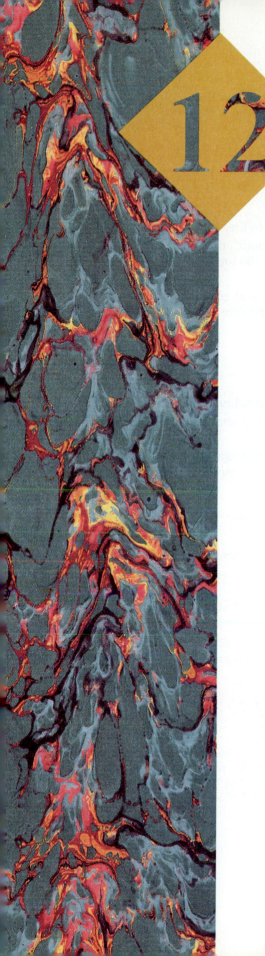

12 IN BANCA!

CREDITO ITALIANO

LANGUAGE FUNCTIONS
Carrying out money and banking transactions
Expressing conditions and hypotheses

GRAMMATICAL STRUCTURES
Conditional   Conditional Perfect

CULTURE
Italian currency   The origin of banking in Italy

FASE 1ª   Punto di partenza

SITUAZIONI BANCARIE TIPICHE

Cambio°
Exchange

CLIENTE:	Vorrei cambiare 200 dollari in lire. A quanto sta il dollaro oggi?
IMPIEGATA:	A 1.000 lire per i soldi in contanti°, ma potrebbe invece cambiare gli assegni turistici a quasi 1.200 lire. Ha una carta di riconoscimento°?
CLIENTE:	Sì, eccoLe il mio passaporto ed eccoLe i duecento dollari in assegni turistici. Mi potrebbe dare le lire in biglietti di taglio piccolo°?
IMPIEGATA:	Certamente!

cash

identification card

small bills

Deposito (Versamento) / Prelevamento°
Withdrawal

CLIENTE:	Vorrei depositare questi soldi nel mio conto°.
IMPIEGATO:	Avrebbe dovuto compilare° prima questo modulo di versamento.
CLIENTE:	Scusi, lo farò subito. Poi avrei bisogno di prelevare questa cifra° dal mio conto corrente. Ha, per caso, il modulo di prelevamento giusto?
IMPIEGATO:	Eccoglielo!

account

You should have filled out

figure

Ottenere un prestito°
loan

CLIENTE:	Avrei bisogno di ottenere un prestito per comprare una macchina.
DIRETTORE:	Lei ha un conto di risparmio°?
CLIENTE:	Sì, ne ho aperto uno due anni fa! Mi potrebbe dare un tasso° di interesse ragionevole°?
DIRETTORE:	Forse. Firmi° questo modulo e ci penseremo noi a svolgere tutte le pratiche per farLe ottenere un prestito.

savings

rate
reasonable

Sign

◉ OCCHIO ALLA LINGUA!

Il verbo **ottenere** *(to obtain, get)* è coniugato come **tenere** ed ha, quindi, le stesse forme irregolari: e.g., pres.: **ottengo, ottieni,** ecc.

La frase **A quanto sta il dollaro?** significa *How much is the dollar today (i.e., what is its exchange rate)?* E l'espressione **svolgere le pratiche** significa *to take care of the paperwork.*

◉ OCCHIO ALLA CULTURA!

L'unità di moneta italiana è la lira. I biglietti più comuni sono quelli da mille, duemila, cinquemila, diecimila, cinquantamila e centomila lire. Ci sono anche gli spiccioli *(change)* da cento e cinquecento lire. Il cambio della lira, rispetto al dollaro americano, varia, di anno in anno, da 1.000 a approssimativamente 1.500 lire.

Comprensione

A. Che cosa faresti o diresti? Svolgi i seguenti compiti comunicativi.

1. Che cosa puoi dire se vuoi cambiare 300 dollari americani in lire?
2. A chi lo diresti?
3. Che cosa potresti dire per chiedere il cambio del dollaro?
4. Che cosa potresti dire per chiedere di cambiare degli assegni turistici in soldi contanti?
5. Da' alcuni esempi di carte di riconoscimento.
6. Che cosa puoi dire se vuoi depositare dei soldi in un conto corrente? E in un conto di risparmio?
7. Di che cosa hai bisogno se vuoi fare un deposito?
8. E un prelevamento?
9. Chiedi di ottenere un prestito per comprare una macchina e per andare all'università.
10. Che cosa bisogna fare per ottenere un prestito?

B. Completa le seguenti conversazioni con la forma appropriata delle parole date. (I = impiegato[-a]; C = cliente)

1. taglio, cambio, contanti, corrente, conto, risparmio

I: Desidera?

C: Vorrei depositare questi assegni turistici nel mio _____.

I: Ha un conto _____?

C: No, corrente, no! Ho un conto di _____. A quanto sta oggi il _____?

I: A 1.000 lire!

C: Vorrei anche 300.000 lire in _____.

I: Di che _____ desidera i biglietti? Piccolo o grosso?

C: Piccolo, grazie.

2. cifra, ottenere, interesse, prelevamento, tasso, versamento, compilare, prelevare, depositare

I: Buongiorno, desidera?

C: Vorrei _____ questa _____ di soldi nel mio conto.

I: Va bene.

C: A quanto è il _____ degli _____?

I: È al 12 per cento. Lei _____ molto di più se aspetterà fino alla prossima settimana.

C: Va bene. Allora non farò un _____ oggi ma invece un _____. Vorrei allora _____ 100.000 lire dal mio conto.

I: EccoLe il modulo che Lei dovrà _____.

C: Grazie.

3. prestito, ottenere, pratica, ragionevole, giusto, riconoscimento, firmare, caso

I: Mi dica!

C: Vorrei ottenere un _____ per comprare una macchina.

I: Ha per _____ un conto in questa banca?

C: No, ma alcuni anni fa _____ un altro prestito per comprare la mia casa e lo saldai (**saldare** *[to pay off]*) quasi subito.

I: Ha qualche carta di _____?

C: Sì, eccogliela! Come sono i Loro tassi?

I: _____. EccoLe il modulo _____. Adesso lo _____! E le _____ ci penseremo noi a svolgerle.

C: Grazie.

Espansione   **C.** Completa ogni affermazione a piacere, secondo il modello.

> MODELLO: Io comprerei (una macchina)
> *Comprerei una macchina, ma non ho soldi* (I would buy a car, but I don't have any money).

Ecco alcune espressioni che ti potranno essere utili: **(non) avere soldi, (non) guadagnare** *(to earn)* **molto, (non) potere adesso.**

1. Io comprerei...
    una bicicletta, una macchina, un abito da sera
2. Anche tu compreresti...
    una macchina, uno stereo, un abito da sera
3. Lui dovrebbe...
    saldare quel prestito, avere più soldi in banca, risparmiare molto di più
4. Anche noi dovremmo...
    saldare quel prestito, avere più soldi in banca, risparmiare molto di più
5. Io preferirei...
    guadagnare molto di più, risparmiare molto di più, spendere molto meno quando esco
6. Anche loro preferirebbero...
    guadagnare molto di più, risparmiare molto di più, spendere molto meno quando escono

◆ Studio del lessico ◆

ATTIVITÀ BANCARIE

NOMI UTILI

l'assegno	*check*
il biglietto di taglio grosso/piccolo	*large/small bill*
la carta di credito	*credit card*
il credito	*credit*
il debito	*debt, debit*
il denaro/i soldi	*money*
la moneta	*money (general)*
il direttore (la direttrice)	*manager*
il libretto	*bankbook*
il pagamento	*payment*
la ricevuta	*receipt*
il vaglia (*pl.* i vaglia)	*money order*

VERBI UTILI

fare un prelevamento	*to withdraw*
fare un versamento	*to deposit*
guadagnare	*to earn*
riscuotere[1]	*to cash*
risparmiare	*to save*
saldare	*to pay off*
spendere[2]	*to spend (money)*

*Che cosa vogliono fare le
due persone?*

---

[1] Participio passato: **riscosso**
Passato remoto: **riscossi, riscuotesti, riscosse, riscuotemmo, riscuoteste, riscossero**

[2] Participio passato: **speso**
Passato remoto: **spesi, spendesti, spese, spendemmo, spendeste, spesero**

Applicazione

D. Situazioni in banca! Immagina di essere in una banca e di dover svolgere le seguenti pratiche. Perciò per ogni istruzione costruisci una frase appropriata.

> MODELLO: l'assegno / riscuoterlo
> *Scusi, vorrei riscuotere questo assegno.* / *Senta* (Listen), *posso riscuotere quest'assegno? ecc.*

1. l'assegno / fare un versamento
2. il pagamento / saldarlo
3. gli assegni turistici / riscuoterli
4. il vaglia / comprarlo
5. la ricevuta / chiederla

E. Completa ogni dialogo scegliendo la risposta adatta nella colonna.

- 1.300.000 lire. EccoLe il modulo che ho già compilato.
- Grosso. Non mi piace portare tanti soldi in tasca *(pocket)*.
- Lo salderò quando potrò.
- Nel mio conto di risparmio, per favore.
- Non c'è problema. Lo firmerò subito. Generalmente odio le pratiche che bisogna svolgere nelle banche.
- Ho perso il mio libretto.
- Non posso perché purtroppo ho speso tutto il mio denaro.
- Sì, ieri ho riscosso un assegno ma ho dimenticato di chiedere una ricevuta.
- Sì, vorrei fare un prelevamento. Vorrei prelevare 400.000 mila lire da questo conto.
- Sì, vorrei fare un versamento.
- Vorrei comprare due vaglia.

1. I: In quale conto vuole depositare questi soldi?
   C: _____
   I: Va bene, compili questo modulo.
   C: _____
   I: Non c'è problema! Gliene darò un altro.
2. I: Desidera saldare questo debito?
   C: _____
   I: Se lo ha speso tutto, come farà a saldarlo?
   C: _____
   I: Desidera altro?
   C: _____
   I: Non c'è problema, gliene darò una io adesso.
3. I: Desidera?
   C: _____
   I: Certo. Di quanti soldi?
   C: _____
   I: Però ha dimenticato di firmarlo.

C: _____

I: Capisco!

4. I: Come posso servirLa?

C: _____

I: Purtroppo non ne abbiamo più. Vada all'ufficio postale qui vicino. Desidera altro?

C: _____

I: Vuole biglietti di taglio piccolo o grosso?

C: _____

I: Ha ragione. Oggi bisogna lasciare la moneta in banca.

F. Situazioni! Ecco diverse situazioni che coinvolgono *(involve)* soldi o pratiche in banca. Svolgile.

MODELLO: Say that you spent all your money in Italy last year.
Ho speso tutti i miei soldi/tutto il mio denaro in Italia l'anno scorso.

Say that you . . .

1. didn't want to spend your money only on trips.
2. know that money comes and goes.
3. paid off that debt with your credit card.
4. withdrew a lot of money yesterday while you deposited all your traveler's checks.
5. can't find your bankbook.
6. met the bank manager several years ago, and she allowed you to open a savings account with a low interest rate.
7. unfortunately, you do not have any more credit at that bank.

◆ ◆ ◆ **Studio della grammatica** ◆ ◆ ◆

IL CONDIZIONALE SEMPLICE

The conditional allows you to express actions that are subject to various conditions and states of uncertainty: *I would go, but I'm too busy. / She should go to work.*

Comprerei una casa, ma non ho abbastanza soldi.	*I would buy a house, but I don't have enough money.*
Lui dovrebbe saldare quel prestito quando avrà il denaro sufficiente.	*He should pay off that loan when he has enough money.*

As you may have noticed, the conditional is formed the same way as the future: drop the final **-e** of the infinitive and add the appropriate endings. For first-conjugation (**-are**) verbs, change the **-a** of the infinitive to **-e**.

comprare (comprer-)		mettere (metter-)	
comprerei	I would buy	metterei	I would put
compreresti	you would buy	metteresti	you would put
comprerebbe	he/she/it/you (pol.) would buy	metterebbe	he/she/it/you (pol.) would put
compreremmo	we would buy	metteremmo	we would put
comprereste	you would buy	mettereste	you would put
comprerebbero	they would buy	metterebbero	they would put

finire (finir-)	
finirei	I would finish
finiresti	you would finish
finirebbe	he/she/it/you (pol.) would finish
finiremmo	we would finish
finireste	you would finish
finirebbero	they would finish

Verbs ending in **-ciare** and **-giare** drop the **i**.

cominciare	comincerei, cominceresti, ecc.
mangiare	mangerei, mangeresti, ecc.

Verbs ending in **-care** and **-gare** require an **h** (to keep the hard sound).

cercare	cercherei, cercheresti, ecc.
pagare	pagherei, pagheresti, ecc.

VERBI IRREGOLARI

All the patterns that apply to irregular verbs in the future also apply to the conditional. Remember that some irregular verbs in the future are conjugated by dropping the vowel of the infinitive suffix and then adding the same endings. This applies as well to the conditional.

andare (andr-)	andrei, andresti, andrebbe, ecc.

Other irregular verbs are also conjugated in a similar way to the future:

bere	berrei, berresti, etc.

The present conditional of **avere** and of **essere** is:

avere		essere	
avrei	avremmo	sarei	saremmo
avresti	avreste	saresti	sareste
avrebbe	avrebbero	sarebbe	sarebbero

IL CONDIZIONALE PASSATO (COMPOSTO)

The conditional perfect allows you to put an action in the conditional mood into a past tense. It corresponds to *would have* + verb in English.

Avrei comprato una casa, ma non avevo abbastanza denaro.

I would have bought a house, but I didn't have enough money.

Lui avrebbe dovuto saldare quel prestito, ma non ha mai avuto il denaro sufficiente.

He should have paid off that loan, but he has never had enough money.

The past conditional is a compound tense and is therefore conjugated with the conditional of **avere** or **essere** + the past participle of the verb. Here are some examples of verbs conjugated in the **condizionale passato.**

with **avere:** depositare	with **essere:** andare	with **essere:** divertirsi
avrei depositato	sarei andato(-a)	mi sarei divertito(-a)
avresti depositato	saresti andato(-a)	ti saresti divertito(-a)
avrebbe depositato	sarebbe andato(-a)	si sarebbe divertito(-a)
avremmo depositato	saremmo andati(-e)	ci saremmo divertiti(-e)
avreste depositato	sareste andati(-e)	vi sareste divertiti(-e)
avrebbero depositato	sarebbero andati(-e)	si sarebbero divertiti(-e)

◆

Applicazione

G. Alla Banca Toscana. Mentre stai svolgendo delle pratiche in banca, allo stesso tempo stai facendo dei commenti ad un amico/un'amica che hai incontrato nella banca su cose che faresti, ma che invece non puoi fare (come indicato). Metti, perciò, il primo verbo al condizionale ed il secondo al presente indicativo come nel modello.

MODELLO: depositare il mio denaro / averne bisogno
Io depositerei il mio denaro, ma purtroppo ne ho bisogno.

1. compilare questo modulo / non sapere compilarlo
2. pagare i miei debiti sempre in contanti / non avere mai i soldi sufficienti
3. cominciare a risparmiare di più / avere sempre bisogno di denaro
4. spendere meno denaro / non sapere risparmiare
5. preferire biglietti di taglio grosso / non potere averli
6. volere un'altra carta di credito / non avere abbastanza credito in banca
7. potere avere interessi più alti / non avere il conto giusto
8. fare un secondo versamento / non avere più denaro
9. dovere prelevare più soldi / non averne più nel mio conto
10. avere altre pratiche da svolgere / non avere più tempo

H. La conversazione continua. Questa volta chiedi al tuo amico/alla tua amica le stesse cose, come nel modello.

> MODELLO: (usa il modello sopra)
> *Anche tu depositeresti il tuo denaro, vero? Ma anche tu purtroppo ne hai bisogno, no?*

I. Questa volta di' al tuo amico/alla tua amica che un altro amico/un'altra amica che si trova nella banca assieme *(together)* a voi due farebbe le stesse cose, ma che anche lui/lei non può farle.

> MODELLO: (usa il modello sopra)
> *Anche lui/lei depositerebbe il suo denaro. Ma anche lui/lei purtroppo ne ha bisogno, non pensi?*

J. Questa volta di' al tuo amico/alla tua amica che anche i tuoi genitori — i quali si trovano nella stessa banca in questo momento — farebbero le stesse cose, ma che anche loro non possono farle. E che, quindi, tutti voi avete gli stessi problemi.

> MODELLO: (usa il modello sopra)
> *Anche i miei genitori depositerebbero il loro denaro. Ma anche loro purtroppo ne hanno bisogno. Infatti, sembra proprio che tutti noi depositeremmo il nostro denaro, ma purtroppo ne abbiamo bisogno.*

K. La conversazione termina quando il tuo amico/la tua amica ti racconta *(tells you)* quello che avrebbe voluto fare. Digli/Dille che anche tu l'avresti fatto, ma che non è stato possibile. Poi chiedi ai tuoi genitori se l'avrebbero fatto anche loro. I tuoi genitori ti rispondono che anche loro l'avrebbero fatto. Infine, tu ripeti al tuo amico/alla tua amica quello che avrebbero fatto anche i tuoi genitori. Svolgi la conversazione *(Construct the conversation)*.

> MODELLO: AMICO(-A): Avrei voluto prelevare del denaro.
> TU: *Anch'io l'avrei prelevato, ma non è stato possibile.*
> TU: (ai tuoi genitori) *Anche voi due l'avreste prelevato?*
> I GENITORI: *Sì, anche noi l'avremmo prelevato, ma anche per noi non è stato possibile.*
> TU: (al tuo amico/alla tua amica) *Anche i miei genitori l'avrebbero prelevato, ma anche per loro non è stato possibile.*

1. Avrei voluto prelevare del denaro dal mio conto corrente.
2. Sarei voluto(-a) andare in un'altra banca.
3. Avrei voluto fare un altro deposito.
4. Avrei voluto saldare i miei debiti.
5. Sarei voluto(-a) rimanere associato(-a) a *(associated with)* questa banca.

◆ ◆ ◆ Studio della comunicazione ◆ ◆ ◆

CONDIZIONI E IPOTESI

- *I would do something, but . . .*

  Compilerei quel modulo, ma non so farlo.

  Dovrei risparmiare di più, ma ho sempre bisogno di denaro.

- *I would have done something, but . . .*

  Avrei compilato quel modulo, ma non ho saputo farlo.

  Avrei dovuto risparmiare di più, ma ho sempre avuto bisogno di denaro.

Note the English equivalents of the modal verbs **dovere, potere,** and **volere.**

- **dovere**

  I should do something, but . . .

  Dovrei saldare quella fattura, ma non ho soldi.

  I should pay off that bill, but I don't have any money.

  I should have done something, but . . .

  Avrei dovuto saldare quella fattura, ma non avevo soldi.

  I should have paid off that bill, but I didn't have any money.

- **potere**

  I could do something, but . . .

  Potrei venire anch'io, ma non ho tempo.

  I too could come, but I don't have time.

  I could have done something, but . . .

  Sarei potuto(-a) venire anch'io, ma non avevo tempo.

  I too could have come, but I didn't have time.

- **volere**

  I would like to do something, but . . .

  Vorrei farlo, ma non ho tempo.

  I would like to do it, but I don't have time.

  I would have liked to do something, but . . .

  Avrei voluto farlo, ma non avevo tempo.

  I would have liked to do it, but I didn't have any time.

In the latter case, the verb **piacere** can be used instead:

Mi **piacerebbe** farlo, ma non ho tempo.

Mi **sarebbe piaciuto** farlo, ma non avevo tempo.

ALTRI USI DEL CONDIZIONALE

- To convey politeness or modesty when requesting or saying something.

  Scusi, mi **potrebbe** aiutare?
  Non **saprei** cosa dire.

  Excuse me, could you help me?
  I wouldn't know what to say.

- After *according to, in his/her opinion,* etc., to convey uncertainty.

Secondo il giornale, il tasso d'inte-resse **sarebbe andato** giù.

*According to the newspaper, the interest rate **went** down (**must have gone** down).*

Secondo lui, loro **guadagnerebbero** molto.

*According to him, they **are earning** a lot (**must be earning** a lot).*

Applicazione

L. Tocca a te! Lavorando in gruppi di due studenti ciascuno, chiedi allo studente/alla studentessa seduto(-a) accanto se farebbe le seguenti cose. Quello studente/Quella studentessa risponderà a piacere come nel modello.

MODELLI: fare un prelevamento oggi
S1:   *Faresti un prelevamento oggi?*
S2:   *Lo farei, ma purtroppo non ho più soldi in banca.*

fare un prelevamento ieri
S1:   *Avresti fatto un prelevamento ieri?*
S2:   *Lo avrei fatto, ma purtroppo non avevo più soldi in banca.*

1. fare un versamento oggi
2. ottenere un prestito ieri
3. comprare una macchina nuova oggi
4. pagare i tuoi debiti in contanti ieri
5. andare in banca oggi
6. andare in banca ieri

M. Sei un impiegato(-a) in una banca. Di' ai tuoi clienti le seguenti cose.

MODELLO: he/she should pay off that bill
Lei dovrebbe saldare quella fattura.

1. he/she should fill out that form
2. he/she should have deposited his/her money in a savings account
3. you too would like to save more
4. you too would have liked to cash your traveler's checks at a higher rate
5. he/she couldn't obtain a loan without an account
6. he/she couldn't have paid off that bill in cash

N. Per ogni situazione forma una frase appropriata.

MODELLI: Chiedi aiuto *(help)* cortesemente ad un impiegato di banca.
Scusi, mi potrebbe aiutare?

Di' che secondo tuo padre le macchine costano troppo.
Secondo mio padre, le macchine costerebbero troppo.

1. Chiedi cortesemente alla direttrice di una banca di ottenere un prestito.
2. Di' che secondo te gli italiani risparmiano di più.
3. Chiedi cortesemente aiuto *(help)* ad un impiegato di banca a compilare un modulo.
4. Chiedi cortesemente aiuto ad un impiegato di banca a svolgere una pratica.
5. Di' che secondo i tuoi genitori gli impiegati di banca guadagnano abbastanza.

IL MOMENTO CREATIVO ◆

O. Chiedi ad un altro studente/un'altra studentessa quello che dovrebbe fare oggi; quello che avrebbe dovuto fare ieri; quello che vorrebbe fare oggi; e quello che avrebbe voluto fare ieri.

FASE 2ª Ascolto

Ascolta attentamente la conversazione. Sei capace di determinare:

- dov'è la banca?
- che cosa sta facendo il cliente?
- che tipo di conto ha?
- che cosa fa alla fine?

Riconoscimento

Ecco un assegno.

2002 . 4	li _____ 19 ___ Lit. _____
03209 . 4	**Banca Commerciale Italiana**
	ROMA, AGENZIA N. 9 - CORSO VITTORIO EMANUELE II, 152
1157 069148-01	*A vista pagate per questo assegno bancario*
Lire _____	
a _____	
NUMERO ASSEGNO CODICE BANCA C.A.B. CODICE CLIENTE	*firma* _____

⑈1157069148⑈ 200203209⑆ 05086749⑈

1. Come si chiama la banca?
2. Dove si trova questa banca?
3. Cosa significa la parola "firma"?
4. Qual è l'equivalente inglese di «A vista pagate per questo assegno bancario»?
5. Quali sono le differenze tra questo assegno e un assegno americano?

FASE 3ª Lettura

LA BANCA È NATA QUI!

stagnancy
occurred/essentially
century
fixed star/majority stockholder
companies
even

Dopo la lunga stasi° medioevale, la rivoluzione che inaugurò anche in campo finanziario il mondo moderno avvenne° in Italia e sostanzialmente° in Toscana fra il XIV e il XV secolo°. Francesco di Marco Datini fu un organizzatore commerciale e finanziario abilissimo: era la stella fissa°, il socio di maggioranza°, in tutte le società commerciali° (quasi delle *joint ventures*) a cui diede vita in Spagna, in Francia, in Bruges, in Egitto, in Tunisia, in Algeria e persino° sul Mar Nero, a Cabba.

not to mention
business
directly linked to
historian/has compared

I nomi dei grandi banchieri nell'Europa del '300 e del '400 sono quasi tutti italiani: Peruzzi, Acciaiuoli, Bardi, Spinola, Doria, Grimaldi, per non dire° dei Medici. Le banche erano al tempo stesso banche d'affari°, in collegamento diretto con° l'espansione delle attività commerciali e con gli istituti di credito.

Uno storico° americano, R. de Roover, ha messo a confronto° una *holding* contemporanea, la Standard Oil, con la banca dei Medici nel '400; e le analogie che ha registrato sono impressionanti.

Born
monk/educated person
know-how/promissory notes
chronicler

Nasce° con le banche un nuovo tipo di intellettuale: l'intellettuale non è più soltanto il monaco° o il letterato° medioevale, ma è già l'impiegato moderno, esperto di cognizioni pratiche°, operative, le lettere di credito, le cambiali°, e simili.

accounting

Nelle pagine di un oscuro cronista° fiorentino la qualità essenziale dell'attività finanziaria e commerciale è la seguente: «si vuole fare per ragione», è cioè necessario un buon uso della ragione per avere successo nella contabilità°, negli affari, nell'attività finanziaria.

(Da: *Ulisse 2000,* aprile/giugno 1985)

◉ OCCHIO ALLA LINGUA!

Il verbo **avvenire** è coniugato come **venire:** presente indicativo: **avviene** *(it occurs),* **avvengono** *(they occur).*

L'espressione **in campo finanziario** significa *in the area of finance.*

Nota che **XIV e XV secolo** si legge **quattordicesimo e quindicesimo secolo.** Un modo comune di denominare i secoli è con il numero cardinale: **il Duecento (il '200)** = *the thirteenth century (the twelve hundreds);* **il Trecento (il '300)** = *the fourteenth century (the thirteen hundreds),* ecc.

A. Completa la seguente parafrasi del brano con la forma corretta delle parole che potrai trovare nel brano.

1. Dopo una lunga _____ medioevale, avvenne in Italia la _____ che inaugurò il mondo moderno.

2. Questa rivoluzione si registrò anche nel _____ finanziario.

3. La rivoluzione avvenne sostanzialmente in Toscana tra il tredicesimo ed il quattordicesimo _____ .

4. Francesco di Marco Datini fu un abile _____ in campo commerciale e finanziario.

5. Egli era la _____ fissa di tutte le società commerciali a cui diede vita nel mondo.

6. Nel Trecento e nel Quattrocento i nomi dei più grandi _____ sono quasi tutti italiani.

7. Le banche di quei secoli erano al tempo stesso banche d'_____ in collegamento diretto con l'_____ delle _____ commerciali e con gli istituti di credito.

8. Lo _____ americano R. de Roover ha registrato delle _____ impressionanti tra una holding contemporanea e la banca dei Medici.

9. Nacque in questo nuovo mondo un nuovo tipo di _____ , che non era né _____ né _____ .

10. Questo «nuovo uomo» era già un _____ di _____ pratiche, come le lettere di credito, le _____ , e simili.

11. Un oscuro _____ fiorentino vide come essenziale nel campo finanziario, nelle attività commerciali e nella _____ il buon _____ della ragione.

B. Per ogni espressione danne una con lo stesso significato usando gli aggettivi introdotti in questa lettura.

> abile, contemporaneo, diretto, essenziale, finanziario, fiorentino, fisso, impressionante, medioevale, operativo, pratico

MODELLO: una persona molto brava
una persona abile (abilissima)

1. il mondo moderno
2. una persona esperta
3. un banchiere di Firenze
4. un collegamento immediato *(immediate)*
5. una cosa funzionale *(functional)*
6. gli affari concreti *(concrete)*
7. una cosa che non si può spostare *(move)*
8. il mondo prima del Trecento
9. un'analogia straordinaria
10. un'attività necessaria
11. un'attività che coinvolge *(involves)* il denaro

C. Sostituisci alle parole o alle espressioni in corsivo *(in italics)* delle altre equivalenti.

> MODELLO: La rivoluzione che *diede vita* al mondo moderno *successe* sostanzialmente in Italia.
> *La rivoluzione che inaugurò il mondo moderno avvenne sostanzialmente in Italia.*

1. Durante il *quattordicesimo secolo* l'Italia diventò un centro di attività commerciali.
2. Nel *Quattrocento* i Medici erano i più grandi banchieri del mondo.
3. Nel *ventesimo secolo* è possibile dire che le attività delle holding sono simili alle pratiche delle banche dei Medici.
4. Nel mondo degli affari *sono* sempre *successe* e *succedono* ancora tante cose veramente impressionanti.
5. E nel futuro ne *succederanno* delle altre straordinarie in questo campo.
6. I Medici *iniziarono* le attività finanziarie che oggi sono diventate indispensabili per le banche.
7. Lo storico americano R. de Roover *ha paragonato (compared)* una holding contemporanea alla banca dei Medici e *ha notato (he noted)* delle analogie impressionanti.
8. La rivoluzione finanziaria *successe essenzialmente* nell'Italia del Trecento.
9. Oggi tante *ditte* hanno più di un'attività commerciale.

D. Rispondi alle seguenti domande.

1. Dove avvenne la rivoluzione che inaugurò il mondo moderno?
   - In quali secoli avvenne?
   - Conoscevi già questo fatto? Ti sorprende *(Does it surprise you)?* Perché sì/no?
2. Chi era Franceso di Marco Datini?
   - Dove diede vita alle sue società commerciali?
   - Da' l'equivalente inglese dei seguenti posti: l'Algeria, la Spagna, la Francia, l'Egitto, la Tunisia, Bruges, Cabba, il Mar Nero.
3. Quali sono i nomi di alcuni grandi banchieri italiani del Trecento e del Quattrocento?
   - Che cosa erano al tempo stesso le loro banche?
   - Questo è ancora vero oggi?
4. Chi è R. de Roover?
   - Che cosa ha messo a confronto?
   - Che cosa ha registrato dal suo confronto?
5. Chi è il «nuovo intellettuale»?
   - Perché è chiamato così?
   - Mettilo a confronto con un impiegato moderno.
6. Che cosa disse un oscuro cronista fiorentino?
   - Sei d'accordo? Perché sì/no?
   - Conosci altre qualità necessarie al successo?

E. Tocca a te!

1. Come sarebbe, secondo te, il mondo di oggi senza la rivoluzione inaugurata dai banchieri fiorentini del Quattrocento?
2. Sai chi era Lorenzo dei Medici? Se sì, racconta per quali motivi *(reasons)* è conosciuto.
3. Spiega la frase «Si vuol fare per ragione». È proprio necessario, secondo te, un buon uso della ragione per avere successo nella contabilità, negli affari, nell'attività finanziaria? In questo campo può svolgere un ruolo anche la fortuna?

FASE 4ª Punto di arrivo

Attività varie

A. Opinioni e discussione.

1. Vorresti lavorare in banca? Perché sì/no?
2. Secondo te, quali sono le pratiche meno simpatiche che bisogna svolgere quando si va in banca? Perché?
3. Quanto vorresti guadagnare quando comincerai a lavorare? Perché?
4. Riesci a *(Are you able to)* risparmiare il denaro? Perché sì/no?
5. Hai un conto in banca? Di che tipo? Perché hai scelto questo tipo di conto?
6. Hai mai dovuto ottenere un prestito? Se sì, di' il perché. Lo hai saldato? Se no, quando potrai saldarlo?
7. Secondo te, le banche svolgono un ruolo indispensabile nella nostra società, o potremmo vivere *(to live)* senza le loro attività finanziarie?

B. Situazioni tipiche.

1. Risolvi le seguenti situazioni in un modo appropriato.

> MODELLO: cambiare 200 dollari in lire
> *Scusi, vorrei cambiare 200 dollari in lire. / Scusi, mi potrebbe cambiare 200 dollari in lire?*

1. chiedere a quanto sta il cambio
2. comprare assegni turistici per 100 dollari americani
3. dare all'impiegato/all'impiegata un documento di riconoscimento specifico
4. despositare 300.000 lire
5. prelevare 100.000 lire in biglietti di taglio piccolo
6. chiedere un modulo per prelevare dei soldi
7. chiedere un modulo per depositare dei soldi
8. cercare di ottenere un prestito
9. chiedere di aprire un conto (corrente o di risparmio)

2. Adesso scegli la risposta più logica.

a. Vuole riscuotere quest'assegno?
   - Sì, e poi lo vorrei depositare.
   - Sì, in biglietti di taglio grosso.
b. Ha un conto in questa banca?
   - No, ma ho una carta di credito.
   - No, ma ne vorrei aprire uno.
c. Come vuole saldare questo debito?
   - Con la carta di credito.
   - Con una ricevuta.
d. Ha un libretto?
   - Sì, per un conto di risparmio.
   - Sì, per i versamenti.

C. Giochiamo!

Signorelli, Tozzi e Dorelli lavorano in una banca come direttrice, impiegato e assistente alla direttrice, ma non necessariamente in quell'ordine. Si sa che Tozzi ha sposato la sorella dell'impiegato. Tozzi non va mai d'accordo con la direttrice. Dorelli non ha né fratelli né sorelle.

Chi è la direttrice? E l'impiegato? E l'assistente?

D. Compiti comunicativi. Sei un impiegato/un'impiegata in una banca. Un cliente ti dice le seguenti cose. Formula una domanda appropriata per ogni situazione.

MODELLO: Vorrei cambiare 2.000 dollari in lire.
            Li vuole in contanti?/Li vuole in biglietti di taglio grosso o piccolo?

1. Vorrei riscuotere questi assegni turistici.
2. Vorrei i soldi in contanti.
3. Vorrei depositare questi soldi.
4. Avrei bisogno di prelevare 200.000 lire.
5. Avrei bisogno di ottenere un prestito.
6. Vorrei aprire un conto di risparmio in questa banca.
7. Mi potrebbe aiutare a compilare il modulo giusto?

Attività scritta

E. Scrivi un breve componimento *(composition)* su uno dei seguenti temi e poi leggilo in classe.

1. Il denaro non compra la felicità *(happiness)*.
2. Non si può comprare l'amicizia *(friendship)* con i soldi.

Simulazioni

Lavorando in coppie scegliete e poi preparate una delle seguenti situazioni da mettere in scena davanti alla classe.

1. Un ragazzo/Una ragazza va in banca perché ha bisogno di ottenere un prestito per comprarsi una nuova macchina. Il ragazzo/La ragazza riesce *(is able)* in qualche modo a convincere il direttore/la direttrice a dargli i soldi necessari per il suo acquisto *(purchase)*.

2. Una persona vuole cambiare degli assegni turistici, ma non ha né un conto in quella banca, né una carta di riconoscimento. Cerca di convincere l'impiegato/l'impiegata a cambiarglieli.
3. Un ragazzo/Una ragazza cerca un posto di lavoro in una banca. Alla fine riesce a convincere il direttore/la direttrice ad assumerlo/la *(to hire him/her)*.

Lessico utile

Nomi

gli affari *business*
l'aiuto *help*
l'assegno *check*
l'attività *(f.) activity*
la banca *bank*
il banchiere *banker*
il biglietto *bill, currency denomination*
la cambiale *draft, promissory note*
il cambio *exchange*
il campo *field*
la cifra *figure (number)*
la contabilità *accounting*
il conto *account* (**il conto corrente** *current account;* **il conto di risparmio** *savings account*)
il credito *credit*
il debito *debt, debit*
il denaro *money*
il deposito *deposit*
il direttore (la direttrice) *manager*
l'espansione *(f.) expansion*
l'esperto *expert*
l'interesse *(m.) interest*
il libretto *bankbook*
la moneta *money in general*
l'opinione *(f.) opinion*
il pagamento *payment*

la pratica *paperwork*
il prelevamento *withdrawal*
il prestito *loan*
la qualità *quality*
la ricevuta *receipt*
il secolo *century*
la situazione *situation*
i soldi *money*
la stella *star*
lo storico *historian*
il tasso *rate*
l'uso *use*
il vaglia (*pl.* **i vaglia**) *money order*
il versamento *deposit*

Aggettivi

abile *capable, able*
contemporaneo *contemporary*
cortese *courteous*
diretto *direct*
essenziale *essential, main*
finanziario *financial*
giusto *correct, appropriate*
impressionante *impressive*
medioevale *medieval*
pratico *practical*
sufficiente *sufficient*
tipico *typical*

Verbi

avvenire *(ess.) to occur*
compilare *to fill out*
depositare *to deposit*
firmare *to sign*
guadagnare *to earn*
ottenere *to obtain*
prelevare *to withdraw*
registrare *to register, notice*
riscuotere *to cash*
risparmiare *to save*
saldare *to pay off*
spendere *to spend (money)*

Altri vocaboli/Espressioni

il biglietto di taglio grosso *large bill*
il biglietto di taglio piccolo *small bill*
la carta di credito *credit card*
la carta di riconoscimento *I.D. card, document*
cioè *that is*
fare un prelevamento *to withdraw*
fare un versamento *to deposit*
in contanti *cash*
mettere a confronto *to compare*
per caso *by chance*
per non dire *not to mention*
la società commerciale *company*

◆ ELEMENTO DI CIVILTÀ 3 ◆

L'Italia è una nazione democratica. La Costituzione Italiana, promulgata° il 22 dicembre del 1947, forma la base del sistema politico del paese. Il primo Articolo di questa Costituzione dichiara° che l'Italia è una Repubblica democratica fondata sul lavoro e che la sovranità° della nazione è del popolo°.

Come in qualsiasi sistema politico democratico, ci sono diversi partiti politici ed il popolo italiano elegge° il Parlamento. In confronto agli Stati Uniti, il sistema dei partiti è molto più complesso. Dalla fine della Seconda Guerra° Mondiale a oggi è il partito della Democrazia Cristiana che ha dominato la scena politica del paese. In tutte le elezioni nazionali questo partito ha sempre ricevuto il numero maggiore dei voti, ma non ha mai ricevuto la maggioranza° assoluta. Perciò°, i democristiani hanno dovuto sempre governare con l'appoggio° di partiti minori come quello socialista o quello repubblicano.

Il sistema a più partiti° ha costretto° i diversi partiti sempre ad unirsi° per formare un governo. Infatti, dalla Seconda Guerra Mondiale ad oggi la Democrazia Cristiana si è unita con il Partito Socialista Italiano, il Partito Socialista Democratico, il Partito Repubblicano Italiano ed il Partito Liberale Italiano. Gli altri partiti della destra (il Movimento Sociale Italiano-Destra Nazionale) e della sinistra (il Partito Comunista Italiano, il Partito Radicale, e la Democrazia Proletaria) hanno invece sempre formato l'opposizione al governo.

Fino a pochi anni fa il Partito Comunista ha costituito° la forza d'opposizione maggiore nella politica italiana. Forze altrettanto° potenti nella vita politica del paese sono il movimento sindacalista e quello femminista. I sindacati° hanno difeso gli interessi economici dei lavoratori e cercato di rendere migliori le condizioni di lavoro. Il movimento femminista ha permesso la liberalizzazione delle leggi del divorzio e dell'aborto. Oggi la donna svolge un ruolo° importante nella vita politica, sociale, economica, e culturale del paese.

346

put into law

declares
rule/people

elects
war

majority/Thus
support

multiparty/has forced/to unite

has constituted
just as
labor unions

plays a role

Comprensione   **A.** Completa le seguenti frasi.

1. La Costituzione Italiana, promulgata il 22 dicembre del 1947, forma...
2. Il primo Articolo della Costituzione dichiara che...
3. Nel sistema politico democratico italiano ci sono...
4. Il popolo italiano elegge...
5. In confronto agli Stati Uniti, il sistema politico italiano è...
6. Dalla fine della Seconda Guerra Mondiale a oggi il partito che ha dominato la scena politica...
7. In tutte le elezioni nazionali questo partito ha sempre ricevuto...
8. Perciò, questo partito ha dovuto sempre governare con l'appoggio di...
9. Il sistema a più partiti ha costretto i diversi partiti sempre ad unirsi...
10. Gli altri partiti hanno invece sempre formato...
11. Fino a pochi anni fa il Partito Comunista...
12. Le forze altrettanto potenti nella vita politica del paese sono...
13. I sindacati hanno difeso...
14. Il movimento femminista ha permesso...
15. Oggi la donna svolge un ruolo...

Attività   **B.** Rispondi alle seguenti domande.

1. È differente o simile il sistema politico italiano in confronto a quello americano?
2. Paragona i partiti italiani con quelli americani.

C. Simulazione. Lavorando in gruppi di tre, svolgete un dibattito politico alla televisione. Uno studente/Una studentessa appartiene *(belongs)* a un partito liberale e un altro/un'altra a un partito conservatore. Il terzo studente/la terza studentessa farà domande a questi due studenti sul movimento femminista, su quello sindacalista, ecc.

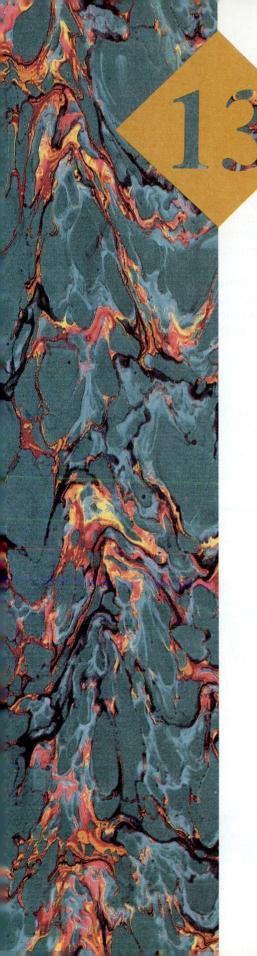

13

DAL MECCANICO!

LANGUAGE FUNCTIONS

Talking about driving and cars
Expressing points of view, emotions, possibility,
and uncertainty

GRAMMATICAL STRUCTURES

Present Subjunctive   Impersonal **si**

CULTURE

Driving in Italy   Street signs

349

FASE 1ª Punto di partenza

DAL MECCANICO

Le macchine non si dovrebbero portare dal meccanico soltanto quando hanno bisogno di qualche riparazione°, ma anche per fare un controllo regolare. Infatti, per garantire° il buon funzionamento di una macchina è necessario che si faccia il controllo regolare dei freni°, dell'olio, della marmitta°, del carburatore, della batteria, e così via.

Si crede popolarmente che la causa più frequente degli incidenti stradali° in Italia sia il modo di guidare degli italiani. Ma questo non è affatto vero. Gli italiani sono degli ottimi automobilisti. Secondo le statistiche più recenti sembra, invece, che la causa più comune degli incidenti in Italia sia il guasto° meccanico.

GUIDA E AUTOSTRADE

Generalmente, in Italia si guida° come in America. Ma a differenza di tante parti dell'America, in Italia è obbligatorio che il sorpasso° si effettui° solo a sinistra. Il sorpasso a destra è proibito.

Le autostrade° italiane sono tra le migliori del mondo, particolarmente per la qualità eccezionale dei loro segnali° stradali. Le città medie sono collegate alle autostrade tramite superstrade° a quattro corsie°.

Se si viaggia in macchina sulle autostrade italiane, allora bisognerà che si paghi il pedaggio° ai caselli° stradali che si trovano alle loro uscite.

Marginal glossary:

repairs
to guarantee
brakes/muffler

traffic accidents

malfunction

one drives
passing/happens

highways
signs
expressway/lanes

toll/booths

Quali città bisogna attraversare per andare da Ventimiglia a...

1. *Genova*
2. *Piacenza*
3. *Aosta*
4. *Torino*
5. *Milano*

LE AUTOSTRADE D'ITALIA

1. NORD - OVEST

GRAVELLONA T.
AOSTA
182
Varese
211
CHIASSO
Bergamo
60
MILANO
IVREA
Novara
Santhià
169
100
Asti
Alessandria
PIACENZA
TORINO
Tortona
250
Voltri
273
LA SPEZIA
SAVONA
GENOVA
380
229
323
VENTIMIGLIA

☉ OCCHIO ALLA CULTURA!

La macchina che quasi tutti gli italiani guidano è, naturalmente, la FIAT, le cui lettere stanno per la **Fabbrica Italiana di Automobili di Torino**. Tra le cosiddette macchine di lusso *(luxury)* italiane si possono menzionare la Ferrari, l'Alfa Romeo, la Maserati e la Lancia.

Comprensione

A. Rispondi alle seguenti domande.

1. Le macchine si dovrebbero portare dal meccanico soltanto quando hanno bisogno di riparazione?
2. Che cosa bisogna fare regolarmente per garantire un buon funzionamento della propria macchina?
3. Come si guida generalmente in Italia?
4. Per quale ragione particolare sono tra le migliori del mondo le autostrade italiane?
5. Come sono collegate alle autostrade le città medie?
6. Che cosa bisognerà pagare spesso se si viaggia sulle autostrade in Italia?
7. Qual è la macchina più comune in Italia?
8. Che cosa rappresentano le quattro lettere in FIAT?
9. Quali sono alcune macchine di lusso italiane?
10. Ne conosci altre? Se sì, quali?

B. Completa ogni frase con la forma appropriata di nomi che potrai trovare nella lettura.

1. Il _____ è la persona che ripara *(fixes)* le macchine.
2. Il _____ regolare della macchina garantisce il suo buon funzionamento.
3. Per garantire il buon _____ della propria macchina bisogna anche guidare con molta cura *(care)*.
4. Per il buon funzionamento della macchina è necessario fare un controllo regolare dei freni, del _____, della _____, della _____ e dell'_____.
5. La _____ principale degli incidenti in Italia non è il modo di guidare degli italiani.
6. Infatti, gli italiani sono degli ottimi _____.
7. Sembra che il _____ meccanico sia la causa principale degli _____ stradali, secondo le _____ più recenti.
8. In Italia il _____ a destra è proibito.
9. Le _____ sono ottime perchè hanno un sistema eccezionale di _____ stradali.
10. Le _____ medie italiane sono collegate alle autostrade tramite _____ a quattro _____.

C. Rispondi alle seguenti domande.

1. Come sono collegate le città del tuo stato?
2. Qual è la causa più frequente, secondo te, degli incidenti nella tua città?
3. Come sono i segnali stradali della tua città?
4. Ti piacerebbe guidare in Italia? Perché sì/no?

Espansione

D. Cosa ne pensi? *(What do you think about . . . ?)* Rispondi a ogni domanda esprimendo *(expressing)* la tua opinione come nel modello.

> MODELLO: Sono dei bravi automobilisti gli italiani?
> *Sì, penso che siano dei bravi automobilisti. No, penso che non siano dei bravi automobilisti.*

Ecco le forme del verbo **essere** che permettono di esprimere *(to express)* la propria opinione o il dubbio *(doubt)*:

che io **sia**	che noi **siamo**
che tu **sia**	che voi **siate**
che lui/lei **sia**	che loro **siano**

1. Sono dei bravi automobilisti gli americani?
2. Tua madre è una brava automobilista?
3. Tuo padre è un bravo automobilista?
4. Generalmente i giovani sono dei bravi automobilisti?

E. Durante una recente conversazione, il tuo amico/la tua amica ha detto una serie di cose sul guidare, sul traffico, ecc. Però, tu dubitavi *(doubted)* tutto quello che lui/lei diceva. Svolgi la conversazione, usando le forme appropriate del verbo **essere** elencate *(listed)* sopra.

> MODELLO: Io sono un bravo automobilista/una brava automobilista.
> *Ah sì? Io, invece, dubito* (I doubt) *che tu sia un bravo automobilista/una brava automobilista.*

1. È necessario fare un controllo dell'olio ogni giorno.
2. La causa principale degli incidenti stradali è il modo di guidare degli automobilisti.
3. Tutti i miei amici sono dei bravi automobilisti.
4. Le nostre superstrade sono eccezionali.
5. Io sono un ottimo automobilista/un'ottima automobilista.

F. La conversazione fra voi due continua. Questa volta sei d'accordo(-a) con tutto quello che il tuo amico/la tua amica dice, e quindi *(therefore)* lo ripeterai come nel modello sostituendo **tutti** + *verbo al plurale* con **si** + *verbo al singolare*.

> MODELLO: Tutti guidano male *(badly)* in questa città.
> *Sì, è proprio vero che si guida male in questa città.*

1. Tutti guidano bene nella nostra città.
2. Tutti sanno guidare bene in Italia.
3. Tutti dovrebbero fare un controllo regolare dell'olio.
4. Tutti pagano il pedaggio in Italia.

◆   ◆   ◆ **Studio del lessico** ◆   ◆   ◆

Remember that **pensarci** means *to think about **doing something,*** whereas **pensarne** means *to think about **something.***

—Pensi mai di andare in Italia?
—*Do you ever think of going to Italy?*

—Sì, **ci** penso sempre.
—*Yes, I always think of going.*

—Che cosa pensi della mia macchina nuova?
—*What do you think about my new car?*

—Non **ne** penso niente!
—*I don't think anything about it.*

Remember that *ne* can also replace a noun used in a partitive sense.

—Conosci alcune macchine italiane?
—*Do you know any Italian cars?*

—Sì, **ne** conosco alcune.
—*Yes, I know **some.***

When **ne** replaces a partitive, and the verb is in a compound tense, there is agreement between **ne** and the past participle. This does not apply when **ne** means *about/of it.*

—Hai comprato delle marmitte?
—Hai parlato della FIAT?

—Sì, **ne** ho comprate. *but:*
—No, non **ne** ho parlato.

A useful verb that contains **ne** is **andarsene** *(to go away),* which is a synonym for **andare via.**

Me ne vado.	*I am going away.*
Te ne vai.	*You are going away.*
(Lui) se ne va.	*He is going away.*
etc.	

L'AUTOMOBILE

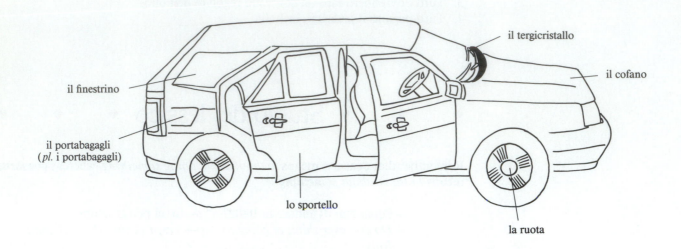

il tergicristallo

il cofano

il finestrino

il portabagagli
(*pl.* i portabagagli)

lo sportello

la ruota

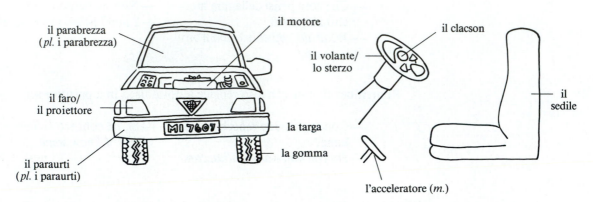

il parabrezza
(*pl.* i parabrezza)

il motore

il clacson

il volante/
lo sterzo

il sedile

il faro/
il proiettore

la targa

MI 7607

il paraurti
(*pl.* i paraurti)

la gomma

l'acceleratore (*m.*)

GUIDARE

accelerare	*to speed up*
attraversare	*to cross*
la benzina	*gas*
fare marcia indietro	*to back up*
frenare	*to brake*
girare/svoltare	*to turn*
l'incrocio	*intersection*
mettere in moto	*to start (a car)*
parcheggiare	*to park*
il parcheggio	*parking*
la patente (di guida)	*driver's license*
rallentare	*to slow down*
il semaforo	*traffic light*
sorpassare	*to pass*
la stazione di servizio	*gas station*
la strada	*road*

Applicazione

G. Mentre sei dal meccanico, incontri un amico/un'amica il/la quale ti fa una serie di domande. Rispondi alle sue domande usando **ne** o **ci** come nel modello.

MODELLO: Ha mai guidato sull'autostrada?
Sì, ci ho guidato.

1. Hai mai pensato di comprare una FIAT?
2. Che cosa pensi della nuova Alfa Romeo?
3. Hai mai guidato in città?
4. Hai saputo ancora niente di quei due brutti incidenti?
5. Hai comprato delle nuove gomme recentemente?

H. Dal meccanico! Completa ogni conversazione con le parole/le espressioni indicate (nelle loro forme appropriate). (M: meccanico, C: cliente)

1. **motore, accelerare, controllare, riparare, olio, acceleratore**
   M: Senta, non funziona l'_____ della Sua macchina.
   C: Ah, adesso capisco perché la macchina non _____ e perché rallenta continuamente.
   M: E anche il Suo _____ ha bisogno di qualche riparazione.
   C: Va bene. Li _____ tutti e due!
   M: Vuole che faccia anche un controllo dell'_____?
   C: Certo. _____ anche l'olio!

2. **parabrezza, sterzo, pensarci, volante, tergicristallo, clacson, girare**
   C: Scusi, non funzionano bene i due _____ della mia macchina!
   M: Forse, ha bisogno di pulire il _____.
   C: No. Lo pulisco regolarmente. Potrebbe anche controllare il funzionamento dello _____.
   M: Perché?
   C: Non _____ bene a destra.
   M: Ah, purtroppo questo è un problema comune con tutti i _____ di questo tipo di automobile.
   C: È questa la ragione per cui *(why)* non suona più il mio _____?
   M: Penso di sì. Ma non si preoccupi! _____ io a riparare tutto!

I. Qual è la parola o l'espressione adatta?

1. Scusi, dov'è _____ (la ruota / la stazione di servizio) più vicina?
2. Ce n'è una qui _____ (all'angolo / al finestrino).
3. Vuole che Le cambi _____ (la gomma / il cofano)?
4. Potrebbe pulire anche _____ (il parabrezza / la benzina)?

No 24219

POSTEGGIO AUTO A PAGAMENTO

L. 500   ogni mezz'ora o frazione
successiva alla prima ora di sosta

J. Che cosa è?

paraurti, portabagagli, faro, sedile, targa, sportello

1. Si usa per i bagagli.
2. Si apre e si chiude.
3. Protegge contro gli «urti».
4. Identifica da dove viene la macchina.
5. Ci sediamo quando siamo in macchina.
6. Permettono di vedere di notte.

K. Alla scuola guida! Durante una lezione alla scuola guida lo studente/la studentessa chiede una serie di cose all'insegnante. Formula *(Formulate)* le domande dello studente/della studentessa e poi formula a piacere una risposta appropriata.

MODELLO: Where should I park?
— *Dove dovrei parcheggiare?*
— *Qui a sinistra / Accanto a quella macchina / ecc.*

1. Should I park here?
2. Is parking important for the driver's license?
3. At which street should I turn?
4. Should I turn left or right at the traffic light?
5. When should I cross the intersection?
6. When someone is walking near the road, what should I do?
7. How do I start the car? (**la chiave** = *key*)
8. When should I back up?
9. Did I brake a little too late?
10. When should I slow down?
11. Should I pass that car?

Sei capace di identificare le macchine in questa foto?

◆ ◆ ◆ **Studio della grammatica** ◆ ◆ ◆

PRESENTE CONGIUNTIVO

The subjunctive **(il congiuntivo)** is a mood that allows you to express a point of view, fear, doubt, hope; in other words, virtually anything that is not factual or certain. It is formed as follows:

For regular verbs, drop the infinitive suffix and add the following endings:

GUIDARE (guid-)	METTERE (mett-)	APRIRE (apr-)/FINIRE (fin-)
guidi	metta	apra/finisca
guidi	metta	apra/finisca
guidi	metta	apra/finisca
guidiamo	mettiamo	apriamo/finiamo
guidiate	mettiate	apriate/finiate
guidino	mettano	aprano/finiscano

- Third-conjugation **(-ire)** verbs with **-isc-** in the present indicative and the imperative have it in the subjunctive as well.

Just as in the present indicative, verbs ending in **-care** and **-gare** keep the hard **c** and **g** sounds by adding an **h** between the stem and the present subjunctive endings. Similarly, verbs ending in **-ciare** and **-giare** do not double the **i**.

Bisogna che tu **cerchi** la fattura della macchina.

Bisogna che tu **cominci** a guidare.

Dubito che lui **paghi** la fattura oggi.

Dubito che lui **parcheggi** l'auto sempre lì.

- Reflexive verbs are conjugated in the usual way with reflexive pronouns.

  Penso che lui **si alzi** molto presto la mattina.
  Spero che voi **vi divertiate** in Italia.

- Since the endings for the first, second, and third persons singular are the same, subject pronouns are often used to avoid confusion.

Credo che guidi bene.

Credo che tu guidi bene.   Credo che lei guidi bene.

Dubito che preferisca la FIAT.

Dubito che tu preferisca la FIAT.   Dubito che lui preferisca la FIAT.

VERBI IRREGOLARI

Verbs that are irregular in the present indicative are also irregular in the present subjunctive.

andare	vada, vada, vada, andiamo, andiate, vadano
avere	abbia, abbia, abbia, abbiamo, abbiate, abbiano
dare	dia, dia, dia, diamo, diate, diano
dire	dica, dica, dica, diciamo, diciate, dicano
dovere	deva, deva, deva, dobbiamo, dobbiate, devano
essere	sia, sia, sia, siamo, siate, siano
fare	faccia, faccia, faccia, facciamo, facciate, facciano
potere	possa, possa, possa, possiamo, possiate, possano
sapere	sappia, sappia, sappia, sappiamo, sappiate, sappiano
stare	stia, stia, stia, stiamo, stiate, stiano
venire	(avvenire, convenire) venga, venga, venga, veniamo, veniate, vengano
volere	voglia, voglia, voglia, vogliamo, vogliate, vogliano

Other irregular verbs can be found in the irregular verb chart at the end of the book.

USES OF THE SUBJUNCTIVE

The subjunctive occurs mainly in a subordinate clause.

MAIN CLAUSE	SUBORDINATE CLAUSE
Penso	che **siano** bravi studenti.
I think	*(that) they are good students.*

The subjunctive is used in the subordinate clause when the verb or verbal expression in the main clause conveys uncertainty, opinion, doubt, volition, etc. Compare the following:

INDICATIVE	SUBJUNCTIVE
So che lei **guida** bene.	**Dubito** che lei **guidi** bene.
È ovvio che tu non **sai** guidare.	**Credo** che tu non **sappia** guidare.
Vedo che loro **sorpassano** spesso.	**Immagino** che loro **sorpassino** spesso.
Siamo sicuri che voi **avete** ragione.	**Pensiamo** che voi **abbiate** ragione.
È certo che la tua macchina non **funziona** bene.	**Sembra** che la tua macchina non **funzioni** bene.
Ti **dico** che **guida** una FIAT.	**Spero** che **guidi** una FIAT.
So che loro **camminano** invece di andare in macchina.	**Voglio** che loro **camminino** invece di andare in macchina.

LA FORMA PROGRESSIVA

As with the present indicative, a progressive form of the present subjunctive can be used. This allows you to zero in on an ongoing action. It is formed with the present subjunctive of the verb **stare** and the gerund of the verb.

Dubito che lui **guidi** in questo momento.	Dubito che lui **stia guidando** in questo momento.
Sembra che **si diverta**.	Sembra che **si stia divertendo**.

IL *SI* IMPERSONALE

The impersonal **si** + verb construction has several English equivalents: *one, you, we, they, people* + verb.

Si guida bene in Italia.
{ *One drives well in Italy.*
People drive . . .
They drive . . .

- When followed by a noun, the verb agrees in number (singular or plural) with the noun phrase that follows it.

SINGOLARE	PLURALE
Si guida la FIAT in Italia.	**Si guidano** le FIAT in Italia.
One drives a FIAT in Italy.	*One drives FIATs in Italy.*
	FIATs are driven . . .
	They (People) drive FIATs . . .
Si ripara la macchina dal meccanico.	**Si riparano** le macchine dal meccanico.
One fixes his/her car at a mechanic's.	*One fixes cars at the mechanic's.*
	Cars are fixed . . .
	They (People) fix cars . . .

- In compound tenses, the verb is conjugated with **essere,** and the past participle agrees with the noun phrase that follows.

Si sono vis**te** le statistiche. *One saw the statistics.*
Si è sempre det**ta** la verità. *One has always told the truth. / The truth has always been told.*

- Object pronouns precede the impersonal **si.**

Qui si parla italiano. Qui **lo si** parla.
Si deve dire sempre la verità. **La si** deve dire sempre.
Si parla spesso al meccanico. **Gli si** parla spesso.

The exception is **ne,** which follows **si.** Note that **si** becomes **se:** *Se ne parla sempre. One always talks about it.*

- When a reflexive verb is used in an impersonal **si** construction, then the reflexive pronoun becomes **ci** (to keep the two pronouns distinct).

Ci si diverte in Italia. ***One** enjoys **oneself** in Italy.*

- When the **si impersonale** is followed by a predicate adjective (i.e., an adjective that follows the verb **essere**), that adjective is in the masculine plural form.

Si è sicuri sulle autostrade. *One is safe on the highways. / People are safe . . .*
Si è scappati. *One ran away.*

Applicazione

L. Sei appena stato(-a) dal meccanico e ora dici ai tuoi genitori quello che il meccanico vuole che tu faccia.

MODELLO: cambiare l'olio / più spesso
Il meccanico vuole che io cambi l'olio più spesso.

1. cambiare le gomme / più spesso
2. controllare il motore / più frequentemente
3. mettere in moto la macchina / con più cura
4. vendere la macchina / se possibile
5. aprire e chiudere gli sportelli / con più cura
6. diminuire la quantità di benzina / che compro ogni settimana
7. pulire il parabrezza / con più cura
8. cominciare a guidare / più attentamente
9. parcheggiare / con più cura
10. andare per un controllo / più spesso
11. fare marcia indietro / più attentamente

M. Chiedi a un altro studente/un'altra studentessa se devi fare certe cose per essere un bravo/una brava automobilista. L'altro studente/L'altra studentessa risponderà come nel modello.

> MODELLO: Devo frenare con più cura?
> *Sì, bisogna che tu freni con più cura.*

1. Devo accelerare di meno?
2. Devo controllare l'olio più spesso?
3. Devo mettere in moto la macchina con più cura?
4. Devo aprire e chiudere gli sportelli con più cura?
5. Devo diminuire la benzina che uso?
6. Devo cercare di guidare più attentamente?
7. Devo cominciare a sorpassare di meno?
8. Devo parcheggiare la macchina con più cura?
9. Devo venire più spesso per un controllo della macchina?
10. Devo avere più pazienza quando guido?
11. Devo fare marcia indietro con più cura?

N. Osserva le seguenti figure e poi rispondi alle domande come nel modello.

> MODELLO: È vero che Marco guida bene?
> *Macché! Dubito che Marco guidi bene.*

1. È vero che Andrea sorpassa sempre tutti sull'autostrada?

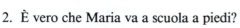

2. È vero che Maria va a scuola a piedi?

3. È vero che Marisa vuole comprare una macchina di lusso?

O. Sei da un concessionario *(car dealer)* con i tuoi genitori. Lavorando in gruppi, un altro studente/un'altra studentessa (il concessionario) ti chiede le seguenti cose. Dopo la tua risposta, il concessionario continua, come nel modello, dicendo che è un peccato *(too bad)* che...

MODELLO: —È vero che guidate una Maserati?
            —*No, non è affatto vero che guidiamo una Maserati.*
            —*È un peccato che voi non guidiate una Maserati!*

1. È vero che voi comprate una Ferrari?
2. È vero che vendete la macchina?
3. È vero che voi avete una seconda macchina?
4. È vero che voi potete comprare una Lancia?
5. È vero che voi volete comprare una moto?

P. Esprimi la tua opinione!

MODELLO: Tutti guidano attentamente a (nome della tua città).
            Spero che tutti guidino attentamente a... / No, non è vero che
            tutti guidino attentamente a...

1. Tutti sorpassano attentamente sulle autostrade.
2. Tutti girano attentamente nelle città.
3. Tutti parcheggiano attentamente in centro.
4. Tutti hanno pazienza nelle grandi città.
5. Tutti sanno guidare bene nella mia città.

Q. I tuoi genitori ti chiedono che cosa stanno facendo diverse persone. Tu rispondi come indicato, seguendo il modello.

MODELLO: Che cosa sta facendo tua sorella? (cambiare l'olio)
            Immagino che stia cambiando l'olio.

1. Che cosa sta facendo tuo fratello? (controllare il motore)
2. Che cosa stanno facendo i tuoi amici? (riparare la loro macchina)
3. Che cosa sta facendo tua sorella? (lavare la macchina)
4. Che cosa stanno facendo Marco e Claudia? (comprare una nuova targa)
5. Che cosa sta facendo Paola? (parcheggiare la macchina)
6. Che cosa sta facendo il meccanico? (riparare la mia auto)

R. Sei d'accordo? Rispondi come nel modello, usando il **si** impersonale.

MODELLI: La gente *(people)* guida male in generale.
            Sì, è vero. Si guida male in generale.

1. Tutti dovrebbero guidare più attentamente.
2. La gente ha poca pazienza quando guida.
3. Tutti vogliono le macchine di lusso.
4. La gente vuole le macchine italiane.
5. Tutti noi vogliamo auto grandi oggi.

S. Si guida bene? Rispondi come nel modello.

> MODELLO: Si guida bene *sull'autostrada?*
> *Sì, ci si guida bene.*

1. Si paga poco la benzina *in una stazione di servizio della tua città?*
2. Si spende molto *denaro* per un controllo?
3. Si possono sorpassare *le macchine* sulla destra?
4. Si può cambiare *il carburatore* per pochi soldi?

T. Tocca a te! Rispondi alle seguenti domande.

1. Come si guida nella tua città?
2. Perché si pensa che gli italiani non siano bravi automobilisti? Sei d'accordo?
3. È vero che ci si diverte molto in Italia?
4. Quante volte all'anno si dovrebbe portare la macchina dal meccanico per un controllo?
5. Come si guida, generalmente, in America?

◆ ◆ ◆ Studio della comunicazione ◆ ◆ ◆

DUBBI, OPINIONI, SENTIMENTI, ECC.

The following verbs and expressions require the subjunctive in the subordinate clause.

DOUBT / UNCERTAINTY

dubitare	*to doubt*
non sapere se	*to not know if*
Dubito che loro abbiano una Maserati.	*I doubt they have a Maserati.*
Non sappiamo se vogliano venire.	*We don't know if they want to come.*

BELIEF / PROBABILITY

credere	*to believe*
essere possibile	*to be possible*
essere probabile	*to be probable / likely*
immaginare	*to imagine*
È possibile che sia vero.	*It's possible that it's true.*
È probabile che lui non sappia guidare.	*It's likely he doesn't know how to drive.*

FEELINGS

avere paura	*to fear*
essere un peccato	*to be too bad*
dispiacere	*to be sorry*

È un peccato che lei non abbia ancora la patente.

It's too bad she doesn't have her license yet.

Mi dispiace che tu non possa venire.

I'm sorry you can't come.

DESIRES / EXPECTATIONS

essere bene	*to be good*
essere ora	*to be time*
essere u̱tile	*to be useful*
preferire	*to prefer*
volere	*to want*

È bene che tu sappia guidare sulle autostrade.

It's good that you know how to drive on the highway.

È ora che lui prenda la patente.

It's time he got a license.

Vuole che io compri delle gomme nuove.

He wants me to buy new tires for my car.

NEED / NECESSITY

bastare	*to be enough, sufficient*
bisognare	*to be necessary*
essere importante	*to be important*
essere necessario	*to be necessary*

Bisogna che io porti la mia macchina dal meccanico.

I need to take my car to the mechanic's.

È necessario che si faccia un controllo della macchina ogni anno.

It's necessary to have one's car checked every year.

HOPING / WISHING

desiderare	*to desire, wish*
sperare	*to hope*

Speriamo che tutto vada bene.

We hope all goes well.

On the other hand, the following main clause verbs and expressions do *not* require the subjunctive because they express a fact.

essere certo	*to be certain*
essere chiaro	*to be clear*
essere ovvio	*to be obvious*
essere sicuro	*to be sure*
essere vero	*to be true*

Compare:

SUBJUNCTIVE	INDICATIVE
È necessario che venga anche lui.	È vero / È chiaro che viene anche lui.
È possibile che venga anche lui.	È sicuro che viene anche lui.
È probabile che venga anche lui.	È ovvio che viene anche lui.

- The subjunctive is also required when the main clause expression contains an impersonal **si** construction.

SUBJUNCTIVE	INDICATIVE
Si dice che sia vero.	Dico che è vero.

- Occasionally the negative changes the meaning of a verb or expression in such a way that the subjunctive is required.

SUBJUNCTIVE	INDICATIVE
Non so se capisca l'italiano.	So che capisce l'italiano.
Non è certo che capisca l'italiano.	È certo che capisce l'italiano.

- If a future action is implied in the subordinate clause, then you can use the future tense instead of the present subjunctive.

PRESENT SUBJUNCTIVE	*or*	FUTURE
Penso che arrivino domani.		Penso che arriveranno domani.
Immagino che guidino loro la prossima settimana.		Immagino che guideranno loro la prossima settimana.

◆

Applicazione

U. Sei un concessionario. Chiedi a un altro studente/un'altra studentessa le seguenti cose. Il tuo compagno/La tua compagna ti risponde come nel modello.

MODELLO: È chiaro che la Cadillac è una bella macchina.
—*No, non è affatto chiaro che la Cadillac sia una bella macchina.*
—*Infatti dubito proprio che sia una bella macchina.*

1. È chiaro che la Mustang è una bella macchina.
2. È certo che la Maserati è la migliore macchina di lusso.
3. È sicuro che gli italiani hanno delle belle macchine.
4. È vero che anche noi abbiamo delle belle macchine.

IL MOMENTO CREATIVO ◆

V. Adesso rivela le tue preferenze e le tue opinioni. Seguendo il modello, rivela se pensi o credi che la macchina indicata sia una bella macchina, perché lo pensi, e che cosa è bene fare per mantenere una macchina come quella indicata.

> MODELLO: la Maserati
> *Penso / Credo che sia una bella macchina. È una bella macchina perché ha un motore grande, è sportiva, ecc. / Per mantenerla è bene che la si porti spesso dal meccanico per un controllo. È anche bene...*
>
> **la carrozzeria** = car body
> **veloce** = fast, speedy

1. la Lancia
2. la Ferrari

3. l'Alfa Romeo
4. la FIAT UNO

FASE 2ª Ascolto

Ascolta attentamente la conversazione. Sei capace di determinare:

- chi è il cliente?
- che tipo di macchina guida?
- di che tipo di riparazione ha bisogno?
- che cosa decide di fare alla fine?

Riconoscimento

Ecco i segnali stradali più comuni. Da' l'equivalente americano di ciascuno *(each one)*.

divieto di accesso   *senso unico*   *obbligo di arresto all'incrocio*   *strada sdrucciolevole (per pioggia o gelo)*   *preavviso di dare precedenza*

FASE 3ª Lettura

happiness

lives

streetcar
even
letter carrier/uses
motor scooter/night watchman
robbers

room/bed

a whole lot

LA STRADA DELLA FELICITÀ°

La strada della felicità è quella dove abito io col mio papà, la mia mamma, mia sorella Patrizia, l'automobile, il cane e il nonno Giuseppe che è rimasto solo e vive° con noi.

Per me la strada di una città grande è come una piccola città, con intorno il mondo. La gente va e viene sul tram° che assomiglia a un treno ma è più piccolo, o sull'autobus che assomiglia a un'automobile ma è più grande, o addirittura° sull'automobile come fa il mio papà che lavora. Invece il portalettere° adopera° il motorino° perché così fa prima, e la guardia notturna° arriva in bicicletta perché così i ladri° non la sentono arrivare e non scappano.

La mia strada non è grande ma ha molti occhi che sono le finestre delle case, e dietro a una di queste finestre c'è la mia stanza° col letto° dove dormo e i giochi e i libri di scuola.

Nella mia strada ci sono un mucchio° di automobili di tutte le marche e alla sera c'è anche quella del mio papà che è molto veloce.

(Da: *La strada della felicità* di A. Pellicanò)

☞ OCCHIO ALLA LINGUA!

Il verbo **vivere** ha un significato più generale del verbo **abitare: Vive in Italia da tanti anni.** *He has been living in Italy for many years.*; **Vive** con solo pane. *He lives by bread alone.* **Abitare** significa più precisamente *to dwell/to live somewhere.*

Vivere ha le seguenti forme irregolari: p. pass.: **vissuto;** futuro: **vivrò,** etc.; pass. rem.: **vissi,** ecc.; condiz.: **vivrei,** ecc.

Nota che la frase **così fa prima** significa *in this way he finishes earlier.*

Descrivi la scena.

Attività   A. Completa le seguenti frasi con la forma appropriata delle parole date.

adoperare, vivere, veloce, notturno, solo, treno, felicità, tram, stanza, portalettere, mucchio, motorino, letto, ladro, guardia, gioco, sentire, scappare

1. Secondo Pellicanò la sua strada è quella della _____ .
2. Abita lì col padre, la madre, la sorella, l'auto, il cane e il nonno che è rimasto _____ e quindi deve _____ con loro.
3. Per Pellicanò la strada di una città grande è come una piccola città, perché la gente va e viene sul _____ che assomiglia a un _____ piccolo, o sull'autobus che assomiglia a un'automobile grande.
4. Sembra che il _____ _____ il _____ perché così fa prima a portare le lettere.
5. Sembra poi che la _____ _____ arrivi in bicicletta.
6. In questo modo è probabile che i _____ non la _____ arrivare e allora che non _____ .
7. Lungo la strada dove vive Pellicanò ci sono molte finestre e dietro a una di queste finestre c'è la sua _____ col _____ dove dorme e i suoi _____ e i suoi libri di scuola.
8. Nella sua strada ci sono un _____ di automobili di tutte le marche e alla sera c'è anche quella _____ di suo padre.

B. Rispondi alle seguenti domande.

1. Quanti anni pensi che abbia Pellicanò in questa lettura?
   • Secondo te i bambini vedono il mondo diversamente dagli adulti?
2. Chi sono i membri della famiglia di Pellicanò?
   • Pensi che sia una cosa buona mantenere un nonno/una nonna che è ri-
     masto(-a) solo(-a)? Perché sì/no?
   • Tu hai un nonno/una nonna che vive con te? Se sì, perché?
4. Perché Pellicanò pensa che la strada di una città grande sia come una città piccola? Sei d'accordo *(Do you agree)?* Perché sì/no?
5. Perché adopera un motorino il portalettere?
   • Tu sai guidare un motorino? Se sì, ti piace?
6. Che cosa ha degli «occhi»? Che cosa c'è dietro a uno di questi occhi? Che cosa tiene nella sua stanza Pellicanò?
   • Che cosa tieni tu nella tua stanza? Perché?
7. Che cosa c'è lungo la strada di Pellicanò?
   • Che cosa c'è lungo la tua strada?
   • Come potresti descrivere la tua strada?

C. Discussione in classe!

1. Vivi ancora dove vivevi da bambino? Se no, come te la ricordi la tua strada? Com'era? Se sì, vorresti andartene? Perché sì/no?
2. Qual è, secondo te, il tema di questa lettura?

FASE 4ª Punto di arrivo

Attività varie

A. Opinioni e discussione.

1. C'è troppo traffico oggi nelle grandi città? Come risolveresti *(How would you solve)* questo problema?
2. Hai la patente di guida? Guidi la macchina? Di chi è? Quando la puoi adoperare? Preferisci viaggiare in macchina o con i mezzi pubblici di trasporto *(public transportation)?* Perché?
3. Chi porta la macchina dal meccanico nella tua famiglia? Perché?
4. Te ne intendi di macchine? *(Do you understand cars?)* Sai riparare diversi guasti? Se sì, quali?
5. Secondo te, pensi che la macchina sia un lusso o una necessità? Perché?
6. Quando guidi il tuo comportamento *(behavior)* cambia? Se sì, in che modo?
7. Quali sono, secondo te, le cause più frequenti degli incidenti stradali?

B. Cosa ne pensi?

1. Le macchine si dovrebbero portare dal meccanico
   - soltanto quando hanno bisogno di qualche riparazione
   - per un controllo regolare
   - quando non funzionano più
2. La causa più frequente degli incidenti stradali è
   - lo stato delle strade
   - i guasti meccanici
   - il modo di guidare degli automobilisti
3. Generalmente, nella tua città si guida
   - in modo simile a come si guida in altre città
   - peggio *(worse)* di come si guida in altre città
   - meglio *(better)* di come si guida in altre città
4. Le auto più belle del mondo sono
   - quelle italiane
   - quelle americane
   - quelle giapponesi *(Japanese)*

C. Giochiamo! Sai dire che cos'è?

MODELLO: accelera la macchina
l'acceleratore

1. Ti permette di avvertire *(warn)* gli altri automobilisti.
2. Copre *(It covers)* il motore.
3. Ti permettono di vedere quando guidi di notte.
4. Se lo apri potrai respirare un po' d'aria mentre guidi.
5. Ti protegge *(It protects you)* dal vento.
6. Ti protegge in un incidente.

7. La sedia automobilistica.
8. La porta automobilistica.
9. Identifica *(It identifies)* da dove viene la tua macchina.
10. Puliscono il parabrezza.
12. Ti permette di girare la macchina.
13. Hai bisogno di questo documento per guidare la macchina.
14. Quando è rosso devi frenare.
15. Devi andarci quando hai bisogno di benzina.

D. Compiti comunicativi. Completa ogni affermazione in modo logico.

1. Per garantire il buon funzionamento della propria macchina è necessario che...
2. Si crede popolarmente che la causa più frequente degli incidenti stradali in Italia...
3. Ma questo non è affatto vero, perché gli automobilisti italiani...
4. Secondo le statistiche più recenti sembra proprio che la causa più comune degli incidenti in Italia...
5. In Italia è obbligatorio che il sorpasso...
6. Le autostrade italiane sono tra le migliori del mondo soprattutto perché...
7. Le città medie italiane sono collegate alle autostrade...
8. Se si viaggia in macchina sulle autostrade italiane allora sarà necessario che...

Attività scritta

E. Descrivi la tua macchina ideale/preferita, usando un dizionario per descrivere ognuno dei seguenti aspetti. Poi leggi la tua descrizione alla classe.

1. la carrozzeria
2. il colore
3. il consumo *(consumption)* della benzina
4. il prezzo
5. altre caratteristiche specifiche: sterzo, motore, sedili, ecc.

Simulazioni

F. In gruppi, selezionate, preparate e poi recitate in classe una delle seguenti scenette.

1. Dal meccanico!

S1 = cliente
S2 = meccanico

S1:   Va dal meccanico perché la sua macchina ha qualche guasto.
S2:   Fa una serie di domande per trovare il problema.
S1:   Non vuole pagare la fattura perché pensa che il prezzo della riparazione sia troppo alto.

Il dialogo termina quando i due finalmente si mettono d'accordo sul prezzo della riparazione.

AUTOSCUOLA
PRATICHE AUTO
AUTOSCUOLA
"Ardeatina"
PRATICHE AUTO
CERTIFICATI
FOTOCOPIE
ROMA - VIA A. ASCARI, 28
ZONA ROMA 70
TEL. (06) 5030045

2. Alla scuola guida!

S1 = studente/studentessa
S2 = insegnante
S3 = automobilista

S1: Va ad una scuola guida per imparare *(to learn)* a guidare.

S2: Insegna *(Teaches)* a S1 come si guida la macchina.

S1: Mentre sta guidando sbatte contro un'altra macchina *(bangs into another car)*.

S2: Cerca di spiegare *(to explain)* a S3 com'è successo *(happened)* l'incidente.

S3: Può essere a piacere una persona simpatica o antipatica e, quindi, termina il dialogo in un modo appropriato.

Lessico utile

Nomi

l'acceleratore *(m.) gas pedal*
l'autostrada *highway*
la benzina *gas*
la carrozzeria *car body*
la città *city*
il clacson *car horn*
il cofano *hood*
il controllo *checkup*
la corsia *driving lane*
la cura *care*
il faro/il proiettore *headlight*
la felicità *happiness*
il finestrino *car window*
il freno *brake*
la gomma *tire*
la guida *driving*
l'incidente *(m.) accident*
l'incrocio *intersection*
il letto *bed*
la marmitta *muffler*
il meccanico *mechanic*
l'olio *oil*
il parabrezza (*pl.* **i parabrezza**) *windshield*
il paraurti (*pl.* **i paraurti**) *bumper*
il parcheggio *parking*
la patente (di guida) *driver's license*
il portabagagli (*pl.* **i portabagagli**) *trunk*

la riparazione *repair*
la ruota *wheel*
il sedile *car seat*
il segnale *sign* (**segnale stradale** *road sign*)
il semaforo *traffic light*
il sorpasso *passing*
lo sportello *car door*
la stanza *room*
lo sterzo/il volante *steering wheel*
la strada *road*
la targa *license plate*
il tergicristallo *windshield wiper*
il treno *train*

Aggettivi

comune *common*
eccezionale *exceptional*
frequente *frequent*
medio *average, mid (size)*
obbligatorio *obligatory, compulsory*
solo *alone*
stradale *of the road*
veloce *fast, speedy*

Verbi

accelerare *to speed up*
andarsene *(ess.) to go away*
attraversare *to cross*
bastare *(ess.) to be enough, sufficient*
bisognare *to be necessary*
camminare *to walk*
controllare *to check*
credere *to believe*
dubitare *to doubt*
frenare *to brake*
garantire (-isc-) *to guarantee*
girare/svoltare *to turn*
guidare *to drive*
immaginare *to imagine*
parcheggiare *to park*
pensarne *to think about something*
rallentare *to slow down*
riparare *to fix, repair*
sorpassare *to pass*
sperare *to hope*
vivere *to live*

Altri vocaboli/Espressioni

attraverso *across, through*
e così via *and so on*
fare marcia indietro *to back up*
mettere in moto *to start a car*

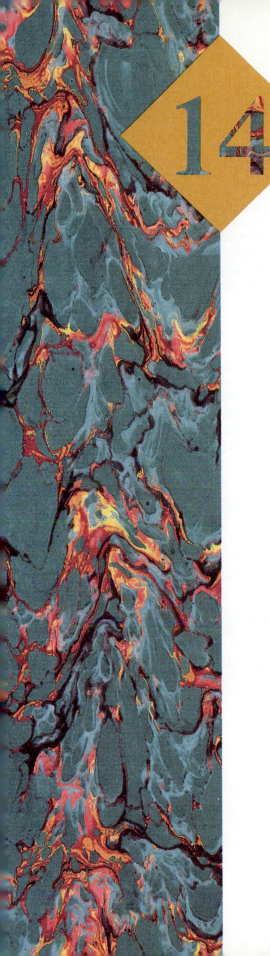

14 LO SPORT!

Mi chiamo Maldini!

LANGUAGE FUNCTIONS

Talking about sports

Comparing   Expressing uncertainty in the past

Making judgments   Relating actions in time

GRAMMATICAL STRUCTURES

Comparisons   Past Subjunctive

CULTURE

Italian soccer   Sports in Italy

FASE 1ª   Punto di partenza

soccer

playoffs
victory
vest
It seems
player
soccer ball/score a goal

IL CALCIO°

In Italia lo sport più praticato è il calcio. Il campionato° di Serie A, la serie più importante, termina con la vincita° dello scudetto, il tricolore distintivo che i vincitori porteranno sulla maglia° nella stagione successiva.

Pare° che il calcio sia stato il precursore del rugby e del football americano. Si pensa che questi sport siano originati quando un giocatore° di calcio, in un momento di frustrazione, decise di prendere il pallone° in mano per segnare una rete°.

ALTRI SPORT

team
cycling/swimming

are broadcast today

Sembra che a livello internazionale, gli Azzurri (il colore usato per indicare una qualsiasi squadra° nazionale italiana) abbiano sempre avuto successo in diversi sport, particolarmente nel ciclismo° e nel nuoto°. Ma recentemente, agli italiani cominciano a piacere anche gli sport americani. Infatti, alla televisione vengono oggi trasmesse° partite di football, di hockey e di baseball direttamente dagli Stati Uniti. E sembra che siano tra i programmi televisivi più popolari.

◉ OCCHIO ALLA LINGUA!

Il verbo **parere** regge *(governs)* il congiuntivo nella proposizione subordinata: *Pare che il calcio **sia** lo sport più popolare d'Italia.*

Questo verbo ha le seguenti forme irregolari ed è coniugato con **essere** nei tempi composti.

Presente indicativo	paio, pari, pare, paiamo, parete, paiono
Participio passato	parso
Futuro	parrò, parrai,...
Passato remoto	parvi, paresti, parve, paremmo, pareste, parvero
Condizionale	parrei, parresti,...
Presente congiuntivo	paia, paia,...

Il verbo **trasmettere** è coniugato come **mettere** e il verbo **originare** è coniugato con **essere** nei tempi composti.

La frase **vengono trasmesse** rivela una forma particolare del passivo **(Lezione finale)**.

◉ OCCHIO ALLA CULTURA!

Lo sport è veramente molto popolare in Italia. Ci sono cinque quotidiani *(daily newspapers)* che trattano *(deal with)* esclusivamente soggetti sportivi: *La gazzetta dello sport, Il corriere dello sport, Stadio, Sport sud e Tuttosport.*

Il calcio è lo sport nazionale d'Italia. Il campionato va da settembre a giugno. E ogni domenica pomeriggio quasi tutti vanno allo stadio *(stadium)* o guardano la partita *(match)* alla televisione.

Comprensione

A. Correggi le seguenti affermazioni.

1. Si pratica poco il calcio in Italia.
2. Il campionato di Serie A è la partita più importante.
3. Il campionato termina con la vincita della coppa *(cup)* azzurra.
4. Lo scudetto è un tipo di maglia che tutti i giocatori di calcio portano.
5. Pare che il calcio sia il precursore di molti sport americani.
6. Si pensa che il rugby sia originato quando un giocatore di calcio, in un momento di frustrazione, decise di scappare via dallo stadio.
7. L'azzurro è il colore usato per indicare la vincita dello scudetto.
8. A livello internazionale gli italiani hanno avuto successo in diversi sport come l'hockey e il baseball.
9. Lo sport non è popolare in Italia.
10. C'è solo un quotidiano di sport in Italia: *La gazzetta dello sport.*
11. Lo sport nazionale d'Italia è il ciclismo.

B. Che cos'è?

MODELLO: si gioca con un pallone
il calcio

nuoto, tennis, scudetto, hockey, giocatore, rete, ciclismo, squadra, baseball, football

1. Si gioca portando un pallone in mano.
2. È lo sport nazionale degli Stati Uniti.
3. È lo sport praticato con la bicicletta.
4. Si gioca sul ghiaccio *(ice)*.
5. Si pratica nell'acqua.
6. Si gioca con una racchetta.
7. Un gruppo di giocatori.
8. Il distintivo tricolore che i vincitori del campionato di Serie A porteranno sulla loro maglia nella stagione successiva.
9. Si segna quando si gioca al calcio o all'hockey.
10. La persona che gioca per una squadra.

C. Completa ogni frase, scegliendo la forma giusta del verbo.

1. (Pare, Paia) _____ che il calcio sia il precursore del football americano.
2. Come ti (pare, è parsa) _____ la partita di domenica scorsa?
3. Non (parve, parrebbe) _____ vero che il calcio sia il precursore del football.
4. Ogni domenica in Italia (trasmisero, trasmettono) _____ la partita di calcio alla TV.
5. Le partite di baseball, football e hockey (trasmettono, vengono trasmesse) _____ regolarmente.
6. Si dice che il football (è originato, sia originato) _____ quando un giocatore prese in mano il pallone e (segnò, ha segnato) _____ una rete.
7. Il pallone _____ (si usa, si usano) per giocare al calcio.
8. In Italia (si pratica, si praticano) _____ tanti sport.

Espansione

D. Rispondi alle seguenti domande, seguendo il modello.

MODELLO: Secondo te, quale sport è più difficile, il baseball o il calcio?
            *Secondo me, il baseball è **più** difficile **del** calcio. / Secondo me, il calcio è **più** difficile **del** baseball.*

diff<u>i</u>cile	*difficult*
f<u>a</u>cile	*easy*
piac<u>e</u>vole	*pleasant, enjoyable*

1. Secondo te, quale sport è più facile, l'hockey o il rugby?
2. Secondo te, quale sport è più difficile, il nuoto o il ciclismo?
3. Secondo te, qual è più difficile fisicamente, il campionato di baseball o il campionato di hockey?
4. Secondo te, quale sport è più facile fisicamente, il nuoto o il rugby?

E. Cosa è più piacevole per te? Formula due frasi, seguendo il modello.

MODELLO: praticare uno sport / studiare
            *Per me è **più** piacevole praticare uno sport **che** studiare. / Per me è **più** piacevole studiare **che** praticare uno sport.*

1. praticare uno sport / fare i compiti di scuola
2. guardare una partita alla TV / andare allo stadio
3. giocare a baseball / giocare a calcio
4. studiare l'italiano / praticare il nuoto
5. praticare il ciclismo / praticare il nuoto

◆ ◆ ◆ **Studio del lessico** ◆ ◆ ◆

IL MONDO DELLO SPORT

l'alpinismo

l'atletica leggera

la corsa

il culturismo

il pugilato

la lotta

la pallacanestro

lo sci

il tennis

NOMI

l'agonismo	competition (general)	la palla	ball
l'arbitro	referee	il pareggio	draw, tie
l'atleta (m./f.)	athlete	la partita	match
il campione	champion	la perdita	loss
il campo	field	il punteggio	score
la gara	(specific) competition	il record	record
il gioco	play	lo stadio	stadium
l'infortunio	injury	il tifoso	sports fan
la palestra	gymnasium		

VERBI/ESPRESSIONI

correre[1]	to run	pattinare	to skate
fare (dello) sport	to do sports	perdere	to lose
fare ginnastica	to work out	sciare[2]	to ski
fare (il) footing/jogging	to jog	tirare	to throw
fare esercizio	to exercise	vincere[3]	to win
giocare	to play		
pareggiare	to draw, tie		

◆

Applicazione

F. Completa ogni conversazione con le frasi appropriate.

1. Franco e Gina stanno parlando in un bar.

- Ma perché? Eri così brava! Non ti piace più l'alpinismo?
- Sì. Ho sempre voluto fare l'atleta.
- Sì, è vero, e ho vinto molte corse alcuni anni fa.
- Mi piacerebbe praticare l'atletica leggera ma non ho mai tempo.

GINA:	Sono tanti anni ormai che non pratico più quello sport.
FRANCO:	_____
GINA:	No, non mi piace più.
FRANCO:	Pratichi altri sport?
GINA:	_____
FRANCO:	Ma una volta eri veramente brava a correre, no?
GINA:	_____
FRANCO:	E non è vero che vorresti praticare lo sport professionalmente?
GINA:	_____

---

[1] p. pass.: **corso**; pass. rem.: **corsi, corresti, corse, corremmo, correste, corsero**
[2] The verb **sciare** is conjugated like **inviare** in the present tense, eg. pres. ind.: **tu scii**; pres. subj.: **che io scii, che tu scii,** etc.
[3] p. pass.: **vinto**; pass. rem.: **vinsi, vincesti, vinse, vincemmo, vinceste, vinsero**

2. Carlo e sua sorella Loretta stanno discutendo quale programma guardare.

- No, non è vero! Sono tifoso anche degli sport americani!
- Vedrai che la partita ti piacerà!
- Va bene! Il tennis piace anche a me! E se non sbaglio, la gara è a livello internazionale. Ma oggi c'è il calcio!
- Impossibile! C'è la partita di calcio tra la Juventus e il Milan!

LORETTA:	Oggi voglio guardare il tennis.
CARLO:	_____
LORETTA:	Mi pare che tu voglia sempre guardare solo il calcio.
CARLO:	_____
LORETTA:	Domani c'è l'incontro di tennis tra un'italiana e un'americana!
CARLO:	_____
LORETTA:	Va bene! Oggi guarderemo il calcio!
CARLO:	_____

3. Angelo e Lina stanno guardando una partita di calcio.

- Non so quale sia il punteggio preciso, ma so che per il momento c'è il pareggio tra le due squadre.
- Pare che abbia avuto un infortunio mentre faceva ginnastica in palestra.
- Eh già! Non ti dimenticare che ha vinto lo scudetto l'anno scorso! È una squadra di veri campioni!
- Sì, è veramente bella! E questo campo e questo stadio sono tra i migliori d'Italia!
- Certo che non è il mio arbitro preferito! Quando c'è lui, la partita va sempre male! Ha battuto il record delle partite più discusse!
- Hai ragione! Una perdita oggi significherebbe la fine!
- Sì, è proprio una partita bella! Guarda come tirano bene il pallone i giocatori della nostra squadra. Sembra che sia una palla da tennis!

ANGELO:	Che partita eccezionale!
LINA:	_____
ANGELO:	Chi sta vincendo?
LINA:	_____
ANGELO:	Speriamo che i nostri non perdano!
LINA:	_____
ANGELO:	Certo che l'altra squadra è proprio brava!
LINA:	_____
ANGELO:	Ma dov'è il nostro miglior giocatore?
LINA:	_____
ANGELO:	Che sta facendo quell'arbitro?
LINA:	_____
ANGELO:	Meno male che oggi è una giornata bellissima!
LINA:	_____

G. Che sport è?

MODELLO: lo sport nazionale degli Stati Uniti
il baseball

calcio, football, hockey, nuoto, alpinismo, atletica leggera, automobilismo, golf, lotta, culturismo, pallacanestro, pallavolo, tennis

1. lo sport di Wayne Gretzsky
2. lo sport di Martina Navratilova
3. lo sport delle corse in automobile
4. lo sport del cosiddetto «Hulk Hogan»
5. si pratica per lo sviluppo *(development)* dei muscoli
6. si pratica, per esempio, in montagna
7. si pratica nell'acqua
8. lo sport nazionale d'Italia
9. lo sport di Joe Montana
10. lo sport di molte gare come, per esempio, le corse
11. lo sport giocato con due squadre di sei giocatori ciascuna e un pallone
12. lo sport dei Boston Celtics
13. lo sport di Arnold Palmer

H. Due amici stanno parlando di sport. Completa la loro conversazione con le forme appropriate dei verbi indicati.

MODELLO: Penso che quella squadra (perdere) _____ ieri.
abbia perso

1. Dubito che loro (vincere) _____ ieri.
2. Io non (correre) _____ mai nella mia vita.
3. (Sciare) _____ anche tu nelle Alpi ogni anno?
4. Pare che quelle due squadre (pareggiare) _____ ogni volta che giocano.
5. Quale squadra (vincere) _____ il campionato di football nel 1965?
6. Quale squadra di calcio (vincere) _____ il campionato nel 1976?
7. Chi (correre) _____ per l'Italia alle Olimpiadi *(Olympics)* di Roma?

I. Tocca a te! Rispondi alle seguenti domande.

1. Fai dello sport? Quali sport pratichi? Quale sport ti piace di più? Perché?
2. Fai ginnastica? Se sì, quante volte al giorno / alla settimana? Fai ginnastica in una palestra? Dove la fai?
3. Fai il jogging? Se sì, quante volte al giorno / alla settimana? Perché lo fai?
4. Sai giocare a tennis? Se sì, ti piace? Perché?
5. Sai pattinare? Se sì, quando e dove pattini? Sai sciare? Se sì, quando e dove scii?

◆ ◆ ◆ Studio della grammatica ◆ ◆ ◆

IL COMPARATIVO

The comparison of equality *(as . . . as)* is expressed by **(così)... come** or **(tanto)... quanto.**

Questo giocatore è **(così)** bravo **come** quello.	Questo giocatore è **(tanto)** bravo **quanto** quello.
*This player is **as** good **as** that one.*	*This player is **as** good **as** that one.*
Il tennis è **(così)** piacevole **come** il nuoto.	Il tennis è **(tanto)** piacevole **quanto** il nuoto.
*Tennis is **as** enjoyable **as** swimming.*	*Tennis is **as** enjoyable **as** swimming.*

- The use of **così** and **tanto** is optional. However, when nouns are being compared, **tanto** and **quanto** must be used and must agree with the nouns they modify.

> Gli atleti dovrebbero mangiare **tante** frutte **quanto** pane.
>
> *Athletes should eat **as many** fruits **as** bread.*

- The comparison of superiority *(more . . . than; -er . . . than)* is expressed by **più... di/che.**

Il football è piacevole.	Il calcio è **più** piacevole.
Football is enjoyable.	*Soccer is **more** enjoyable.*
Il nuoto è facile.	Il golf è **più** facile.
Swimming is easy.	*Golf is easier.*

When comparing two items, use **di** and **che** as follows.

- **di** is used when two different things or subjects are compared.

> Il nuoto è piacevole.
>
> Il calcio è piacevole.
>
> Il nuoto è **più** piacevole **del** calcio.
> *Swimming is **more** enjoyable **than** soccer.*

Subject 1 = **il nuoto;** subject 2 = **il calcio.** Note that *di* contracts with the definite article.

Quella squadra ha tanti scudetti.

Quella squadra ha **più** scudetti **di** quell'altra.
*That team has more championships **than** that one.*

Quell'altra squadra ha tanti scudetti.

Subject 1 = **quella squadra;** subject 2 = **quell'altra squadra.**

- **che** is used when features associated with the same subject are compared.

Maria pratica il nuoto.

Maria pratica **più** il nuoto **che** il tennis.
*Mary practices swimming **more than** she does tennis.*

Maria pratica il tennis.

Only subject = **Maria**

Il culturismo è difficile.

Il culturismo è **più** difficile **che** piacevole.
*Body building is more difficult **than** it is enjoyable.*

Il culturismo è piacevole.

Only subject = **il culturismo**

The comparison of inferiority *(less . . . than)* is expressed by **meno... di/che.**

Il football è piacevole.
Football is enjoyable.

Il calcio è **meno** piacevole.
*Soccer is **less** enjoyable.*

Il golf è facile.
Golf is easy.

Il nuoto è **meno** facile.
*Swimming is **less** easy.*

The same alternation between **di** and **che** applies here as well.

Il calcio è **meno** piacevole **del** football.
Il culturismo è **meno** difficile **che** piacevole.

IL SUPERLATIVO

The superlative *(-est, the most, the least)* is formed with the definite article before **più** or **meno.**

Maria e **la più** brava **della** classe nel nuoto.
*Maria is **the best in** the class in swimming.*

Il rugby è **il meno** praticato **di** tutti gli sport.
*Rugby is **the least** practiced **of** all sports.*

When the superlative construction includes the noun, the article is not repeated before **più** or **meno.**

Maria è **la** ragazza **più** brava **della** classe nel nuoto.
*Maria is **the best** girl **in** (the) swimming class.*

Note that **di** corresponds to the English *in* in superlative constructions.

È **lo** sport **più** difficile **dell'**atletica leggera.

È **il** giocatore **più** alto **della** palla-canestro.

*It's **the most difficult** sport **in** track and field.*

*He is **the tallest player in** basketball.*

After a superlative expression, the verb in the subordinate clause must be in the subjunctive.

È lo sport più difficile che io **conosca.**

È stata la partita più bella che io **abbia** mai **visto.**

It's the most difficult sport (that) I know.

It was the best match I have ever seen.

FORME IRREGOLARI

Some adjectives and adverbs have irregular comparative and superlative forms.

	COMPARATIVO	SUPERLATIVO
AGGETTIVI		
buono *good*	più buono/**migliore** *better*	il più buono/**il migliore** *the best*
cattivo *bad*	più cattivo/**peggiore** *worse*	il più cattivo/**il peggiore** *the worst*
grande *big, great*	più grande/**maggiore** *bigger/larger*	il più grande/**il maggiore** *the biggest/the largest*
piccolo *little*	più piccolo/**minore** *smaller/littler*	il più piccolo/**il minore** *the smallest/the littlest*
AVVERBI		
bene *well*	**meglio** *better*	**il meglio** *the best*
male *badly*	**peggio** *worse*	**il peggio** *the worst*

Note the following:

- The final **-e** of **migliore, peggiore,** etc., is normally dropped before a noun: **il miglior gioco, la peggior squadra.**

- The expressions **più grande/maggiore, più piccolo/minore** can also be used to refer to age differences: **Gianni è il maggiore della famiglia.** *John is the oldest in the family.*

- **Migliore** and **meglio** both translate as *better* in English. Remember that the former is an adjective and the latter an adverb.

I caffè italiani sono più buoni.   *or*   I caffè italiani sono **migliori.** *(adjective)*

Marco nuota **meglio** di me. *(adverb)*

- The same applies to **peggiore** and **peggio.**

Quell'arbitro è più cattivo.   *or*   Quell'arbitro è **peggiore.** *(adjective)*

Lui nuota **peggio** di te. *(adverb)*

PASSATO CONGIUNTIVO

The past subjunctive is a compound tense. It is formed with the present subjunctive of **avere** or **essere** and the past participle of the verb. It corresponds to the present perfect; ie. it is used to indicate a finished past action in the subjunctive mood.

PASSATO PROSSIMO	PASSATO CONGIUNTIVO
Ha praticato sempre lo sport.	Sembra che **abbia praticato** sempre lo sport.
Sono stata allo stadio ieri.	Non è vero che io **sia stata** allo stadio ieri.
Si sono divertiti ieri allo stadio.	Dubito che **si siano divertiti** ieri allo stadio.

◆

Applicazione

J. Parliamo dello sport! Due studenti/studentesse hanno opinioni diverse. Con un altro studente/un'altra studentessa, scambiatevi *(exchange)* le vostre opinioni, imitando il modello. *(Remember to use [tanto]... quanto when comparing nouns.)*

MODELLO: nuoto / ciclismo
—*A me piace più il nuoto del ciclismo. / A me piace più il ciclismo del nuoto.*
—*A me, invece, piace (tanto) il ciclismo quanto il nuoto.*

1. baseball / calcio
2. ciclismo / football
3. hockey / nuoto
4. rugby / alpinismo
5. atletica leggera / automobilismo
6. corse / culturismo
7. golf / lotta
8. pallacanestro / pallavolo
9. tennis / calcio

Pensi che il calcio sia uno sport più difficile che il football?

K. Chiedi ad un altro studente/un'altra studentessa cosa ne pensa dei seguenti sport, seguendo il modello.

MODELLO: calcio / piacevole / football
—*Pensi che il calcio sia così piacevole come il football?*
—*Sì, il calcio è tanto piacevole quanto il football.*

1. ciclismo / difficile fisicamente / culturismo
2. pallacanestro / piacevole / pallavolo
3. tennis / facile fisicamente / nuoto
4. calcio / internazionale / hockey
5. italiani / sportivi / americani

L. Il tuo amico/La tua amica ti dice diverse cose. Tu rispondi come nel modello. Lui/Lei dubita però quello che tu dici. Svolgete la conversazione, lavorando in coppie.

MODELLI: Maria è brava a nuotare e anche Claudia è brava a nuotare.
Sì, è vero, ma pare che Maria sia più brava a nuotare di Claudia.
No, dubito che Claudia sia meno brava a nuotare di Maria.

Marco sa sciare e pattinare.
Sì, è vero, ma pare che sappia più sciare che pattinare.
No, dubito che sappia meno pattinare che sciare.

1. Giorgio fa ginnastica e anche Maria fa ginnastica.
2. Il campionato di football è piacevole e anche il campionato di hockey è piacevole.
3. Maria è sportiva e studiosa.
4. La Juventus (squadra di Torino) segna tante reti e anche la squadra di Roma segna tante reti.
5. Trasmettono partite di football e di baseball.
6. Oggi in Italia si praticano il golf e il tennis.
7. Le partite di calcio sono belle e anche le partite di football sono belle.

M. Le seguenti frasi descrivono varie attività sportive. Trasformale come segue, usando il superlativo.

> MODELLO: Il calcio è uno sport importante in Italia.
> *Il calcio è lo sport più importante d'Italia!*

1. L'automobilismo è uno sport popolare in Europa.
2. L'atletica leggera è uno sport praticato in America.
3. Il golf è uno sport popolare a Milano.
4. Il baseball è uno sport comune negli Stati Uniti.
5. Lo stadio di Roma è uno stadio famoso nel mondo.

N. Tu e il tuo amico/la tua amica state discutendo vari sport, diversi giocatori, ecc. Lui/Lei fa un commento e tu rispondi che non sei d'accordo, usando un'espressione equivalente.

> MODELLI: Pascoli gioca più bene di Virelli.
> *No, non è vero che Pascoli giochi meglio di Virelli.*
>
> Lo stadio di Roma è tra i più belli d'Italia.
> *No, non è vero che lo stadio di Roma sia tra i migliori d'Italia.*

1. Va più male quest'anno per la Juventus che per il Napoli.[3]
2. Gli Yankees di New York giocano più bene dei Red Sox di Boston.
3. Nardi è il più piccolo di quella squadra.
4. La vincita di ieri è stata più grande della vincita dell'altro giorno.
5. Lamberti è più cattivo di Tucci come arbitro.
6. Il caffè che servono allo stadio di Roma è più buono di quello che servono allo stadio di Firenze.
7. Lamberti è l'arbitro più cattivo che ci sia.
8. Il caffè dello stadio di Roma è il caffè più buono d'Italia.

O. Il tuo amico/La tua amica ti fa ora una serie di commenti. Metti ogni verbo alla sua forma appropriata.

1. È la partita più bella che io (vedere) ———— mai.
2. Questo è il meglio che loro (sciare) ————.
3. Quella è stata la rete più importante che loro (segnare) ———— quest'anno.
4. Quella è stata la partita più importante che la nostra squadra (vincere) ————.
5. La gara di ieri è stata la più piacevole che io (vedere) ————.

Forza Roma!

---

[3] **La Juventus** and **il Napoli** are Italian soccer teams.

P. Tocca a te! Rispondi alle seguenti domande.

1. Hai mai visto una partita di calcio? Se sì, ti è piaciuta? Perché sì/no?
2. Secondo te, come si potrebbe far diventare il calcio popolare in America?
3. Indica:
   - quali sport pratichi
   - se sei bravo(-a), abbastanza bravo(-a), non bravo(-a) in quello sport
   - se ti piace o no e il perché
   - quando lo pratichi e con quale frequenza

4. In un dibattito *(debate)* tra diversi studenti si dovrà discutere la seguente tesi: Gli sport sono importanti per una società.

◆ ◆ ◆ Studio della comunicazione ◆ ◆ ◆

GIUDICARE

essere bene che	*to be well/good that*	**essere meglio che**	*to be better that*
essere male che	*to be bad that*	**essere peggio che**	*to be worse that*

These expressions are followed by the subjunctive.

> È bene che tu lo faccia.
> Forse è meglio che faccia il jogging.

> *It's good that you do it.*
> *Maybe it's better that I jog.*

SEQUENZA DI AZIONI

Both the present and the past subjunctive are usually preceded by a verb in the present tense.

MAIN CLAUSE	SUBORDINATE CLAUSE
Dubito	che giochi bene / abbia giocato bene ieri.
I doubt	*(that) he/she plays well / played well yesterday.*
È probabile	che anche lei scii bene / abbia sciato sempre bene.
It's likely	*(that) she too skis well / has always skied well.*

In general a present or finished past action in the subordinate clause is tied logically to a present one in the main clause.

However, it is also possible to have an action occur afterward in the subordinate clause. In this case the present subjunctive is used.

> Voglio che **venga** anche lei allo stadio.
> *I want her to come to the stadium too.*

> Dubito che **vinca** quella squadra domani.
> *I doubt (that) that team will win tomorrow.*

Applicazione

Q. Esprimi il tuo punto di vista! Usa solo le espressioni elencate *(listed)* sopra: **essere bene che, essere meglio che,** ecc.

> MODELLO: È bene che anche in Italia trasmettano sport americani?
> —*Sì, è bene che trasmettano sport americani in Italia perché sono interessanti.*
> —*No, non è bene che trasmettano sport americani in Italia perché il calcio è il miglior sport del mondo.*

1. È bene che anche in Italia si giochi al baseball?
2. È male che negli Stati Uniti non sia popolare il rugby?
3. È meglio che si faccia il jogging o la ginnastica ogni giorno?
4. È peggio che una squadra perda il suo giocatore migliore o il suo allenatore *(coach)*?

R. Completa ogni frase con la forma appropriata del verbo.

1. È bene che (vincere) _____ quella squadra l'anno prossimo.
2. Non mi pare che Donatelli (segnare) _____ una rete ieri.
3. No, però è ora che ne (segnare) _____ una.
4. È meglio che anche tu (fare) _____ un po' di ginnastica.
5. Pare che non (esserci) _____ nessuna ragione per la perdita di ieri.
6. Pare che oggi (esserci) _____ tante ragioni per una perdita.

IL MOMENTO CREATIVO ◆

S. Tu e tua sorella state discutendo lo sport in America. Tua sorella pensa che gli sport americani siano, in gran parte, per gli uomini. Lei dà tre o quattro ragioni per sostenere *(back up)* la sua ipotesi. Tu non sei d'accordo. Con un altro studente/un'altra studentessa, mettete in scena questa situazione.

FASE 2ª Ascolto

Ascolta attentamente la conversazione. Sei capace di determinare:

- che tipo di sport pratica ognuno dei quattro studenti nella scena?
- chi ha vinto un premio *(prize)*?
- perché lo ha vinto?
- che cosa decidono di fare i quattro alla fine?

Riconoscimento

Ecco una Guida TV per domenica.

RAIUNO	RAIDUE	RAITRE	CANALE 5	ITALIA 1
07,00 La spilla nera - Sceneggiato. (1ª e 2ª puntata)	07,00 Patatrac - Varietà per ragazzi	09,00 Domenica sul Tre	08,30 Le frontiere dello spirito	07,00 Bim Bum Bam - Cartoni
08,55 Apemaia - Cartoni animati	Kissy Fur - Cartoni animati	Professione pericolo - Telefilm con Lee Majors, Douglas Barr	09,15 I re dell'avventura - Documentario	10,30 Calcio internazionale - Rubrica sportiva
09,15 Il mondo di Quark - Documentario. «Un'odissea africana»	07,55 Mattina 2	09,50 TG 3 - Domenica	10,00 Mannix - Telefilm	12,00 Viva il mondiale - Rubrica sportiva. (Replica)
10,00 Linea Verde Magazine	10,05 Sereno variabile	12,10 Sci: Supergigante femminile. Coppa del mondo	11,00 Block Notes - Rubrica	12,30 Guida al campionato - A cura della redazione sportiva. Conduce Sandro Piccinini
11,00 Santa Messa	12,00 Raffaella, venerdì sabato e domenica - «Ricomincio da due». Spettacolo con Raffaella Carrà. (Prima parte)	13,10 Del Vecchio - Telefilm con Judd Hirsch. «L'alto costo della giustizia»	12,30 Rivediamoli - Rubrica	
11,55 Parola e vita: le notizie			13,00 Superclassifica show	13,10 Grand prix - Con Andrea De Adamich
12,15 Linea verde		14,00 Telegiornali regionali	14,00 C'era una volta il Festival - Spettacolo con Mike Bongiorno	
13,00 TG l'una - Rotocalco della domenica	13,00 TG 2 - Ore tredici	14,10 Blob cartoon		14,00 I miserabili (Usa 1952). Film drammatico. Regia: Lewis Milestone, con Michael Rennie, Debra Paget
13,30 TG 1 - Notizie	13,45 Raffaella, venerdì sabato e domenica - (Seconda parte)	14,30 Schegge - «Prove tecniche di trasmissione»	16,55 Nonsolomoda - Attualità. (Replica)	
13,55 Toto-Tv Radiocorriere	15,00 Quando si ama	14,45 Prove tecniche di trasmissione - Con Piero Chiambretti e la partecipazione di Nanny Loy	18,00 Ok il prezzo è giusto - Gioco condotto da Iva Zanicchi	16,00 Bim Bum Bam - Programma di cartoni animati
14,00 Domenica in...	17,00 Jannacci in concerto - Musicale			
14,20 Notizie sportive	18,20 TG 2 - Lo sport			
14,25 Domenica in...	Sci: Supergigante femminile. Coppa del mondo. (Sintesi)	17,00 Tennis: Torneo ATP	19,45 La ruota della Fortuna - Conduce Mike Bongiorno	17,00 O'Hara - Telefilm. «Una testimone da proteggere»
16,20 Notizie sportive		18,35 Domenica gol		
18,15 90° minuto	18,50 Calcio Serie A	19,00 Telegiornale	20,30 Una sera c'incontrammo - «Aspettando San Valentino» con Lorella Cuccarini e Marco Columbro	19,00 Teodoro e l'invenzione che non va - Cartoni
18,40 Domenica in...	19,45 Telegiornale	19,30 Telegiornali regionali		19,30 The real Ghostbusters
19,50 Che tempo fa	20,00 TG 2 - Domenica sprint	19,45 Sport regione		20,00 Siamo fatti così - Cartoni
20,00 TG 3 - Notizie	20,30 Dudù Dudù la canzone ci ha fatto innamorare - Con Pino Caruso e Claudia Mori	20,00 Calcio Serie B	23,00 Nonsolomoda - Settimanale di attualità con Fabrizio Pasquero	20,30 Boxe: «Tyson-Douglas». Campionato mondiale Pesi Massimi WBC, WNA, IBF
20,30 Ultimo minuto (Italia 1987). Film commedia. Regia: Pupi Avati, con Ugo Tognazzi, Elena Sofia Ricci		20,30 Chi l'ha visto? - Donatella Raffai e Luigi Di Majo sulle tracce di persone scomparse		
22,10 La domenica sportiva	23,00 TG 2 - Stasera		23,30 Italia domanda - Conduce Gianni Letta	21,30 Emilio - Spettacolo con Gaspare e Zuzzurro. (14ª puntata)
00,10 La legge (Francia 1958). Regia: Jules Dassin, con Gina Lollobrigida, Pierre Brasseur	23,15 Sorgente di vita - Rubrica religiosa	23,00 Appuntamento al cinema - Anticipazioni	00,30 Top secret - Telefilm	
	23,45 L'aquilone - Documenti	23,10 TG 3 - Notte	01,30 Lou Grant - Telefilm	22,45 40° All Star Game - Da Miami
	00,45 Umbria jazz - Musicale	23,25 Rai Regione: Calcio	02,30 Bonanza - Telefilm	

1. Quali sono i programmi di sport o sullo sport su RAI UNO; su RAI DUE; e su RAI TRE?
2. Quali sono tutti gli sport menzionati?
3. A quali orari vengono trasmessi i diversi sport?
4. Paragona *(Compare)* questa domenica televisiva italiana a una tipica americana.

FASE 3ª Lettura

MIO PADRE

concern

upon waking/had turned out all right

shepherds

in fashion/dairy store

the only one/snow had barely fallen/shoulders/existed

stay

snow

Mio padre si alzava sempre alle quattro del mattino. La sua prima preoccupazione°, al risveglio°, era andare a guardare se il «mezzorado» era venuto bene°.

Il mezzorado era latte acido, che lui aveva imparato a fare, in Sardegna, da certi pastori°. Era semplicemente yoghurt. Lo yoghurt, in quegli anni, non era ancora di moda°: e non si trovava in vendita, come adesso, nelle latterie° o nei bar.

A quel tempo non erano ancora di moda gli sport invernali; e mio padre era forse, a Torino, l'unico° a praticarli. Partiva, non appena cadeva un po' di neve°, per Clavières, la sera del sabato, con gli sci sulle spalle°. Allora non esistevano° né Sestrières, né gli alberghi di Cervinia.

Gli sci, lui li chiamava «gli ski». Aveva imparato ad andare in sci da giovane, in un suo soggiorno° in Norvegia. Tornando la domenica sera, diceva sempre che però c'era brutta neve°.

(Da: *Lessico famigliare* di Natalia Ginzburg)

◉ OCCHIO ALLA LINGUA!

Il nome **yoghurt** si scrive più comunemente **yogurt**.

Davanti ai nomi che iniziano con **y** è necessario usare le stesse forme dell'articolo e del dimostrativo che si usano davanti a **z** e **s** + consonante: **lo yogurt**.

I verbi **cadere** e **esistere** sono coniugati con **essere** nei tempi composti.

Il verbo **cadere** ha le seguenti forme irregolari: futuro: **cadrò, cadrai**, ecc.; pass. rem: **caddi, cadesti**, ecc.; condiz., **cadrei, cadresti**, ecc.

L'espressione **non appena** rende l'idea di *barely*.

Attività   **A.** Completa la seguente parafrasi della lettura con la forma corretta delle parole date.

albergo, latteria, moda, neve, pastore, preoccupazione, risveglio, sci, soggiorno, spalla, unico, yogurt, certo, invernale, cadere, esistere

1. Ai tempi del padre della Ginzburg non _____ gli alberghi che ci sono oggi.
2. Oggi, invece, si trovano tanti _____ in montagna per chi vuole praticare lo sci.
3. Quando _____ la neve il padre andava sempre a sciare.
4. Ai tempi del padre lo yogurt non si trovava nelle _____ .
5. A quel tempo non erano ancora di moda gli sport _____ .
6. Oggi, invece, tutti gli sport invernali sono di _____ in Italia.
7. Il padre aveva imparato a fare il mezzorado da _____ pastori della Sardegna.
8. Quando cadeva la _____ il padre partiva subito per Clavières.
9. Erano i _____ della Sardegna che sapevano fare il mezzorado.
10. Anni fa non era possibile comprare lo _____ in Italia.
11. La prima _____ del padre al mattino era di vedere come era venuto il mezzorado.
12. A quel tempo, a Torino, il padre della Ginzburg era l'_____ a praticare gli sport invernali.
13. Ogni mattina, al _____, il padre voleva vedere com'era venuto il mezzorado.
14. Portava sempre gli sci sulle _____ .
15. Il padre chiamava gli _____, gli «ski».
16. Il padre imparò a sciare durante un suo _____ in Norvegia.

B. Rispondi alle seguenti domande.

1. A che ora si alzava il padre della Ginzburg? Secondo te, perché si alzava così presto?
   • A che ora ti alzi generalmente tu? Perché?
2. Qual era la sua prima preoccupazione al risveglio?
   • Qual è la tua prima preoccupazione al tuo risveglio? Perché?
3. Che cosa era il mezzorado? Dove aveva imparato a farlo?

Ti piace il ciclismo?

4. Che cosa non era ancora di moda a quel tempo? In che cosa era unico il padre della Ginzburg? Per dove partiva non appena cadeva un po' di neve? Quali posti non c'erano allora?
5. Quando e dove imparò a sciare il padre della Ginzburg?

C. Discussione in classe!

1. Secondo te, qual è il tema principale di questo brano?
2. Secondo te, è diventata una moda degli «yuppies» andare in località invernali a sciare? Perché sì/no?
3. A te piace lo yogurt? Perché sì/no?
4. Tu vai in alberghi/località invernali? Se sì, in quali?
5. Quando e dove hai imparato gli sport che pratichi?

FASE 4ª

Attività varie

Punto di arrivo

◆

A. Opinioni e discussione.

1. Pensi che gli uomini siano più bravi delle donne in certi sport o vice versa? Spiega la tua risposta.
2. Nel tennis le donne giocano meno partite degli uomini. Sai perché? Pensi che sia giusto? Perché sì/no?
3. Fa' un sondaggio della classe in cui dovrai determinare
   • quali sono gli sport più popolari
   • chi sono i giocatori/gli atleti più popolari
   • quali sono gli sport più praticati dagli *(by the)* studenti

B. Mini-conversazioni. Completa ogni mini-conversazione scegliendo la frase più logica.

1. È necessario praticare regolarmente uno sport.
    • Anch'io pratico qualche sport.
    • Sembra proprio così.
2. Sembra che il Milan abbia vinto lo scudetto quest'anno.
    • È un distintivo tricolore che i vincitori porteranno sulla maglia nella stagione successiva.
    • Macché! Ha perso contro il Napoli nell'ultima partita del campionato.
3. Ormai pare che il rugby ed il football americano siano diventati internazionali.
    • Infatti alla televisione vengono trasmesse partite direttamente dagli Stati Uniti.
    • Sembra che il calcio sia stato il precursore di questi due sport.
4. Che bella rete che ha segnato Marzetti!
    • Specialmente quando decide di prendere in mano il pallone!
    • Eccezionale!
5. Sembra che a livello internazionale gli Azzurri abbiano avuto successo in diversi sport quest'anno!
    • Particolarmente nel nuoto e nell'automobilismo!
    • Il loro colore indica qualsiasi squadra nazionale italiana!
6. Hai letto il *Tuttosport* di oggi?
    • È un quotidiano popolare.
    • Non lo compro mai.

C. Giochiamo! Che cos'è?

> MODELLO: lo sport di Brett Hull
> *l'hockey*

1. il colore delle squadre nazionali italiane
2. la serie più importante del campionato di calcio italiano
3. dove si va in Italia quasi ogni domenica per vedere la partita di calcio
4. lo sport di Roger Clemens
5. lo sport di Mario Andretti
6. lo sport di Mike Tyson
7. lo sport di Andre Agassi
8. la persona che regola *(regulates)* una qualsiasi partita
9. dove si giocano il calcio ed il football
10. dove si giocano la pallavolo e la pallacanestro
11. Non è né una vincita né una perdita.

D. Compiti comunicativi! Chiedi ad un altro studente/un'altra studentessa quale preferisce fare.

> MODELLO: praticare lo sport / guardare lo sport alla TV
> —*Cosa preferisci fare, praticare lo sport o guardarlo alla TV?*
> —*Mi piace più praticare lo sport che guardarlo alla TV.*
> —*Perché?*
> —*Sono una persona attiva, e perció mi piace fare ginnastica o footing.*

a. il football / il calcio
b. l'atletica leggera / il culturismo
c. il golf / la lotta
d. fare il footing / la ginnastica
e. pattinare / sciare
f. il nuoto / la ginnastica
g. andare allo stadio per guardare una partita di baseball / guardare una partita di baseball alla TV
h. correre velocemente per andare a scuola / camminare lentamente per andare a scuola

Attività scritta   **E.** Scrivi un breve tema sul tuo sport preferito.

Includi, per esempio,

- come si vince
- le regole *(rules)*
- gli aspetti interessanti
- le squadre migliori attualmente
- le squadre peggiori attualmente
- i giocatori più bravi

Simulazione   **F.** In gruppi scegliete una delle seguenti situazioni e poi mettetela in scena davanti alla classe.

1. S1 cerca di convincere S2, al quale/alla quale non piace nessuno sport, ad andare ad un match di tennis tra due giocatori internazionali. Il dialogo termina quando S1 convince S2 finalmente ad andare al match.
2. S1 e S2 parlano dell'ultimo «Super Bowl» che hanno visto la sera prima in televisione. I due sono tifosi di squadre diverse. Il dialogo termina in un modo amichevole *(friendly)* (per esempio, i due decidono di uscire insieme a prendere un caffè).

Lessico utile

Nomi

l'agonismo *competition (general)*
l'albergo *hotel*
l'alpinismo *mountain climbing*
l'arbitro *referee*
l'atleta *(m./f.) athlete*
l'atletica leggera *track and field*
l'automobilismo *car racing*
il campionato *playing season, playoffs*

il campione *champion*
il campo *field*
il ciclismo *cycling*
la corsa *race*
il culturismo *body building*
la gara *competition (specific)*
il giocatore *player*
il gioco *play*
l'infortunio *injury*

il livello *level*
la lotta *wrestling*
la neve *snow*
il nuoto *swimming*
la palestra *gymnasium*
la palla *ball*
la pallacanestro *(f.) basketball*
la pallavolo *(f.) volleyball*
il pallone *soccer ball*

il **pareggio** *draw, tie*
la **partita** *match*
la **perdita** *loss*
il **pugilato** *boxing*
il **punteggio** *score*
la **rete** *net, goal*
lo **sci** *(pl. gli sci) ski*
lo **scudetto** *soccer prize (crest worn on a soccer sweater)*
la **serie** *series, (team) division*
la **spalla** *shoulder*
la **squadra** *team*
lo **stadio** *stadium*
il **tifoso** *sports fan*
il **tricolore** *three-colored crest worn by the winning soccer team*
la **vincita** *win, victory*
il **vincitore** *winner*

Aggettivi

certo *certain*
difficile *difficult*
facile *easy*
maggiore *bigger*
migliore *better*
minore *smaller*
peggiore *worse*
piacevole *pleasant, enjoyable*
sportivo *pertaining to sports*
successivo *successive, next*
tricolore *three-colored*

Verbi

cadere *(ess.) to fall*
correre *to run*
esistere *(ess.) to exist*
giocare *to play*
originare *(ess.) to originate*
pareggiare *to draw, tie*
parere *(ess.) to appear, seem*

pattinare *to skate*
perdere *to lose*
praticare *to practice, play (sport)*
sciare *to ski*
segnare *to score (a goal)*
tirare *to throw*
trasmettere *to broadcast, transmit*
usare *to use*
vincere *to win*

Avverbi

meglio *better*
peggio *worse*

Altri vocaboli/Espressioni

fare (dello) sport *to do sports*
fare ginnastica *to work out, to exercise*
fare (il) footing/jogging *to jog*

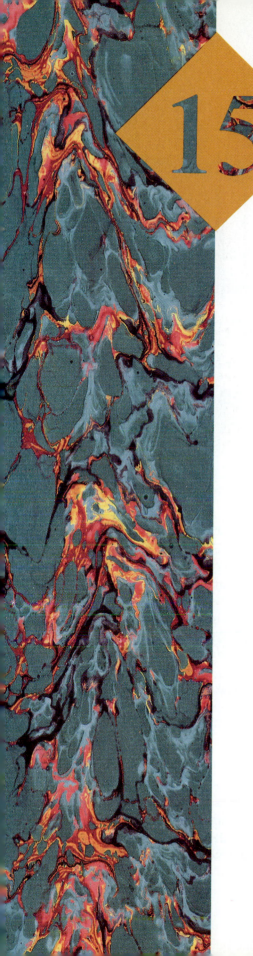

15

LA CASA E L'UFFICIO!

LANGUAGE FUNCTIONS

Talking about the home and the office
Expressing uncertainty in the past

GRAMMATICAL STRUCTURES

Imperfect subjunctive   Relative pronouns

CULTURE

The **case al mare** of Italy

FASE 1ª Punto di partenza

A CASA

I genitori di Nora sono nella nuova casa che Nora e suo marito, Marco, hanno appena° comprato.

just

MADRE: Che bella la casa che hanno comprato, non pensi?

they rent
instead of

PADRE: Certo! Ma non pensi che fosse meglio che affittassero° un apparta-mento, anziché° comprare una casa in campagna?

living room

MADRE: Sì! Ma guarda che soggiorno°, che cucina, che camere! Non credevo proprio che la loro casa avesse stanze così spaziose!

comfortable

PADRE: È vero! Hanno comprato una casa veramente comoda°!

garden, yard
looks out on

MADRE: E poi guarda che giardino°! Avresti mai pensato che avessero la possibilità di comprare un posto con una terrazza che dà su° un giardino così magnifico?

choice

PADRE: Hanno fatto una scelta° proprio buona!

IN UFFICIO

Due colleghi d'ufficio stanno parlando.

elevator

MARTINI: Non capisco perché il nostro ascensore° non funzioni quasi mai!

fault/office manager/capable of
stapler/to staple

BINNI: La colpa° è del nostro capoufficio°! Non riesce a° fare mai niente! Non hai mica una cucitrice°? Devo appuntare° questi due fogli.

try out
it/you know all about it

MARTINI: Eccotela! E io vorrei che tu provassi° il mio computer, perché anche esso° non funziona quasi mai! Tu te ne capisci°, vero?

BINNI: Dopo! Adesso andiamo a prendere un caffè! Che ne dici?

MARTINI: D'accordo!

◉ OCCHIO ALLA LINGUA!

Il verbo **riuscire (a),** che è coniugato esattamente come **uscire,** rende l'idea *to be capable of.*

Non **posso** farlo perché non ho tempo.	*I can't do it because I don't have time.*
Non **riesco a** farlo, perché non me ne capisco.	*I can't do it because I know nothing about it.*

A. Rispondi alle seguenti domande.

1. Come si chiama la moglie di Marco?
2. Che cosa hanno fatto recentemente?
3. Secondo la madre, com'è la casa?
4. Dov'è la casa?
5. Che cosa volevano i genitori di Nora?
6. Come sono le stanze della casa?
7. Come descrive la casa il padre?
8. Com'è il giardino?
9. Che cosa dà sul giardino?
10. Secondo il padre, che tipo di scelta hanno fatto Nora e Marco?
11. Come si chiamano i due colleghi d'ufficio?
12. Che cosa non capisce Martini?
13. Di chi è la colpa, secondo Binni, del fatto che l'ascensore non funziona mai?
14. Di che cosa ha bisogno Binni? Perché?
15. Che cosa vuole Martini da Binni?
16. Che cosa vuole fare, invece, Binni?

B. Completa ogni frase con la forma appropriata della parola giusta.

1. **salotto, spazioso, scelta, affittare**

   UOMO: Perché non _____ un appartamento anziché comprare una casa?

   DONNA: Perché desidero molto avere un bel _____ e una bella cucina, tutti e due grandi!

   UOMO: Abbiamo abbastanza denaro per comprare una casa _____?

   DONNA: Penso di sì! In ogni caso, dobbiamo fare la _____ insieme.

2. **dare, magnifico, terrazza, anziché, comodo, giardino**

   MOGLIE: Ti piace la nostra nuova casa _____?

   MARITO: Sì, preferisco vivere in una casa _____ in un appartamento!

   MOGLIE: Che posto _____!

   MARITO: Andiamo sulla _____. È veramente bella!

   MOGLIE: Eh sì, _____ proprio su un _____ magnifico!

3. **cucitrice, ascensore, capirsene, appena, capoufficio, colpa, appuntare, riuscire, foglio, andare**

NARDI: Dove sono i _____ di carta che avevo messo qui?

CERVI: Non lo so. Sono arrivato _____ adesso in ufficio.

NARDI: Non _____ mai a trovare niente. Ah, eccoli qui! Adesso avrei bisogno di una _____ .

CERVI: Perché?

NARDI: Li devo _____ .

CERVI: Dov'è oggi il nostro _____? Non funziona ancora l'_____!

NARDI: Di chi è la _____ questa volta?

CERVI: Di nessuno. Il problema è che nessuno _____ di ascensori in questo ufficio.

NARDI: Io me ne capisco un po'. Perciò, _____ io a ripararlo.

C. Potere o riuscire a? Completa ogni frase con uno di questi due verbi nella sua forma appropriata.

1. Marco, _____ venire a vedere la mia casa nuova?
2. Sembra che nessuno _____ riparare l'ascensore.
3. Io non _____ trovare mai un posto di lavoro in quell'ufficio.
4. Signor Nardi, _____ appuntare questi fogli per me?
5. Ieri il signor Nardi non _____ capire come funziona il computer.
6. Se (io) _____, torno domani e vedrò se _____ affittare quell'appartamento a quella coppia *(couple)*.

Espansione

D. Chiedi ad un altro studente/un'altra studentessa chi voleva che lui/lei facesse le seguenti cose. Nota le desinenze *(endings)* (della 1ª e 2ª persona singolare) del congiuntivo imperfetto che dovrai usare:

> **-assi** per i verbi in **-are**
> **-essi** per i verbi in **-ere**
> **-issi** per i verbi in **-ire**

MODELLO: scrivere molte lettere

S1:   *Chi voleva che tu scrivessi molte lettere?*

S2:   *Il mio capoufficio voleva che io scrivessi molte lettere.*

1. scrivere molte cose
2. appuntare molti fogli
3. riparare *(to fix)* l'ascensore

4. finire il progetto *(project)*
5. spedire molte lettere
6. usare il computer

E. Completa il seguente dialogo tra due colleghi d'ufficio con le seguenti forme.

a cui	*to whom*
che	*that, which, who*
chi	*he/she who*
quello che	*what (that which)*

C1 = **primo(-a) collega**; C2 = **secondo(-a) collega**

C1:   Dov'è il progetto _____ ho finito ieri?

C2:   Non lo so. A chi l'hai dato?

C1:   Alla persona _____ ho sempre dato i miei progetti.

C2:   A Bianchini?

C1:   Certo! Ma _____ ti voglio dire è che non è una persona molto brava.

C2:   È vero! _____ dice che è una brava persona non sa quello che dice.

◆   ◆   ◆ **Studio del lessico** ◆   ◆   ◆

A CASA

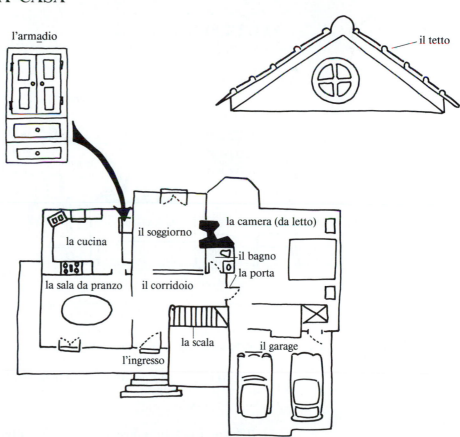

l'armadio

il tetto

la cucina

il soggiorno

la camera (da letto)

il bagno

la porta

la sala da pranzo

il corridoio

la scala

il garage

l'ingresso

A CASA

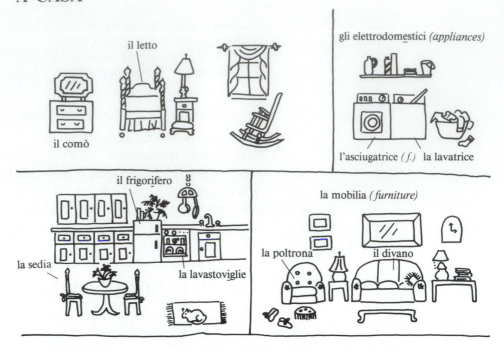

ALL'UFFICIO

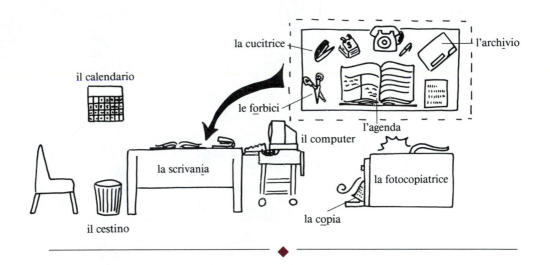

Applicazione   **F.** Correggi le seguenti affermazioni.

> MODELLO: Il soggiorno è la stanza dove possiamo lavarci.
> *No, il soggiorno è la stanza dove possiamo guardare la TV.*

1. Il bagno è la stanza dove possiamo dormire.
2. La camera da letto è la stanza dove possiamo lavarci.
3. La cucina è la stanza dove possiamo guardare la TV.

4. Il garage è la stanza dove si fa da mangiare.
5. L'ingresso è la parte della casa dove si mette la macchina.
6. La sala da pranzo è la parte della casa dove si entra.
7. Nell'armadio si mette il telefono.
8. Si entra in una stanza attraverso il corridoio.
9. Si lascia passare l'aria in casa attraverso la porta.
10. Si cammina lungo la finestra.

G. Completa la conversazione con la forma appropriata delle parole indicate.

> **poltrona, asciugatrice, elettrodomestico, sedia, frigorifero, divano, lava-trice, giardino, terrazza, mobilia, comò, magnifico**

MOGLIE: Certo che la nostra casa è proprio _____!

MARITO: È vero! Ha anche una _____ spaziosa che dà su un _____ vera-mente eccezionale.

MOGLIE: Adesso dovremo comprare un po' di _____.

MARITO: A me piacerebbe una _____ comoda e delle belle _____ per il nostro nuovo tavolo.

MOGLIE: E a me piacerebbe un _____ altrettanto comodo nel soggiorno e un _____ nuovo per la nostra camera.

MARITO: Abbiamo anche bisogno di comprare alcuni _____.

MOGLIE: In modo particolare una _____ per lavare la biancheria *(laundry)* e un'_____ per asciugarla *(to dry it)*.

MARITO: E non dobbiamo dimenticare un _____ per mantenere il cibo fresco.

MOGLIE: Sì, hai ragione!

MARITO: Adesso vado su per la scala.

MOGLIE: Perché?

MARITO: Perché voglio andare in soffitta. A presto!

MOGLIE: Ciao!

H. Che cos'è? Identifica ognuna delle seguenti cose, usando il futuro di probabilità come nel modello.

> MODELLO: si usa per scrivere
> *Sarà una penna.*

1. un tavolo sul quale si possono scrivere lettere, ecc.
2. si usa per segnare *(jot down)* gli appuntamenti
3. una macchina che si usa per scrivere
4. un «cervello elettronico» *(electronic brain)*
5. dove si mettono, per esempio, le lettere
6. dove si possono indicare i giorni e i mesi
7. dove si mettono i rifiuti *(garbage)*
8. la riproduzione *(reproduction)* di qualcosa
9. la macchina che permette di fare copie
10. si usano per tagliare *(to cut)* la carta

♦ ♦ ♦ Studio della grammatica ♦ ♦ ♦

L'IMPERFETTO CONGIUNTIVO

The imperfect subjunctive is formed by dropping the infinitive suffix and adding the following endings:

AFFITTARE	VOLERE	FINIRE
affitt**assi**	vol**essi**	fin**issi**
affitt**assi**	vol**essi**	fin**issi**
affitt**asse**	vol**esse**	fin**isse**
affitt**assimo**	vol**essimo**	fin**issimo**
affitt**aste**	vol**este**	fin**iste**
affitt**assero**	vol**essero**	fin**issero**

The imperfect subjunctive corresponds exactly to the imperfect indicative, except that it occurs in subordinate clauses that depend on a main-clause verb or expression that requires the subjunctive.

IMPERFETTO INDICATIVO

Sono sicura che lui **abitava** in quella casa da bambino.
I'm sure that he used to live in that house as a boy.

È certo che loro **lavoravano** in un ufficio del centro.
It's certain that they used to work in an office downtown.

IMPERFETTO CONGIUNTIVO

Dubito che lui **abitasse** in quella casa da bambino.
I doubt that he used to live in that house as a boy.

È possibile che loro **lavorassero** in un ufficio del centro.
It's possible that they used to work in an office downtown.

The imperfect subjunctive is also joined to a main clause whose verb is in a past tense.

MAIN CLAUSE

Pensavo
I thought

Ho sempre dubitato
I always doubted

SUBORDINATE CLAUSE

che lei **vivesse** in Italia.
that she lived (used to live) in Italy.

che tu **sapessi** usare il computer.
that you knew how to use the computer.

It is also used with a main clause whose verb is in the present conditional.

MAIN CLAUSE	SUBORDINATE CLAUSE
Vorrei	che anche tu lo **facessi**.
I would like	*for you to do it too.* (action should occur)
Preferirei	che loro **comprassero** quella casa.
I would prefer	*that they buy that home.* (action should occur)

VERBI IRREGOLARI

Following are the imperfect subjunctive conjugations of some common irregular verbs.

bere	**bevessi, bevessi, bevesse, bevessimo, beveste, bevessero**
dare	**dessi, dessi, desse, dessimo, deste, dessero**
dire	**dicessi, dicessi, dicesse, dicessimo, diceste, dicessero**
essere	**fossi, fossi, fosse, fossimo, foste, fossero**
fare	**facessi, facessi, facesse, facessimo, faceste, facessero**
stare	**stessi, stessi, stesse, stessimo, steste, stessero**

PRONOMI RELATIVI

Unlike English, relative pronouns must *always* be used in a relative clause in Italian.

- **che** = *that, which, who, whom*

La casa **che** abbiamo comprato è magnifica.	*The house **(that)** we bought is magnificent.*
Non sono sicura se quella sia la casa **che** abbiano comprato.	*I'm not sure if that is the house **(which)** they bought.*
Santini è la persona **che** io vorrei avere come collega.	*Santini is the person **(whom)** I would like to have as a colleague.*

- **cui** = *that, which, whom.* It is used instead of **che** after a preposition.

Ecco la persona **di cui** ho parlato.	*There's the person **of whom** I spoke.*
Il collega **a cui** ho dato quel progetto non lavora più qui.	*The colleague **to whom** I gave that project doesn't work here any longer.*

Non riesco a trovare i progetti **su cui** ho lavorato per un mese.	*I can't find the projects **on which** I worked for a month.*
Non trovo l'archivio **in cui** ho messo quella lettera.	*I can't find the file **in which** I put that letter.*

- When **cui** is preceded by a definite article it means *whose*. Note that the article agrees with the noun that follows **cui**.

Ecco la collega **la cui** macchina oggi non funziona.	*Here's the (female) colleague **whose** car doesn't work today.*
Ecco la persona **i cui** progetti sono sempre fatti bene.	*Here's the person **whose** projects are always well done.*

- **il/la quale (i/le quali)** can replace both **che** and **cui** if there is an antecedent. It changes in form according to the noun it refers to.

Non sono sicuro se quella è la casa, **che/la quale** vorrebbero comprare.	*I'm not sure that's the house they would like to buy.*
Ecco la persona **di cui/della quale** ho parlato.	*Here's the person **of whom** I spoke.*
Il collega **a cui/al quale** ho dato quel progetto non lavora più qui.	*The colleague **to whom** I gave that project doesn't work here any more.*
Non riesco a trovare i progetti **su cui/sui quali** ho lavorato per un mese.	*I can't find the projects I worked on for a month.*
Non trovo l'archivio **in cui/nel quale** ho messo quella lettera.	*I can't find the file **in which** I put that letter.*

- **chi** = *he/she who*. It is always followed by a verb in the third-person singular and has no antecedent.

Chi ha detto questo non sa niente.	*He/She who said this doesn't know anything.*
Chi dorme non piglia pesci. *(proverb)*	*He/She who sleeps will not catch fish.*
Chi lavora in quest'ufficio guadagna molto.	*He/She who works in this office earns a lot.*

- **quello che** = *what (that which)*

Non ho capito **quello che** hai detto.

*I didn't understand **what** you said.*

Quello che dici non è vero.

***What** you are saying isn't true.*

- The idiomatic forms **quel che** or **ciò che** can replace **quello che.**

Non ho capito **quel che/ciò che** hai detto.

*I didn't understand **what** you said.*

Quel che/Ciò che dici non è vero.

***What** you are saying isn't true.*

Applicazione

I. Un marito sta discutendo varie cose che i genitori della moglie hanno detto nel passato. La moglie gli risponde che quello che sta dicendo vale anche per altri.

MODELLO: I tuoi genitori volevano che noi comprassimo una casa piccola. (mia sorella e suo marito,...)
Sì, è vero, ma volevano che anche mia sorella e suo marito comprassero una casa piccola.

1. I tuoi genitori speravano che noi vendessimo l'appartamento. (mio fratello, io da sola *[alone]*, tu da solo, i nostri migliori amici)
2. Una volta volevano che noi affittassimo un appartamento in centro. (mio fratello, io da sola, tu da solo, tu e i tuoi genitori, i loro parenti dall'Italia)
3. Due anni fa credevano che noi preferissimo una casa in campagna. (tu da solo, mia cugina, tu e i tuoi genitori, i loro migliori amici)
4. Poco tempo fa desideravano che noi vivessimo vicino a loro. (io da sola, tu da solo, il mio fratello maggiore, tu e i tuoi genitori)
5. Dubitavano che noi dessimo retta a (**dare retta a** *to heed*) quello che dicevano. (io da sola, tu da solo, mio fratello, tu e i tuoi genitori)
6. Non credevano che noi dicessimo sempre la verità. (io da sola, mia sorella, tu e i tuoi genitori, i loro parenti)
7. Speravano che noi fossimo in grado di comprare una bella casa. (io da sola, tu da solo, tu e i tuoi genitori, mio fratello e sua moglie)
8. Volevano che noi facessimo a loro più telefonate. (io da sola, tu da solo, mio fratello, i loro parenti)

L. Sulla tua segreteria telefonica, che non funziona bene, trovi i seguenti messaggi incompleti da diversi amici tuoi. Completali scegliendo la forma appropriata del verbo.

1. Sono Maria. Non ti pare che la casa che i tuoi genitori hanno appena comprato
   a. sia bella?
   b. sia stata bella?
   c. fosse bella?
2. Sono Franco. Voglio che domani al bar con noi
   a. venga anche il tuo amico.
   b. sia venuto anche il tuo amico.
   c. venisse anche il tuo amico.
3. Sono Michele. È bene che ieri
   a. vengano anche loro.
   b. siano venuti anche loro.
   c. venissero anche loro.
4. Sono Angela. Dubito che i nostri amici
   a. finiscano già.
   b. abbiano già finito.
   c. finissero.
5. Sono Pina. Non credo che da bambina
   a. Maria voglia avere una casa in campagna.
   b. Maria abbia voluto avere una casa in campagna.
   c. Maria volesse avere una casa in campagna.
6. Sono Carlo. Pensavo che la loro casa
   a. sia più bella.
   b. sia stata più bella.
   c. fosse più bella.
7. Sono tua sorella. I nostri genitori preferirebbero che io e mio marito
   a. compriamo quella casa.
   b. abbiamo comprato quella casa.
   c. comprassimo quella casa.

M. La seguente mini-conversazione tra due colleghi si è svolta *(took place)* ieri. Completala con la forma appropriata di **che, cui, quello (quel/ciò) che, chi** o **quale** secondo il contesto.

1. —La persona _____ ha detto quello non sa _____ dice.
   —Sì, è proprio vero che _____ ha detto quello non sa proprio niente.
2. —Dove sono gli autori dei progetti, i _____ archivi sono sulla mia scrivania?
   —Non lo so, ma la collega della _____ ti parlavo adesso non c'è. Però l'altro collega, a _____ tu hai parlato la settimana scorsa, non c'è perché è andato a fare delle fotocopie.
3. —Se non sbaglio, gli archivi nei _____ avevo messo le copie sono ora nelle mani del capoufficio.
   —Non riesco a trovare _____ che ho fatto ieri. Forse sarà sulla scrivania, sulla _____ ci sono anche tutti gli archivi.
4. —Non ho capito _____ che hai detto.
   —Non importa! Dove sono le agende in _____ ho segnato tutti i nostri appuntamenti? E dove sono gli archivi, _____ copie abbiamo perso ieri?

◆ ◆ ◆ Studio della comunicazione ◆ ◆ ◆

IL «COMPUTERESE»

compatibile	*compatible*
il dischetto	*disk*
di facile uso	*user-friendly*
il diagramma di flusso	*flowchart*
l'hardware *(m.)*	*hardware*
l'informatica	*computer science*
il programma	*program*
lo schermo	*screen*
il software	*software*
la stampante	*printer*
la tastiera	*keyboard*
il terminal	*terminal*

Applicazione

O. Tocca a te! Rispondi alle seguenti domande.

1. Hai un computer? È di facile uso o no? Con quale sistema è compatibile (IBM/ Macintosh/ecc.)? Che tipo di programma usi? Sai elaborare *(process)* i dati? Se sì, di che tipo?
2. Hai mai studiato l'informatica? Se sì, quando? Ti piace? È difficile? Perché sì/no?
3. Sai fare i diagrammi di flusso? Se sì, fa' un diagramma di flusso per «il miglior modo di studiare l'imperfetto congiuntivo».
4. Usi i dischetti o no? Che tipo usi?
5. Perché, secondo te, si usano le parole «software», «hardware» e «file» in italiano senza traduzione *(translation)*?
6. Quant'è grande lo schermo del tuo computer? È a colori?
7. Hai una stampante? Di che tipo?
8. La tua tastiera ha i simboli per scrivere in italiano? Quali sono i simboli particolari dell'italiano (in confronto all'inglese) di cui avresti bisogno?

IL MOMENTO CREATIVO ◆

Guarda la pubblicità a pagina 408 e rispondi alle seguenti domande.

1. Dov'è la località «Poggio Corese»?
2. Quanto costano le case lì?
3. Come sono i prezzi in confronto a quelli nella tua città?
4. Qual è l'orario dell'Open House?
5. Immagina di telefonare all'agente per vedere una casa. Svolgi la telefonata con un compagno/una compagna.

Fase 2ª Ascolto

Ascolta attentamente la conversazione. Sei capace di determinare:

- in che tipo di ufficio sono le persone nella scena?
- in quale città italiana è l'ufficio?
- come si chiama il capoufficio?
- che cosa decidono di fare le persone alla fine?

Riconoscimento

SARDEGNA

PALAU

NELLA SPLENDIDA CORNICE DI

CAPO D'ORSO

a 200 mt. dalla spiaggia
VENDONSI VILLINI E VILLE
A PARTIRE DA SOLI 110 MILIONI

Tutte le unità godono di un panorama unico,
ma alcuni scorci sono più belli di altri.

PER INFORMAZIONI:
06 / 6094881
06 / 6096328

1. Dove si vendono i villini e le ville?
2. Sai che cos'è una villa, un villino?
   Spiega che cosa sono.
3. Quanto lontano sono dalla spiaggia?
4. Come sono?
5. Qual è il loro prezzo più basso?

Fase 3ª Lettura

CASA AL MARE

was prepared for me
upper floor
dim light/wood
curtains/cloth/rust

moved by the wind/moved aside/
    sky/bathing huts/painted
voice/spoon-feeding him
was silent/broke into pieces
all of a sudden/became angry/
    badly cooked

sighed/lowered/head
turned/frightened

Abitavano in un villino a due piani, davanti alla spiaggia. Mi era stata preparata° una stanza al piano superiore°, che dava non sul mare, ma sulla campagna. In tutta la casa c'era penombra° e un buon odore fresco di legno° e di pesche gialle.

Si pranzava nella veranda: le tende° di grossa tela° color ruggine°, mosse dal vento°, si scostavano° e lasciavano vedere il mare d'un azzurro splendente, il cielo° e la spiaggia coi capanni° dipinti° a colori vivaci. Durante il pranzo, il bambino non voleva mangiare e la madre lo incitava con voce° stanca, imboccandolo°.

Walter taceva° e spezzettava° del pane, guardando fisso davanti a sé. Poi a un tratto° s'arrabbiava° e diceva che il cibo era malcotto° e cattivo e che se fosse stato migliore, certo anche il bambino avrebbe mangiato.

Vilma non rispondeva ma sospirava° ed abbassava° il capo°. Il bambino volgeva° dall'uno all'altra gli occhi spaventati°.

(Da: *Casa al mare* di Natalia Ginzburg)

◉ OCCHIO ALLA LINGUA!

Il verbo **tacere** è coniugato come **piacere** ed ha, quindi, le stesse forme irregolari: pres. indic.: **taccio, taci, tace**, ecc. Il verbo **volgere** ha le seguenti forme irregolari: p. pass.: **volto**; pass. rem.: **volsi, volgesti, volse, volgemmo, volgeste, volsero**.

La frase **mi era stata preparata** è nella forma passiva che sarà discussa nella lezione finale. Anche la frase **mosse dal vento** è nella forma passiva. La forma **mosso** è il participio passato del verbo **muovere**.

Il verbo **lasciare** in questo contesto significa *to let, allow*: **lasciavano vedere il mare** *(allowed us to see the sea)*.

Il nome **pranzo** in questo contesto significa *meal*.

La frase **davanti a sé** significa *in front of himself/herself/themselves*.

Attività

A. Completa la seguente parafrasi della lettura usando la forma appropriata delle seguenti parole.

> capanno, capo, cielo, legno, odore, penombra, piano, ruggine, spiaggia, tela, tenda, veranda, villino, voce, dipinto, grosso, tratto, malcotto, spaventato, splendente, superiore, vivace

I membri di quella famiglia avevano una casa al mare che era un _____ a due _____ . Questo si trovava davanti alla _____ . All'autrice era stata preparata una stanza al piano _____ , che dava non sul mare, ma sulla campagna. La _____ si diffondeva nell'intera casa dove c'era un buon _____ fresco di _____ e di pesche gialle.

Il pranzo lo facevano nella _____ . Lì c'erano delle _____ di _____ che era _____ e del colore della _____ . Queste erano mosse dal vento, e allora si scostavano e lasciavano vedere il mare d'un azzurro _____ , il _____ e la spiaggia. Lì si vedevano i _____ . Questi erano _____ con i colori _____ . Durante il pranzo, il bambino non voleva mangiare e la madre lo incitava con una _____ stanca, imboccandolo.

Walter taceva e spezzettava del pane, guardando fisso davanti a sé. Poi a un _____ s'arrabbiava perché pensava che il cibo fosse _____ e cattivo e che se fosse stato migliore, certo anche il bambino avrebbe mangiato.

Vilma non rispondeva, ma sospirava ed abbassava il _____ . Il bambino guardava gli altri con gli occhi _____ .

B. Completa ogni frase con il verbo tra parentesi *(in parentheses)* nella sua forma appropriata.

1. Pare che la madre (abbassare) _____ il capo perché non era contenta.
2. La madre voleva che io (incitare) _____ il bambino a mangiare.
3. Mentre tutti (pranzare) _____ , sembrava che (sospirare) _____ continuamente.
4. Il padre (scostarsi) _____ tutto ad un tratto, e gli altri (tacere) _____ .
5. Voleva che io (imboccare) _____ il bambino.
6. Ma io (arrabbiarsi) _____ perché non era il mio bambino.
7. Il padre (volgere) _____ il capo verso di me, e io mi accorsi subito che avevo sbagliato.

C. Rispondi alle seguenti domande.

1. Dove abitava la famiglia?
2. Descrivi la stanza dell'autrice.
3. Com'era la casa?
4. Dove pranzavano? Cosa vedevano da lì?
5. Descrivi le azioni del bambino, di Walter e di Vilma.

D. Discussione in classe!

1. Che tipo di «atmosfera» c'è in questa casa?
2. Per quale possibile ragione, secondo te, Vilma non rispondeva ed abbassava il capo?
3. Secondo te, Walter è un tipo simpatico o no? Perché sì/no (probabilmente)?
4. La tua famiglia ha una casa al mare o una casa in campagna? Se sì, descrivila.
5. Paragona l'atmosfera nella tua casa a quella della lettura.

Fase 4ª   Punto di arrivo

Attività varie

A. Opinioni e discussione.

1. Come saranno le case nell'anno 2030? nel 3001?
2. Ti piacerebbe lavorare in un ufficio per il resto della tua vita? Perché sì/no?
3. Quali erano le cose che i tuoi genitori volevano che tu facessi regolarmente da bambino(-a)? Di' quali ti piacevano e quali non ti piacevano. Rispondi come nel modello.

> MODELLO: *Volevano che io studiassi di più, ma a me non piaceva studiare. / Volevano che io praticassi diversi sport.* ecc.

4. Secondo te, il computer controllerà la società nel futuro?

B. Conversazioni! Completa ogni conversazione in modo appropriato.

1. Gianni e Sofia hanno appena comprato una casa.

SOFIA: Non pensi che abbiamo comprato una casa eccezionale?

GIANNI: _____

SOFIA: No, erano i tuoi genitori, non i miei, che volevano che noi affittassimo un appartamento!

GIANNI: _____

SOFIA: Hai ragione! La nostra casa ha un soggiorno, una cucina e quattro camere veramente comode e spaziose! Cosa ne pensi del giardino?

GIANNI: _____

SOFIA: Come non ti piace? Non vedi che giardino magnifico? La mia scelta è stata proprio eccezionale, non ti pare?

GIANNI: _____

SOFIA: Grazie!

2. Due colleghi di ufficio stanno parlando

TORELLI: _____

BORELLI: Infatti, sono ormai tre mesi che l'ascensore non funziona!

TORELLI: _____

BORELLI: Sono d'accordo! Il nostro capoufficio non riesce proprio a fare mai niente!

TORELLI: _____

BORELLI: No, non ho nessun foglio di carta. Hai bisogno di qualcos'altro?

TORELLI: _____

BORELLI: Purtroppo non ho nemmeno una cucitrice! Te ne capisci di questo nuovo computer?

TORELLI: _____

BORELLI: Hai ragione! Andiamo a prenderci un bel caffè!

C. Giochiamo! Quale parola completa logicamente ogni serie? Di' il perché.

MODELLO: il bagno, la camera, la cucina,... **(il garage/l'ingresso)**
            Il garage è una stanza, come il bagno, la camera e la cucina,
            mentre l'ingresso non è una stanza.

1. l'asciugatrice, la lavatrice, il frigorifero,... **(la lavastoviglie/il comò)**
2. il comò, il divano, la poltrona,... **(il corridoio/la sedia)**
3. la fotocopiatrice, la macchina da scrivere, il computer,... **(il processore/la scrivania)**
4. le forbici, la cucitrice, il foglio,... **(la scala/la copia)**
5. il diagramma di flusso, il linguaggio simbolico, l'archivio,... **(il programma/di facile uso)**

D. Compiti comunicativi! Sei il direttore/la direttrice di una ditta. Seguendo il modello, di' a uno dei tuoi impiegati che tu vuoi che lui/lei...

MODELLO: scriva subito una lettera
            Vorrei che Lei scrivesse subito una lettera.

1. mandi una fattura ad un cliente
2. ordini ancora merce
3. mandi subito un fax ad un cliente
4. telefoni subito ad un altro cliente
5. ripari il computer
6. vada a prendere un caffè
7. appunti questi fogli
8. faccia una telefonata

Attività scritta

E. Scrivi un breve componimento su uno dei due seguenti temi. Poi leggilo alla classe.

• La mia casa ideale

• Il mestiere/La professione ideale per un giovane oggi

Simulazioni   **F.** In gruppi scegliete, preparate e poi mettete in scena una delle seguenti situazioni.

1. Il signore e la signora Bardini decidono di comprare una casa. I due discutono dove comprarla, che tipo di casa vogliono comprare, ecc. Ma non riescono ad essere d'accordo su niente. Alla fine decidono invece di affittare un appartamento.

2. Il signor e la signora Rossini vogliono arredare *(to decorate)* la loro casa nuova. Discutono, quindi, che tipo di mobilia comprare, quali elettrodomestici comprare, ecc. Ma purtroppo non sono d'accordo su cosa comprare e allora chiamano un amico o un'amica, il quale/la quale sceglie tutto per loro in modo umoristico *(humorous)*.

3. Due colleghi di ufficio stanno parlando del loro capoufficio, il quale sta ascoltando la loro conversazione secretamente *(secretly)*. Quando i due hanno finito di parlare, il capoufficio risponde alla loro conversazione in modo appropriato.

Lessico utile

Nomi

l'agenda *appointment book*
l'armadio *cupboard, closet*
l'ascensore *(m.) elevator*
l'asciugatrice *(f.) clothes dryer*
il bagno *bathroom*
il calendario *calendar*
la camera (da letto) *bedroom*
il capoufficio *office manager, boss*
il cestino *wastebasket*
il comò *dresser*
la copia *copy*
il corridoio *corridor*
la cucina *kitchen*
la cucitrice *stapler*
il divano *sofa*
l'elettrodomestico *appliance*
le forbici *scissors*
la fotocopiatrice *photocopier*
il frigorifero *refrigerator*
il giardino *garden, yard*
l'informatica *computer science*
l'ingresso *entrance*
la lavastoviglie *dishwasher*

la lavatrice *washing machine*
la mobilia *furniture*
il piano *floor, level*
la poltrona *armchair*
la porta *door*
il progetto *project*
la sala da pranzo *dining room*
il soggiorno *living room*
la scala *stairs*
la scrivania *desk*
la sedia *chair*
la spiaggia *beach*
la stampante *printer*
la tastiera *keyboard*
la terrazza *terrace, balcony*
il tetto *roof*
la voce *voice*

Aggettivi

comodo *comfortable*
compatibile *compatible*
grosso *heavy, big, large*
magnifico *magnificent*
spazioso *spacious*

Verbi

affittare *to rent*
appuntare *to staple, clip together*
arrabbiarsi *to become angry*
pranzare *to have lunch*
provare *to try (out)*
riparare *to fix, repair*
riuscire (a) *(ess.) to be capable of*

Avverbio

appena *just*

Altri vocaboli/Espressioni

a un tratto *all of a sudden*
anziché *instead of, rather than*
dare su *to look out onto*

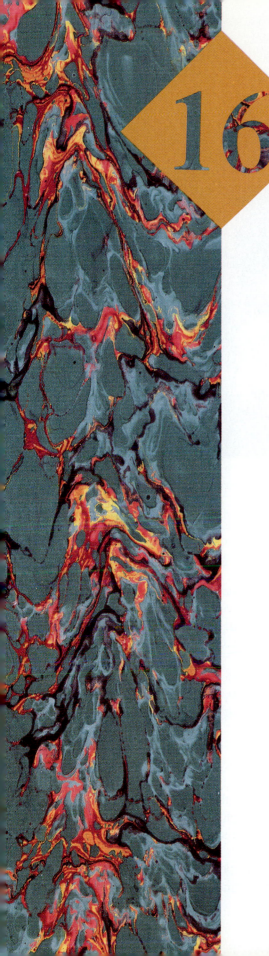

16 AL CONCERTO!

LANGUAGE FUNCTIONS

Talking about going out and
about the arts
Expressing hypothetical situations

GRAMMATICAL STRUCTURES

Pluperfect subjunctive   Conjunctions

CULTURE

The music of Domenico Modugno
Various Italian artists

FASE 1ª Punto di partenza

UNA TIPICA DISCUSSIONE

Una madre e sua figlia stanno facendo una tipica discussione tra genitore e adolescente.

MADRE: Era proprio necessario che tu comprassi i biglietti per quel brutto concerto di musica *heavy metal* come la chiamate voi giovani? Speravo proprio che tu non li avessi comprati!

FIGLIA: Oh mamma! È proprio necessario che tu faccia sempre gli stessi commenti? Non vedo l'ora di° assistere° allo spettacolo°! Posso avere la tua macchina fotografica° e i soldi per comprare un rullino°?

MADRE: Benché° a me non piaccia la musica *heavy metal* questa volta ti lascio fare quello che vuoi. Eccoti la macchina e i soldi. Ma promettimi che rientrerai° in casa presto, va bene?

FIGLIA: Oh, mamma, non ti preoccupare! Se io dovessi fare sempre quello che dici tu, non uscirei mai! Ciao! Ti voglio bene!

MADRE: Ah, se i figli sapessero... !

Al concerto.

FIGLIA: Non mi piace affatto questo posto in platea°. Avrei preferito quello in galleria°!

AMICA: Magari° avessimo comprato biglietti migliori!

FIGLIA: E poi, questo complesso° fa veramente schifo°! Suonano troppo forte e le loro parole sono disgustose! Se avessi saputo questo, non sarei venuta!

AMICA: Nemmeno io! Andiamocene, affinché° possiamo salvarci° l'udito°!

FIGLIA: Hai ragione! E forse anche la mamma questa volta aveva ragione!

Glosses (left margin):

I can't wait/to attend/show
camera/roll of film
Although
you will get home
orchestra
balcony
I wish
musical group/stinks
so that/to save/hearing

⊙ OCCHIO ALLA LINGUA!

La -e dell'infinito si fa cadere *(is dropped)* regolarmente in espressioni come: **lasciar fare, voler bene,** ecc.

Il verbo **rientrare**, come **entrare**, è coniugato con **essere** nei tempi composti.

Il verbo **promettere** è coniugato come **mettere.** Nota che si usa la preposizione **in** nelle espressioni **in platea** e **in galleria**, ma che però si dice **al terzo piano, al quarto piano,** ecc.

⊙ OCCHIO ALLA CULTURA!

Come in America, i giovani italiani escono regolarmente il sabato sera e, anche come in America, tendono ad uscire molto tardi per andare a ballare *(to dance)* ai diversi locali notturni *(night spots)*.

Discoteche

☐ **BLUE ZONE**
via Campania 37/a, tel. 4821890. Discoteca house, angolo live e after hours dalle 2,30 al mattino.

☐ **EVEN DISCOTREND**
S. P. Aurelia Vecchia Km. 92,500-Tarquinia, tel. 0766-856767. Megadiscoteca hip-hop, techno rock. Aperto venerdì e sabato.

☐ **ALIEN**
via Velletri 13, telefono 8412212. Da martedì a domenica dalle 23 in poi, mercoledì e venerdì musica dal vivo.

☐ **CASANOVA**
piazza Rondanini 36, tel. 6547314. Discoteca house, deep, e groove 70; cabaret, musica dal vivo e after hours dalle 2,30 al mattino. Aperto tutti i giorni.

Comprensione

A. Completa la seguente parafrasi delle due conversazioni con la forma appropriata delle seguenti parole.

> **adolescente, comprare, complesso, discussione, commento, galleria, platea, rullino, udito, disgustoso, preoccupato, assistere, promettere, rientrare, salvare, affinché, benché, schifo, fotografico, magari, ora, volere**

Il dialogo inizia con una madre e sua figlia che stanno facendo una tipica _____ tra genitore e _____.

La madre chiede alla figlia se era proprio necessario che lei _____ dei biglietti per quello che la madre pensa sia un brutto concerto di musica *heavy metal,* come la chiamano i giovani.

La figlia, invece, pensa che la madre faccia sempre gli stessi _____ e non vede l'_____ di _____ allo spettacolo. La figlia chiede alla mamma se può avere la sua macchina _____ e dei soldi per comprare un _____.

_____ la madre sia molto _____, questa volta lascia fare a sua figlia quello che vuole, dandole *(giving to her)* la macchina fotografica e i soldi. La madre, però, vuole che la figlia le _____ di _____ in casa presto.

La figlia dice alla mamma di non preoccuparsi e che se dovesse fare sempre quello che lei le dice non uscirebbe mai. Ma alla fine dice a sua madre che le _____ molto bene.

Al concerto alla figlia non piace affatto il posto in _____. Ne avrebbe preferito uno in _____.

La sua amica ha detto: «_____ avessimo comprato biglietti migliori». E la figlia è rimasta delusa *(disappointed)* perché le sembrava che il _____ facesse veramente _____. I musicisti suonavano troppo forte e le loro parole erano _____. Se avesse saputo questo, non sarebbe venuta.

Nemmeno l'amica sarebbe venuta e, quindi, è voluta andarsene, _____ si potesse _____ l'_____. La figlia ha detto alla fine che forse questa volta la mamma aveva ragione.

Espansione

B. Tu e i tuoi genitori state discutendo in modo tipico. Le seguenti affermazioni sono tutte cose che loro non vogliono che tu faccia. Tu rispondi che se tu dovessi fare quello che loro dicono, non faresti mai niente. Metti ogni verbo dato al condizionale seguendo il modello.

MODELLO: uscire a ballare
Se dovessi fare quello che dite, non uscirei mai a ballare.

1. andare al cinema
2. praticare lo sci
3. andare a ballare
4. fare ginnastica
5. guardare la TV
6. telefonare agli amici
7. divertirsi

C. Magari potessi..., ma! Diversi amici ti chiedono se vorresti fare certe cose stasera. Purtroppo in ogni caso tu non puoi e allora ti esprimi dicendo «Magari potessi farlo, ma... »

MODELLO: Vorresti venire al concerto stasera?
Magari potessi venire al concerto, ma devo studiare./Magari potessi venire al concerto, ma ho un appuntamento.

1. Vorresti venire a ballare stasera?
2. Vorresti andare a un bar?
3. Vorresti andare a un locale notturno?
4. Vorresti venire a teatro?
5. Vorresti uscire con noi?

D. Di' ai tuoi genitori che uscirai **lo stesso,** seguendo il modello.

MODELLI: piovere
Benché piova, uscirò lo stesso.

voler guardare la TV
Benché (io) voglia guardare la TV, uscirò lo stesso.

1. fare freddo
2. dover studiare
3. aver bisogno di riposo
4. esserci un bel programma alla TV
5. non saper ballare
6. non aver soldi

Studio del lessico

USCIRE PER DIVERTIRSI

ballare	*to dance*
il ballo	*dance*
il club	*club*
il divertimento	*entertainment*
lasciare	*to drop off, to leave*
prendere su qualcuno	*to pick someone up*
lo spettacolo	*show*
lo svago	*pastime, entertainment*
uscire con qualcuno	*to go out with someone, to date*

LE ARTI

il balletto

la canzone

il/la cantante

il/la musicista

il compositore/la compositrice

l'orchestra sinfonica

il direttore/la direttrice d'orchestra

lo spettacolo

l'opera

Applicazione

E. Due amiche, Natalia e Oriana, si telefonano per programmare *(to plan)* una serata fuori casa. Completa la loro telefonata con le frasi appropriate.

- Su, dai! Vedrai che il ballo sarà un divertimento e uno svago anche per te!
- Va bene, ti vengo a prendere alle sei, e ti lascio proprio davanti al locale prima di parcheggiare la macchina!
- Ormai è una tradizione per noi andare al cinema.
- Si, certo, voglio sempre uscire con te!
- Benché non ti piaccia ballare, sono sicuro(-a) che stasera ti divertirai.
- Ci andiamo in taxi?
- Ma stasera c'è il ballo per la festa di San Valentino!
- Allora andiamo al nostro solito *(usual)* locale notturno.
- Andiamo a quel club che hanno aperto poco tempo fa.

N: Ciao! Vogliamo uscire insieme stasera?
O: _____

N: Allora dove andiamo?
O: _____

N: Hai ragione. Ma perché non facciamo qualcosa di differente!
O: _____

N: Si dice che non sia bello!
O: _____

N: No, sono stufa *(tired)* di andare lì.
O: _____

N: Lo sai che a me non piace ballare!
O: _____

N: Non lo so!
O: _____

N: Va bene, facciamo quello che vuoi tu!
O: _____

N: No! Andiamo in macchina!
O: _____

N: Sei un tesoro! *(You're a sweetheart!)*

F. Chi e? / Cos'e?

1. *Il Barbiere di Siviglia* è un'opera o una canzone?
2. Giancarlo Giannini è un attore o un compositore?
3. Natalia Ginzburg è una cantante o una scrittrice?
4. Luciano Pavarotti è un cantante o un regista?

La Scala, Milano.

G. Tocca a te!

1. Sei mai andato(-a) all'opera? A quale? Ti è piaciuta? Perché sì/no?
2. Che tipo di musica preferisci? Perché?
3. Hai un compositore/una compositrice preferito(-a)? Chi? Perché ti piace la sua musica?
4. Hai un cantante/una cantante preferito(-a)? Chi è? Perché ti piace? Quali sono le sue canzoni che ti piacciono di più?
5. Hai un attore/un'attrice preferito(-a)? Chi è e perché ti piace?
6. Ti piacciono gli spettacoli musicali? Quali? Perché?
7. Che tipo di ballo ti piace? Spiega la tua risposta.

◆ ◆ ◆ Studio della grammatica ◆ ◆ ◆

IL TRAPASSATO CONGIUNTIVO

The pluperfect subjunctive is a compound tense. In this case the auxiliary verb, **avere** or **essere,** is in the imperfect subjunctive.

	parlare	andare
(che) io	avessi parlato	fossi andato(-a)
(che) tu	avessi parlato	fossi andato(-a)
(che) lui/lei	avessi parlato	fossi andato(-a)
(che) noi	avessimo parlato	fossimo andati(-e)
(che) voi	aveste parlato	foste andati(-e)
(che) loro	avessero parlato	fossero andati(-e)

TRAPASSATO INDICATIVO	TRAPASSATO CONGIUNTIVO
Sapevo che la mia amica **aveva** già **visto** quel film.	Pensavo che la mia amica **avesse** già **visto** quel film.
*I knew that my friend **had** already **seen** that movie.*	*I thought that my friend **had** already **seen** that movie.*
Sapevo che tu **eri** già **andato** al cinema.	Pensavo che tu **fossi** già **andato** al cinema.
*I knew that you **had** already **gone** to the movies.*	*I thought that you **had** already **gone** to the movies.*

The **trapassato congiuntivo** is used instead of its indicative counterpart when the subjunctive is required.

CONGIUNZIONI

As you saw in the opening dialog, the subjunctive follows the conjunctions **benché** and **affinché.** These introduce actions or conditions which may or may not happen. Following is a list of some common conjunctions that require the subjunctive.

a meno che (non)	*unless*
affinché | **perché** /	*in order that/so that*
come se	*as if*
benché | **sebbene** /	*although*
nel caso (che)	*in the event that/in case*
prima che	*before*
purché	*provided that*

Verrò anch'io a teatro, **a meno che non** abbia un appuntamento.	*I'll come to the theater too, unless I have an appointment.*
Hanno parlato **come se** volessero uscire.	*They spoke as if they wanted to go out.*
Nel caso dovesse piovere, resteremo a casa.	*In the event it should rain, we'll stay home.*
Prima che avessi visto quel film, non sapevo chi fosse Fellini.	*Before I saw that movie, I didn't know who Fellini was.*
Ti do la mia macchina fotografica, **purché** tu me la restituisca.	*I'll give you my camera, provided you return it.*
Sebbene non mi sia divertita ieri sera al cinema, oggi vorrei andare a vedere il nuovo film di Tornatore.	*Even though I didn't enjoy myself at the movies yesterday, I would like to go see Tornatore's new film today.*

• Note that **a meno che** must always be followed by **non.**

IL PERIODO IPOTETICO

The imperfect and pluperfect subjunctive are used after **se** in hypothetical clauses when the main verb is in the conditional. **Se** can *never* be followed by the conditional in such cases.

WITH PRESENT CONDITIONAL

Se potessi, lo farei.

If I could, I would do it.

Se tu avessi studiato ieri, oggi potresti uscire.

If you had studied yesterday, you could go out today.

WITH PAST CONDITIONAL

Se avessi potuto, lo avrei fatto.

If I had been able to, I would have done it.

Se tu avessi studiato ieri, oggi saresti potuto uscire.

If you had studied yesterday, you could have gone out today.

Note that in general, the present conditional requires the imperfect subjunctive whereas the past conditional requires the pluperfect subjunctive.

In a few situations the pluperfect subjunctive can be used with the present conditional.

Se ieri tu avessi finito di studiare, oggi potresti uscire.

If you had finished studying yesterday, you'd be able to go out today.

Of course, if the conditional is not present in the sentence, then the subjunctive is not required: **Se potrò, lo farò** *(If I can, I'll do it).*

MAGARI! / CHE CI VADA!

The subjunctive is used as well after **magari,** as you have seen — **Magari ci potessi andare** *(If only I could go there)* — and after **che** in sentences expressing a wish, desire, etc.

Vuole andare alla festa?
   Che ci vada!

Let him/her go there!

I giovani vogliono ascoltare
   quella brutta musica.
   Che l'ascoltino!

Let them listen to it!

Applicazione

H. Con un amico/un'amica state parlando di svaghi. Rispondi alle sue domande usando le espressioni tra parentesi.

> MODELLO: Si era divertito? (Sì, pare che)
> *Sì, pare che si fosse divertito.*

1. Ti eri divertita? (Sì, sembra proprio che)
2. Maria aveva visto quello spettacolo? (No, pare che)
3. Era andata a quel locale? (Sì, è probabile che)
4. Le era piaciuta quella festa? (Sì, ma spero che)
5. Maria e Alessandra avevano assistito allo spettacolo? (No, dubito che)
6. E voi avevate preso un posto in galleria? (No, magari)
7. Aveva suonato bene quel musicista? (Sì, penso che)

I. Le seguenti affermazioni sono state fatte da *(were made by)* tuo fratello durante una tipica discussione con uno dei tuoi genitori, ma non esattamente con le parole date. Metti le sue affermazioni nella forma suggerita.

> MODELLO: Esco, *anche se* piove. (benché)
> *Esco, benché piova.*

1. Marco è andato alla festa; *così* ha potuto conoscere Marta. (affinché)
2. Uscirò, *se* non piove. (a meno che)
3. Sono andato a vedere quel complesso, *anche se* tu non volevi. (benché)
4. Avrei preferito un disco di musica rock, *anche se* a te non piace. (sebbene)
5. Non devi pensare così, *anche se dici che* sono un ragazzo cattivo. (come se)
6. Stasera devo ritornare alla festa, *perché* ci sarà Marta. (nel caso)
7. Voglio vedere il mio programma preferito alla TV, *perché dopo* viene Marcello. (prima che)
8. Ho dato la tua macchina fotografica al mio amico, *sapendo che* non la perdeva. (purché)

J. Ecco adesso le osservazioni *(observations)* parziali di tuo padre/di tua madre a quello che hai detto. Completale in un modo appropriato.

1. È vero. Puoi andare alla festa, affinché...
2. Stasera non potrai uscire, a meno che...
3. Lo so che sei andato a vedere quel brutto complesso, benché...
4. Ti ho comprato un disco di *heavy metal,* sebbene...
5. Non ti dico questo, come se...
6. Ti lascio uscire, ma nel caso che..., allora devi rientrare subito.
7. Avresti dovuto studiare, prima che...
8. Ti do la mia macchina fotografica, purché...

K. Tuo fratello Piero sta ora parlando al telefono con il suo amico Franco. Stanno programmando *(they're planning)* il loro sabato sera. Ad ogni ipotesi proposta *(proposed)* da Franco, Piero risponde «ipoteticamente» come nel modello.

MODELLO: Se viene Marta, vieni anche tu al bar?
Sì, se venisse Marta, verrei anch'io al bar.

1. Se c'è un film di Antonioni, vieni anche tu al cinema?
2. Se viene Marta, vieni anche tu alla festa?
3. Se recita la nostra compagna di scuola, vieni anche tu a teatro?
4. Se trovo un posto in galleria, vieni anche tu al concerto?
5. Se suona il tuo complesso preferito in quel locale, vieni anche tu a ballare?
6. Se prendiamo un taxi, vieni anche tu allo spettacolo?
7. Se andiamo al concerto di *heavy metal,* vieni anche tu?
8. Se decidiamo di andare a un locale notturno, vieni anche tu?

L. Il giorno dopo Piero telefona a Franco, osservando che nessuna delle sue proposte si è poi realizzata *(came about)*. Segui il modello.

MODELLO: Se viene Marta, vieni anche tu al bar?
Se fosse venuta Marta, sarei venuto anch'io al bar; ma lei non è venuta, vero?

M. Adesso tuo padre viene da te per lamentarsi *(to complain)* delle cose che fa tuo fratello. Tu rispondi ad ognuna delle sue domande come nel modello.

MODELLO: uscire ogni sabato sera.
—Sai che tuo fratello esce ogni sabato sera?
—Che esca ogni sabato sera!

1. ascoltare la musica *heavy metal?*
2. uscire con Marta?
3. avere troppi svaghi?
4. perdere l'udito, ascoltando quella musicaccia?
5. andare spesso a quel brutto locale?
6. rientrare tardi?
7. guardare sempre la TV?

N. Tocca a te! Che cosa faresti... ?

MODELLO: Se avessi più tempo...
Se avessi più tempo, leggerei tanti romanzi.

1. Se avessi tanti soldi...
2. Se non avessi studiato l'italiano quest'anno...
3. Se sapessi ballare molto bene...
4. Se avessi una macchina di lusso...
5. Magari non dovessi studiare ogni sera,...
6. Magari potessi uscire con...
7. Magari sapessi suonare qualsiasi tipo di musica,...

◆ ◆ ◆ Studio della comunicazione ◆ ◆ ◆

REAZIONI!

Molto bello!	*Great stuff!*	**Non fa per me!**	*This doesn't suit me!*
Che schifo! /	*It's lousy!*	**Orrendo!**	*Horrendous!*
Fa schifo!		**Mi fa venire i brividi!**	*It sends shivers up my spine!*
Magnifico!	*Magnificent!*	**Un capolavoro!**	*A masterpiece!*
Bravo(-a)!	*Very good!*		

◆

Applicazione

O. Completa ogni reazione *(reaction)* in modo appropriato. Usa un'espressione diversa per ognuna delle tue reazioni.

> MODELLO: È un film veramente grande!
> *Molto bello!*

1. Hai cantato veramente bene! (parlando a un uomo)
2. Hai cantato veramente bene! (parlando a una donna)
3. Benché questa musica piaccia a tanti, a me non piace!
4. Mi piace così tanto quella musica!
5. Bello!

P. Tocca a te! Reagisci *(React)* alle seguenti cose, spiegando la tua reazione.

> MODELLO: la musica *heavy metal*
> *Fa schifo! Non fa per me perché i complessi* heavy metal *suonano troppo forte e le loro canzoni sono disgustose. / Che bella! È musica che piace a tutti i miei amici!*

1. la musica di Madonna
2. il film *Amadeus* e la musica di Mozart in generale
3. l'opera
4. i capolavori di Michelangelo
5. l'arte moderna come, per esempio, l'arte di Andy Warhol
6. il jazz
7. la musica *rap*
8. i programmi televisi a puntate come *Dynasty*

IL MOMENTO CREATIVO ◆

Tu e il tuo ragazzo/la tua ragazza state programmando il vostro sabato sera. Tu vuoi andare a uno spettacolo «classico» (per esempio, a un balletto, a un concerto di musica sinfonica, ecc.). Lui/Lei, invece, vuole divertirsi in modo diverso (andare al cinema, andare a ballare, ecc.). Cerca di convincerlo/la.

FASE 2ª Ascolto

Ascolta attentamente la conversazione. Sei capace di determinare:

- dove sono i due studenti?
- perché hanno scelto quel locale?
- chi ci incontrano?
- dove decidono di andare alla fine?

Riconoscimento

Ecco un compact disc.

1. Che tipo di musica contiene il CD?
2. Chi è il compositore?
3. Come si chiama la sua opera?
4. Chi sono i cantanti?
5. Quale orchestra suona?
6. Come si chiama il coro che canta?
7. Chi è il direttore d'orchestra?
8. Quando e dove è stato inciso *(was it recorded)* il CD?

FASE 3ª Lettura

NEL BLU DIPINTO DI BLU

dream	Penso che un sogno° così
	non ritorni mai più:
I painted	Mi dipingevo° le mani e la faccia
	di blu,
suddenly/I was snatched up by the wind/to fly	poi d'improvviso° venivo dal vento rapito°...
	e incominciavo a volare°
	nel cielo infinito...

Volare... oh, oh!
cantare... oh, oh, oh, oh!
nel blu dipinto di blu
up there   *felice di stare lassù°*

E volavo, volavo felice
    più in alto del sole ed ancora
più su,...
little by little/disappeared   mentre il mondo pian piano° spariva°
lontano laggiù...
    una musica dolce suonava soltanto
per me...

Volare... oh, oh!
cantare... oh, oh, oh, oh!
nel blu dipinto di blu
felice di stare lassù

dawn/fade away   Ma tutti i sogni nell'alba° svaniscon° perché,
sets (sun)/moon   quando tramonta°, la luna° li porta con sé
Ma io continuo a sognare
    negli occhi tuoi belli,
che sono blu come il cielo
dotted   trapunto° di stelle

Volare... oh, oh!
cantare... oh, oh, oh, oh!
nel blu dipinto di blu
down here   *felice di stare quaggiù°*

E continuo a volare felice
    più in alto del sole ed ancora
più su,...
    mentre il mondo pian piano scompare
negli occhi tuoi blu;
    la tua voce è una musica dolce che suona per me...

Volare... oh, oh!
cantare... oh, oh, oh, oh!
nel blu, dipinto di blu,
felice di stare lassù...
Nel blu degli occhi tuoi blu,
felice di stare quaggiù
con te!

(*Nel blu dipinto di blu* di Domenico Mondugno)

◉ OCCHIO ALLA LINGUA!

Il verbo **dipingere** ha le seguenti forme irregolari: p. pass.: **dipinto;** pass. rem. **dipinsi, dipingesti,** ecc.

Il verbo **incominciare** è una forma alternativa del verbo **cominciare.**

Il verbo **scomparire** ha diverse forme irregolari che potrai trovare nell'appendice in fondo a questo libro.

Nota l'uso della preposizione **di** in espressioni come **dipinto di** *(painted)* e **trapunto di** *(dotted with).*

E nota che la **-o** di **svaniscono** è eliminata per mantenere il ritmo musicale.

Attività

A. Completa la seguente parafrasi di questa canzone con la forma appropriata delle parole date.

> rapito, infinito, volare, ritornare, incominciare, sogno, trapunto, voce, faccia, dipingere, tramontare, scomparire, dipinto, sognare, luna, piano, blu, occhio, d'improvviso, dolce, alba

Il cantante pensa che forse il mondo che sta _____ non _____ mai più. Nel suo _____, lui si _____ le mani e la _____ di blu. Poi, _____, sogna che viene _____ dal vento e che poi _____ a volare nel cielo _____.

Nel suo sogno, pensa che stia _____ e cantando nel cielo blu, che lui chiama «_____» di blu. E volando più in alto del sole e ancora più su vede _____ il mondo pian _____ sotto di sé e sente suonare una musica _____.

Secondo il cantante, tutti i sogni svaniscono all'_____ perché quando _____ la _____ li porta con sé. Ma lui continua a sognare quando guarda negli _____ belli della donna che ama, i quali sono _____ come il cielo _____ di stelle.

Quando guarda negli occhi della donna, continua ad immaginare che stia volando e che la sua _____ sia una musica dolce che suona per lui.

B. Scegli la forma appropriata dei verbi fra parentesi.

1. Il cantante si (dipingerebbe, dipinse) _____ la faccia e le mani di blu perché volava nel cielo.
2. Poi lui (incomincia, incominciò) _____ a sognare.

3. Allo stesso tempo nella sua mente *(mind)* il mondo sotto di lui (è sparito, sparisce) _____ perché lui volava più in alto del sole e ancora più su.
4. Dopo che si (dipingesse, era dipinto) _____ le mani e la faccia, incominciò a volare.
5. Il cantante pensa che il mondo (sparisce, sparisca) _____ sotto di lui.

C. Rispondi alle seguenti domande.

1. Che cosa è «il blu» della canzone? Che tipo di occhi ha la donna che ama il cantante? Perché il cantante usa «blu» anziché «celeste»? Qual è la differenza?
2. Nel suo sogno, come si dipingeva le mani e la faccia? Perché? Che cosa significa questa immagine *(image)*?
3. Dopo che è stato rapito dal vento, che cosa è successo al cantante? Che cosa faceva nel cielo? Che cosa ha visto mentre era lassù?
4. Al risveglio, di che cosa si rende conto il cantante? Come sono gli occhi della donna che ama? Come interpreta il suo sogno?
5. Come termina la canzone?

D. Tocca a te!

1. Ti è piaciuta questa canzone? Perché sì/no?
2. Tu ti ricordi i tuoi sogni quando ti svegli? Come sono?
3. Racconta un tuo sogno memorabile *(memorable)*.
4. Conosci altre canzoni italiane? Quali? Chi le canta? Come sono?

FASE 4ª Punto di arrivo

Attività varie

A. Opinioni e discussione. Rispondi alle seguenti domande.

1. Qual è, secondo te, la ragione principale per cui i giovani escono ogni sabato e stanno fuori casa fino a tardi? È un'abitudine *(habit)* che si dovrebbe cambiare? Perché sì/no?
2. Che tipi di svago ci sono nella tua città? Quali ti piacciono di più? Perché?
3. Secondo te, ha un effetto negativo la musica *heavy metal?* Perché sì/no?

B. Situazioni tipiche! Tu e i tuoi genitori state discutendo. Scegli la risposta appropriata a quello che ti dice uno di loro.

1. Era proprio necessario che tu comprassi i biglietti per quel brutto concerto?
   • Ah, se i genitori sapessero... !
   • Non ti preoccupare!
2. Pensavo che tu avessi dato i biglietti ad un tuo amico.
   • Verrà con me al concerto.
   • È proprio necessario che tu faccia sempre gli stessi commenti?

3. Allora vuoi proprio andare a quel concerto?
   - Posso avere la tua macchina fotografica e i soldi per comprare un rullino?
   - Non vedo l'ora di andarci!
4. Benché io sia molto preoccupata ti lascerò avere la mia auto.
   - Non ti preoccupare, rientrerò presto.
   - Se io dovessi fare solo quello che vuoi tu, non farei mai niente.
5. Divertiti!
   - No!
   - Ti voglio bene mamma!

Adesso tu e la tua amica siete ad un concerto. Scegli la risposta appropriata ai suoi commenti.
6. Non mi piace affatto questo posto in platea!
   - Anch'io avrei preferito un posto in galleria!
   - Saremmo dovute andare al cinema!
7. Non ti pare che faccia proprio schifo questo complesso?
   - Infatti suonano troppo forte e le loro parole sono proprio disgustose!
   - Andiamo in galleria!
8. Che avresti fatto se tu avessi saputo questo?
   - Mi sarei salvata l'udito!
   - Non avrei comprato i biglietti!

C. Chi è? / Cos'è?

MODELLI: Lina Wertmüller
È una regista.

le opere *(works)* di Pirandello
Sono esempi di teatro italiano.

1. Federico Fellini
2. Giovanni Boccaccio
3. Natalia Ginzburg
4. *Aida*
5. Niccolò Paganini
6. Herbert von Karajan
7. *Satyricon*
8. *Nel blu dipinto di blu*
9. Domenico Modugno

D. Compiti comunicativi! In gruppi di tre o quattro, immaginate di essere delle persone famose. Poi, davanti alla classe ognuno deve presentare quattro «informazioni», come nel modello, in modo che la classe possa indovinare *(guess)* chi è la persona famosa.

MODELLO: George Bush
Se io fossi questa persona... sarei la persona più conosciuta negli Stati Uniti, ecc.

Attività scritte

E. Prepara un questionario *(questionnaire)* per fare un sondaggio *(poll)* fra i tuoi amici, cercando di determinare la ragione per cui stanno fuori fino a tardi il sabato sera. Poi discuti i risultati *(results)* in classe.

F. Descrivi un tuo sogno recente (in meno di 200 parole). Poi leggilo in classe. Tu e la classe cercherete di «interpretare» il tuo sogno.

G. Prepara un manifesto pubblicitario *(advertisement)* per un ballo o per una festa. In questo manifesto includi le seguenti cose:

- che tipo di ballo/festa è
- quando avrà luogo *(will take place)*
- dove avrà luogo
- descrivilo/la

Simulazioni

H. In gruppi, scegliete, preparate e poi mettete in scena una delle seguenti situazioni.

1. s1 vuole uscire e allora chiama s2 per chiedergli/le se vuole uscire con lui/lei. s2 non vuole uscire con s1. Allora s1 cerca di persuaderlo/la. Alla fine ci riesce *(succeeds)*.
2. Un figlio/Una figlia e un genitore stanno discutendo. Lui/Lei vuole usare la macchina per uscire, ma il genitore non vuole. Allora il figlio/la figlia cerca di persuadere il genitore. Alla fine il genitore permette al figlio/alla figlia di usare la macchina ma gli/le esprime una serie di preoccupazioni e raccomandazioni *(worries and advice)*.

Lessico utile

Nomi

l'adolescente *(m./f.) adolescent*
il ballo *dance*
il/la cantante *singer*
la canzone *song*
il complesso *musical group*
il compositore (la compositrice) *composer*
il direttore (la direttrice) d'orchestra *music conductor*
la discussione *discussion, argument*
il divertimento *entertainment*
la faccia *face*
la festa *party, feast, holiday*
la galleria *balcony*
la luna *moon*
la platea *orchestra*
il/la regista *director*
il rullino *roll of film*
il sogno *dream*
lo spettacolo *show*
lo svago *pastime, entertainment*

Aggettivi

disgustoso *disgusting*
preoccupato *worried*

Verbi

assistere *to attend*
ballare *to dance*
incominciare *to begin, start*
lasciare *to drop off, to leave*
promettere *to promise*
rientrare (in casa) *(ess.) to get back home*
ritornare *(ess.) to return*
sognare *to dream*
volare *to fly*

Altri vocaboli/Espressioni

a meno che non *unless*
affinché *so that*
benché *although*
Bravo(-a)! *Very good!*
Che schifo/Fa schifo! *It's lousy!*
come se *as if*
lasciar fare *to let, allow*
il locale notturno *night spot*
la macchina fotografica *camera*
magari *if only*
nel caso (che) *in the event that*
Non fa per me! *This doesn't suit me!*
non vedere l'ora di *to not be able to wait*
prendere su *to pick someone up*
prima che *before*
purché *provided that*
sebbene *even though*
Un capolavoro! *A masterpiece!*
uscire con qualcuno *to go out with someone, to date*
voler bene a *to love*

Il latino, la lingua degli antichi° Romani, si diffuse° gradualmente, diventando la lingua ufficiale di tutti i popoli dell'Impero Romano, il quale comprendeva il territorio che oggi è l'Europa.

Il latino non poteva, ovviamente, essere parlato in modo omogeneo° in tutto il territorio. Ed infatti ogni popolo lo parlava secondo la pronuncia e il vocabolario della propria lingua. Questo processo di differenziazione continuò in modo particolare dopo la caduta° dell'Impero Romano nel 456 d.C. La frammentazione° del latino diede nel Medioevo origine alle lingue «romanze», e cioè, alle lingue «di Roma»: l'italiano, il portoghese, il francese, lo spagnolo, il rumeno°.

Lo stesso fenomeno° della frammentazione si verificò all'interno del territorio italiano. Vale a dire, nelle diverse regioni d'Italia i popoli sottomessi° dai Romani (gli Etruschi, gli Osco-Umbri, i Veneti, i Galli, ecc.) parlavano il latino con il proprio accento e il proprio vocabolario. In questo modo si formarono i dialetti moderni: il toscano, il piemontese, il siciliano, il veneto, ecc. I cosiddetti «dialetti», dunque, non sono altro che frammentazioni del latino.

In Toscana la trasformazione linguistica del latino venne ad essere chiamata «il volgare», e cioè, la lingua parlata dal «volgo» (dal popolo) toscano. Questo dialetto diventò prestigioso nel Medioevo perché era capito al di fuori della Toscana. Quando tre grandi scrittori toscani—Dante, Petrarca e Boccaccio—scrissero le prime grandi opere letterarie dell'Italia, rispettivamente la *Divina Commedia,* il *Canzoniere* e il *Decamerone,* il volgare toscano diventò una lingua che altri italiani erano in grado di leggere, perché tutti volevano leggere queste grandi opere dello spirito umano. Gli altri italiani, quindi, presero a modello° queste opere e cominciarono ad imitarle.

ancient/spread out

homogeneous

fall/fragmentation

Romanian
phenomenon
subjugated

took as a model

century

have brought about/mixed

Quindi, mentre nelle diverse regioni si parlavano i dialetti locali, gli scrittori di tutte le regioni italiane cominciarono a scrivere in toscano. Il toscano diventò, perciò, la «lingua letteraria» italiana, con la quale si scrivevano le poesie, i romanzi, i libri di storia, di filosofia, di scienza, ecc. E questa situazione durò per secoli°. A casa e con gli amici si parlava il dialetto, ma si scriveva in toscano.

Dopo il 1870, l'anno dell'unità d'Italia, cominciò un processo graduale di diffusione della lingua letteraria nella scuola e nella lingua scritta. I mezzi di diffusione, infatti, hanno fatto sì che° la lingua letteraria toscana, mescolata° con elementi linguistici provenienti da altri «volgari», diventasse la lingua parlata e scritta da tutti gli italiani.

Comprensione

A. Completa la seguente versione della lettura con i nomi adatti.

1. Il _____ era la lingua degli antichi Romani.
2. Questa lingua diventò la lingua ufficiale di tutti i popoli dell' _____ Romano.
3. Questo comprendeva il _____ che oggi è l'Europa.
4. La lingua di Roma non poteva ovviamente essere parlata in _____ omogeneo in tutto il territorio.
5. Ed infatti ogni popolo la parlava secondo la _____ ed il _____ della propria lingua.
6. Il _____ di _____ continuò in modo particolare dopo la _____ dell'Impero Romano nel 456 d.C.
7. Nel _____, la _____ del latino diede _____ alle lingue romanze.
8. Lo stesso _____ della frammentazione si verificò all'interno del territorio italiano.
9. Vale a dire, nelle diverse regioni d'Italia i popoli sottomessi dai Romani parlavano il latino con il proprio _____ e il proprio vocabolario.
10. In questo modo si formarono i cosiddetti _____ moderni.
11. In Toscana la _____ linguistica del latino venne ad essere chiamata «il volgare».
12. Questo dialetto diventò prestigioso quando tre grandi _____ toscani scrissero le prime grandi _____ letterarie.
13. Il volgare toscano diventò una lingua che altri italiani erano in grado di leggere, perché tutti volevano leggere queste grandi opere dello _____ umano.
14. Gli altri italiani, quindi, presero a _____ queste opere e cominciarono ad imitarle.
15. Il toscano diventò, perciò, la «lingua letteraria» italiana, con la quale si scrivevano le poesie, i romanzi, i libri di _____, di filosofia e di _____.
16. E questa _____ durò per secoli. A casa e con gli amici si parlava il dialetto, ma si scriveva in toscano.

17. Dopo il 1870, l'anno dell'_____ d'Italia, cominciò un processo graduale di _____ della lingua letteraria nella scuola e nella lingua scritta.

18. La lingua letteraria toscana, mescolata con _____ linguistici provenienti da altri «volgari», è diventata la lingua parlata e scritta da tutti gli italiani.

Attività

B. Rispondi alle seguenti domande.

1. Hai mai letto le opere di Dante, Petrarca, o Boccaccio? Se sì, quali? In inglese o in italiano?
2. Se le hai lette, ti sono piaciute? Perché sì/no?
3. Quali opere letterarie italiane vorresti leggere? Romanzi? Poesie? Commedie?
4. Conosci degli scrittori/delle scrittrici italiani(-e)? Se sì, chi? Quali delle loro opere hai letto? Descrivile.

C. Simulazione. Lavorando in gruppi, scegliete uno dei seguenti titoli e preparate una breve commedia di un atto *(one-act play)* e di non più di una o due pagine.

- Le prime parole dell'umanità *(The first words of humanity)*
- La prima lezione d'italiano

Lezione finale

IL MONDO D'OGGI!

LANGUAGE FUNCTIONS

Talking about environmental and social issues
Stating facts   Expressing causation
Expressing opinions

GRAMMATICAL STRUCTURES

Passive   Causative

CULTURE

Fast food in Italy

437

FASE 1ª Punto di partenza

L'AMBIENTE°

environment

Ogni giorno che passa la televisione ci fa notare che il pianeta Terra è in pericolo. È vero? Credete proprio che l'inquinamento° e i suoi effetti più disastrosi —l'effetto serra° e il buco° dell'ozono— indichino che una catastrofe è imminente? Secondo alcuni, questa è un'esagerazione. L'industria chimica ha prodotto finora° oltre° 80 mila sostanze che sono state messe in commercio° senza conoscerne la nocività°. Ma recentemente anche quest'industria è diventata più «sensibile» all'ambiente.

pollution
greenhouse effect/hole
until now/more than
on the market/harmfulness

È chiaro che i paesi industrializzati dovranno ridurre° i loro consumi. Un sesto della popolazione mondiale sta attualmente consumando le risorse del pianeta. È ovvio che bisognerà ridurre drasticamente le nascite°. Saremo in 10 miliardi dopo il 2050. L'Accademia Nazionale delle Scienze americana fa notare che il pianeta non può reggere° più di dieci miliardi di abitanti.

reduce

births

hold

L'inquinamento dell'aria sta anche distruggendo molte sculture e molti monumenti preziosi in Italia. Di conseguenza sono in corso molti lavori di restauro in tutto il paese che dureranno° molti anni.

last

Fortunatamente, la gente è oggi più sensibile a questi problemi. Indubbiamente, troveremo delle soluzioni ai problemi dell'ambiente.

PROBLEMI MODERNI

Il fast food: Si mangia bene oggi?

advertising
sensible

Ormai la pubblicità° ci bombarda continuamente e forse ci fa fare anche delle cose poco sensate° qualche volta. Per esempio, ci fa spesso mangiare i cibi che possono essere nocivi.

study
underwent/measured
noted
french fries/distracted

is spreading
above all

Una ricerca recente, infatti, ha confermato quello che già si sapeva e, cioè, che forse quello che mangiamo oggi ci fa poco bene. In un'indagine° statunitense alcune persone sono state sottoposte° a una serie di test che misuravano° le loro abilità intellettuali dopo un pranzo di fast food. La ricerca ha fatto constatare° che un pasto di hamburger e patatine fritte° rende le persone più distratte° rispetto a un pasto, per esempio, di verdure.

Ormai anche in Italia il problema del fast food si sta diffondendo°. I giovani oggi tendono ad andare ai locali di fast food, soprattutto° per motivi di socializzazione. Quindi anche in Italia c'è oggi il problema dell'alimentazione dei bambini e dei giovani e se ne parla molto alla televisione e sui giornali. Come in America, il fast food è mangiato da troppi giovani!

⊙ OCCHIO ALLA LINGUA!

Ricorda che **attuale** è un «falso amico» e che non significa *actual* ma *current, present* (**attualmente** = *currently, presently*). Nota che **sensato** significa *sensible*: l'espressione **poco sensato** significa *making little sense*.

Nota che **sui giornali** si traduce come *in the newspapers*.

La frase **senza conoscerne la nocività** significa *without knowing anything about their harmful effects*.

Comprensione

A. Rispondi alle seguenti domande.

1. È vero che la pubblicità ci sta bombardando e che ci fa fare, forse, cose poco sensate? Quali cose?
2. Descrivi la ricerca recente che ha confermato quello che già si sapeva, cioè che quello che mangiamo oggi ci fa poco bene.
3. Che cosa sono l'effetto serra e il buco dell'ozono? Ci sono altri effetti disastrosi dovuti *(due)* all'inquinamento? Quali? Perché sono in corso lavori di restauro in tutta l'Italia?
4. Secondo te, l'industria chimica sarà in grado di modificare le sue sostanze, rendendole meno nocive?
5. Che cosa sta facendo un sesto della popolazione del pianeta? In quanti saremo dopo il 2050? Perché sono pericolose *(dangerous)* queste due tendenze *(patterns)*? Quali sono le soluzioni proposte *(proposed)* nel brano? Ce ne sono altre?

Espansione

B. Sei d'accordo? Esprimi la tua opinione usando il passivo come nel modello.

MODELLO: Troppi giovani mangiano i cibi nocivi oggi.
*Nella mia opinione, è vero che oggi i cibi nocivi **sono mangiati da** troppi giovani.*

1. L'industria chimica mette in commercio troppe sostanze.
2. La televisione trasmette troppa pubblicità.
3. Troppi giovani mangiano il fast food oggi.
4. Certi test misurano le nostre abilità intellettuali.

C. Che cosa faresti fare? Usando **io farei** + l'infinito esprimi la tua opinione sui seguenti problemi del mondo attuale.

MODELLO: l'inquinamento dell'aria *(air)*
Io farei eliminare le macchine.

eliminare	*to eliminate*
cambiare	*to change*
proibire (-isc-)	*to prohibit*
migliorare	*to improve*
diminuire (-isc-)	*to diminish, lessen*

1. l'inquinamento delle acque
2. le nascite
3. il consumo dei paesi industrializzati
4. le sostanze che l'industria chimica mette in commercio senza conoscerne la nocività
5. l'effetto serra
6. il buco dell'ozono
7. la dieta dei giovani
8. il consumo di troppe risorse

Studio del lessico

PROBLEMI DELLA SOCIETÀ

l'analfabetismo	*illiteracy*
la droga	*drug(s)*
fumare	*to smoke, smoking*
la povertà	*poverty*
il razzismo	*racism*
il sessismo	*sexism*
gli stereotipi	*stereotypes*
la tossicodipendenza	*drug addiction*

Applicazione   **D. Tocca a te!** Per ognuna delle seguenti affermazioni di' alla classe prima se sei d'accordo e poi come risolveresti *(you would solve)* il problema.

> MODELLO: La droga è uno dei problemi più urgenti della nostra società. *Sì, sono d'accordo, perché oggi tanti giovani prendono la droga senza conoscerne la nocività. Io risolverei il problema informando i giovani a scuola sugli effetti disastrosi che la droga ha sul corpo e sulla mente* (mind).

1. Tra i giovani, il fumare sta diventando un grande problema.
2. La dieta dei giovani oggi è nociva.
3. La tossicodipendenza è un problema solo nelle grandi città.
4. Il sessismo continua ad essere un problema nella nostra società.
5. Ci sono troppi stereotipi nella nostra società.
6. Anche il razzismo continua ad essere un problema nella nostra società.

E. Prepara diversi dépliant *(brochures)* per una società di giovani impegnati *(association of concerned youths)* in cui dirai le seguenti cose:

1. It's obvious that industrialized countries will have to reduce their consumption because, although they make up one-sixth of the world's population, they consume most of the Earth's natural resources.
   - Da' alcuni esempi di paesi industrializzati.
   - Suggerisci qualche soluzione al problema.
2. According to the American National Academy of Sciences, by 2050 the population of the Earth will have reached nearly 10 billion. Since the planet cannot hold more than 10 billion inhabitants, it is becoming urgent to reduce births drastically.
   - Da' alcuni esempi di paesi in cui c'è il problema delle nascite.
   - Suggerisci qualche soluzione al problema.
3. There are too many stereotypes in our society. These lead **(conducono)** to sexism, racism, and other social problems.
   - Da' alcuni esempi di stereotipi comuni.
   - Proponi delle soluzioni specifiche.
4. Drugs and drug addiction are major current problems in the world.
   - Da' alcuni esempi degli effetti negativi provocati *(produced)* dalla droga.
   - Proponi delle soluzioni specifiche.

◆   ◆   ◆ **Studio della grammatica** ◆   ◆   ◆

IL PASSIVO

Verbs occur in both active and passive constructions. In an active construction, the subject performs the action: *Cars pollute the air.* In passive constructions, the subject of the verb is acted upon. *The air is polluted **by** cars.* In Italian the passive is formed by using the various tenses of ***essere*** and the past participle of the verb.

| *Active* | subject + verb + object |
| *Passive* | subject + **essere** + past participle + **da** + agent |

Note that the agent (the doer of the action) is preceded by **da,** which in this case means *by.*

ACTIVE	PASSIVE
Troppi giovani mangiano il fast food.	Il fast food è **mangiato da** troppi giovani. *Fast food is eaten by too many young people.*
L'industria chimica ha messo in commercio troppe sostanze nocive.	Troppe sostanze nocive **sono state messe** in commercio **dall'**industria chimica. *Too many harmful substances have been put on the market by the chemical industry.*
Forse nel futuro la gente non mangerà più i cibi nocivi.	Forse nel futuro i cibi nocivi non **saranno** più **mangiati dalla** gente. *Maybe in the future harmful foods will not be eaten by people.*

PASSIVI GENERALI

Many times a passive sentence does not have an agent. This type of sentence expresses generalities.

ACTIVE	PASSIVE
Il professore ha finito la lezione sui problemi sociali.	La lezione sui problemi sociali è **finita.** *The lesson on social problems is finished.*
Hanno chiuso la ditta chimica oggi.	La ditta chimica è **chiusa.** *The chemical company is closed.*

FARE + L'INFINITO

The causative construction is made up of **fare** + *l'infinito.* It indicates a situation in which *someone is made to do something.*

| Io **farei eliminare** il fast food. | *I would have fast food eliminated.* |
| Hanno **fatto mangiare** fast food a 20 giovani per una ricerca. | *They had 20 young people eat fast food for a research study.* |

Essentially it corresponds to the English construction *to have someone do something:* **far(e) studiare** *(to have [someone] study);* **far(e) aspettare** *(to have someone wait), etc.*

Ho fatto chiamare Marco.	*I had Mark called.*
L'ho fatto chiamare.	*I had him called.*
Domani faremo aspettare Gina.	*Tomorrow we'll have Gina wait.*
Domani **la** faremo aspettare.	*Tomorrow we'll have her wait.*

This construction can have objects and object pronouns.

Hanno fatto studiare l'effetto dell'inquinamento *(direct)* a Marco *(indirect)*.	*They had Mark study the effect of pollution.*
Gliel'hanno fatto studiare.	*They had him study it.*

◆

Applicazione

F. Sei un giornalista che sta prendendo appunti *(notes)* ad una conferenza stampa *(news conference)*. Gli scienziati che sono venuti per un convegno internazionale sui problemi della nostra società hanno fatto una serie di osservazioni. Mettile in una forma passiva per i titoli *(headlines)* che userai quando scriverai diversi articoli sul convegno per il tuo giornale. Inventa il nome e il paese di ogni scienziato a piacere.

MODELLO: I giovani mangiano troppo fast food.
Secondo la dottoressa Chemin della Francia, troppo fast food è mangiato dai giovani.

1. Un sesto della popolazione consuma tutte le risorse del pianeta.
2. Gli psicologi hanno misurato l'abilità di diverse persone tossicodipendenti.
3. Le industrie metterebbero in commercio meno sostanze nocive.
4. L'inquinamento dell'aria consumava i monumenti anche venti anni fa.
5. La pubblicità bombarderà anche la prossima generazione.

G. Alla stessa conferenza stampa hai fatto le seguenti domande agli scienziati. Da' le loro risposte usando **fare** + l'infinito.

MODELLO: Hanno studiato l'effetto serra? (uno scienziato italiano)
Sì, hanno fatto studiare l'effetto serra a uno scienziato italiano.

1. Elimineranno le sostanze nocive? (le industrie chimiche)
2. Hanno eliminato il consumo del combustibile *(fuel)*? (alcuni paesi industrializzati)
3. Cambieranno la dieta? (i giovani)
4. Hanno migliorato l'ambiente? (i paesi industrializzati)
5. Hanno ridotto *(reduced)* le nascite? (tanti paesi)

H. Quando ero bambino(-a)... Di' cosa ti faceva fare tuo madre o tuo padre quando avevi...

MODELLO: tre anni
A tre anni mia madre mi faceva bere il latte ogni giorno.

1. tre anni　　2. sei anni　　3. dieci anni　　4. tredici anni　　5. sedici anni

◆ ◆ ◆ Studio della comunicazione ◆ ◆ ◆

OPINIONI

In the preceding exercises you have been expressing opinions on various environmental and social issues. The following words and expressions (some of which you already know) will help you express your point of view.

a mio avviso **a mio parere**	*in my view/opinion*
a proposito	*by the way*
ad esempio **per esempio**	*for example*
allora **dunque** **quindi**	*so, therefore, thus*
anzi	*as a matter of fact*
cioè **vale a dire**	*that is to say*
dal mio punto di vista	*from my point of view*
essere d'accordo	*to agree*
non essere d'accordo	*to disagree*
in conclusione	*in conclusion*
Non c'è dubbio che	*There's no doubt that*
Secondo (me, te, lui, ecc.)	*According to (me, you, him, etc.)*
tuttavia **comunque**	*however*

Verbs such as **sembrare, dubitare, credere,** and **pensare** (followed by the subjunctive) and expressions such as **essere chiaro che, essere sicuro che, essere possibile che,** etc., can also be used for expressing opinion.

◆

Applicazione

I. Tocca a te! Lavorando in gruppi scrivete le vostre opinioni su ognuna delle seguenti affermazioni usando le parole/le espressioni date. Poi leggetele in classe.

MODELLI: Il nostro ambiente è in pericolo. ([non] essere d'accordo, tuttavia)

Sì, sono d'accordo / No, non sono d'accordo. Tuttavia, penso che sia possibile fare qualcosa.

1. Il fast food è nocivo.
   A proposito...
   Secondo una ricerca recente...
2. La pubblicità ci fa fare delle cose poco sensate.
   Essere d'accordo...
   Tuttavia...
3. Bisogna trovare un'alternativa al petrolio.
   A mio avviso...
   Non c'è dubbio che...
4. Il sessismo è un problema diffuso *(widespread).*
   Anzi...
   Dal mio punto di vista...
5. Anche il razzismo è un problema diffuso.
   A mio parere...
   Comunque...

IL MOMENTO CREATIVO ◆

J. Due studenti stanno parlando. Uno cercherà di convincere l'altro a mangiare cibi che fanno bene alla salute. Cercherà, per esempio, di fargli/farle capire quanto è importante mangiare pane integrale *(whole wheat bread),* ridurre il consumo del sale *(salt),* ecc. L'altro, invece, non è d'accordo perché, per esempio, dice che costa molto mangiare in questo modo, che è conveniente mangiare in un locale di fast food, ecc.

Meno & Meglio

Per i diritti dei consumatori e degli utenti e per l'autolimitazione ecologica.

Spiega questo «consiglio» (advice).

Ascolto

Ascolta attentamente la conversazione. Sei capace di determinare:

- di quale problema attuale stanno parlando le due persone nella scena?
- qual è il punto di vista della donna?
- qual è il punto di vista dell'uomo?
- qual è la soluzione della donna?

Riconoscimento

Ecco dei giovani in attesa di hamburger e patatine fritte.

1. Quanto costa un hamburger? un cheeseburger? un Big Burghy? una porzione di patatine? Confronta *(Compare)* questi prezzi con i prezzi nella tua città.
2. Adesso con un altro studente/un'altra studentessa ordina un pranzo di fast food dal menu che vedi nell'illustrazione.

FASE 3ª Lettura

FAST FOOD VIOLENTO

ghost/wanders around

ongoing/to blame

growing
to look for
can
pocket-size wrappers

in the course of
prison/reform schools
inmates/nonalcoholic
sugars

behavior

have shown/disappearance
without

Uno spettro° si aggira° nelle aule scolastiche anglosassoni: l'indisciplina, il vandalismo, anzi la violenza incontrollata. Sulle cause del fenomeno nessuno ha ancora le idee chiare: nel dibattito in corso° sono stati incolpati° la povertà o la permissività, gli abusi in famiglia e il capitalismo, la droga e la televisione.

Ma un numero crescente° di scienziati è convinto che le vere origini del problema vadano ricercate° non nella società o nella moralità, ma semplicemente nell'alimentazione contemporanea: hamburger e patatine fritte, lattine° di soft drink, dolci in confezione tascabile°. Insomma quello che qualcuno chiama *junk food.*

Il pioniere in queste ricerche è stato il criminologo californiano Stephen Schoenthaler, che nel corso di° dieci anni ha condotto ottocento indagini nelle prigioni° e nelle case di correzione° statunitensi, sostituendo nella dieta dei detenuti° le bevande analcoliche° con succhi di frutta, riducendo drasticamente la percentuale di zuccheri°, aumentando quella di vitamina B e di minerali come il magnesio e lo zinco.

In Gran Bretagna, secondo Peter Mansfield, l'alimentazione artificiale a base di zucchero, coloranti chimici e additivi influiscono sul comportamento° di almeno il dieci per cento della popolazione giovanile. Gli esperimenti condotti da Mansfield avrebbero riscontrato° la scomparsa° di iperattività e di aggressività nel 20 per cento dei teenager alimentati con una dieta priva di° zuccheri, di additivi e di coloranti artificiali.

(Da: *Panorama,* 30 settembre 1990)

Attività

A. Rispondi alle seguenti domande.

1. Qual è lo spettro che si aggira nelle aule scolastiche anglosassoni?
2. Si hanno delle idee chiare sulle cause del fenomeno? Nel dibattito in corso, quali cause sono state incolpate?
3. Di che cosa è convinto un numero crescente di scienziati?
4. Chi è stato il pioniere nelle ricerche sugli effetti del junk food?
5. Che cosa pensa Peter Mansfield dell'alimentazione artificiale a base di zucchero, coloranti chimici e additivi?

B. Esprimi la tua opinione.

1. Ci sono indisciplina, vandalismo e violenza incontrollata nelle scuole della tua città? C'è troppa permissività nella nostra società? Che cosa faresti fare per eliminare questi problemi?
2. C'è povertà nella tua città? Se sì, quali sono, secondo te, le cause?
3. Pensi che la televisione abbia un effetto negativo sul comportamento dei giovani? Perché sì/no?
4. Tu bevi soft drink in lattine? Perché sì/no? Mangi dolci (in confezione tascabile) e il junk food? Perché sì/no?

5. Secondo te, è possibile ridurre o far scomparire *(to disappear)* l'iperattività o l'aggressività dei giovani semplicemente eliminando zuccheri, coloranti e additivi dalla loro dieta? Perché sì/no?

C. Lavorando in gruppi di due o tre, dite che cosa fareste per migliorare due dei seguenti problemi. Preparate le vostre risposte; poi leggetele in classe.

> MODELLO: la droga
> *Per migliorare il problema della droga io farei studiare il problema della tossicodipendenza nelle scuole... A mio avviso, la droga si potrebbe eliminare dicendo ai giovani quali sono i suoi effetti peggiori...,* ecc.

1. gli abusi in famiglia
2. l'aggressività e la violenza
3. l'analfabetismo
4. la povertà

5. la permissività
6. l'indisciplina nelle scuole
7. il vandalismo
8. l'alimentazione artificiale

FASE 4ª Punto di arrivo

Attività varie

A. Opinioni e discussione

1. Cosa elimineresti dal nostro mondo, se tu potessi?
2. Cosa proibiresti, se tu potessi?
3. Cosa miglioreresti, se tu potessi?
4. Cosa cambieresti, se tu potessi?

B. Situazioni tipiche. Cerca un esempio di pubblicità di junk food sui giornali o nelle riviste. Presentalo alla classe e discutetelo insieme.

C. Compiti comunicativi. Formula domande per ognuna delle seguenti affermazioni.

> MODELLO: È ormai un fatto che la pubblicità ci bombarda.
> *Che cosa è ormai un fatto?*

1. La pubblicità ci fa fare delle cose poco sensate.
2. La pubblicità ci fa spesso mangiare cibi nocivi.
3. Una ricerca recente ha confermato quello che già si sapeva.
4. Sembra che quello che mangiamo oggi ci faccia poco bene.
5. Un'indagine statunitense ha sottoposto delle persone a una serie di test.
6. I test hanno misurato le abilità delle persone dopo un pranzo di fast food.
7. La ricerca ha fatto constatare che un pasto di hamburger e di patatine fritte rende le persone più distratte rispetto a un pasto di verdure.

Attività scritte

D. Compila una lista degli stereotipi più comuni associati con *(associated with)* i due seguenti problemi sociali. Tutte le liste saranno poi lette e discusse in classe.

il sessismo   il razzismo

E. Scrivi un breve componimento *(composition)* sul seguente tema: «Come eliminerei certi stereotipi». Poi leggilo in classe, discutendo le tue soluzioni con gli altri studenti.

Simulazione

F. Dibattito! Gruppi di due studenti ciascuno metteranno in scena un dibattito televisivo tra tre candidati per la presidenza degli Stati Uniti. I temi che dibatteranno sono: la tossicodipendenza; la disoccupazione; la povertà, e l'inquinamento.

Lessico utile

Nomi

l'abitante *(m.)* inhabitant
l'alimentazione *(f.)* nourishment, food
l'ambiente *(m.)* environment
il buco hole
il cibo food
la dieta diet
il dolce sweet
la droga drug
la fonte source
l'indagine *(f.)* study, survey
l'inquinamento pollution
la nocività harmfulness, harmful effect
il pericolo danger
il pianeta planet (**il pianeta Terra** planet Earth)
la pubblicità advertising
il razzismo racism
la ricerca research study
la serie series
il sessismo sexism
la società society
lo zucchero sugar

Aggettivi

chimico chemical
contemporaneo contemporary
crescente growing
disastroso disastrous
distratto distracted
industrializzato industrialized
mondiale of the world
nocivo harmful
sensato sensible

Verbi

cambiare to change
confermare to confirm
consumare to consume
eliminare to eliminate
fumare to smoke, smoking (n.)
migliorare to improve
misurare to measure
notare to note, notice
proibire (-isc-) to prohibit
sostituire (-isc-) to substitute

Altri vocaboli/Espressioni

a mio avviso/a mio parere in my view/opinion
a proposito by the way
ad esempio/per esempio for example
allora/dunque/quindi so, therefore, thus
almeno at least
anzi as a matter of fact
cioè that is to say
comunque/tuttavia however
dal mio punto di vista from my point of view
in conclusione in conclusion
insomma in a word
le patatine fritte french fries
l'effetto serra greenhouse effect
nel corso di in the course/span of
non essere d'accordo to disagree
per cento percent
secondo according to
vale a dire that is to say

Verbi irregolari

Sequence of forms in each conjugation: first person singular **(io)**, second person singular **(tu)**, third person singular **(lui/lei/Lei)**, first person plural **(noi)**, second person plural **(voi)**, third person plural **(loro)**.

---

accorgersi   *to realize, be aware*
Past participle: accorto
Past absolute: mi accorsi, ti accorgesti, si accorse, ci accorgemmo, vi accorgeste, si accorsero

---

andare   *to go*
Present indicative: vado, vai, va, andiamo, andate, vanno
Future: andrò, andrai, andrà, andremo, andrete, andranno
Imperative: —, va' (vai), vada, andiamo, andate, vadano
Conditional: andrei, andresti, andrebbe, andremmo, andreste, andrebbero
Present subjunctive: vada, vada, vada, andiamo, andiate, vadano

---

aprire   *to open*
Past participle: aperto

---

attendere   *to wait (for)*
Past participle: atteso
Past absolute: attesi, attendesti, attese, attendemmo, attendeste, attesero

---

avere   *to have*
Present indicative: ho, hai, ha, abbiamo, avete, hanno
Future: avrò, avrai, avrà, avremo, avrete, avranno
Imperative: —, abbi, abbia, abbiamo, abbiate, abbiano
Past absolute: ebbi, avesti, ebbe, avemmo, aveste, ebbero
Conditional: avrei, avresti, avrebbe, avremmo, avreste, avrebbero
Present subjunctive: abbia, abbia, abbia, abbiamo, abbiate, abbiano

---

avvenire   *to occur, happen*
Present indicative: avvenne, avvengono
Past participle: avvenuto
Future: avverrà, avverranno
Past absolute: avvenne, avvennero
Conditional: avverrebbe, avverrebbero
Present subjunctive: avvenga, avvenga, avvenga, avveniamo, avveniate, avvengano

---

bere   *to drink*
Present indicative: bevo, bevi, beve, beviamo, bevete, bevono

Gerund: bevendo
Past participle: bevuto
Future: berrò, berrai, berrà, berremo, berrete, berranno
Imperfect indicative: bevevo, bevevi, beveva, bevevamo, bevevate, bevevano
Imperative: —, bevi, beva, beviamo, bevete, bevano
Past absolute: bevvi, bevesti, bevve, bevemmo, beveste, bevvero
Conditional: berrei, berresti, berrebbe, berremmo, berreste, berrebbero
Present subjunctive: beva, beva, beva, beviamo, beviate, bevano
Imperfect subjunctive: bevessi, bevessi, bevesse, bevessimo, beveste, bevessero

cadere   *to fall*
Future: cadrò, cadrai, cadrà, cadremo, cadrete, cadranno
Past absolute: caddi, cadesti, cadde, cademmo, cadeste, caddero
Conditional: cadrei, cadresti, cadrebbe, cadremmo, cadreste, cadrebbero

chiedere   *to ask*
Past participle: chiesto
Past absolute: chiesi, chiedesti, chiese, chiedemmo, chiedeste, chiesero

chiudere   *to close*
Past participle: chiuso
Past absolute: chiusi, chiudesti, chiuse, chiudemmo, chiudeste, chiusero

comprendere   *to comprehend; to include*
Past participle: compreso
Past absolute: compresi, comprendesti, comprese, comprendemmo, comprendeste, compresero

condurre   *to conduct, lead*
Present indicative: conduco, conduci, conduce, conduciamo, conducete, conducono
Gerund: conducendo
Past participle: condotto
Future: condurrò, condurrai, condurrà, condurremo, condurrete, condurranno
Imperfect indicative: conducevo, conducevi, conduceva, conducevamo, conducevate, conducevano
Imperative: —, conduci, conduca, conduciamo, conducete, conducano
Past absolute: condussi, conducesti, condusse, conducemmo, conduceste, condussero
Conditional: condurrei, condurresti, condurrebbe, condurremmo, condurreste, condurrebbero
Present subjunctive: conduca, conduca, conduca, conduciamo, conduciate, conducano
Imperfect subjunctive: conducessi, conducessi, conducesse, conducessimo, conduceste, conducessero

conoscere   *to know, be familiar with*
Past absolute: conobbi, conoscesti, conobbe, conoscemmo, conosceste, conobbero

consistere   *to consist*
Past participle: consistito

---

convenire   *to be worthwhile, be in one's best interest*
Present indicative: convengo, convieni, conviene, conveniamo, convenite, convengono
Past participle: convenuto
Future: converrò, converrai, converrà, converremo, converrete, converranno
Past absolute: convenni, convenisti, convenne, convenimmo, conveniste, convennero
Conditional: converrei, converresti, converrebbe, converremmo, converreste, converrebbero
Present subjunctive: convenga, convenga, convenga, conveniamo, conveniate, convengano

---

convincere   *to convince*
Past participle: convinto
Past absolute: convinsi, convincesti, convinse, convincemmo, convinceste, convinsero

---

correre   *to run*
Past participle: corso
Past absolute: corsi, corresti, corse, corremmo, correste, corsero

---

costringere   *to force*
Past participle: costretto
Past absolute: costrinsi, costringesti, costrinse, costringemmo, costringeste, costrinsero

---

crescere   *to grow*
Past absolute: crebbi, crescesti, crebbe, crescemmo, cresceste, crebbero

---

dare   *to give*
Present indicative: do, dai, dà, diamo, date, danno
Gerund: dando
Past participle: dato
Future: darò, darai, darà, daremo, darete, daranno
Imperfect indicative: davo, davi, dava, davamo, davate, davano
Imperative: —, da' (dai), dia, diamo, date, diano
Past absolute: diedi, desti, diede, demmo, deste, diedero
Conditional: darei, daresti, darebbe, daremmo, dareste, darebbero
Present subjunctive: dia, dia, dia, diamo, diate, diano
Imperfect subjunctive: dessi, dessi, desse, dessimo, deste, dessero

---

decidere   *to decide*
Past participle: deciso
Past absolute: decisi, decidesti, decise, decidemmo, decideste, decisero

dedurre *to deduce*
Present indicative: deduco, deduci, deduce, deduciamo, deducete, deducono
Gerund: deducendo
Past participle: dedotto
Future: dedurrò, dedurrai, dedurrà, dedurremo, dedurrete, dedurranno
Imperfect indicative: deducevo, deducevi, deduceva, deducevamo, deducevate, deducevano
Imperative: —, deduci, deduca, deduciamo, deducete, deducano
Past absolute: dedussi, deducesti, dedusse, deducemmo, deduceste, dedussero
Conditional: dedurrei, dedurresti, dedurrebbe, dedurremmo, dedurreste, dedurrebbero
Present subjunctive: deduca, deduca, deduca, deduciamo, deduciate, deducano
Imperfect subjunctive: deducessi, deducessi, deducesse, deducessimo, deduceste, deducessero

---

difendere *to defend*
Past participle: difeso
Past absolute: difesi, difendesti, difese, difendemmo, difendeste, difesero

---

diffondere (diffondersi) *to spread*
Past participle: diffuso
Past absolute: diffusi, diffondesti, diffuse, diffondemmo, diffondeste, diffusero

---

dipendere *to depend*
Past participle: dipeso
Past absolute: dipesi, dipendesti, dipese, dipendemmo, dipendeste, dipesero

---

dipingere *to paint*
Past participle: dipinto
Past absolute: dipinsi, dipingesti, dipinse, dipingemmo, dipingeste, dipinsero

---

dire *to say, tell*
Present indicative: dico, dici, dice, diciamo, dite, dicono
Gerund: dicendo
Past participle: detto
Imperfect indicative: dicevo, dicevi, diceva, dicevamo, dicevate, dicevano
Imperative: —, di', dica, diciamo, dite, dicano
Past absolute: dissi, dicesti, disse, dicemmo, diceste, dissero
Present subjunctive: dica, dica, dica, diciamo, diciate, dicano
Imperfect indicative: dicessi, dicessi, dicessi, dicessimo, diceste, dicessero

---

dovere *to have to, must, should*
Present indicative: devo, devi, deve, dobbiamo, dovete, devono
Future: dovrò, dovrai, dovrà, dovremo, dovrete, dovranno
Conditional: dovrei, dovresti, dovrebbe, dovremmo, dovreste, dovrebbero
Present subjunctive: deva (debba), deva (debba), deva (debba), dobbiamo, dobbiate, devano (debbano)

eleggere   *to elect*
Past participle: eletto
Past absolute: elessi, eleggesti, elesse, eleggemmo, eleggeste, elessero

emergere   *to emerge*
Past participle: emerso
Past absolute: emersi, emergesti, emerse, emergemmo, emergeste, emersero

escludere   *to exclude*
Past participle: escluso
Past absolute: esclusi, escludesti, escluse, escludemmo, escludeste, esclusero

esprimere   *to express*
Past participle: espresso
Past absolute: espressi, esprimesti, espresse, esprimemmo, esprimeste, espressero

essere   *to be*
Present indicative: sono, sei, è, siamo, siete, sono
Gerund: essendo
Past participle: stato
Future: sarò, sarai, sarà, saremo, sarete, saranno
Imperfect indicative: ero, eri, era, eravamo, eravate, erano
Imperative: —, sii, sia, siamo, siate, siano
Past absolute: fui, fosti, fu, fummo, foste, furono
Conditional: sarei, saresti, sarebbe, saremmo, sareste, sarebbero
Present subjunctive: sia, sia, sia, siamo, siate, siano
Imperfect subjunctive: fossi, fossi, fosse, fossimo, foste, fossero

fare   *to do, make*
Present indicative: faccio, fai, fa, facciamo, fate, fanno
Gerund: facendo
Past participle: fatto
Future: farò, farai, farà, faremo, farete, faranno
Imperfect indicative: facevo, facevi, faceva, facevamo, facevate, facevano
Imperative: —, fa' (fai), faccia, facciamo, fate, facciano
Past absolute: feci, facesti, fece, facemmo, faceste, fecero
Conditional: farei, faresti, farebbe, faremmo, fareste, farebbero
Present subjunctive: faccia, faccia, faccia, facciamo, facciate, facciano
Imperfect subjunctive: facessi, facessi, facesse, facessimo, faceste, facessero

illudersi   *to fool oneself*
Past participle: illuso
Past absolute: mi illusi, ti illudesti, si illuse, ci illudemmo, vi illudeste, si illusero

456 A D E S S O !

intendere *to intend*
Past participle: inteso
Past absolute: intesi, intendesti, intese, intendemmo, intendeste, intesero

leggere *to read*
Past participle: letto
Past absolute: lessi, leggesti, lesse, leggemmo, leggeste, lessero

mantenere *to support (materially), maintain*
Present indicative: mantengo, mantieni, mantiene, manteniamo, mantenete, mantengono
Future: manterrò, manterrai, manterrà, manterremo, manterrete, manterranno
Imperative: —, mantieni, mantenga, manteniamo, mantenete, mantengano
Past absolute: mantenni, mantenesti, mantenne, mantenemmo, manteneste, mantennero
Conditional: manterrei, manterresti, manterrebbe, manterremmo, manterreste, manterrebbero
Present subjunctive: mantenga, mantenga, mantenga, manteniamo, manteniate, mantengano

mettere *to put*
Past participle: messo
Past absolute: misi, mettesti, mise, mettemmo, metteste, misero

morire *to die*
Present indicative: muoio, muori, muore, moriamo, morite, muoiono
Part participle: morto
Imperative: —, muori, muoia, moriamo, morite, muoiano
Present subjunctive: muoia, muoia, muoia, moriamo, moriate, muoiano

nascere *to be born*
Past participle: nato
Past absolute: nacqui, nascesti, nacque, nascemmo, nasceste, nacquero

nascondere *to hide*
Past participle: nascosto
Past absolute: nascosi, nascondesti, nascose, nascondemmo, nascondeste, nascosero

offrire *to offer*
Past participle: offerto

ottenere *to obtain*
Present indicative: ottengo, ottieni, ottiene, otteniamo, ottenete, ottengono
Future: otterrò, otterrai, otterrà, otterremo, otterrete, otterranno

Imperative: —, ottieni, ottenga, otteniamo, ottenete, ottengano
Past absolute: ottenni, ottenesti, ottenne, ottenemmo, otteneste, ottennero
Conditional: otterrei, otterresti, otterrebbe, otterremmo, otterreste, otterrebbero
Present subjunctive: ottenga, ottenga, ottenga, otteniamo, otteniate, ottengano

parere   *to appear, seem*
Present indicative: paio, pari, pare, pariamo, parete, paiono
Past participle: parso
Future: parrò, parrai, parrà, parremo, parrete, parranno
Past absolute: parvi, paresti, parve, paremmo, pareste, parvero
Conditional: parrei, parresti, parrebbe, parremmo, parreste, parrebbero
Present subjunctive: paia, paia, paia, paiamo, paiate, paiano

perdere   *to lose*
Past participle: perso/perduto
Past absolute: persi, perdesti, perse, perdemmo, perdeste, persero

permettere   *to permit, allow*
Past participle: permesso
Past absolute: permisi, permettesti, permise, permettemmo, permetteste, permisero

piacere   *to like*
Present indicative: piaccio, piaci, piace, piacciamo, piacete, piacciono
Past absolute: piacqui, piacesti, piacque, piacemmo, piaceste, piacquero
Present subjunctive: piaccia, piaccia, piaccia, piacciamo, piacciate, piacciano

piangere   *to cry*
Past participle: pianto
Past absolute: piansi, piangesti, pianse, piangemmo, piangeste, piansero

piovere   *to rain*
Past absolute: piovve

porgere   *to give (greetings)*
Past participle: porto
Past absolute: porsi, porgesti, porse, porgemmo, porgeste, porsero

porre   *to put, place*
Present indicative: pongo, poni, pone, poniamo, ponete, pongono
Gerund: ponendo
Past participle: posto
Future: porrò, porrai, porrà, porremo, porrete, porranno
Imperfect indicative: ponevo, ponevi, poneva, ponevamo, ponevate, ponevano
Imperative: —, poni, ponga, poniamo, ponete, pongano

Past absolute: posi, ponesti, pose, ponemmo, poneste, posero
Conditional: porrei, porresti, porrebbe, porremmo, porreste, porrebbero
Present subjunctive: ponga, ponga, ponga, poniamo, poniate, pongano
Imperfect subjunctive: ponessi, ponessi, ponesse, ponessimo, poneste, ponessero

---

potere   *to be able to*
Present indicative: posso, puoi, può, possiamo, potete, possono
Future: potrò, potrai, potrà, potremo, potrete, potranno
Conditional: potrei, potresti, potrebbe, potremmo, potreste, potrebbero
Present subjunctive: possa, possa, possa, possiamo, possiate, possano

---

prendere   *to take, have something (to eat/drink)*
Past participle: preso
Past absolute: presi, prendesti, prese, prendemmo, prendeste, presero

---

prescrivere   *to prescribe*
Past participle: prescritto
Past absolute: prescrissi, prescrivesti, prescrisse, prescrivemmo, prescriveste, prescrissero

---

produrre   *to produce*
Present indicative: produco, produci, produce, produciamo, producete, producono
Gerund: producendo
Past participle: prodotto
Future: produrrò, produrrai, produrrà, produrremo, produrrete, produrranno
Imperfect indicative: producevo, producevi, produceva, producevamo, producevate, producevano
Imperative: —, produci, produca, produciamo, producete, producano
Past absolute: produssi, producesti, produsse, producemmo, produceste, produssero
Conditional: produrrei, produrresti, produrrebbe, produrremmo, produrreste, produrrebbero
Present subjunctive: produca, produca, produca, produciamo, produciate, producano
Imperfect subjunctive: producessi, producessi, producesse, producessimo, produceste, producessero

---

proporre   *to propose*
Present indicative: propongo, proponi, propone, proponiamo, proponete, propongono
Gerund: proponendo
Past participle: proposto
Future: proporrò, proporrai, proporrà, proporremo, proporrete, proporranno
Imperfect indicative: proponevo, proponevi, proponeva, proponevamo, proponevate, proponevano
Imperative: —, proponi, proponga, proponiamo, proponiate, propongano
Past absolute: proposi, proponesti, propose, proponemmo, proponeste, proposero
Conditional: proporrei, proporresti, proporrebbe, proporremmo, proporreste, proporrebbero
Present subjunctive: proponga, proponga, proponga, proponiamo, proponiate, propongano
Imperfect subjunctive: proponessi, proponessi, proponesse, proponessimo, proponeste, proponessero

reggere *to hold, contain*
Past participle: retto
Past absolute: ressi, reggesti, resse, reggemmo, reggeste, ressero

rendere *to render*
Past participle: reso
Past absolute: resi, rendesti, rese, rendemmo, rendeste, resero

riconoscere *to recognize*
Past absolute: riconobbi, riconoscesti, riconobbe, riconoscemmo, riconosceste, riconobbero

ridurre *to reduce*
Present indicative: riduco, riduci, riduce, riduciamo, riducete, riducono
Gerund: riducendo
Past participle: ridotto
Future: ridurrò, ridurrai, ridurrà, ridurremo, ridurrete, ridurranno
Imperfect indicative: riducevo, riducevi, riduceva, riducevamo, riducevate, riducevano
Imperative: —, riduci, riduca, riduciamo, riducete, riducano
Past absolute: ridussi, riducesti, ridusse, riducemmo, riduceste, ridussero
Conditional: ridurrei, ridurresti, ridurrebbe, ridurremmo, ridurreste, ridurrebbero
Present subjunctive: riduca, riduca, riduca, riduciamo, riduciate, riducano
Imperfect subjunctive: riducessi, riducessi, riducesse, riducessimo, riduceste, riducessero

rimanere *to remain*
Present indicative: rimango, rimani, rimane, rimaniamo, rimanete, rimangono
Past participle: rimasto
Future: rimarrò, rimarrai, rimarrà, rimarremo, rimarrete, rimarranno
Imperative: —, rimani, rimanga, rimaniamo, rimanete, rimangano
Past absolute: rimasi, rimanesti, rimase, rimanemmo, rimaneste, rimasero
Conditional: rimarrei, rimarresti, rimarrebbe, rimarremmo, rimarreste, rimarrebbero
Present subjunctive: rimanga, rimanga, rimanga, rimaniamo, rimaniate, rimangano

riscuotere *to cash*
Past participle: riscosso
Past absolute: riscossi, riscuotesti, riscosse, riscuotemmo, riscuoteste, riscossero

rispondere *to answer*
Past participle: risposto
Past absolute: risposi, rispondesti, rispose, rispondemmo, rispondeste, risposero

riuscire *to be capable of*
Present indicative: riesco, riesci, riesce, riusciamo, riuscite, riescono
Present subjunctive: riesca, riesca, riesca, riusciamo, riusciate, riescano

salire   *to climb, go up*
  Present indicative: salgo, sali, sale, saliamo, salite, salgono
  Imperative: —, sali, salga, saliamo, salite, salgano
  Present subjunctive: salga, salga, salga, saliamo, saliate, salgano

sapere   *to know*
  Present indicative: so, sai, sa, sappiamo, sapete, sanno
  Future: saprò, saprai, saprà, sapremo, saprete, sapranno
  Imperative: —, sappi, sappia, sappiamo, sappiate, sappiano
  Past absolute: seppi, sapesti, seppe, sapemmo, sapeste, seppero
  Conditional: saprei, sapresti, saprebbe, sapremmo, sapreste, saprebbero
  Present subjunctive: sappia, sappia, sappia, sappiamo, sappiate, sappiano

scegliere   *to choose, select*
  Present indicative: scelgo, scegli, sceglie, scegliamo, scegliete, scelgono
  Past participle: scelto
  Imperative: —, scegli, scelga, scegliamo, scegliete, scelgano
  Past absolute: scelsi, scegliesti, scelse, scegliemmo, sceglieste, scelsero
  Present subjunctive: scelga, scelga, scelga, scegliamo, scegliate, scelgano

scomparire   *to disappear*
  Present indicative: scompaio, scompari, scompare, scompariamo, scomparite, scompaiono
  Past participle: scomparso
  Past absolute: scomparvi, scomparisti, scomparve, scomparimmo, scompariste, scomparvero
  Present subjunctive: scompaia, scompaia, scompaia, scompariamo, scompariate, scompaiano

scrivere   *to write*
  Past participle: scritto
  Past absolute: scrissi, scrivesti, scrisse, scrivemmo, scriveste, scrissero

sedersi   *to sit down*
  Present indicative: mi siedo, ti siedi, si siede, ci sediamo, vi sedete, si siedono
  Imperative: —, siediti, si sieda, sediamoci, sedetevi, si siedano
  Present subjunctive: mi sieda, ti sieda, si sieda, ci sediamo, vi sediate, si siedano

soffrire   *to suffer*
  Past participle: sofferto

sottoporre   *to subject to*
  Present indicative: sottopongo, sottoponi, sottopone, sottoponiamo, sottoponete, sottopongono

Gerund: sottoponendo
Past participle: sottoposto
Future: sottoporrò, sottoporrai, sottoporrà, sottoporremo, sottoporrete, sottoporranno
Imperfect indicative: sottoponevo, sottoponevi, sottoponeva, sottoponevamo, sottoponevate, sottoponevano
Imperative: —, sottoponi, sottoponga, sottoponiamo, sottoponete, sottopongano
Past absolute: sottoposi, sottoponesti, sottopose, sottoponemmo, sottoponeste, sottoposero
Conditional: sottoporrei, sottoporresti, sottoporrebbe, sottoporremmo, sottoporreste, sottoporrebbero
Present subjunctive: sottoponga, sottoponga, sottoponga, sottoponiamo, sottoponiate, sottopongano
Imperfect subjunctive: sottoponessi, sottoponessi, sottoponesse, sottoponessimo, sottoponeste, sottoponessero

---

spendere   *to spend (money)*
Past participle: speso
Past absolute: spesi, spendesti, spese, spendemmo, spendeste, spesero

---

stare   *to stay, be*
Present indicative: sto, stai, sta, stiamo, state, stanno
Gerund: stando
Past participle: stato
Future: starò, starai, starà, staremo, starete, staranno
Imperfect indicative: stavo, stavi, stava, stavamo, stavate, stavano
Imperative: —, sta' (stai), stia, stiamo, state, stiano
Past absolute: stetti, stesti, stette, stemmo, steste, stettero
Conditional: starei, staresti, starebbe, staremmo, stareste, starebbero
Present subjunctive: stia, stia, stia, stiamo, stiate, stiano
Imperfect subjunctive: stessi, stessi, stesse, stessimo, steste, stessero

---

succedere   *to happen*
Past participle: successo
Past absolute: successe *(sing.)*, successero *(pl.)*

---

svolgere   *to play (a role)*
Past participle: svolto
Past absolute: svolsi, svolgesti, svolse, svolgemmo, svolgeste, svolsero

---

tacere   *to keep quiet*
Present indicative: taccio, taci, tace, tacciamo, tacete, tacciono
Imperative: —, taci, taccia, tacciamo, tacete, tacciano
Past absolute: tacqui, tacesti, tacque, tacemmo, taceste, tacquero
Present subjunctive: taccia, taccia, taccia, tacciamo, tacciate, tacciano

---

tenere   *to keep, hold*
Present indicative: tengo, tieni, tiene, teniamo, tenete, tengono
Future: terrò, terrai, terrà, terremo, terrete, terranno

Imperative: —, tieni, tenga, teniamo, tenete, tengano
Past absolute: tenni, tenesti, tenne, tenemmo, teneste, tennero
Conditional: terrei, terresti, terrebbe, terremmo, terreste, terrebbero
Present subjunctive: tenga, tenga, tenga, teniamo, teniate, tengano

---

trasmettere   *to broadcast, transmit*
Past participle: trasmesso
Past absolute: trasmisi, trasmettesti, trasmise, trasmettemmo, trasmetteste, trasmisero

---

uccidere   *to kill*
Past participle: ucciso
Past absolute: uccisi, uccidesti, uccise, uccidemmo, uccideste, uccisero

---

uscire   *to go out*
Present indicative: esco, esci, esce, usciamo, uscite, escono
Imperative: —, esci, esca, usciamo, uscite, escano
Present subjunctive: esca, esca, esca, usciamo, usciate, escano

---

vedere   *to see*
Past participle: visto/veduto
Future: vedrò, vedrai, vedrà, vedremo, vedrete, vedranno
Past absolute: vidi, vedesti, vide, vedemmo, vedeste, videro
Conditional: vedrei, vedresti, vedrebbe, vedremmo, vedreste, vedrebbero

---

venire   *to come*
Present indicative: vengo, vieni, viene, veniamo, venite, vengono
Past participle: venuto
Future: verrò, verrai, verrà, verremo, verrete, verranno
Imperative: —, vieni, venga, veniamo, venite, vengano
Past absolute: venni, venisti, venne, venimmo, veniste, vennero
Conditional: verrei, verresti, verrebbe, verremmo, verreste, verrebbero
Present subjunctive: venga, venga, venga, veniamo, veniate, vengano

---

vivere   *to live*
Past participle: vissuto
Future: vivrò, vivrai, vivrà, vivremo, vivrete, vivranno
Past absolute: vissi, vivesti, visse, vivemmo, viveste, vissero
Conditional: vivrei, vivresti, vivrebbe, vivremmo, vivreste, vivrebbero

---

volere   *to want*
Present indicative: voglio, vuoi, vuole, vogliamo, volete, vogliono
Future: vorrò, vorrai, vorrà, vorremo, vorrete, vorranno
Past absolute: volli, volesti, volle, volemmo, voleste, vollero
Conditional: vorrei, vorresti, vorrebbe, vorremmo, vorreste, vorrebbero
Present subjunctive: voglia, voglia, voglia, vogliamo, vogliate, vogliano

---

Common verbs conjugated with **essere** in compound tenses:

andare *to go*
arrivare *to arrive*
bastare *to be enough*
cadere *to fall*
costare *to cost*
crescere *to grow*
diventare (divenire) *to become*
durare *to last*
entrare *to enter*
esistere *to exist*
essere *to be*
morire *to die*
nascere *to be born*
parere *to appear, seem*
partire *to leave*
piacere *to like*
sembrare *to seem*
sparire (-isc-) *to disappear*
stare *to stay*
succedere *to happen*
tornare *to return, go back*
uscire *to go out*
venire *to come*

Glossario

A

a at, to
a base di based on
a differenza di different from, in contrast to
A domani! See you tomorrow!
a meno che unless
a mio avviso in my view/opinion
a mio parere in my view/opinion
a piedi on foot
a più tardi! see you later!
a presto! see you soon!
a proposito by the way
a puntate series
a un tratto all of a sudden
abbassare to lower
abbastanza enough; **abbastanza bene** rather well
l'abbigliamento clothing; **l'abbigliamento femminile** women's clothing; **l'abbigliamento maschile** men's clothing
l'abbraccio hug
abile capable, able
l'abilità *(f.)* ability
l'abitante *(m.)* inhabitant
abitare to live (somewhere)
l'abito suit
l'abuso abuse
accanto (a) next to
accelerare to speed up
l'acceleratore *(m.)* gas pedal
l'accento accent
l'accettazione *(f.)* check-in
accorgersi to realize, be aware
l'acqua minerale mineral water
l'acqua water
l'Acquario Aquarius
ad esempio for example
Addio! So long! Adieu!
addirittura even, absolutely, no less than

l'additivo (food) additive
adesso now
l'adolescente *(m./f.)* adolescent
adoperare to use, utilize
l'aereo airplane; **in aereo** on the plane
l'aeroporto airport
l'afa mugginess; **C'è afa./È afoso.** It's muggy.
gli affari business
affatto at all; **non... affatto** not at all
affettuosamente affectionately
affettuoso affectionate
affinché so that
affittare to rent
affogare to drown
l'affrancatura postage
l'agenda appointment book
l'agente *(m.)* agent
l'agenzia di viaggi travel agency
aggirarsi to go around
aggrapparsi (a) to hold onto, grasp
l'aggressività *(f.)* aggressiveness
l'agonismo competition (in general)
agosto August
l'aiuto help
l'alba dawn
l'albergo hotel
alcuni(-e) some
gli alimentari food(store)
alimentato nourished, fed
l'alimentazione *(f.)* nourishment, food
all'estero abroad
all'ultima moda in the latest style
alla carbonara with cream, garlic, oil, and bacon
allacciare to fasten
allegare to enclose, to attach
allora so, therefore, thus, then
almeno at least
l'alpinismo mountain climbing
alto tall, high

altrettanto the same, as much, just as
altrimenti otherwise
altro other; **Altro?** Something else?
l'altruista *(m./f.)* altruist(ic)
alzare to lift; **alzarsi** to get up
amare to love
l'ambiente *(m.)* environment
americano American
l'amica *(pl.* **le amiche)** friend *(f.)*
l'amico *(pl.* **gli amici)** friend *(m.)*
l'amore *(m.)* love
l'anagramma *(m.)* anagram
l'analogia analogy
anche also, too
ancora still, more, again
andare *(ess.)* to go; **andare in onda** to go on the air; **andare via** to go away; **andarsene** to go away
l'anglosassone Anglo-Saxon
l'angolo corner, angle
l'anima soul
l'animale *(m.)* animal
l'anno year; **Quanti anni hai?** How old are you?
annoiarsi to be/get bored
annunciare to announce
l'annunciatore/l'annunciatrice announcer
l'annuncio pubblicitario commercial
l'ansia anxiety
l'antibiotico antibiotic
l'antichità antiquity
antico ancient
antipatico unpleasant
anzi as a matter of fact
anziché instead of, rather than
anzitutto above all else, first of all
aperto open
l'apparecchio apparatus, device
l'appartamento apartment
appena as soon as; just
l'appendicite *(f.)* appendicitis

appoggiare to support someone intellectually
l'appoggio support
appostarsi to place oneself
appropriato appropriate
l'appuntamento appointment, date
appuntare to staple, clip together
aprile April
aprire to open
arancia orange
l'aranciata orange drink
arancione *(inv.)* orange
l'arbitro referee
l'architettura architecture
l'archivio file
l'arena arena
l'aria air
l'Ariete *(m.)* Aries
l'armadio cupboard, closet
arrabbiarsi to become angry
arrivare (ess.) to arrive
arrivederci *(fam.)*, **arrivederLa** *(pol.)* good-bye
l'arrivo arrival
l'arte *(f.)* art
l'articolo article
artificiale artificial
l'artista *(m./f.)* artist
artistico artistic
l'ascensore *(m.)* elevator
l'asciugatrice *(f.)* clothes dryer
ascoltare to listen to
asintomatico not showing any symptoms
aspettare to wait for, expect
l'aspetto aspect, character
l'assegno check; **l'assegno turistico** traveler's check
l'assistente *(m./f.)* **di volo** flight attendant
assistere to attend
assoluto absolute
assomigliare to resemble
assunto hired
l'atleta *(m./f.)* athlete
l'atletica leggera track and field
attendere to wait (for)
attentamente carefully

l'atterraggio landing
l'attività (*pl.* **le attività**) activity
l'attore actor
attraversare to cross
attraverso across, through
l'attrezzatura equipment, facility
l'attrice actress
attuale current, present
attualmente currently, presently, at present
l'augurio wish; **tanti auguri** many/ best wishes
l'aula classroom
aumentare to increase
l'autobus *(m.)* bus; **con l'autobus** by bus
l'automobile (l'auto) *(f.)* automobile, car
l'automobilismo car racing
l'automobilista *(m./f.)* driver
l'autostrada highway
l'autunno autumn
avanzato advanced
avaro avaricious, stingy
avere to have
l'avvenimento event
avvenire *(ess.)* to occur
l'avviso newspaper ad
l'avvocato lawyer
azzurro blue

B

il bacio kiss
il bagaglio a mano (hand) luggage, baggage
il bagno bathroom
il balcone large window
ballare to dance
il balletto ballet
il ballo dance
il bambino/la bambina child
la banana banana
la banca bank
il banchiere banker
il banco counter; (school) desk; **al banco** at the counter
il bar espresso/sports bar
il/la barista *(m./f.)* bartender

il Barocco the Baroque
la base basis
il baseball baseball
basso short
bastare *(ess.)* to be enough, sufficient
battere to strike, hit
la batteria battery
il Battesimo Baptism
bello beautiful, handsome
benché although
bene well
il beneficio benefit
la benzina gas
bere to drink
la bevanda drink, beverage
bianco white
la bibita soft drink
la biblioteca library
il bicchiere (drinking) glass; **un bicchiere di vino** a glass of wine
la bicicletta bicycle; **in bicicletta** by bicycle
il bigliettaio/la bigliettaia ticket agent
il biglietto bill, currency, denomination; ticket; **il biglietto di andata e ritorno** round-trip ticket; **il biglietto di andata** one-way ticket (going); **il biglietto di ritorno** one-way ticket (returning); **il biglietto di taglio grosso** large bill; **il biglietto di taglio piccolo** small bill
la Bilancia Libra
la biologia biology
bisognare to be necessary
il bisogno need; **avere bisogno di** to need
il bitter bitter soft drink
blu *(inv.)* dark blue
la bocca mouth
la bolletta house bill; **la bolletta del telefono** phone bill
bombardare to bombard
la bottiglia bottle; **di bottiglia** in a bottle

il braccio (*pl.* le braccia) arm
Bravo(-a)! Very good!
bravo good (at something)
breve brief
il brigante bandit
i broccoli broccoli
brutto ugly
il buco hole
la bugia lie
buio dark; al buio in the dark
Buon appetito! lit., Good appetite (to you)!
Buon divertimento! Enjoy yourself (yourselves)!/ Have a good time!
Buon Natale! Merry Christmas!
Buon viaggio! Have a good trip!
Buona fortuna! Good luck!
Buona giornata! Have a good day!
Buona Pasqua! Happy Easter!
Buona serata! Have a good evening!
Buonanotte! Good night!
Buonasera! Good evening!/Good afternoon!/Hello!/Good-bye!
Buongiorno! Hello!/Good day!/ Good morning!/Good afternoon!/Good-bye!
buono good
la busta envelope

C

la cabina cabin; la cabina telefonica phone booth
cadere *(ess.)* to fall
la caduta fall
il caffellatte coffee and milk in equal portions
il caffè coffee
la calca throng
il calcio soccer
il caldo heat, warmth
il calendario calendar
calmo calm
la calza stocking
la calzatura pertaining to shoes, foot apparel
il calzino sock
la cambiale draft, promissory note

cambiare to change, exchange
il cambio exchange
la camera bedroom, hotel room
il cameriere waiter
la camicetta blouse
la camicia shirt (*pl.* le camicie)
camminare to walk
la campagna country(side); in campagna in the country
il campionato playing season, playoffs
il campione champion
il campo field
il canale channel
il Cancro Cancer
il cane dog
il/la cantante singer
cantare to sing
la canzone song
il capanno bathing hut
i capelli hair
capirsene to have expertise/ knowledge
la capitale capital (city)
il capitalismo capitalism
il capo article of clothing
il capo head
il Capodanno New Year's Day
il capolavoro masterpiece
il capoluogo regional/provincial/ municipal capital
il capoufficio office manager, boss
il cappello hat
il cappotto coat
il Capricorno Capricorn
la caratteristica characteristic
il carburatore carburetor
la carne meat
caro dear, expensive
la carota carrot
la carrozzeria car body
la carta paper; la carta intestata letterhead paper; la carta d'imbarco boarding pass; la carta di credito credit card; la carta di riconoscimento identification (card, document)
la cartella school bag, briefcase

la cartina geografica map
la cartolina postcard
la casa house, home
il casello booth
il caso case
la cassetta cassette
la catastrofe catastrophe
la catena chain
cattolico Catholic
la causa cause
celeste light blue
la cena dinner; a cena at/for dinner
cenare to have dinner, dine
centigrado centigrade
centrale central
il centralino switchboard/operator
il centro center
il centro downtown area; in centro downtown
cercare to look/search for; to try
certo (*also* certamente) certainly; certain
il cestino wastebasket
che that, which, who; Che?/Che cosa? Cosa? What?; Che bello! How nice!; Che fai di bello? What's new/up?; Che ora è?/ Che ore sono? What time is it?; Che schifo! It stinks!; Che tempo fa? How's the weather?
chi he/she who; Chi? Who?
chiamare to call; chiamarsi to be called
chiaro light
il/la chiaroveggente clairvoyant, fortune teller
chiedere to ask
la chiesa church
il chilometro kilometer
la chimica chemistry
chimico chemical
chissà who knows
la chitarra guitar
chiudere to close, shut
chiuso closed
Ciao! Hi!/Bye!; Ciao a tutti! Hi/ Bye everyone!
ciascuno each one, everyone

il **cibo** food
il **ciclismo** cycling
cieco blind
cielo sky
la **cifra** figure (number)
la **ciliegia** cherry
Cin cin! To your health! Drink up!
il **cinema** movies, movie theater;
   al cinema to the movies
la **cintura** belt; **la cintura di
   sicurezza** seatbelt
cioè that is to say
circa almost, about, approximately
il **cittadino** citizen
la **città** city
la **civiltà** civilization
il **clacson** car horn
la **classe** class (of students); **la
   classe turistica** economy/
   tourist class
il **Classicismo** Classicism
classico classical
classificato classified
il/la **cliente** customer
il **club** club
la **Coca-Cola** Coke
il **codice** code; **il codice postale**
   postal code
il **cofano** car hood
la **cognata** sister-in-law
il **cognato** brother-in-law
la **cognizione** knowledge
la **coincidenza** connection
la **colazione** breakfast; **a colazione**
   at/for breakfast
la **colla** glue
il **collant** pantyhose
il **colle** hill
il/la **collega** colleague, associate
collegato connected, tied, linked
il **collo** neck
il **colorante** coloring
il **colore** color
la **colpa** blame, fault
il **coltello** knife
il **comandante** airline captain
il **combattimento** battle
come as; like; how; **Come stai?**

(fam.)/**Come sta?** *(pol.)* How
   are you?; **Come?** What do you
   mean?; **come se** as if
cominciare to begin, start
commerciale commercial
il **commerciante** merchant
il **commercio** commerce; **in
   commercio** on the market
il **commesso**/la **commessa** store
   clerk
commissionato requested
comodo comfortable
il **comò** dresser
il **compact disc** compact disc
il **compagno**/la **compagna** chum,
   school friend
comparso appearing, appeared
compatibile compatible
compilare to fill out
il **compito** homework, assignment
il **compleanno** birthday; **Buon
   compleanno!** Happy birthday!
complesso complex
il **complesso** musical band
il **comportamento** behavior
il **compositore**/la **compositrice**
   composer
comprare to buy
comprendere to include
il **computer** computer
comune common
il **comune** municipality
la **comunicazione** communication
il/la **comunista** communist
comunque however
con with
il **concerto** concert
la **condizione** condition
condurre to conduct, lead
confermare to confirm
la **conoscenza** knowledge
conoscere to know (someone); be
   familiar with
il **conservatorio** conservatory
consistere *(ess.)* to consist
constatare to notice, note
consumare to consume
il **consumo** consumption

la **contabilità** accounting
contemporaneo contemporary
contenere to contain
contento happy, content
contenuto contents
continuamente continually
continuare to continue
il **conto** account; bill; **il conto
   corrente** current account; **il
   conto di risparmio** savings
   account
controllare to check; to control
il **controllo** check-up
convenire *(ess.)* to be worthwhile,
   be in one's best interest
la **conversazione** conversation
convincere to convince
la **copia** copy
il **cornetto** croissant
correre to run
corretto (coffee) with a dash of
   alcoholic beverage
il **corridoio** aisle, corridor
la **corsa** race
la **corsia** driving lane
il **corso** course
cortese courteous
la **cosa** thing
cosiddetto so-called
così like this; **così, così** so, so; **e
   così via** and so on; **così... come**
   as . . . as
costare (ess.) to cost
costituire (-isc-) to constitute
la **costituzione** constitution
costringere to force
costruire (-isc-) to build, construct
la **cravatta** tie
credere to believe
il **credito** credit
crescente growing
crescere *(ess.)* to grow
la **Cresima** Confirmation
il **criminologo** criminologist
la **crisi** crisis; **la crisi energetica**
   energy crisis
il **cristallo** crystal
il **Cristiano** Christian

il/la **cronista** chronicler
il **cucchiaio** spoon
la **cucina** kitchen; cooking
la **cucitrice** stapler
il **cugino**/la **cugina** cousin
la **cultura** culture
culturale cultural
il **culturismo** body building
il **cuore** heart
la **cura** care
curioso curious; **Come sei curioso(-a)!** How curious you are!
il **curriculum vitae** resume

D

D'accordo! OK! I agree!
d'improvviso suddenly
da from; since; for; at; to; as
dare to give; **dare retta a** to heed; **dare su** to look out onto
la **data** date
i **dati** data
davanti (a) in front of
davvero really
il **debito** debt, debit
decidere to decide
il **decollo** take-off
dedicare to dedicate
dedurre to deduce
delizioso delightful
democratico democratic
il **denaro** money
il **dente** tooth
il/la **dentista** dentist
dentro inside
depositare to deposit
il **deposito** deposit
la **descrizione** description
desiderare to want, desire, wish; **Desidera?/Desiderano?** May I help you?
il **destinatario** addressee
la **destinazione** destination
la **destra** the right hand; **a destra** to the right; **della destra** right-wing

il **detenuto** inmate
di of, from; **di Milano** from Milan; **di qui** from here
di solito usually
il **diabete** diabetes
il **diagramma** diagram; il **diagramma di flusso** flowchart
il **dialetto** dialect
il **diavolo** devil
il **dibattito** debate
dicembre December
dichiarare to declare
la **dieta** diet
dietro behind
difendere to defend
differente different
la **differenziazione** differentiation
difficile difficult
diffondersi to spread
dimenticare to forget
diminuire (-isc-) to decrease, go down
dipendere (da) to depend (on)
dipingere to paint
dipinto painted
il **dipinto** painting
il **diploma** (*pl.* i **diplomi**) diploma
dire to say, tell
diretto direct
il **direttore**/la **direttrice d'orchestra** music conductor
il **direttore**/la **direttrice** manager
la **direzione** management
diritto straight ahead
disastroso disastrous
il **dischetto** disk
il **disco** record
la **discussione** discussion, argument
disgraziato poor devil
disgustoso disgusting
disperato desperate
distintamente distinctly
distintivo distinctive
distinto distinct
distratto distracted
il **dito** (*pl.* le **dita**) finger
la **ditta** company

il **divano** sofa, couch
diventare (ess.) to become
diverso various, diverse
il **divertimento** entertainment
divertirsi to enjoy oneself, have fun
la **divinità** deity
il **divorzio** divorce
docile docile
il **documento** document
la **dogana** customs
dolce sweet
il **dolce** sweet
il **dollaro** dollar
il **dolore** pain
la **domanda** question
domandare to ask
domani tomorrow
la **domenica** Sunday
dominare to dominate
il **donatore** donor
la **donna** woman
dopo (che) after
doppio double
dormire to sleep
il **dottore**/la **dottoressa** doctor, Dr.
dove where; **Di dove sei?** Where are you (*fam.*) from?
dovere to have to, must
il **dramma** drama
drasticamente drastically
la **droga** drug
dubitare to doubt
dunque so, therefore, thus
durante during
durare (ess.) to last

E

e and
eccezionale exceptional
ecco here is, here are/there is, there are
l'**economia** economics, economy
economico economic
l'**edicola** newsstand
l'**edificio** building
educato well-mannered
l'**effetto** effect

effettuare *(ess.)* to realize, carry out, put into effect, to make happen, bring about

l'egoista *(m./f.)* egoist(ic)

elegante elegant

eleggere to elect

elementare elementary

l'elemento element

l'elenco telefonico phone book

l'elettrodomestico appliance

l'elezione *(f.)* election

eliminare to eliminate

l'energia energy

energico energetic

entrare *(ess.)* to enter

l'entrata entrance

l'epatite *(f.)* hepatitis

l'epatologo liver specialist

l'Epifania/la Befana Epiphany

l'episodio episode

l'epoca era, epoch, time period

l'equipaggio di bordo flight crew

l'eroina heroine

l'esame *(m.)* exam

esattamente exactly

esaurito out of stock/print

escludere to exclude

esclusivo exclusive

l'esempio example; **per esempio** for example

esistere *(ess.)* to exist

l'espansione *(f.)* expansion

l'esperimento experiment

esperto expert

l'espressione *(f.)* expression

espressivo expressive

esprimere to express

essenziale essential, main

esserci *(ess.)* to be here/there

essere to be; **essere d'accordo** to agree; **essere bene che** to be good that; **essere chiaro che** to be clear that; **essere giusto che** to be right that; **essere ora che** to be time that; **essere ovvio che** to be obvious that; **essere soggetto a** to be subject to; **essere utile che** to be useful

that; **essere vero che** to be true that

est east

l'estate *(f.)* summer

l'estensione *(f.)* extension, surface area

eterno eternal

evidenziare to make obvious

evitare to avoid

F

fa ago

i fabbisogni energetici energy needs

la faccia face

facile easy; **di facile uso** user-friendly

facilmente easily

il fagiolino string bean

il fagiolo bean

la fame hunger; **avere fame (da lupi)** to be (very) hungry

la famiglia family

familiare familiar

famoso famous

la fantascienza science fiction

fare to do, make; **fare bel tempo** to be beautiful weather; **fare brutto/cattivo tempo** to be bad weather; **fare caldo** to be hot, warm; **fare dello sport** to be active in sports; **fare freddo** to be cold; **fare fresco** to be cool; **fare ginnastica** to work out; **fare il biglietto** to buy a (travel) ticket; **fare il footing/jogging** to jog; **fare il numero** to dial

la farmacia pharmacy, drugstore

il faro headlight

il fast food fast-food place

fastidio bother

il fatto fact

la fattura general bill, invoice

favorevole favorable

il fax fax

febbraio February

la febbre fever, temperature

felice happy

le felicitazioni felicitations, congratulations

la felicità happiness

il/la feminista feminist

femminile feminine

il fenomeno phenomenon

fermo still, motionless

feroce ferocious

il Ferragosto the Assumption (15 agosto)

il ferro iron

la ferrovia railroad

la festa party, feast, holiday

festeggiare to celebrate

la fetta slice

il fiasco flask; **di fiasco** in a flask

la fidanzata fiancée

il fidanzato fiancé

la figlia daughter

il figlio son

i figli children

il film movie

la filosofia philosophy

finalmente finally, at last

finanziario financial

finché until

la fine end

il fine end, goal

la finestra window

il finestrino (vehicle) window

finire (-isc-) to finish

fino a until

finora until now

fiorentino Florentine

la firma signature

firmare to sign

la fisica physics

fisico physical

fisso fixed

il fiume river

il foglio sheet of paper

la follia folly

fondamentale fundamental

fondare to found

fondato founded

la fonte source

il football (americano) football

le forbici scissors

la **forchetta** fork
la **forma** form, shape
il **formaggio** cheese; **un panino al formaggio** cheese sandwich
formale formal
formare to form
forse maybe
forte strong
la **fortezza** fortress
la **fortuna** fortune
fortunatamente fortunately
fortunato fortunate, lucky
la **forza** force
fosforescente phosphorescent
la **fotocopia** photocopy
la **fotocopiatrice** photocopier
la **fotografia** photo(graph)
il **fotoromanzo** illustrated novel
fra in, within, among, between; **fra poco** in a little while
la **fragola** strawberry
la **frammentazione** fragmentation
francese French; **il francese** the French language
il **francobollo** stamp
il **fratello** brother
freddo cold
frenare to brake
il **freno** brake
frequentare to attend
frequente frequent
fresco fresh
la **fretta** hurriedness; **avere fretta** to be in a hurry
il **frigorifero** refrigerator
la **frustrazione** frustration
la **frutta** fruit
fumare to smoke; smoking
i **fumetti** comics
il **funzionamento** operation, functioning
funzionare to work, function
la **funzione** function
fuori outside
al di fuori di outside (of)
furbo cunning
il **futuro** future

G

la **gabbia** cage
la **galleria** balcony
la **gamba** leg
la **gara** competition (specific)
il **garage** garage
garantire (-isc-) to guarantee
il **gatto** cat
il **gelato** ice cream
geloso jealous
i **Gemelli** Gemini
generale general
generalmente generally
il **genero** son-in-law
generoso generous
il **genitore/la genitrice** parent
gennaio January
la **gente** people
gentile kind, gentle
il **gesto** gesture
il **ghiaccio** ice
la **giacca** jacket
il **giallo** mystery book
giallo yellow
il **giardino** garden, yard
già already
il **ginocchio** (*pl.* **le ginocchia**) knee giocare
giocare to play (a sport); play (in general)
il **giocatore** player
il **gioco** game, play
il **giornale** newspaper
la **giornata** day
il **giorno** day
il/la **giovane** young man/woman
giovanile young, pertaining to youth
il **giovedì** Thursday
girare to turn; **girarsi** to turn around
la **gita** tour
giugno June
giuridico by right, legally
giusto correct, appropriate
il **gladiatore** gladiator
lo **gnocco** dumpling

la **gola** throat; **mal di gola** sore throat
il **golf** golf
il **gomito** elbow
la **gomma** eraser; tire
la **gonna** skirt
governare to govern
il **governo** government
il **grado** degree
graduale gradual
grande big, large
grasso fat
grazie thank you
grazioso gracious
grigio gray
grosso heavy, big, large
guadagnare to earn
il **guanto** glove
guardare to watch
la **guardia** guard; **la guardia notturna** night watchman
il **guasto** malfunction
la **guerra** war
la **guida** driving
guidare to drive

H

l'**hamburger** *(m.)* hamburger
l'**hardware** hardware
l'**hockey** *(m.)* hockey
ho... anni I'm . . . years old

I

l'**idea** idea
identificare identify
ieri yesterday
ignorare to ignore
illudersi to fool oneself
illustre illustrious
l'**imbarco** boarding
imboccare to feed by mouth
imbucare to mail
imitare to imitate
immaginare to imagine
immediato immediate
imminente imminent
imparare to learn

impegnato busy (with)

l'imperatore emperor

l'impermeabile *(m.)* raincoat, overcoat

l'impero empire

l'impiegato/l'impiegata office worker, clerk

importante important

l'importanza importance

importare to matter; **Non importa!** It doesn't matter!

impossibile impossible; **Impossibile!** Out of the question!

impostare to mail

impressionante impressive

l'impressione *(f.)* impression

improvvisamente all of a sudden

in in; **in anticipo** early; **in collegamento con** linked to; **in conclusione** in conclusion; **in confronto a** in comparison to/ with; **in contanti** cash; **in corso** ongoing; **in diminuzione** decreasing; **in effetti** in effect; **in fila** in a line; **in grado di** able to, capable of; **in ritardo** late; **in svendita** clearance sale; **in vendita** for sale

inaugurare to inaugurate, initiate

incantevole enchanting

l'inchiesta survey

l'inchiostro ink

l'incidente *(m.)* accident

incitare to urge on, spur, incite

incolpato blamed

incominciare to begin, start

incontrare to encounter, meet, run into

l'incontro meeting, encounter

incontrollato uncontrolled

l'incrocio intersection

l'indagine *(f.)* study, survey

indicare to indicate

indietro back; behind

indipendente independent

l'indirizzo address

l'indisciplina lack of discipline

indispensabile indispensable

l'individualista *(m./f.)* individualist

indubbiamente undoubtedly

l'industria industry

industrializzato industrialized

inelegante inelegant

inevitabilmente inevitably

infatti in fact

l'infezione *(f.)* infection

infine finally

l'infinito infinite

l'influenza flu

influire (-isc-) to influence

informare to inform

l'informatica computer science

l'informazione *(f.)* information

l'infortunio injury

l'ingegnere *(m.)* engineer

inglese English; **l'inglese** *(m.)* the English language

l'ingresso entrance

iniziare to start

innamorato (di) in love (with); **innamorato cotto** madly in love

innumerevole countless

l'inquinamento pollution; **l'inquinamento dell'aria (delle acque)** air (water) pollution

l'insegnante *(m./f.)* teacher

insieme together

insomma in a word

insulare insular

l'intellettuale *(m.)* intellectual (person)

intellettuale *(adj.)* intellectual

intelligente intelligent

intendere to intend

l'interesse *(m.)* interest

internazionale international

interno internal

interpellare to question someone

interpretare to recite, interpret, act (in a play, movie)

l'interurbana long-distance call

l'intervista interview

l'intestazione *(f.)* form of address

intorno around

intrinseco intrinsic

inutile useless

invecchiare (ess.) to become/grow old

invece instead

invernale pertaining to winter

l'inverno winter

inviare to send

l'iperattività *(f.)* hyperactivity

l'ipotesi *(f.)* hypothesis

l'iscrizione *(f.)* registration

l'isola island

l'istante *(m.)* instant

l'istituto institute

l'istituzione *(f.)* institution

istruito well-educated

l'istruzione *(f.)* education

italiano Italian; **l'italiano** the Italian language

J

il jazz jazz

il junk food junk food

L

il laboratorio laboratory

il ladro thief, robber

il lago lake

lampeggiare to be lightening

le lasagne lasagna dish

lasciare to leave (something); to drop off; **lasciar fare** to let, allow

lassù up there

latino Latin

il latte milk

la latteria milk store

la lattina can

la lavagna blackboard

lavarsi to wash oneself

la lavastoviglie dishwasher

la lavatrice clothes washer

lavorare to work

il lavoratore worker

il lavoro job, work

là there; **là fuori** out there

la legge law

leggere to read

il legno wood

la lente magnifying glass

il **Leone** Leo
la **lettera** letter
letterario literary
il **letterato** literate, educated (well-read) person
il **letto** bed
la **lezione** class, lesson; **avere lezione** to have class
la **liberalizzazione** liberalization
libero free
la **libreria** bookstore
il **libretto** bankbook
il **libro** book
il **liceo** high school
lieto delighted; **Molto lieto!** Delighted to meet you!
la **limonata** lemonade
il **limone** lemon
linea: la linea aerea airline; **la linea** phone line
la **lingua** language, tongue
il **linguaggio simbolico** computer language
linguistico linguistic
il **liquido** liquid
la **lira** lira
il **livello** level
lì there
locale local; **il locale notturno** nightspot
logico logical
lontano far away
la **lotta** wrestling
la **luce** light
lucido shiny
luglio July
la **luna** moon
il **lunedì** Monday
lungo long; along; less concentrated (coffee); **lunghissimo** very long
il **luogo** place

M

ma but; **Ma va!** Come on, now! No way!
Macché! No way! I wish!

macchiato (coffee) with a drop of milk
la **macchina** car; **in macchina** by car; **la macchina da scrivere** typewriter; **la macchina di lusso** luxury car; **la macchina fotografica** camera
il **macellaio** butcher
il **macello** disaster
la **madre** mother
il **maestro/la maestra** elementary school teacher
magari if only
maggio May
la **maggioranza** majority
maggiore the most, more, greater
magistrale (pertaining to) teaching
la **maglia** sweater
il **magnesio** magnesium
magnifico magnificent, wonderful
magro thin, skinny
mai ever; **non... mai** never
la **malattia** disease
malcotto badly cooked
male not well (bad); **fare male a** to hurt
Maledizione! Damn!
maleducato rude
la **malinconia** melancholy
la **mamma** mom; **Mamma mia!** Oh my! Oh dear!
la **mancanza** absence
mancare (ess.) to lack
mandare to send
mangiare to eat
la **mano** (*pl.* **le mani**) hand
mantenere to support someone materially, maintain
la **marca** brand; **di marca** brand name
il **mare** sea; **al mare** at, to the sea
il **marito** husband
la **marmitta** muffler
marrone (*inv.*) brown
il **martedì** Tuesday
il **martirio** martyrdom
marzo March
Mascalzone! (You) Rascal!

maschile masculine
i **mass media** mass media
la **matematica** mathematics
la **materia** subject
la **matita** pencil
il **matrimonio** marriage
la **mattina** morning; **di/della mattina** in the morning
il **mattino** morning; **del mattino** in the morning
il **meccanico** mechanic
meccanico (*adj.*) mechanical
la **medicina** medicine
il **medico** medical doctor
medio average
medioevale medieval
il **Medioevo** the Middle Ages
meglio better
la **mela** apple
il **membro** member
la **memoria** memory
meno less, minus; **Meno male!** Thank goodness!
la **mensa** school cafeteria
mentre while
la **menzogna** lie
la **merce** merchandise
il **mercoledì** Wednesday
meridionale southern
mescolato mixed
il **mese** month
la **metà** half
la **metropoli** (*pl.* **le metropoli**) metropolis
mettere to put; **mettere a confronto** to compare; **mettere a disposizione** to make available; **mettere a punto** to focus on; **mettere in moto** to start a car; **mettersi** to put on
mezzanotte midnight; **È mezzanotte.** It's midnight.
i **mezzi di diffusione** mass media
mezzo half; **mezzo/mezza** half-past
il **mezzogiorno** noon; **a mezzogiorno** at noon; **È mezzogiorno.** It's noon.
Mi dispiace. I'm sorry.

mica: non... mica not quite/really
migliorare to improve
migliore better, best
miliardo a billion
milione a million
mille a thousand; **mille auguri** many best wishes
minerale mineral
minimo minimum
minore minor, less
il minuto minute
la misura size
misurare to measure
il/la mittente sender
la mobilia furniture
la moda style, fashion; **di moda** in style, fashion
la modalità procedure, pattern
il modello model
il modem modem
la modernità modernity, modern character
moderno modern
modesto modest
il modo way, manner
il modulo form (to fill out)
la moglie wife
molto very, much, a lot; **Molto bello!** Great stuff!; **molto bene** very well
il momento moment
il monaco monk
mondiale (of the) world
il mondo world
la moneta money in general
la montagna mountain; **in montagna** in the mountains
montuoso mountainous
il monumento monument
la moralità morality
il morbillo measles
morire *(ess.)* to die
mostrare to show, demonstrate
il motivo motive, reason
la moto(cicletta) motorcycle; **con la moto** by motorcycle
il motore motor
il motorino motor scooter
il movimento movement

il mucchio pile
la musica music; **la musica classica** classical music; **la musica folcloristica** folk music; **la musica rock** rock music
il/la musicista musician
il musico musician

N

la narrativa fiction
nascere *(ess.)* to be born
la nascita birth
nascondere to hide
nascosto hidden
il naso nose
il Natale Christmas
la natura nature
naturalmente naturally
nazionale national
la nazione nation
neanche not even
la nebbia fog; **C'è (la) nebbia**/It's foggy.
necessario necessary
il negozio store
nel caso (che) in the event that
nel corso di in the course/span of
nemmeno not even
nero black
nessuno no one, any
la neve snow
nevicare to snow
né nor; **non... né... né** neither . . . nor
niente nothing; **nient'altro** nothing else; **niente da dichiarare** nothing to declare
il/la nipote nephew/grandson; niece/grandaughter
no no
la nobildonna noblewoman
la nocività harmfulness
nocivo harmful
noleggiare to rent, hire
il nome name
non not; **Non ce la faccio!** I can't make it!; **Non c'è dubbio che...** There's no doubt that . . . ;

Non c'è male. Not bad.; **Non fa per me!** This doesn't suit me!; **non vedere l'ora di** to be unable to wait
la nonna grandmother
il nonno grandfather; **i nonni** grandparents
nord north
nord-est northeast
nord-ovest northwest
normale normal (black coffee)
la nostalgia nostalgia
la nota note
notare to note, notice
notevole noteworthy
la notizia (item of) news
la notte night; **di notte/della notte** at/in the night
notturno of the night
novembre November
il nucleo nucleus
nudo nude
nulla nothing
il numero number; **il numero di telefono/il numero telefonico** phone number
la nuora daughter-in-law
nuotare to swim
il nuoto swimming
nuovo new; **di nuovo** again
nuvoloso cloudy; **È nuvoloso.** It's cloudy.

O

o or
obbligato required, obligated
obbligatorio obligatory, compulsory
l'obbligo obligation
l'occasione *(f.)* occasion
l'occhio eye
occidentale western
occupare to occupy
occupato busy
odiare to hate
l'odore *(m.)* odor, smell
offrire to offer
oggi today

ogni each, every

ognuno each one, everyone

Oh via! Come on!

l'olio oil

oltre more than

omogeneo homogeneous

ondulato wavy

l'opera opera, work

l'operaio/l'operaia factory worker

operativo operational

l'operazione *(f.)* operation

l'opinione *(f.)* opinion

l'opposizione *(f.)* opposition

oppure or else

ora now

l'ora time, hour

l'orario time, timetable, schedule; **in orario** on time (schedule)

l'orchestra orchestra; **l'orchestra sinfonica** symphony orchestra

l'ordine *(m.)* order

l'organizzatore *(m.)* organizer

l'organizzazione *(f.)* organization

orientale eastern

originare **(ess.)** to originate

l'origine *(f.)* origin

ormai by now

l'orologiaio watchmaker

l'orologio watch, clock; **l'orologio da polso** wristwatch

Orrendo! Horrendous!

l'orzo barley

l'ospite *(m.)* guest

ottenere to obtain

ottimo excellent

ottobre October

ovest *(m.)* west; **all'ovest** to the west

ovviamente obviously

l'ozono ozone

P

il pacco package

la pace peace

il padre father

il paesaggio countryside

il paese country

il pagamento payment

pagare to pay for

la pagina page

il paio (*pl.* **le paia**) pair

il palazzo apartment building; palace

la palestra gymnasium

la palla ball

la pallacanestro basketball

la pallavolo volleyball

il pallone soccer ball

il pane bread

il panino sandwich, bun, roll

i pantaloni pants

la pantofola slipper

il papà dad

il parabrezza (*pl.* **i parabrezza**) windshield

il paraurti (*pl.* **i paraurti**) bumper

parcheggiare to park

il parcheggio parking

pareggiare to draw, tie

il pareggio draw, tie

il/la parente relative

parere *(ess.)* to appear, seem

parlare to speak

la parola word

la parte part

la partenza departure

particolare particular

partire *(ess.)* to leave

la partita (sports) game, match

il partito (political) party

la Pasqua Easter

il passaggio passage way

il passaporto passport

passare to pass, spend (time); to go through

il passato past

il passeggero/la passeggera passenger

il passo step

la pasta pastry

il pasto meal

il pastore shepherd

la patata potato

le patatine fritte french fries

la patente (di guida) driver's license

pattinare to skate

la paura fear; **avere paura** to be afraid

il pavimento floor

il paziente patient

la pazienza patience; **avere pazienza** to be patient

Pazienza! Patience!

pazzo crazy

Peccato! Too bad!

il pedaggio toll

peggio *(adj.)* worse

peggiore *(adv.)* worse

la pelle leather

la penisola peninsula

la penna pen

il pennarello marker

la penombra dim light

pensare to think; **pensarci/ pensarne** to think about

il pensiero thought

la pensione boarding house

per for; in order to; **per caso** by chance; **per cento** percent; **per cortesia** please (very polite); **per di più** in addition, what's more; **per favore** please; **per non dire** not to mention; **per piacere** please; **per via aerea** airmail

la pera pear

la percentuale percentage

la percezione perception

perché why; because

perciò so, therefore, thus

perdere to lose

la perdita loss

perfettamente perfectly

il pericolo danger

il periodo (time) period

permettere to permit, allow

la permissività *(f.)* permissiveness

però however

la persiana window blind

persino even

la persona person

la pesca peach

i Pesci Pisces

il petrolio petroleum

il petto chest

il pezzo piece
Piacere! A pleasure!
piacere (*ess.*) to like, be pleasing to
piacevole enjoyable, pleasant
pian piano little by little
il pianeta planet; **il pianeta Terra** planet Earth
piangere to cry
il/la pianista pianist
il piano floor, level
il pianoforte piano
il pianterreno main floor
la pianura plain
il piatto plate
piccolo small, little
il piede foot
  ai piedi di at the foot of
pieno full
pignolo picky
pigro lazy
la pioggia rain
il pioniere pioneer
piovere to rain
il pisello pea
il pittore/la pittrice painter
più more; **non... più** no more, no longer
la pizza pizza; **la pizzetta** small pizza
plasmare to shape, mould
la platea ground floor; orchestra
poco (a) little, few
la poesia poetry, poem
il poeta poet
poi then
la politica politics
politico political
la polmonite pneumonia
la poltrona armchair
la pomata ointment
il pomeriggio afternoon; **del pomeriggio** in the afternoon
il pomodoro tomato
popolare popular
la popolazione population
il popolo people, population
porgere to give (greetings)
porre to put, place

la porta door
i portabagagli (*pl.* **i portabagagli**) trunk
il portalettere (*pl.* **i portalettere**) letter carrier
portare to bring, take; to wear
il portatore carrier
portoghese Portuguese
la posizione position
possibile possible
la possibilità possibility
la posta mail
il postmodernismo postmodernism
il posto seat, place; work position
potente powerful
potere to be able to
povero poor, unfortunate
la povertà poverty
pranzare to have lunch
il pranzo lunch; **a pranzo** at/for lunch
la pratica paperwork
praticare to practice, play (in a sport)
pratico practical
precedentemente previously
preciso exact, precise
il precursore precursor, forerunner
preferire (-isc-) to prefer
preferito favorite
il prefisso area code
Prego What can I do for you? Yes? You're welcome! Please, come in!
la preistoria prehistory
il prelevamento withdrawal; **fare un prelevamento** to withdraw
prelevare to withdraw
premurosamente with great haste
prendere to take, have something; **prendere su** to pick someone up; **prendere su il telefono** to pick up the phone
la prenotazione reservation
preoccuparsi to worry
preoccupato worried
la preoccupazione worry, preoccupation

prepararsi to prepare (oneself)
la preparazione preparation
prescrivere to prescribe
presentare to introduce
la presenza presence
il presidente president
presso near, at
prestabilito pre-established
prestigioso prestigious
il prestito loan
presto early, soon
preuniversitario pre-university
le previsioni (del tempo) (weather) forecast
previsto scheduled
il prezzo price
la prigione prison
prima first, before; **prima che** before; **prima di** + *inf.* before
la primavera spring
principale main, principal
privato private
privo di lacking, without
il problema (*pl.* **i problemi**) problem
il processo process
il processore word processor
il prodigio prodigy
produrre to produce
professionale professional
il professore/la professoressa professor, teacher
il progetto project
il programma (*pl.* **i programmi**) program; **il programma a puntate** series, soap opera; **il programma sportivo** sports program
proibire (-isc-) to prohibit
il proiettore headlight
promettere to promise
promulgato passed, promulgated, legislated
pronto ready
Pronto! Hello! (on the phone)
la pronuncia pronunciation
la propaganda propaganda, advertisement

proporre to propose
il proprio own
proprio really
il prosciutto ham; **un panino al prosciutto** ham sandwich
prossimo next; **l'anno prossimo** next year
provare to try out, try, feel; **provarsi** to try on
proveniente da coming from
il proverbio proverb
la provincia province
lo/la psicanalista *(m./f.)* psychoanalyst
la pubblicità advertising, commercials
il pubblico public
il pugilato boxing
pulire (-isc-) to clean; **pulirsi** to clean oneself
il pullman bus
il punteggio number of points, score
il puntino staple
il punto point; **a questo punto** at this point; **il punto di vista** point of view; **in punto** on the dot
puntuale on time, punctual (referring to people)
la puntura needle
purché provided that
pure also
purtroppo unfortunately

Q

il quaderno workbook
il quadrante dial
quadrato square
quaggiù down here
qualche some
qualcosa something; **qualcos'altro** something else; **qualcosa da dichiarare** something to declare; **Prendete qualcosa?** Will you *(pl.)* have something?
qualcuno someone
quale which

la qualità quality
qualsiasi of any kind, whatever
quando when
Quanti anni hai *(fam.)***/ha** *(pol.)***?** How old are you?
Quanti ne abbiamo? What's the date?
quanto how much; **quanto prima** as soon as possible
il quarto a quarter
quasi almost
quello that
questo this
qui here
quindi so, therefore, thus; **Ecco quindi.** Here you are.
la quota amount, fee

R

la raccomandata registered letter
la radiazione radiation
la radio radio
il raffreddore common cold
la ragazza girl
il ragazzo boy
la ragione reason; **avere ragione** to be right
ragionevole reasonable
il ragioniere accountant
rallentare to slow down
il ramo branch
la rampa ramp
rappresentare to represent
rassegnarsi to resign oneself
i ravioli ravioli
il razzismo racism
il re king
recente recent
recentemente recently
recitare to recite; to act, play (in a movie)
il record record
reggere to hold, contain
la regione region
il/la regista director
registrare to register, notice
regolare regular

rendere to render; **rendersi conto** to realize
la repubblica republic
repubblicano republican
il/la residente resident
respirare to breathe
il respiro breath
responsabile (di) responsible (for)
il restauro restoration, rebuilding
il retaggio network
la rete net, goal
riattaccare (il telefono) to hang up
ricco rich
la ricerca research study
ricevere to receive
la ricevuta receipt
la richiesta request
riconoscere to recognize
ricordarsi to remember
il ricordo memory
ricostruire (-isc-) to rebuild, reconstruct
ridotto reduced
ridurre to reduce
rientrare (in casa) *(ess.)* to get back home
riflettere to reflect
la riga ruler
rimanere *(ess.)* to remain
il Rinascimento Renaissance
ringraziare to thank
riparare to fix, repair
la riparazione repair
il riposo rest
il rischio risk
riscontrare to find, discover
riscuotere to cash
la risorsa resource; **la risorsa naturale** natural resource
il risotto rice (prepared a certain way)
risparmiare to save
rispettivamente respectively
rispetto a with respect to
rispondere to answer
il ristorante (formal) restaurant
ristretto strong
il risveglio act of waking up

ritornare *(ess.)* to return
riuscire (a) *(ess.)* to be capable of
la riva riverbank
rivelare to reveal, show
la rivista magazine
la rivoluzione revolution
la roba things, stuff
romano Roman
il Romanticismo Romanticism
il romanzo novel; **il romanzo rosa**
love story/harlequin novel
rosa *(inv.)* pink
rosso red
il rugby rugby
la ruggine rust
il rullino roll of film
il rumeno Rumanian
il ruolo role
la ruota wheel

S

il sabato Saturday
la saggistica essays/nonfiction
il Sagittario Sagittarius
la sala room; **la sala d'aspetto**
waiting room; **la sala da pranzo**
dining room
saldare to pay off
il saldo sale; **in saldo** on sale
salire (-isc-) to go up, climb
il salotto living room
il saltimbanco acrobat, joker
salutare to greet
la salute health; **Salute!** To your
health!
il saluto greeting
salvare to save
il sangue blood
sapere to know (something); to
know how to
sbagliare to make a mistake
lo sbaglio mistake
la scala stairs
scappare *(ess.)* to escape, run away
la scarpa shoe
scarso scarce, meager
scegliere to choose, select

la scelta choice
la scena scene
la scheda card, slip
lo schermo screen
lo sci *(pl.* **gli sci)** ski
sciare to ski
la sciarpa scarf
scientifico scientific
la scienza science
lo scienziato scientist
sciocco foolish
lo/la sciovinista chauvinist
scolastico pertaining to school
scomparire *(ess.)* to disappear
la scomparsa disappearance
scontento unhappy
lo scontrino store/cashier's
receipt, bill
la scoperta discovery
lo Scorpione Scorpio
scorso last; **l'anno scorso** last year
scostarsi to move aside
lo scrittore/la scrittrice writer
la scrivania desk
scrivere to write
lo scudetto soccer prize; crest
worn on a soccer sweater
lo scultore sculptor
la scultrice sculptress
la scultura sculpture
la scuola school; **a scuola** at school
scuro dark
Scusa! *(fam.)*/**Scusi!** *(pol.)* Excuse
me!
scusarsi to excuse oneself
se if
sebbene even though
secco dry
il secolo century
secondario secondary
secondo according to; **secondo me**
according to me
sedersi to sit down
la sedia chair
il sedile car seat
seduto seated
il segnale sign; **il segnale stradale**
road sign

segnare to score (a goal)
il segno sign
la segretaria secretary; **la
segreteria telefonica** answering
machine
seguente following
seguire to follow
il self-service cafeteria
il semaforo traffic light
sembrare *(ess.)* to seem
semplice simple
sempre always; **per sempre** forever
sensato sensible
sensibile sensitive
Senti! *(fam.)*/**Senta!** *(pol.)*! Hey!
Listen!
sentire to hear, feel; **sentirsi** to feel
senza without
sepolto buried
la sera evening; **di/della sera** in
the evening
la serata evening
sereno calm; **È sereno.** It's calm.
la serie series; (team) division
la serra greenhouse; **l'effetto serra**
greenhouse effect
servire to serve
il servizio service
il sessismo sexism
la sete thirst; **avere sete** to be thirsty
settembre September
settentrionale northern
la settimana week
il settimanale weekly newspaper
la sfera sphere; **la sfera di
cristallo** crystal ball
sfortunato unlucky
lo sfruttamento exploitation
lo sguardo stare, glance
si if
Si accomodi! Be seated!
sicuro sure
la signora lady, Madam, Mrs.
il signore gentleman, sir, Mr.
la signorina young lady, Ms., Miss
il simbolo symbol
simile similar
simpatico nice, good, pleasant

sincero sincere

il/la sindacalista trade unionist

il sindacato labor union

la sinfonia symphony

la sinistra left hand; **a sinistra** to the left; **della sinistra** left-wing

il sistema (*pl.* **i sistemi**) system

la sistemazione lodging, arrangements

situato situated

la situazione situation

sì yes

lo snack bar snack bar

sociale social

il/la socialista socialist

la società commerciale company

la società society

il socio di maggioranza majority stockholder

soffrire to suffer

il software software

il soggiorno stopover, visit

sognare to dream

il sogno dream

i soldi money

il sole sun; **C'è il sole.** It's sunny.

la solitudine solitude

solo (**solamente, soltanto**) only, just

solo alone

il sonno sleep; **avere sonno** to be sleepy

sopportare to stand, put up with

sopra above, on top

la sorella sister

sorpassare to pass

il sorpasso passing

la sorpresa surprise

il sorriso smile

sospirare to sigh

la sostanza substance

sostanzialmente essentially

sostituire (**-isc-**) to substitute

sotto under, below, underneath

sottolineare to emphasize, underline

sottomesso subjugated

sottoporre to subject to

il sottoscritto/la sottoscritta the undersigned

sottovoce whispering

la sovranità sovereignty

gli spaghetti spaghetti

spagnolo Spanish; **lo spagnolo** the Spanish language

la spalla shoulder

sparire (**-isc-**) (*ess.*) to disappear

sparlare to talk badly, criticize

spaventato frightened

lo spazio space

spazioso spacious

specializzarsi to specialize

la speculazione speculation

spedire (**-isc-**) to send (on)

spendere to spend (money)

sperare to hope

la spesa groceries; **fare delle spese** to shop; **fare la spesa** to shop for food

spesso often

lo spettacolo show

spettare (a) to belong rightfully to

lo spettatore/la spettatrice spectator

lo spettro ghost

spezzettare to break into pieces

la spiaggia beach

gli spinaci spinach

lo spionaggio espionage

lo spirito spirit

la spiritualità spirituality

splendente shining

lo sport (*pl.* **gli sport**) sport

lo sportello car door

sportivo pertaining to sport(s)

lo sposalizio marriage ceremony

sposare to marry; **sposarsi** to get married

spostare to move, remove

lo spreco d'energia energy waste

lo spumone spumone ice cream

la squadra team

squisito delicious

lo stadio stadium

la stagione season

la stampante printer

stanco tired

la stanza room

stare (*ess.*) to stay; to be; **Come stai?** How are you? **stare per** to be about to

lo starnuto sneeze

stasera tonight

la stasi stasis

statale of the state

gli Stati Uniti United States

le statistiche statistics

lo stato state

statunitense pertaining to the U.S.

la stazione station, place; **la stazione di servizio** gas station

la stella star

lo stereo stereo

lo stereotipo stereotype

lo sterzo steering wheel

stesso: lo stesso the same

lo stivale boot

lo stomaco stomach; **mal di stomaco** stomachache

la storia history

lo storico historian

storico historical

la strada road

stradale of the road

lo straniero foreign

strano strange

straordinario extraordinary

lo stress stress

lo strumento instrument; **lo strumento a bocchino** brass instrument; **lo strumento a fiato** wind instrument; **lo strumento a percussione** percussion instrument

lo studente/la studentessa student

studiare to study

lo studio study

su on, up; **Su, dai!** Come on!; **Su, su!** Come now!

subito right away

succedere (*ess.*) to happen

successivo successive, next

il successo success

il succo di frutta fruit juice

sud south; **al sud** to the south
suddiviso subdivided
sud-est southeast
sud-ovest southwest
sufficiente sufficient
suggerire (-isc-) to suggest
sul serio serious
la suocera mother-in-law
il suocero father-in-law
suonare to play (an instrument); to ring (phone)
la superficie surface (area)
superiore above, on top
la superstrada expressway
susseguirsi to follow (one another)
lo svago pastime, entertainment
svanire (-isc-) *(ess.)* to disappear
svelare to uncover, reveal
svolgere to play (a role)
svoltare to turn

T

il taccuino pad
tacere to keep quiet
la taglia (clothing) size
tanto much (many), a lot; **tanto... quanto** as . . . as
tardi *(adv.)* late
tardo *(adj.)* late
la targa license plate
il tassì (il taxi) taxi
il tasso rate
la tastiera keyboard
la tattica tactic
la tavola table; **a tavola** at the dinner table; **la tavola calda** cafeteria
il tavolo table; **al tavolo** at the table
la tavolozza pallette
il teatro plays, theater
tecnico technical
la tecnologia technology
tedesco German; **il tedesco** the German language
il teenager teenager
la tela cloth
il teledramma TV drama

il telefilm TV movie
telefonare to phone
la telefonata phone call; **fare una telefonata** to make a (phone) call
il telegiornale TV newscast
il telegramma telegram
il telequiz TV game show
la televisione (la TV) television
televisivo pertaining to television
il televisore television set
il tema *(pl.* **i temi)** theme
la temperatura temperature
la tempesta severe storm
il tempio temple
il tempo time; weather; **al tempo stesso** at the same time
il temporale storm; **C'è un temporale.** There's a storm.
la tenda curtain
tenere to keep; to hold
il tennis tennis
la tensione tension
il tergicristallo windshield wiper
il terminal terminal
terminare to end
il termometro thermometer
la terrazza terrace, balcony
il territorio territory
la tesi thesis
il test scientific test
la testa head; **mal di testa** headache
il tetto roof
il tè tea
il tifoso sports fan
timido shy, timid
tipico typical
il tipo type
tirare to throw
il titolo headline, title
la toletta toilet
la tomba tomb
tornare *(ess.)* to return, go back
il Toro Taurus
la torta cake
torto wrongness; **avere torto** to be wrong
la tosse cough

la tossicodipendenza drug addiction
tra in, within, among, between
tra poco in a little while
tra sé to himself/herself
traboccante overflowing
tradizionale traditional
la tradizione tradition
il traffico traffic
il tram *(pl.* **i tram)** trolley, streetcar
il tramezzino (flat) sandwich
tramite by, through
tramontare to go down (sun, moon)
trapunto dotted
il trasferimento travel to and fro, transfer(ring)
trasformare to transform
la trasformazione transformation
trasfusionale pertaining to transfusion
la trasfusione transfusion
trasmettere to broadcast, transmit
la trasmissione broadcast, transmission
il trasporto transportation
la trattoria informal restaurant
tremare to tremble
il treno train; **in treno** by train
il tricolore three-colored crest worn by winning soccer team
triste sad
troppo too much (many), too
trovare to find
tuonare to thunder
il/la turista tourist
tuttavia however
tutti everyone, everybody
tutto everything, all, the whole; **Tutto è a posto.** Everything's in order.
tuttoggi to this day

U

uccidere to kill
l'udito hearing
Uffa! Ugh!/Yuch!

ufficiale official
l'ufficio office; l'ufficio postale
  post office
ultimo last
l'umanità *(f.)* humanity
umano human
un occhio della testa an arm and
  a leg
un po' di a bit of, a little
l'unico the only one; unico
  unique, only
unire (-isc-) to unite
l'unità *(f.)* unity, unification
l'unità periferiche peripherals
universitario of the university,
  university level
l'università *(f.)* university
l'uomo (*pl.* gli uomini) man
urgente urgent
usare to use
uscire *(ess.)* to go out; uscire con
  qualcuno to go out with
  someone, to date
l'uscita gate, exit
l'uso use
l'uva grapes

V

Va bene! OK!
la vacanza vacation; in vacanza
  on vacation
il vaglia (*pl.* i vaglia) money order
vale a dire that is to say
la valigia suitcase
la valuta straniera foreign currency
il vandalismo vandalism

vecchio old
vedere to see
veloce fast, speedy
vendere to sell
il venerdì Friday
venire *(ess.)* to come
il vento wind
ventoso windy
veramente really
la veranda veranda, porch
verde green
la verdura vegetables
la Vergine Virgo
verificarsi to come about
la verità truth
vero true
il versamento deposit; fare un
  versamento to deposit
verso around, toward
il vestito dress, suit
via street
viaggiare to travel
il viaggiatore/la viaggiatrice
  traveler
il viaggio trip
viceversa vice versa
vicino nearby
il videoregistratore VCR
vietato fumare no smoking
il villino small villa
vincere to win
la vincita win, victory
il vincitore winner
viola *(inv.)* purple
la violenza violence
il violino violin
il virus virus

la visita visit
visitare to visit, examine medically
la vista sight
la vita life
la vitamina vitamin
vivace lively
vivere to live
il vocabolario vocabulary
la voce voice
il volante steering wheel
volare to fly
volere to want (to); voler(e) bene
  a to love
volgere (to) turn
il volo flight
la volta time (occurrence); c'era
  una volta once upon a time
il voto vote
vuoto empty

Y

lo yogurt yogurt

Z

lo zabaione type of eggnog
lo zero zero
la zia aunt
lo zinco zinc
lo zio uncle (gli zii uncles and
  aunts)
lo zodiaco zodiac
lo zucchero sugar
lo zucchino single zucchino
  (squash)

Index

PHOTOS

Pages 1, 11, 14, 55, 59, 89, 178, 223, 232, 236, 250, 251, 295, 347, 349, 356, 391, 409, 416, 434, 437 & 438 **Andrew Brilliant;** 27, 31, 87, 118, 167, 191, 281, 305, 327, 331, 373, 395, 396, 443 **Stuart Cohen/Comstock;** 99, 125, 157, 170, 211, 247, 253, 269, 282, 367, 421 **Beryl Goldberg;** 6, 31, 71 **Judy Poe;** 149, 415, 436 **Carol Palmer;** 46 **Topham Flash/The Image Works;** 152 **Kirby Harrison/The Image Works;** 346 **Adam Tanner/Comstock.**

PERMISSIONS

p. 20–21 *Divertenti storie italiane* by Leonora Fabbri, 1968, reprinted with permission from Harrap Publishing Group Ltd.

p. 80 "Chi sono?" by Aldo Palazzeschi, reprinted with permission from Mondadori Editore.

p. 114 reprinted from *L'altra enigmistica,* September 1985.

p. 152 "Dopo una giornata di lavoro chiunque può essere brutale" by L. Zardi, reprinted with permission from Sipario Editore.

p. 185 *Divertenti storie italiane* by Leonora Fabbri, 1968, reprinted with permission from Marrap Publishing Group Ltd.

p. 244 reprinted from *Visto,* 22 February 1990.

p. 275 reprinted from *Visto,* 22 February 1990.

p. 297 "All'aeroporto" by Mario Soldati, reprinted with permission from Mondadori Editore.

p. 322 reprinted with permission from *Charme.*

p. 340 "La banca è nata qui," by Geno Pampaloni, 1985, reprinted with permission from Ulisse, Alitalia.

p. 367 "La strada della felicità," by Aurelio Pellicano, reprinted with permission from Mondadori Editore.

p. 389 "Mio padre" by Natalia Ginzburg, reprinted from Giulio Einaudi Editore.

p. 409 "Casa al mare" by Natalia Ginzburg, reprinted from Giulio Einaudi Editore.

p. 428 "Nel blu dipinto di blu," by Domenico Modugno and F. Migliacci, lyrics alone reprinted from Edizioni Curci.

p. 447 "Fast food violento," by Enrico Verdecchia, reprinted with permission from *Panorama,* 30 September 1990.